國家社會科學基金重大項目「《宋會要》的復原、校勘與研究」（項目編號14ZDB033）成果之一

桂始馨　校補

宋會要方域類校補

上

鳳凰出版社

圖書在版編目（CIP）數據

宋會要方域類校補 / 桂始馨校補. -- 南京 : 鳳凰出版社, 2023.12
ISBN 978-7-5506-4018-4

Ⅰ. ①宋… Ⅱ. ①桂… Ⅲ. ①會要－研究－中國－宋代 Ⅳ. ①D691.5

中國國家版本館CIP數據核字(2023)第229754號

書　　名	宋會要方域類校補
著　　者	桂始馨 校補
責任編輯	李　霏
裝幀設計	陳貴子
責任監製	程明嬌
出版發行	鳳凰出版社(原江蘇古籍出版社) 發行部電話025-83223462
出版社地址	江蘇省南京市中央路165號,郵編:210009
照　　排	南京凱建文化發展有限公司
印　　刷	徐州緒權印刷有限公司 江蘇省徐州市高新技術産業開發區第三工業園經緯路16號
開　　本	652毫米×960毫米　1/16
印　　張	77.5
字　　數	754千字
版　　次	2023年12月第1版
印　　次	2023年12月第1次印刷
標準書號	ISBN 978-7-5506-4018-4
定　　價	480.00圓(全二册) (本書凡印裝錯誤可向承印廠調換,電話:0516-83897699)

目録

下册

整理説明

本書主要依據宋會要輯稿（以下簡稱輯稿）之方域類及禮類、食貨類的相關條文整理而成，其内容大致相當於宋史的地理志及河渠志。由於宋會要（以下簡稱會要）與永樂大典（以下簡稱大典）體例迥異，大典依韻摘引會要時，極大地破壞了會要的體例，而書手在輯録時，又往往依照大典事目順序，且多批注事目名。故本類除節鎮陞降、市鎮等能大致保持原貌外，不少門目體例已失。此外，本類還存在諸如注文竄入正文、錯簡、複文、内容淆亂等問題。今將整理情況簡要説明如下：

一、關於本書内容與結構

本書主要由輯稿方域類構成。按解開宋會要之謎頁二一八二至二一八三，輯稿方域類三之一〇至一三「玉津園」、三之一七「瓊林苑」等、三之一九至三〇「資善堂」、三之四八至五三

「左右天廄坊」等，四之一至一〇「御厨」、四之一一至二一「官廨」、四之二二至二五「第宅」、一〇之一一至一二「都亭驛」屬職官類，三之四一「青城」屬禮類，皆不録。同時，輯稿禮五之三「龍德宮」録入本書宮門，輯稿食貨八之三三至三四「造水磑」、八之三八至四〇「堰」、八之四一至四六「閘」、八之四七至五〇「渠」、八之五一至五二「斗門」、八之五三「堤岸」、五〇之一至三五「船」亦作爲獨立門目録入本書。本書力求恢復會要原貌，故大典事目名一般附入校記，且對内容作了適當調整，主要集中於編年與地理部分。凡編年者，多依時間先後予以釐正；凡地理者，皆以宋代地理重加編排。本書不分卷次，采用以門統條的結構。各門以條爲單位分段，一條爲一段。如某條内容過多，不以一段爲限。

二、關於門目的設置與門名的調整

本書原有門目五十二，其中「殿」、「亭」及「宮門都城門」大多摘自他門，「山」僅一條，且摘自東京雜録門，會要原本或無此四門。今删去山門，保留其他三門，總計五十一門。五十一門中有三十四門門名因襲輯稿舊標目，即東京雜録、西京雜録、宮、行在所、州縣陞降廢置、雜録、府州、豐州、西凉府、市鎮、諸寨、諸寨雜録、諸堡、殿、閣、亭、道路、關、關雜録、泉、船、壕塹、水利、堰、閘、渠、斗門、堤岸、治河、二股河、汴河、廣濟河、惠民河、金水河、白溝河。又有十四門門名稍作調整：「東京」原作「東京大内」，「西京」原作「西京大内」，「南京雜録」原作「南京」，「北京雜録」原作「北京」，「節鎮陞降」原作「節鎮」，「諸城修改移并」、「州縣陞降廢置」爲原標目之局部，「市鎮雜録」原作「鎮雜録」，「諸堡雜録」原作「堡寨城壘雜録」，「宫門都城門」原作「門」，「驛傳」原作「驛傳雜録」，「遞鋪」原作「急遞鋪」，「渡」原作「四方津渡」，「橋」原作「橋梁」，「水磑」原作「造水磑」。另有鎖、東南諸水門門名原缺，輯稿原標目皆爲大典事目名，今亦予增補。經過調整，本書依次由東京、東京雜録、西京、西京雜録、南京雜録、北京雜録、行在所、宫、節鎮陞降、州縣陞降廢置、州縣陞降廢置雜録、諸城修改移并、府州、豐州、西凉府、市鎮、市鎮雜録、諸寨、諸寨雜録、諸堡、諸堡雜録、殿、閣、亭、宫門都城門、道路、驛傳、遞鋪、關、關雜録、泉、船、渡、橋、鎖、壕塹、水利、水磑、堰、閘、渠、斗門、堤岸、治河、二股河、汴河、廣濟河、惠民河、金水河、白溝河、東南諸水門組成。各門門首皆有「題解」，以説明各門存在的問題及整理情況。

三、關於複文與非會要文字的處理

同一門中文字完全相同者一般删去，否則兩存。方域類有部分内容實抄自其他門目，甚至標明門名，如方域三之三一至四〇、四二至四七記宫門與都城門，標明抄自京都雜録及南京雜録、北京雜録。又方域一九之一至四六（諸寨雜録門）與二〇之一六至二一（諸堡雜録門）亦有大量條文相同，今皆兩存之。非會要文字若原文尚存，一般删去，如方域一之二二至二三、三之一八，均爲玉海文，輯稿食貨八之一至四則抄自文獻通考（以下簡稱通考）卷六田賦考六，皆删去。若非會要文字原文已佚，如節鎮陞降門有大量文字抄自金坡遺事，其書久佚，故予保留。

四、關於校補體例

其一，本書以中華書局一九五七年影印本輯稿爲校勘底本，參校全國圖書館文獻縮微複製中心一九八八年影印本宋會要輯稿補編（以下簡稱補編）、中華書局一九八六年影印本大典殘卷、劉富曾嘉業堂清繕本宋會要（以下簡稱清本）及其他文獻，并吸收了劉琳等點校的上海古籍出版社二〇一四年版輯稿（以下簡稱上古本）之整理成果。

其二，本書除刊誤字、底本中的後代避諱字徑改外，其他改字皆出校記。宋代避諱字、通假字、古今字、俗體字及常見的異體字各隨底本。

其三，本書不僅校正文字之訛誤、顛倒、脱漏（用方括號表示），且對文字與内容記載之歧異處予以補充説明，且略作考證。同時，本書亦輯録部分佚文，如紀勝保存了州縣陞降廢置門部分佚文，玉海保存了關門部分佚文，今皆附於二門門末。

其四，本書以條爲單位出校，置於各條之後。

本書在整理過程中得到了陳智超先生、樓勁先生、康鵬師兄的悉心指導與熱情幫助，師弟張良在申報項目資助時也提供了很多幫助。本書的出版得到了國家社科基金重大項目「宋會要的復原校勘與研究」的資助，在此一并表示感謝。

東京

【題解】本門見方域一之一至七，大典卷七六九九「京」字韻「東京」事目收録。原輯者於方域一之一「宋會要」下批「東京大内」，「大内」字體略小。按本門記東京之沿革、舊城、新城、大内，「東京大内」非門名。宋史卷八五地理志一、元豐九域志（以下簡稱九域志）卷一「四京」均有「東京」一門，今暫定門名爲「東京」。又按本門天頭依次批有「舊城」、「新城」、「大内」，皆摘自正文，今徑删。

東京，唐之汴州，梁建爲東都，後唐罷之，晉復爲東京，國朝因其名。

舊城，周回二十里一百五十五步〔一〕，即唐汴州城，建中初，節度使李勉築。國朝以來，號曰闕城，亦曰裏城。南三門：中曰朱雀，梁曰高明，晉曰薰風，太平興國四年九月改；東曰保康，大中祥符五年賜名〔二〕；西曰崇明，周曰興禮，太平興國四年九月改。東二門：南曰麗景，梁曰觀化，晉曰仁和，太平興國四年九月改；北曰望春，梁曰建陽，晉曰迎春〔三〕，國初曰和政〔四〕，太平興國四年九月改。西二門：南曰宜秋，梁曰開明，晉曰金義，太平興國四年九月改；北曰閶闔，梁曰乾象，晉曰乾明，國初曰千秋，太平興國四年九月改。北三門：中曰景龍，梁曰興和，晉曰玄化，太平興國四年改〔五〕；東曰安遠，梁曰含耀〔六〕，晉曰宣陽，太平興國四年九月改；西曰天波，梁曰大安，太平興國四年九月改。

〔一〕周回二十里一百五十五步　直齋書録解題卷八地理類載東京記作「周二十一里一百五十步」。

〔二〕大中祥符五年賜名　宋史卷八五地理志一作「大中祥符五年創建」。按輯稿禮五之二一及續資治通鑑長編（以下簡稱長編）卷七八大中祥符五年七月戊辰條載：「作保康門於朱雀門之東。」

〔三〕晉曰迎春　「迎春」原作「迎初」，據五代會要卷一九開封府、舊五代史卷七七晉高祖紀三、續談助卷二北道刊誤志（以下簡稱北道刊誤志）改。

〔四〕國初曰和政　「國初」，北道刊誤志作「周」。

〔五〕太平興國四年改　按長編卷二〇太平興國四年九月戊子條載：「詔改京城内外二十五門名。」又玉海卷一七〇太平興國東京城門記東京舊城景龍等諸門名，其後小注「皆太平興國四年戊子更名」。則景龍門改名亦在太平興國四年九月。觀前後文均具體到九月，故此句「四年」後疑脱「九月」。

〔六〕梁曰含耀　「耀」原作「輝」，據舊五代史卷三梁太祖紀三、北道刊誤志改。五代會要卷一九開封府作「曜」。

新城，周回四十八里二百三十三步〔一〕，周顯德三年令彰信節度韓通董役興築。國朝以來，號曰國城，亦曰外城，又曰羅城。南五門：中曰南薰，周曰景風，太平興國四年九月改；次東曰普濟，惠民河水門，太平興國四年九月賜名；次東曰宣化，周曰朱明，太平興國四年九月改；次西曰廣利，惠民河水門，太平興國四年九月賜名；次西曰安上，周曰畏景，太平興國四年九月改。東五門：南曰上善，汴河東水門，太平興國四年九月賜名；次北曰通津，汴河東水門，太平興國四年九月賜名通津，天聖初改廣津，後復今名；次北曰朝陽，周曰延春，太平興國四年九月改；次北曰含輝，周曰含煇〔二〕，太平興國四年九月改寅賓，後復今名〔三〕；次北曰善利，廣濟河水門，太平興國四年九月賜名咸通，天聖初改。西六門：南曰順天，周曰迎秋，太平興國四年九月改；次北曰大通，汴河南水門，太平興國四年九月賜名大通，天聖初改順濟，後復今名；次北曰宣澤，汴河北門〔四〕，熙寧十年賜名；次北曰開遠，太平興國四年賜名通遠〔五〕，天聖初改；次北曰金耀，周曰肅政，太平興國四年九月改；次北曰咸豐，廣濟河西水門，太平興國四年九月賜名。北五門：中曰通天，周曰玄德，太平興國四年九月改曰通天，天聖初改寧德，後復今名；次東曰景陽，周曰長景，太平興國四年九月賜名；次東曰永泰，周曰愛景，太平興國四年九月改；次西曰安肅，國初號衛州門，太平興國四年九月賜名；次西曰永順，廣濟河南水門，熙寧十年賜名。

〔一〕周回四十八里二百三十三步　宋史卷八五地理志一作「周回五十里百六十五步」，并注云：「大中祥符九年增築，元豐元年重修……舊城周四十八里二百三十三步，周顯德三年築。」又方域一之一六載：「元豐元年十月六日，重修都城訖功……城周五十里百六十五步。」按元豐元年以後事國朝會要不載。

〔二〕周曰含煇　「含煇」，北道刊誤志作「寅賓」。按五代會要卷一九開封府、舊五代史卷一一八周世宗紀五載，周顯德五年五月賜東京城門名額，其中東二門爲寅賓、延春。

〔三〕太平興國四年九月改寅賓後復今名　宋史卷八五地理志一亦作「太平興國四年改寅賓，後復」。按周顯德五年五月已賜名額曰寅賓，又北道刊誤志載：「含煇，周曰寅賓，以上並太平興國四年改。」

〔四〕汴河北門　按前後文河門均曰某水門，故「門」上疑脱「水」字。

〔五〕太平興國四年賜名通遠　按玉海卷一七〇太平興國東京城門，開遠門賜名通遠在太平興國四年九月，觀前後文，此句「四年」後疑脱「九月」。

大內，據闕城之西北。宮城周回五里，即唐宣武軍節度使治所，梁以爲建昌宮，後唐復爲宣武軍治，晉爲大寧宮〔一〕。國朝建隆三年五月，詔廣皇城〔二〕，命有司畫洛陽宮殿，按圖以修之。南三門：中曰宣德〔三〕，梁初曰建國，後改咸安，晉初曰顯德，又改明德，太平興國三年七月改丹鳳，九年七月改乾元〔四〕，大中祥符八年六月改正陽，景祐元年正月改今名〔五〕；東曰左掖，西曰右掖，乾德六年正月賜名。東一門曰東華，梁曰寬仁，開寶四年改〔六〕。西一門曰西華，梁曰神獸，開寶四年改。北一門曰拱宸，梁曰厚載，後改玄武，大中祥符五年十一月改。

〔一〕晉爲大寧宮　「大」，五代會要卷五太寧宮、玉海卷一五八東京大內作「太」。按「大」、「太」通。

〔二〕詔廣皇城　「皇」字原缺，據方域一之一一及玉海卷一五八東京大內、宋史卷一太祖紀一、卷八五地理志一補。

〔三〕中曰宣德　「宣德」，宋史卷八五地理志一作「乾元」。按下文，乾元門，太平興國九年七月改，明道二年十二月改宣德。

〔四〕九年七月改乾元　宋史卷八五地理志一作「雍熙元年改」。按太平興國九年即雍熙元年。

〔五〕景祐元年正月改今名　「景祐元年」，長編卷一一三明道二年十二月甲寅條、玉海卷一六〇明道肅儀殿作「明道二年十二月」，宋史卷八五地理志一作「明道二年」，輯稿或誤。

〔六〕開寶四年改　「四年」，宋史卷八五地理志一作「三年」，下文西華門，宋史卷八五地理志一亦作「三年」。

宣德門内正南門曰大慶，梁曰元化，國朝常隨正殿名改。東西橫門曰左、右昇龍，乾德六年正月賜名。正殿曰大慶，梁曰崇元，乾德四年重修，改乾元；太平興國九年五月，殿災，改朝元〔一〕；大中祥符八年四月，殿災，六月改天安；景祐元年正月改今名〔二〕。殿九間，挾各五間，東西廊各六十間，有龍墀、沙墀。正至、朝會、册尊號御此殿，饗明堂、恭謝天地，即此殿行禮，郊祀齋宿殿之後閣。東西兩廊門曰左、右太和，梁曰金烏、玉兔，國初改日華、月華，大中祥符八年六月改今名。

〔一〕太平興國九年五月殿災改朝元　按長編卷二五，殿災在太平興國九年五月，改朝元殿在七月。

〔二〕景祐元年正月改今名　「景祐元年正月」，長編卷一一三明道二年十二月甲寅條、玉海卷一六〇明道肅儀殿作「明道二年十二月」。

右昇龍西北偏曰端禮門，凡三門，各列戟二十四枝，熙寧十年八月賜名。門内廟堂，次北文德殿門，次文德殿，後唐曰端明，國初改文明，太平興國九年五月殿災，改今名，即正衙殿。太祖時元朔亦御此殿，其後常陳入閤儀如大慶殿，饗明堂、恭謝天地即齋於殿之後閣。熙寧以後，月朔視朝御此殿。殿東西兩廊門曰左、右嘉福，舊名左、右勤政，明道元年十月改。殿庭東南隅有鼓樓，其下漏室，西南隅鐘樓〔一〕。殿兩挾有東上、西上閤門。左、右掖門内正南門曰左、右長慶，乾德六年正月賜名；次北門曰左、右嘉肅，熙寧十年八月賜名；次北門曰左、右銀臺。

〔一〕西南隅鐘樓 「樓」字原缺，據方域三之三五及玉海卷一五八東京大内、卷一六〇太平興國文德殿補。

大慶殿後東西道，其北門曰宣祐，舊曰天光，大中祥符八年六月改大寧〔二〕，明道元年十月改今名。門西紫宸殿門，殿門皆兩重，名隨殿易，其中隔門，遇雨雪群臣朝其上。紫宸殿舊名崇德，明道元年十月改，即視朝之前殿。每誕節稱觴及朔望御此殿。次西垂拱殿門，門有柱廊接文德殿後，其東北角門子通紫宸殿。每日樞密使以下立班殿庭，候傳宣，不座〔三〕，即過赴垂拱殿起居〔三〕。每門内東西廊設二府、親王、三司、開封府、學士至待制、正刺史以上候班幕次。垂拱殿舊曰長春，明道元年十月改勤政，十一月改今名〔四〕，即常日視朝之所。

節度使及契丹使辭見，亦宴此殿。其後福寧殿，國初曰萬歲，大中祥符七年改延慶〔五〕，明道元年十月改今名，殿即正寢。殿東西門曰左、右昭慶，大中祥符七年賜名。次後柔儀殿，國初但名萬歲後殿，章獻明肅皇太后居之，乃名崇徽，明道元年十月改寶慈，景祐二年改今名。次後欽明殿，舊曰天和，明道元年十月改觀文，後改清居，治平三年六月改今名。其西睿思殿。

〔一〕大中祥符八年六月改大寧　「大寧」，長編卷八四大中祥符八年六月甲子條作「太寧」。按「大」、「太」通。

〔二〕候傳宣不座　「座」，方域三之三五同，玉海卷一六〇明道垂拱殿作「坐」。

〔三〕即過赴垂拱殿起居　「過」原作「遇」，據方域三之三五改。

〔四〕垂拱殿舊曰長春明道元年十月改勤政十一月改今名　按長編卷一一一載，明道元年十月甲辰，改「長春殿曰垂拱」。玉海卷一六〇明道垂拱殿與輯稿同，然注曰：「實録云，明道元年十月甲辰，改長春殿曰垂拱殿。」

〔五〕大中祥符七年改延慶　「延」原作「誕」，據長編卷一一一明道元年十月甲辰條、玉海卷一六〇明道福寧殿及宋史卷八五地理志一改。

福寧殿東慶壽宮，慶壽、萃德二殿，太皇太后所居。福寧殿西寶慈宮，寶慈、姒徽二殿，皇太后所居。福寧殿後坤寧殿，皇后所居。凡禁中殿閣，有嘉慶殿，咸平初，明德太后居此殿，後徙萬安宮。觀文殿，舊曰延恩，大中祥符元年以聖祖降此殿〔一〕，因繕完，改曰真遊，奉道像，後改集聖；明道二年十一月，改葺爲內外命婦客殿，名肅儀；慶曆八年五月改今名。

延真門，大中祥符七年賜真遊殿西門曰延真。積慶殿、感真閣，大中祥符七年賜真遊殿真君殿曰積慶〔二〕，前又建感真閣。福聖殿，明道中奉真宗御容於此。壽寧堂，明道中奉太祖御容於此〔三〕。慶雲殿。玉京殿。清景殿。西凉殿，景祐二年重修，在天章閣東。慈德殿，章惠太后所居，初係保慶殿〔四〕，景祐四年改今名〔五〕。景寧殿，治平二年正月〔六〕，詔内中神御殿〔七〕，賜名景寧。

〔一〕大中祥符元年以聖祖降此殿　「元年」，長編卷七九大中祥符五年閏十月壬申條、玉海卷一六〇慶曆觀文殿作「五年」。

〔二〕大中祥符七年賜真遊殿真君殿曰積慶　按玉海卷一六三祥符寶符閣載，大中祥符七年十月戊午，「賜真游殿真君殿曰積慶」，則輯稿「真遊殿」非衍文。又卷一六〇慶曆觀文殿載，祥符七年十月戊午，「名真游殿西門曰延真，其東真君殿曰積慶。」宋史卷八五地理志一亦云：「觀文殿西門曰延真，其東真君殿曰積慶。」觀文殿即真遊殿。則真君殿在真遊殿東，輯稿「真遊殿」後疑脱「東」字。

〔三〕壽寧堂明道中奉太祖御容於此　玉海卷一六一明道壽寧堂同。按宋史卷一〇九禮志一二載，奉安太祖神御之殿有七，并無壽寧堂，而奉安太宗、真宗神御之殿則均有壽寧堂。

〔四〕初係保慶殿　「保」原作「嘉」，據輯稿后妃一之二、禮三二之二三、玉海卷一六〇景祐慈德殿、宋史卷二四二楊淑妃傳改。方域三之五作「寶」。

〔五〕景祐四年改今名　「祐」原作「初」，據方域三之五、玉海卷一六〇景祐慈德殿改。宋史卷八五地理志一繫於景祐元年。按保慶楊太后崩於景祐三年十一月，故景祐四年保慶殿改名慈德殿較爲合理。

〔六〕治平二年正月　「二年」，玉海卷一六〇政和右文殿作「三年」。
〔七〕詔内中神御殿　「詔」原作「誠」，據輯稿禮一三之二五改。

垂拱殿門次西皇儀殿門。皇儀殿舊曰明德，亦曰滋德，開寶四年改滋福〔一〕；咸平二年明德太后居之〔二〕，號萬安宮萬安殿〔三〕；大中祥符二年復爲殿〔四〕，標舊額；明道元年十月改今名。次西集英殿門。集英殿舊曰元德〔五〕，亦曰廣政，開寶二年改大明〔六〕，淳化元年二月改含光〔七〕，大中祥符八年六月改會慶，明道元年十月改元和，尋改今名。每春秋、誕聖節，錫宴此殿。熙寧以後，親策進士於此殿。後有需雲殿，舊曰玉華，後改瓊英〔八〕，熙寧初改今名。東有昇平樓，舊曰紫雲，明道元年十月改今名，宮中觀宴之所。次西安樂門。門外西北景暉門，天禧五年三月賜名；其東含和門，熙寧十年八月賜名。門内有横廊，廊北龍圖閣，大中祥符初建，以奉太宗御集、御書。閣東序資政、崇和二殿，西序宣德、述古二殿。又列六閣：曰經典、曰史傳、曰子書、曰文集、曰天文、曰圖畫。其北天章閣，天禧五年三月建，以奉真宗御集、御書。閣東西序群玉、蘂珠二殿。次北寶文閣，舊曰壽昌，慶曆初改今名，以奉仁宗御筆、御書。閣東西序嘉德、延康二殿，殿間以桃花文石，爲流盃之所。

〔一〕開寶四年改滋福　「年」字原缺，據玉海卷一六〇開寶滋福殿補。
〔二〕咸平二年明德太后居之　「二年」原作「三年」，據玉海卷一五八咸平萬安宮、卷一六〇開寶滋福殿、宋大詔令集卷一四建萬安宮奏改。輯稿后妃一之一〇作「咸平二年閏三月」，按咸平二年有閏三月，元年無，輯稿誤。

〔三〕號萬安宮萬安殿　玉海卷一六〇開寶滋福殿亦作「萬安宮萬安殿」，或會要原本「萬安宮」下即有「萬安殿」三字。按方域一之一三載：「咸平初，以皇太后所居滋福殿爲萬安宮，至是復爲殿云。」又玉海卷一五八咸平萬安宮、輯稿后妃一之一〇均言「復以宮爲滋福殿」。故滋福殿當改名萬安宮，後復爲滋福殿，「萬安殿」疑爲衍文。

〔四〕大中祥符二年復爲殿　「二年」原作「七年」，據輯稿后妃一之一〇、長編卷七二大中祥符二年七月辛酉條、玉海卷一五八咸平萬安宮、宋史卷七真宗紀二改。

〔五〕集英殿舊曰元德　「元」原作「玄」。按元至元慶元路儒學刻明遞修本玉海卷一六〇明道集英殿作「元德」，并注云「晉天福二年改元德爲廣政」。今點校本舊五代史卷七六晉高祖紀二及方域三之三亦作「元德殿」。或宋時即已因避諱作「元德」，據改。

〔六〕開寶二年改大明　「二年」，玉海卷一六〇明道集英殿同，長編卷一一開寶三年五月戊辰條、宋史卷八五地理志一均作「三年」。

〔七〕淳化元年二月改含光　「二月」原作「正月」，據方域三之三、長編三一淳化元年二月己酉條、玉海卷一六〇明道集英殿、宋史卷五太宗紀二改。

〔八〕後改瓊英　「英」，宋史卷八五地理志一作「華」。

東華門內，次西左承天祥符門，乾德六年正月賜名左承天，大中祥符元年正月，天書降其上，詔加其名而增葺之。次西北廊元符觀，大中祥符七年，以皇城司廨舍爲觀，奉天書道場，後罷之，復并入皇城司。直北東向有謻門，舊無榜，熙寧十年始標額。門內南廊慶寧宮，英宗爲皇子所居，治平二年賜名〔一〕。西華門内，次西右承天門，乾德六年正月賜名。南北夾道北延福宫，穆清、靈顧、性智三殿，靈顧以奉真宗聖容。宫中又有奉宸五庫。次北廣聖宫，天聖二年建長寧宫以奉三清玉皇道像，後安真宗御容於宫之降真閣，景祐二年改今名。

〔一〕治平二年賜名　按長編卷一九九嘉祐八年九月庚戌條、玉海卷一五八嘉祐慶寧宫均繫於嘉祐八年九月十二日，且玉海注曰：「會要又云，在謻門内南廊，治平二年賜名，有閣藏御覽書籍。」又按宋史卷一四神宗紀一載，嘉祐八年，「侍英宗入居慶寧宫」。故會要繫於治平二年，疑誤。

宣祐門内東廊次北資善堂。大中祥符九年二月建資善堂於元符觀南，爲仁宗就學之所，天禧四年徙於此。講筵所，舊曰説書所，寓資善堂，慶曆初改今名。次北引見門，次北通極門，熙寧十年八月賜名。次北臨華門，熙寧十年八月賜名。西廊次北内東門，有柱廊與御厨相直，門内有小殿，即召學士之所。次北崇政殿門。崇政殿舊曰簡賢講武，太平興國八年改〔一〕，大中祥符七年始建額，即閲事之所。殿東西延義、邇英二閣，侍臣講讀之所。閣後隆儒殿，皇祐三年十月賜名。

〔一〕崇政殿舊曰簡賢講武太平興國八年改　「簡賢講武」，輯稿禮四五之一、長編卷一建隆元年七月戊午條、宋史卷一一三禮志一六皆作「禮賢講武」。又長編卷五載，乾德二年十月，改廣德殿爲崇政殿。卷二四載，太平興國八年四月，改講武殿爲崇政殿。顯係矛盾，故玉海卷一六〇太平興國崇政殿注云「當考」。廣德殿，後周顯德時即已有之，講武殿，最早見於宋太祖建隆元年。據宋史卷一二四禮志二七載：「尚舍設次於廣德殿或講武殿、大明殿，其後皆於後苑壬地。」則廣德殿、講武殿并非一殿。又玉海卷一六〇明道紫宸殿載，乾德二年九月，「改廣德殿爲崇德殿」。按崇德殿即明道以後之紫宸殿，檢索長編，廣德殿最晚一次出現是乾德三年三月壬申，見長編卷六；崇德殿最早出現於乾德二年十一月乙亥，見長編卷五，正在十月廣德殿改名之後。故乾德二年廣德殿或改名崇德殿，長編誤爲崇政殿。

崇政殿後有柱廊、倒座殿。次北景福殿，前有水閣，舊試貢舉人，考官設次於兩廊。殿南延和殿〔一〕，大中祥符七年建，賜名承明；章獻太后垂簾參决朝政於此，明道元年十月改明良，尋改端明；景祐元年改今名〔二〕。殿北向，俗呼倒座殿。殿西北迎陽門，大中祥符七年建，賜名宣和；明道元年十月改開曜，十一月改今名〔三〕。俗號苑東門，召近臣入苑由此門。門内後苑，苑有太清樓，樓貯四庫書。走馬樓。延春閣舊曰萬春，寶元中改。儀鳳、翔鸞二閣〔四〕，景祐中有瑞竹生閣首。宜聖殿，奉祖宗聖容。嘉瑞殿，舊曰崇聖，後改今名。宣明殿。安福殿。寶岐殿〔五〕。化成殿〔六〕，舊曰玉宸，明道元年改，四方貢珍果常貯此殿。金華殿，大中祥符中常宴輔臣。清心殿，真宗奉道之所。流杯殿，唐明皇書山水字於石〔七〕，天聖初自長安輦入苑中，構殿爲流杯〔八〕，嘗令侍臣、館閣官賦詩。清輝殿。觀稼殿〔九〕，景祐二年建，賜名。華景亭。翠芳亭，景祐中橙實亭前，命近臣觀。瑶津亭。象瀛山池。以上國朝會要。

〔一〕殿南延和殿　按宋史卷八五地理志一載，崇政殿後有景福殿，「殿西有殿北向，曰延和」。又按玉海卷一五八東京大内云：「次北景福殿，殿南延和殿。」卷一六〇景祐延和殿曰：「延和殿，在景福殿南。」宋史或誤。

〔二〕景祐元年改今名　「景祐元年」，宋史卷八五地理志一作「明道二年」，長編卷一一三繫於明道二年十二月甲寅。玉海卷一六〇景祐延和殿與輯稿同，但注曰：「一云明道二年十二月甲寅。」

〔三〕明道元年十月改開曜十一月改今名　按長編卷一一一載明道元年十月改「宣和門曰迎陽」。

〔四〕儀鳳翔鸞二閣　「儀鳳」原倒，據方域三之九及玉海卷一六三景德翔鸞儀鳳閣、宋史卷八五地理志一乙正。

〔五〕寶岐殿　「岐」原作「跂」，據長編卷一六六皇祐元年五月丙午條、玉海卷七六明道籍田、卷一五八東京大内、通考卷四田賦考四、宋史卷一七三食貨志上一改。玉海卷七七皇祐寶歧殿觀麥、輯稿崇儒七之四三作「歧」。

〔六〕化成殿　「成」原作「城」，據玉海卷一六〇明道化成殿、宋史卷八五地理志一改。

〔七〕唐明皇書山水字於石　「石」原作「右」，據玉海卷一六〇天聖清輝殿改。

〔八〕天聖初自長安輦入苑中構殿爲流杯　玉海卷三〇天聖清輝殿山水石詩、卷一六〇天聖清輝殿均有「觀唐明皇山水字石於清輝殿」云云，且天聖清輝殿注曰：「山水字石自永興軍輦至，起清輝殿以安之。」長編卷一〇九天聖八年三月壬申條、輯稿禮四五之三八亦有此記載。又據長編卷八六大中祥符九年二月癸卯條、玉海卷一六〇祥符流杯殿載，流杯殿，祥符時即已有之，非天聖初建。輯稿作「流杯殿」，或誤。

〔九〕觀稼殿　「觀」原作「親」，據方域三之五、長編卷一一六景祐二年五月癸巳條、玉海卷七七景祐觀稼殿觀稻麥、宋史卷八五地理志一改。按方域三之五又有「親稼殿」條，引自京都雜録，或誤。

東京雜録

【題解】本門見方域一之一一至二一，大典卷七六九九「京」字韻「東京」事目收録。方域一之一一第十一行及眉批均作「東京雜録」，又方域一三之一第三行行首標「東京雜録」，故可確定門名。本門起太祖建隆三年正月十五日，迄徽宗宣和六年十二月四日。按大典卷八〇七七「城」字韻「宋皇城」、「宋京城」下引有會要，記事起建隆三年，迄紹聖元年，所記内容多見於本門，被整理者視作複文删落。然二者内容仍有一定出入，且行文差異較大，似非複文。觀其文字，與玉海卷一七四建隆修都城相關部分幾無二致，或爲玉海文。今姑據補編頁三一六録於門末，原標題附入校記。又按輯稿正文原有一定數量的旁批，考其内容，實出自前揭「宋皇城」、「宋京城」所引會要，當後來整理者所添，今皆附入校記。

太祖建隆三年正月十五日，發開封浚儀縣民數千，廣皇城之東北隅，命義成軍節度使韓重贇督役〔一〕。

〔一〕命義成軍節度使韓重贇督役　按「命」前旁批「五月」，其後旁批「有司案西京宫室圖修宫城」，文見補編頁三一六。

四年五月十四日，詔重修大内，以鐵騎都將李懷義、内班都知趙仁遂護其役〔一〕。

〔一〕内班都知趙仁遂護其役　「趙仁遂」，玉海卷一五八東京大内同，長編卷四乾德元年五月乙丑條作「趙仁璲」。

二十四日，明德門成。先是，同州節度使張美來進材木〔一〕，及成，命翰林學士承旨陶穀撰碑。

〔一〕同州節度使張美來進材木　按同州節度，即定國軍節度，駐節同州。

乾德三年四月十三日，募諸軍子弟導五丈河水〔一〕，通皇城爲池。

〔一〕募諸軍子弟導五丈河水　「丈」原作「夫」，據補編頁三一六、長編卷六乾德三年四月癸亥條改。

四年二月七日，帝親視皇城版築之役。

十一日〔一〕，修崇元殿。帝召近臣及侍衛軍校觀上梁，各賜金錢酒食、役工錢帛有差。左右街僧道、商賈并於殿前以金錢、果食自新殿上散擲，恣令争之。

〔一〕十一日　按修乾元殿，長編卷七、玉海卷一六〇乾德乾元殿繫於四月八日庚戌，且玉海注曰「一云二月十一日修」。

開寶元年正月十日〔一〕，發近甸丁夫增治京城，命馬步副軍頭王廷乂護其役〔二〕。

〔一〕開寶元年正月十日　「開寶」原缺，「元年」原作「六年」，據補編頁三一六、長編卷九開寶元年正月甲午條補改。

〔二〕命馬步副軍頭王廷乂護其役　「王廷乂」原作「王廷又」，據長編卷九開寶元年正月甲午條改。　王廷乂，即王廷義，王景子，宋史卷二五二有傳。按此句後旁批曰：「開寶元年正月甲午，發近甸丁夫增修京城。」其文見補編頁三一六，與長編文字同。

太宗雍熙二年九月十七日〔一〕，以楚王宮火，欲廣宮城，詔殿前都指揮使劉延翰等經度之〔二〕。畫圖來上，帝曰〔三〕：「內城褊隘，誠合開展，拆動居人，朕又不忍。」令罷之，但還出在內三數司而已。

〔一〕太宗雍熙二年九月十七日　按「太宗」後旁批「太平興國四年，改京城門名」，其文見補編頁三一六，與玉海卷一七四建隆修都城同。

〔二〕詔殿前都指揮使劉延翰等經度之　「劉延翰」，宋史本傳作「劉廷翰」，按長編、宋史或作「劉廷翰」，或作「劉延翰」，頗爲淆亂，具體請參見宋太宗皇帝實録（以下簡稱太宗實録）卷三四雍熙二年九月戊午條注。

〔三〕帝曰　按「帝」後旁批「恐動民居」，其文見補編頁三一六，與玉海卷一七四建隆修都城同。

至道元年十一月二十五日，詔改京城内外坊名〔一〕。舊城内左第一廂二十坊，曰太平、義和、安業、通利、寶積、宣平、興寧、觀德、明德、嘉善、崇德、景寧、惠政、興禮、龍華、信陵、昭德、福善、延和、通濟；〔二〕第二廂十六坊，曰光德、宜春、樂遊、延康、惠和、建初、太和、景明、甘泉、崇仁、保和、靖安、昭慶、嘉德、廣福、嘉平〔三〕；右第一廂八坊，曰興國〔四〕、宣化、新昌、常樂、光化、利仁、樂臺〔五〕、敦義〔六〕；第二廂二坊，曰金順、壽昌。新城内城東廂九坊，曰滋德〔七〕、永濟、清和、顯仁、睿明〔八〕、汴陽、崇善、宣陽、安仁；城西廂二十六坊，曰建隆、延秋、咸寧、惠寧、福昌、隆安、慶成、興化、徽安、延禧、永豐、豐安、義康、順成、善利、安遠、宣義、景福、保義、順政、崇節、通義〔九〕、普寧、通化〔一〇〕、歸德、敦化〔一一〕；城南廂二十坊，曰大寧、崇禮、廣濟、敦教、建寧、昭化、永通、景平、通惠、敦化、武成〔一二〕、景耀、永泰、建平、長慶、清平、光慶、永昌、敦信、永安；〔一三〕城北廂二十坊，曰夷門〔一四〕、昌樂、永寧、永平、豐義、崇慶、安興、延慶、元英〔一五〕、咸宜、安定、崇化、保安、泰寧、嘉慶、保寧、永順、延昭、福善〔一六〕、安化。太宗以舊坊名多涉俚俗之言，至是命美名易之，唯寶積、安業、樂臺、利仁四坊仍舊名。

〔一〕詔改京城内外坊名　按「詔」後旁批「張洎（『洎』原誤作『泊』——筆者按）」，「改」後旁批「撰」，「内外坊名」後旁批「八十餘，分定布列，始有雍洛之制」。其文見補編頁三一六，與玉海卷一七四建隆修都城同。

〔二〕按此二十坊中有四坊與北道刊誤志所載不同，「通利」，北道刊誤志作「廣利」；「崇德、延和、通濟」，北道刊誤志作「延德、崇濟、興道」。其中當有顛倒錯亂之處。

〔三〕曰光德宜春樂遊延康惠和建初太和景明甘泉崇仁保和靖安昭慶嘉德廣福嘉平　「遊延康惠和建初太和景明」原缺，據北道刊誤志補。又「嘉平」，北道刊誤志置於「壽昌」之後。

〔四〕曰興國　「國」字原缺，據北道刊誤志補。

〔五〕樂臺　「樂」，北道刊誤志作「岳」。按輯稿下文及事物紀原卷六京邑館閣部、玉海卷一七四建隆修都城均作「樂臺」，北道刊誤志誤。

〔六〕敦義　「敦」原作「郭」，據北道刊誤志改。

〔七〕滋德　「滋」，北道刊誤志作「溢」。

〔八〕睿明　「睿」，北道刊誤志作「春」。

〔九〕通義　「通」，北道刊誤志作「崇」。

〔一〇〕通化　「通」，北道刊誤志作「奉」。

〔一一〕敦化　北道刊誤志無此坊，按輯稿下文又有「敦化」，疑誤。

〔一二〕武成　「成」，北道刊誤志作「城」，并注云：「坊有武城王廟，故名。」北道刊誤志當誤。

〔一三〕按此二十坊中，有四坊與北道刊誤志不同，永通、通惠、敦化、清平，北道刊誤志作永和、普惠、教化、清化。

〔一四〕夷門　北道刊誤志作「寧遠」，并注云：「汴有夷門山，舊坊曰夷門，大中祥符改今名。」按本門祥符六年五月七日條有「改夷門坊曰寧遠」。

〔一五〕元英　北道刊誤志作「瑞應」。按本門祥符六年五月七日條有「(改)元英坊曰瑞慶」。

〔一六〕延昭福善　北道刊誤志作「延福昭善」。

真宗大中祥符元年正月十四日，勾當八作司謝德權言：「京城女墻圮缺〔一〕，水道壅塞，望籍兵完葺，計六十三萬五千六十二工〔二〕。」從之。

〔一〕京城女墻圮缺　按長編卷六八大中祥符元年正月丙子條「京城」下有「外城」二字。

〔二〕計六十三萬五千六十二工　「計」之右旁批「修東京外城」，其文見補編頁三一六。按此旁批應爲輯稿整理者所貼之條，蓋住了右邊正文「八作司」之局部，注明所修乃東京外城。

二年三月九日，開封府言：「准詔，以都城之外人户、軍營甚多，相度合置廂虞候管轄。」從之。仍詔勿多置人吏，所由妄有搔擾。又增置廂九〔一〕：京東第一廂一坊，曰清明；第二廂一坊，曰含耀；第三廂一坊，曰務本；京南廂一坊，曰安節、明義；京西第一廂二坊，曰天苑、天泉；第二廂二坊，曰金城、開化；第三廂二坊，曰乾耀、皋門；京北第一廂二坊，曰建陽、嘉豫；第二廂一坊，曰福慶。

〔一〕又增置廂九　「增」後原衍「度」字，據玉海卷一七四建隆修都城删。

七月八日，廢萬安宮，復爲滋福殿。先是，咸平初，以皇太后所居滋福殿爲萬安宮，至是復爲殿云。

五年七月二日，詔曰：「重城陽位，通門肇開。特順民心，以壯京邑。仍加美號，式示方來。宜名新開門爲保康，仍名汴河舊廣濟橋爲延安，惠民河新橋爲安國。」閏十月八日，翰林院學士晁迥等請改延恩殿名，重加興葺，及御製銘頌，以彰聖祖降格之慶。詔名真遊殿。

六年五月七日，改夷門坊曰寧遠，元英坊曰瑞慶〔一〕。

〔一〕元英坊曰瑞慶　「瑞慶」，玉海卷一七四建隆修都城同，北道刊誤志作「瑞應」，按宋史卷四六七李憲傳有「賜瑞應坊園宅一區」云云，當考。

七年七月二十八日，參知政事丁謂復請御書真遊殿額。從之。

八年四月二十四日，大內火，命參知政事丁謂充大內修葺使，殿前都指揮使曹璨〔一〕、侍衛馬軍副都指揮使張旻、入内内侍都知秦翰督護其役。

〔一〕殿前都指揮使曹璨　「璨」原作「燦」，據輯稿瑞異二之三二、長編卷八四大中祥符八年四月壬申條改。

九年七月五日，增築京新城。天禧二年三月〔一〕，工畢，部役使臣、軍校第進一資。

〔一〕天禧二年三月　「二年」原作「三年」，據補編頁三一六及長編卷九一天禧二年三月辛丑條、玉海卷一七四建隆修都城改。

仁宗天聖元年七月二十四日〔一〕，詔内殿崇班秦懷志、白仲達貼築新舊城墻。

〔一〕仁宗天聖元年七月二十四日 「元年七月」之右旁批「正月，發卒增築京城」。其文見補編頁三一六，與玉海卷一七四建隆修都城同。

十年八月二十三日，内庭火，延燔長春、崇德、會慶、承明殿，命宰臣呂夷簡爲大内修葺使〔一〕，樞密副使楊崇勳爲副使，殿前副都指揮使夏守贇都大管勾修葺事，入内内侍省押班江德明、内侍省右班副都知閻文應同管勾〔二〕。十月，工畢。

〔一〕命宰臣呂夷簡爲大内修葺使 「内」原作「臣」，據輯稿瑞異二之三三及長編卷一一一明道元年八月甲子條、宋史卷八五地理志一改。

〔二〕内侍省右班副都知閻文應同管勾 「閻文應」原作「周文應」，據輯稿瑞異二之三三、長編卷一一一明道元年八月甲子條、宋史卷四六八閻文應傳改。

景祐元年五月十五日，入内内侍省言：「司天監集衆定奪開拱宸門外過道，稱無妨礙，選定十九日申時開門。」從之。

皇祐元年八月十二日，侍御史徐宗況言：「在京舊城，修築年深，乞行完葺。」從之。

嘉祐四年正月十一日，修築京新舊城。及興役，賜兵卒緡錢。

八年四月十九日〔一〕，詔於内香藥庫之西偏建皇子位。

〔一〕八年四月十九日　按長編卷一九七、玉海卷一二九嘉祐皇子位伴讀説書均繫於嘉祐七年八月八日壬午。又按仁宗崩於嘉祐八年三月，不可能四月建皇子位，輯稿誤。

英宗治平元年十月十六日，命内侍供奉官王希古貼築在京新舊城墻。

二年二月十一日，權發遣三司户部副使呂公著奏：「乞候既郊歲豐，乃修慶寧宫。」從之。

三年六月二十九日，改清居殿曰欽明，命直龍圖閣王廣淵書洪範一篇於屏〔一〕。時帝謂廣淵曰：「先帝臨御四十年，天下承平，得以無爲。朕方屬多事，豈敢自逸，故改此殿名。」因訪廣淵先儒論洪範得失，廣淵對以張景所得最深，以景論七篇進。翌日，復召對延和，曰：「景所説，過先儒遠矣。以三德爲馭臣之柄，尤爲善論〔二〕。朕遇臣下常務謙柔〔三〕，聽納之間，則自以剛斷。此屏置之座右，豈特無逸之戒也。」賜廣淵御紙、筆墨、黄金等。以上國朝會要。

〔一〕命直龍圖閣王廣淵書洪範一篇於屏　「直龍圖閣」，長編卷二〇八治平三年六月壬子條作「直集賢院」。按王廣淵直集賢院在治平二年正月丁卯，見長編卷二〇四；直龍圖閣在治平三年十月甲申，見長編卷二〇八。會要當誤。

〔二〕以三德爲馭臣之柄尤爲善論　「馭臣之柄尤爲」原缺，據帝學卷七、長編卷二〇八治平三年六月壬子條及玉海卷九一治平欽明殿洪範屏補。

〔三〕朕遇臣下常務謙柔　「遇」原作「接」，「柔」字原缺，據帝學卷七、長編卷二〇八治平三年六月壬子條及玉海卷九一治平欽明殿洪範屏改補。按輯稿「謙」後旁批「柔」字。

神宗熙寧初，改集英殿後瓊英曰需雲。

二年閏十一月，詔：「今後在内修造，係宮殿門内，委提舉内中修造所主領；其係皇城内、宮殿門外者，即令提舉在内修造所施行。」

是年，作慶壽、寶慈二宮。

四年，後苑作玉華殿。

七年，玉華殿後作山亭一，祥鸞閣一，基春殿一。

八年八月二十一日，詔：「都城久失修治，熙寧初，雖嘗設官繕完，費工以數十萬計。今遣人視之，乃頽圮如故。若非特選官總領其役，曠日持久，必不能就緒。可差入内東頭供奉官宋用臣專切提轄修完，其有合申請事件，并令條具聞奏。仍差河北京東揀中崇勝、奉化七指揮及新廢監牧兵士五千人〔一〕，專隸其役。所有上件兵士萬人，隸步軍司。應緣修城役使犯杖罪以下，即令提轄修城所斷遣；内係雖杖罪合干追照，即送步軍司斷遣。每五百人仍許奏選殿直以下至殿侍一人部役。」

〔一〕奉化七指揮及新廢監牧兵士五千人　「七」，長編卷二六七熙寧八年八月庚戌條作「十」。

九月七日〔一〕，廢罷監牧司馬監兵士五千人，以二千人充在京新置廣固四指揮〔二〕，專隸修完京城所工役，於京城四壁置營；三千人添置府界保忠六指揮，於陳留、雍丘、襄邑置營。候修京城畢，其新置保忠指揮額數，即行撥并，仍隸步軍司。非有宣命，不得差使。所有請受，并依保忠例支給。

〔一〕九月七日　「七日」後旁批「重修都城，詔内臣宋用臣董之」，其文見補編頁三一六。按玉海卷一七四建隆修都城載：「熙寧八年九月癸酉，重修都城。」并於小注中引會要云：「八月二十一日，詔内臣宋用臣董之。」

〔二〕以二千人充在京新置廣固四指揮　「固」原作「國」，據長編卷二六八熙寧八年九月丙寅條改。按長編、宋史均有廣固指揮，未見廣國指揮。

是年，造睿思殿。

（九年）六月十六日，詔在京舊城諸門并汴河岸角門，并令三更一點閉，五更一點開。〔一〕

〔一〕按本條前有「九年二月，改正南南河門曰景風」云云，宋史卷八五地理志一内容基本相同，但繫於「北京」下；方域二之三「北京」亦有相似記載。又魏縣、朝城、觀音等門見於五代會要卷一九大名府、舊五代史卷八〇晋高祖紀六，皆屬大名府。故今改移於北京門下。

十年九月十八日，提轄修完京城所言：「准詔，令御書院書寫外城諸門牌額。今汴河上流兩岸南、北水門并曰大通，有此相犯。」詔北門改曰宣澤。又汴河下流南水門，舊曰上善，改曰通津〔一〕。

〔一〕又汴河下流南水門舊曰上善改曰通津　按長編卷二八四熙寧十年九月乙丑條載：「舊汴河下流水門南曰上善、北曰通津。」又方域一之二載：「南曰上善，汴河東水門，……次北曰通津，汴河東水門。」故此汴河下流水門或誤。

十月四日〔一〕，提舉修完京城所言，五丈河上流咸豐門南水門未有名額，詔以永順爲額。

〔一〕十月四日　按玉海卷一七〇太平興國東京城門亦繫於十月，而長編卷二八四則繫於九月十八日乙丑。

是年，改文德殿南門曰端禮〔一〕，左、右長慶隔門曰左、右嘉肅，安樂門曰含和〔二〕，崇政殿北横門曰通極〔三〕，拱宸門裏西横門曰臨華，東華門曰北謻門。

〔一〕改文德殿南門曰端禮　「德」字原缺，據方域三之三二及宋史卷八五地理志一補。

〔二〕安樂門曰含和　按方域三之三二載：「昇平樓次西曰安樂門。」三之三三載：「昇平樓東曰含和門，……又云改安樂門曰含和門。」似乎安樂、含和并非一門。

〔三〕崇政殿北横門曰通極　「政」原作「仁」，據方域三之三三、宋史卷八五地理志一改。

元豐元年十月六日，重修都城訖功，詔知制誥、直學士院孫洙撰記，刻石南薰門上。洙卒，改命知制誥李清臣〔一〕。城周五十里百六十五步，高四丈，廣五丈九尺，外距隍空十五步，内空十步。自熙寧八年九月癸酉興工，以内侍宋用臣董其事，役羡卒萬人，𢪘機輪以發土，財力皆不出於民。初，度功五百七十九萬有奇，至是，所省者十之三。

〔一〕改命知制誥李清臣　按方域一之二二至二三載李清臣記文，眉批：「此段雙行注第十六頁第十一行『知制誥李清臣』下。」本條即出自李氏記文，甚至有語句相同者，如「𢪘機輪以發土」、「度功五百七十九萬有奇」等，會要不太可能再重複收録。又玉海卷一七四元豐修都城亦載李氏記文，文字相同。解開宋會要之謎、上古本均以爲玉海文，是，今删。

十一月十四日，賜度僧牒千，爲修治都城諸門瓦木工直之費。

十二月二日，提點修治京城所言：「修治畢功，壕寨人等乞酬賞。」詔隨功力輕重轉資、減年、支賜有差。

十八日〔一〕，開封府請修治京城，四壁留十步，以墻爲衛，外容車馬往來。詔七步外築墻，留五步爲路，其官私屋有礙者免拆，止據見今地五步外築墻爲路〔二〕。

〔一〕十八日　原作「八月」，顯誤。長編卷二九五繫於元豐元年十二月十八日戊午，據改。

〔二〕止據見今地五步外築墻爲路　「築墻」下原衍「留五步」，與上文重複，據長編卷二九五元豐元年十二月戊午條删。

二年〔一〕，造承極殿并殿前亭二，及殿東小石池一。

〔一〕二年　玉海卷一六〇熙寧睿思殿繫於元豐元年，宋史卷八五地理志一繫於元豐三年。

三年五月十三日，詔賜内東門裏進食門曰會通〔一〕。

〔一〕詔賜内東門裏進食門曰會通　「裏」原作「重」，據長編卷三〇四元豐三年五月乙亥條改。

九月，廢舊城明殿坊入景靈宮〔一〕。

〔一〕廢舊城明殿坊入景靈宮　按上文舊城坊名，此「明殿坊」當爲「明德坊」之誤。

四年四月四日，承議郎胡宗炎言：「夷門山在大内東北〔一〕，當少陽之位，爲都城形勝之所，國姓王氣所在。公私取土於此，岡阜漸成坑塹。伏望禁止，及填塞掘鑿處〔二〕。」司天監定如宗炎所言，從之。

〔一〕夷門山在大内東北　「夷」上原衍「庚」字，據方域一三之一、長編卷三一二元豐四年四月辛酉條删。「大内東北」原作「大東内北」，據長編卷三一二元豐四年四月辛酉條乙正。

〔二〕及填塞掘鑿處　「掘」原作「握」，據方域一三之一、長編卷三一二元豐四年四月辛酉條改。

五年十二月十八日，詔：「在京新城外四壁城壕開闊五十步，下收四十步，深一丈五尺，地脈不及者至泉止。」

是年，延福宮造神御殿，曰燕寧，以奉仁宗、慈聖光獻皇后御容。

六年正月八日，詔：「開新城四面壕，移毀公私舍屋土田，委楊景略估直給之，或還以官地。其官營房及民墳、寺舍，責京城所管認撥移修蓋。」

二月三日，詔給度僧牒千，作京城水門。

五月十三日，尚書刑部言：「切聞京城諸門，或不以時啟閉，公私或以廢事。欲新城門并以日初出入時爲準，委開封府檢察。」從之。

閏六月五日，權開封府推官祖無頗言：「准詔，提舉京城所度量京城裏壁四面離城三十步妨官地民屋〔一〕，按圖摽撥內係百姓税地及屋〔二〕，參驗元契，并估計時價以聞〔三〕。除官屋地不估，百姓屋地百三十家，計直二萬二千六百緡。」詔：「集禧等觀當拆修屋，令京城所管認；其餘官屋，令將作監拆修；民屋價錢〔四〕，令户部以撥券馬錢給〔五〕。」

〔一〕提舉京城所度量京城裏壁四面離城三十步妨官地民屋　「離」原作「雜」，據長編卷三三六元豐六年閏六月己卯條改。

〔二〕按圖摽撥內係百姓税地及屋　「係百姓」原缺，據長編卷三三六元豐六年閏六月己卯條補。

〔三〕并估計時價以聞　「并估計」原缺，據長編卷三三六元豐六年閏六月己卯條補。

〔四〕民屋價錢　「錢」原作「辨」，據長編卷三三六元豐六年閏六月己卯條改。

〔五〕令户部以撥券馬錢給　「券」字原缺，據長編卷三三六元豐六年閏六月己卯條補。

九月十三日，提舉京城所言：「先准朝旨，發夫開新城外壕，候興役，令開封府界提點司與提舉京城所官同提舉。勘會本所見檢計分放工料，難更同提舉。緣今夫役近在輦轂之下，全藉鎮撫，欲望差管軍臣僚都大提舉。」詔開封府界發夫五萬人〔一〕，仍差權開封府推官祖無頗、提點開封府界諸縣鎮公事范峋、殿前都虞候苗授都大提舉編攔〔二〕。

〔一〕詔開封府界發夫五萬人　「府」字原缺，據前後文及長編卷三三九元豐六年九月乙卯條補。

〔二〕殿前都虞候苗授都大提舉編攔　「苗授」原作「苗擾」，據長編卷三三九元豐六年九月乙卯條、宋史卷三五〇苗授傳改。

十月十六日，上批：「來春開封府界起夫五萬開城壕，宜令二月朔入役，庶日景舒長〔一〕，工力易辦，兼於農事未致失時。」

〔一〕庶日景舒長　「舒」字原缺，據長編卷三四〇元豐六年十月戊子條補。

七年六月二十四日，賜專一主管製造軍器所度牒千五百，買木修置京城四御門及諸甕

城門，幫築團敵馬面〔一〕，并給役兵、官吏食錢。〔二〕

〔一〕幫築團敵馬面　「幫」原作「封」，據長編卷三四〇元豐六年十月戊子條改。

〔二〕本條後原有「七月，廢善利、永濟關」，按善利、永濟關屬北京大名府，據方域二之二、宋史卷八五地理志一改移於北京門下。

八年哲宗即位未改元。五月十四日，府界提點范峋〔一〕、侍衛親軍步軍副都指揮使苗授、開封府推官王同老，坐開京城西壁等壕虧空，擅令人出備夫錢，等第罰金。

〔一〕府界提點范峋　「范峋」原作「范峒」，據方域一之一八、長編卷三五六元豐八年五月丙午條改。

哲宗元祐元年正月十二日，工部言：「京城四壁城壕，止以廣固人兵漸次開修，更不差夫。」從之。

十二月二十四日，中書省言：「提舉京城所奏，修治京城所元管大小使臣五十七員〔一〕，今相度可以廢罷四十七人，存留一十員管勾事務。并乞不拘常制，踏逐指名抽差，各與通理，三年爲一任。」從之。

〔一〕修治京城所元管大小使臣五十七員　「五」原作「三」，據後文及長編卷三九三元祐元年十二月戊申條改。

八年十二月十七日，詔：「雪寒，應在京工役去處，自今月十八日後放假三日。」

紹聖元年正月八日，尚書省言：「提舉京城所奏，增築京城訖工。」詔官吏、役兵比類賞之。

閏四月十六日，中書侍郎李清臣言：「奉詔，命臣以元豐二年進撰重修都城記重行校正。緣已經神宗皇帝御覽，自是敘述一時之事，其後增修，自可別命詞臣撰述。」從之。仍令提舉京城所別具增築京城制度，旨差官撰文，相對立石。

五月十八日，提舉京城所奉詔具修築京城制度以聞。詔翰林學士蔡卞撰詞并書。

九月六日，三省言：「有旨，以李清臣先撰都城記於南薰門上立石，差翰林學士蔡卞書。」詔仍令卞篆額。

二年四月二日，宣和殿成。初，哲宗以睿思殿先帝所建，不敢燕處，乃即睿思殿之後，有後苑隙地，僅百許步者，因取以爲宣和殿焉。宣和殿者，止三楹，兩側後有二小沼，臨之以山。殿廣袤纔數丈，制度極小。後太皇太后垂簾之際，爲臣僚論列，遂毀拆，獨餘其址存焉。及徽宗親政〔一〕，久之，宣和於是旋復。徽宗亦踵神宗、哲宗故事，晝日不居寢殿。又以睿思時爲講禮、進膳之所，乃皆就宣和燕息。大觀二年，既再繕葺之，徽宗乃親書，爲之記甚詳，而刻諸石。及重和元年，議改號，因即以爲宣和元年，乃改宣和殿爲保和殿者。宣和之後殿，重和元年所刱也。

〔一〕及徽宗親政 「徽宗」應爲「哲宗」之誤。

三年六月十八日，詔及暑熱，在京工役可給假三日。

徽宗建中靖國元年二月九日〔一〕，詔顯謨閣爲熙明閣。

〔一〕徽宗建中靖國元年二月九日 「二月」原作「三月」，據輯稿職官七之四及玉海卷一六三元符顯謨閣、宋大詔令集卷一六二熙明閣置學士待制詔改。

三月十八日，詔管勾御藥院閻守懃，以見存材植製造防城之具。初，元豐中，城京師樓櫓之類〔一〕，咸極攻堅，所儲莫非良材。至元祐嘗罷之，以其材他用。上令守懃檢校，猶不乏，故俾終其功。

〔一〕城京師樓櫓之類 「櫓」原作「櫓」，按櫓爲居住之所，櫓爲御敵之器，梁溪集卷八九及方域一九之五、一五均有「樓櫓之類」云云，據改。

政和二年五月十六日，詳定九域圖志所言：「今來興仁府輔郡，既以『東』字爲別，即鄭州輔郡，亦合依此以『西』字爲別。潁昌、開德府合冠以南、北輔。兼延安等五府屬縣，已依本所申請，罷稱次赤、畿，即四輔所治縣，自合正名次赤，餘縣合爲次畿。所貴格法從一。」

從之。

四年八月三日，詔改端明殿爲延康殿。

五年四月十日，詔秘書省殿以右文殿爲名。

八月十二日，詔秘書省移於他所，以其地建明堂。

六年二月二十六日〔一〕，詔曰：「朕荷天右，序男女僅五十人，垂休無窮，以次成立，建第築館，指日有期。而京師居民繁夥，居者櫛比，無地可容，深慮移徙居民，毁徹私舍，久安之衆遽棄舊業，或至失所。言念赤子，爲之惻然。可令有司度國之南，展築京城，移置官司、軍營。將來繕修諸王外第與帝姬下嫁，并不得起移居民。」〔二〕

〔一〕六年二月二十六日　「六年」原作「崇寧五年」，據輯稿帝系八之三九及皇朝編年綱目備要（以下簡稱編年綱目備要）卷二八、宋史卷八五地理志一改。

〔二〕按本條原在方域一之二〇「政和二年五月十六日」條前，今改移於此。

八年十月六日，詔宣德門改爲太極之樓。重和元年正月二十五日，詔復依舊名。

宣和二年二月一日〔一〕，詔宣和已紀年號，殿名易爲保和殿。

〔一〕宣和二年二月一日　玉海卷一六〇宣和殿亦繫於宣和二年，皇宋十朝綱要（以下簡稱十朝綱要）卷一八、宋史卷二二徽宗紀四則繫於宣和元年二月四日庚辰。

三年二月二十九日，承議郎樊瀨奏：「竊觀神宗皇帝熙寧間詔有司鑄都城諸門銅符契，依法勘同，復命樞密院約舊制更造銅契，中刻魚形識之〔一〕，各分左右給納，以戒不虞，而啟閉之法嚴於舊矣。元豐初重修外城，僅五十里，增卑培薄，屹然崇墉，遺國家萬世之業，顧不偉哉！比年以來，内城頹缺弗備，行人躐其顛，流潦穿其下。屢閱歲時，未聞有修治之詔，則啟閉雖嚴，豈能周於内外，得不爲國軫憂？欲乞特降緡錢，付之有司，遴選能吏，鳩工董役〔二〕，俾郛郭宏麗，實帝居無窮之賴。」詔差都水使者孟揚提舉修治〔三〕。

〔一〕中刻魚形識之　按長編卷二三四熙寧五年六月丙寅條載：「命樞密院約舊制更造銅契，中刻魚形，以門名識之，分左右給納。」疑輯稿「識之」前脱「以門名」三字。

〔二〕鳩工董役　「役」後原衍「役」字，顯誤，據補編頁三一六删。

〔三〕詔差都水使者孟揚提舉修治　「孟揚」原作「孟楊」。按十朝綱要卷一九靖康元年六月壬戌條、宋史卷九三河渠志三均有孟昌齡及其子揚、揆之記載，且河渠志載孟揚宣和時官都水使者。據改。

六年十二月四日，中書省言：「專切提舉京城所狀，奉詔𪢮築京城，開撩壕河，修葺諸門等，可於宣和七年選日下手。今據本所選到，宜用來年二月二十四日巳正四刻後丙時，并先自京城西南角坤位下手，吉。」從之。

建隆三年正月甲戌，發浚儀民數千廣皇城之東北隅。〔一〕

〔一〕按以下録自補編頁三一六，標目爲「宋皇城」。

五月，命有司案西京宫殿圖修宫城。韓重贇董役。

四年五月十四日，詔李懷義護役。二十四日，明德門成，命陶穀撰碑。

乾德三年四月十三日，導五丈河通皇城爲池。

四年二月七日，帝親視皇城版築之役。

開寶元年正月甲午，發近甸丁夫增修京城。〔一〕

〔一〕按以下録自補編頁三一六，標目爲「宋京城」。

興國四年九月戊子，改京城門名。

至道元年十一月丁卯，二十五日。詔張洎改撰京城内外坊名八十餘〔一〕，分定布列，始有雍洛之制。雍熙二年，欲廣皇城，九月十七日，命劉延翰等經度，畫圖來上，帝恐動民居而止，僅遷出在内三數司而已。

〔一〕詔張洎改撰京城内外坊名八十餘　「張洎」原作「張泊」，據長編卷三八至道元年十一月丁卯條、宋史卷二六七張洎傳改。

祥符元年正月丙子，修東京外城。九年七月丁未，增修築新城。天禧二年三月畢工，天聖元年正月辛卯，發卒增築京城。七月二十四日增築，皇祐元年八月十二日，葺舊城，嘉祐四年正月十一日，修築新舊城，治平元年十月十六日增築。

熙寧八年九月癸酉，重修都城。八月二十一日，詔内臣宋用臣董之。元豐元年十月丁未，六日。告畢，詔知制誥□□□□□□□□□□〔一〕，二年進記。紹聖元年九月六日，刻石於南薰門，蔡卞書篆。初命直學士院孫洙撰記，後改命清臣。

〔一〕按脱文見玉海卷一七四建隆修都城。

元祐三年十月庚子，命將作監丞李士京修京城。紹聖元年正月八日，增築功畢，外門正門爲方城，偏門爲甕城。

西京

【題解】本門見方域一之七至一一，大典卷七六九九「京」字韻「東京」事目收録。整理者於方域一之七天頭批「西京大内」，「大内」字體略小，内容包括西京沿革、京城、大内、皇城，解開宋會要之謎作「西京」，今從之。按本門所載基本見於元河南志卷一京城門坊街隅古蹟及卷四宋城闕古蹟，玉海卷一五八西京大内亦引有會要。結合玉海與河南志來看，輯稿中相當一部分内容原本應爲注文，如大内之「宫城」，玉海及河南志均於「宫城」後注云「舊名紫微城」。然玉海大多只引正文，且引述并不完整，故難以復原。今僅有礙閱讀之處出校加以説明外，餘皆不作處理。又按大典卷八〇七五「城」字韻「城名」事目引有本門部分内容，題爲「宋西京城」，屬複文，已爲輯稿整理者删落，今見補編頁三一六，可資校正。

西京，唐曰洛州，後爲東都、河南府，尋改爲京。梁爲西都，晉復爲西京，國朝因之。

京城周回五十二里〔一〕。南三門：中曰定鼎，東曰長夏，西曰厚載。東三門：中曰羅門，南曰建春，北曰上東。北二門：東曰安喜，西曰徽安。〔二〕城内一百二十坊〔三〕：明教、宜人、淳化、安業、修文、尚善、樂和、正平、修行、崇業、修業〔四〕、旌善、尚賢、敦行、崇政、宣範、恭安、勸善、惠訓、道術、歸德、康俗、敦化、道化、温柔、擇善、道德、仁和、正俗、永豐、修善、思順、福善、惠和、安衆、興教、宣教、陶化、嘉善、通利、樂成、安遠、慈惠、上林、遊奕、集賢、尊賢、章善、賢相、永泰、臨闤、延福、富教、詢善、銅駞〔五〕、崇讓、履道、履信、會節、綏福、從善、睦仁、嘉猷、里仁、永通、利仁、歸仁、懷仁、仁風、静仁、延慶、寧人、寬政、淳風、宣風、觀德、積善、從政、大同、承義、明義、教義、廣利、通濟、懷義、淳和、南里、北里、承福、立德、清化、道光、道義、道政、永福、思恭、歸義、履順、進德、景行、温洛〔六〕、北帝〔七〕、鄰德、敦厚、修義、時泰、時邕、立行、殖業、豐財、教業、毓材〔八〕、德懋、毓德、審教、積德、賜福、教善、興藝、通遠。

〔一〕京城周回五十二里　「五十二里」，河南志卷一京城門坊街隅古跡同，玉海卷一七〇景德太極門、宋史卷八五地理志一作「五十二里九十六步」。河南志引韋述兩京新記作「六十九里二百十步」。

〔二〕按玉海卷一七〇景德太極門、宋史卷八五地理志一均載西京有「西一門，曰闕門」，河南志卷一京城門坊街隅古跡與輯稿皆無，疑脱。

〔三〕城内一百二十坊　按補編頁三一六「内」下有「凡」字。

〔四〕修業　原缺，據河南志卷一京城門坊街隅古跡補。按西京城内一百二十坊，輯稿僅録一百一十九坊。

〔五〕銅駞　「駞」原作「馳」，據補編頁三一六改。按太平廣記卷四一五薛弘機、河南志卷一京城門坊街隅古跡作「銅駝」，「駝」、「駞」通。

〔六〕温洛　「洛」原作「落」，據補編頁三一六及河南志卷一京城門坊街隅古跡改。

〔七〕北帝　「帝」，補編頁三一六同，河南志卷一京城門坊街隅古跡作「市」。

〔八〕毓材　「材」原作「財」，據河南志卷一京城門坊街隅古跡及南部新書庚改。按補編頁三一六作「才」。

大内〔一〕，據京城之西北。宮城周回九里三百步，舊名紫微城。南面三門：正南曰五鳳樓，國初建名〔二〕；東曰興教，西曰光政，隋唐舊名。東面一門曰蒼龍，隋唐曰重光，後改。西面一門曰金虎，隋曰寶城，唐曰嘉豫，後改。北面一門曰拱宸，隋唐曰玄武，大中祥符中改今名。

〔一〕大内　輯稿天頭原批「大内宮城」。

〔二〕國初建名　按河南志卷四宋城闕古蹟云：「因唐天祐之名。」又卷四唐城闕古蹟載，應天門，「天祐二年改五鳳樓」。

五鳳樓内正南内太極殿門〔一〕，隋曰永泰，唐曰通天、乾元，太平興國三年名太極門，景德四年改今名。門東西各有門，唐初曰萬春、千秋，今無榜。太極殿門外東西横門曰左、右永泰門，隋曰東、西華，唐曰左、右延福，後改。正殿曰太極殿，隋曰乾陽，唐初曰乾元、明堂，後改含元，梁曰朝元，後唐曰明堂，晉曰宣德，後復爲明堂，太平興國三年改今名。殿前有左、右龍尾道，日樓、月樓，東、西横門曰日華、月華，殿後有柱廊。次天興殿，舊曰太極後殿，太平興國三年改今名。後有殿閣，其地即隋之大業，唐之天堂。後門北對建禮門。太極殿門之西面，南曰應天門，唐曰敷政、光範，後改。次北曰乾元門，唐曰千福、乾化，後改。次北曰敷政門，唐曰武成、宣政，後改。次北曰文明殿，唐曰真觀〔二〕，梁曰文明，殿東南隅有鼓樓，西南隅有鐘樓，東西橫門曰左、右延福門，殿兩挾曰東上、西上閤門，殿後有柱廊。次曰垂拱殿，唐曰延英，太平興國三年改今名，殿後通天門，復有柱廊〔三〕。

〔一〕五鳳樓內正南內太極殿門　「正南內」，方域三之三七引京都雜録同，河南志卷四宋城闕古蹟作「正內曰」。輯稿「內」疑誤。

〔二〕唐曰真觀　「真」，舊唐書卷二〇下哀帝紀、舊五代史卷四梁太祖紀四、河南志卷四宋城闕古蹟作「貞」，五代會要卷五大內、玉海卷一六〇文明殿作「正」。故殿名原爲貞觀，宋時避諱改「貞」爲「正」或「真」。

〔三〕復有柱廊　「復」，河南志卷四宋城闕古蹟作「後」。

興教門內曰左安禮門〔一〕，隋唐曰會昌門。西北曰鑾和，太平興國三年以車輅院門改今名。左安禮門北曰左興善門，唐曰左銀臺，梁改。其北左銀臺門，唐曰左章善，梁改。光政門內西偏右安禮門，隋唐曰景運，後改。次西橫門曰永福門，後唐之名。右安禮門北曰右興善門，唐曰右銀臺，梁改。蒼龍門之正西有東隔門，次西曰膺福門，唐曰含章，後改。次西接通天門柱廊。金虎門之正東有西隔門，次東曰千秋門，唐曰金鑾，後改。次東接通天門柱廊。

〔一〕興教門内曰左安禮門　「左」下原衍「右」字，據方域三之三九、河南志卷四宋城闕古蹟删。

建禮門，在天興殿後，南對五鳳樓，有隔門〔二〕。次北拱宸門。建禮門之西曰廣壽殿門，門内廣壽殿，唐曰嘉慶，後唐改。殿後隔舍即内東門道，其北明德殿，太平興國三年改廣壽第二殿曰明德，第三殿曰天和，第四殿曰崇徽〔三〕。其次天和殿，其次崇徽殿〔三〕。廣壽殿門之西曰明福門，其次北廊接通天門〔四〕，南對文明殿。明福門内曰天福殿門，門内天福殿，唐曰崇勳，後唐曰中興，晉改今名。其次太清樓，後唐曰絳霄，太平興國三年改寢殿曰太清，第二殿曰思政，第三殿曰延春〔五〕。其次思政殿，其次延春殿。其次面北曰武德殿，後唐曰解卸〔六〕，又曰端明，太平興國三年改今名。明福門之西曰金鑾殿〔七〕，唐曰太極，又名思政，梁改今名。其次壽昌殿，梁曰雍和，太平興國三年改金鑾第二殿曰壽昌，第三殿曰玉華，第四殿曰長壽，第五殿曰甘露，第六殿曰乾陽，第七殿曰嘉興〔八〕。其次玉華殿，其次甘露殿，其次長壽殿〔九〕，其次乾陽殿，其次嘉興殿。金鑾殿門之西曰含光殿門，門内含光殿，宴殿也，其南廊有裝戲院。殿東廊後有紫雲樓〔一〇〕，宮中觀宴之所。樓前射弓小殿〔一一〕。含光殿後洗澤宮一位。

〔一〕有隔門　方域三之三九亦言「有隔門」，河南志卷四宋城闕古蹟「有」前有「北」字，疑會要脱。

〔二〕太平興國三年改廣壽第二殿曰明德第三殿曰天和第四殿曰崇徽　按上古本疑其原爲注文，當是。

〔三〕其次崇徽殿　「殿」字原缺，據玉海卷一五八西京大内、河南志卷四宋城闕古蹟補。

〔四〕其次北廊接通天門　「廊」原作「廓」，據上下文及方域三之三六改。另河南志卷四宋城闕古蹟作「其柱廊接通天門」。

〔五〕後唐曰絳霄太平興國三年改寢殿曰太清第二殿曰思政第三殿曰延春　會要原本當爲注文。

〔六〕後唐曰解卸　「卸」原作「御」，據舊五代史卷三二唐莊宗紀五、河南志卷四宋城闕古蹟改。

〔七〕明福門之西曰金鑾殿　河南志卷四宋城闕古蹟作「明福門之西曰金鑾殿門，門内金鑾殿」，按下文有「金鑾殿門之西」云云，則此句疑脱「金鑾殿門内」數字。又「鑾」，方域三之三九、百衲本舊五代史卷四梁太祖紀四、宋史卷八五地理志一作「鸞」。

〔八〕梁曰雍和太平興國三年改金鑾第二殿曰壽昌第三殿曰玉華第四殿曰長壽第五殿曰甘露第六殿曰乾陽第七殿曰嘉興　按會要原本當爲注文。「嘉興」，宋史卷八五地理志一作「善興」。

〔九〕其次甘露殿其次長壽殿　按玉海卷一五八西京大内所引會要及河南志卷四宋城闕古蹟亦有相同記載，然前文言「第四殿曰長壽，第五殿曰甘露」，二殿順序相左，疑誤。或會要原本即前後矛盾。

〔一〇〕殿東廊後有紫雲樓　「廊」原作「廓」，據上下文及河南志卷四宋城闕古蹟改。

〔一一〕樓前射弓小殿　「射弓小殿」，玉海卷一五八西京大内作「射殿」，河南志卷四宋城闕古蹟作「射弓小院」，宋史卷八五地理志一作「射弓殿」。

建禮門北之東廊曰內東門，其北即北隔門〔一〕。門南之西廊曰保寧門，門西有隔門。門內面南有講武殿，唐曰文思毬場，梁以行從殿爲興安殿毬場〔二〕，後改今名。殿後有柱廊，有後殿無名、隔門，相對西隔門。門西淑景亭，又有隔門。以西入後苑，內有長春殿，後唐建名〔三〕，殿有柱廊。後殿以西即十字池亭〔四〕，其南砌臺、冰井。婆羅亭〔五〕，貯奇石處，世傳是李德裕醒酒石，以水沃之，有林木自然之狀，謂之「婆羅石」，故以名亭。前有九江池〔六〕，一名九曲池。其南有內園門，在含光殿門之西〔七〕。

〔一〕建禮門北之東廊曰內東門其北即北隔門　河南志卷四宋城闕古蹟所載差異較大，其文云：「建禮門北之東廊曰御厨，相對即內東門，北賜食廳，其外即北隔門。」

〔二〕梁以行從殿爲興安殿毬場　按五代會要卷五大內、舊五代史卷五梁太祖紀五及河南志卷四宋城闕古蹟皆作「行從殿爲興安殿，毬場爲興安毬場」。疑輯稿有脱誤。

〔三〕後唐建名　「名」原作「石」，據方域三之四改。河南志卷四宋城闕古蹟作「後唐同光二年建」。

〔四〕後殿以西即十字池亭　「十字池亭」，宋史卷八五地理志一作「十字亭」。

〔五〕婆羅亭　「婆」，宋史卷八五地理志一、河南志卷四宋城闕古蹟作「娑」。按輯稿崇儒七之四〇及方域三之一五皆作「婆」，又下文有「婆羅石」。宋史、河南志或誤。

〔六〕前有九江池　「江」原作「河」，據玉海卷一七一唐九洲池、宋史卷八五地理志一、河南志卷四宋城闕古蹟改。

〔七〕在含光殿門之西　「在」原作「左」，據方域三之三八、河南志卷四宋城闕古蹟改。

東宫，在蒼龍門之西，與左銀臺門相對〔一〕，其門在東池門之内〔二〕。宫後東池門内有飛龍院，西有散甲殿，梁改弓箭庫殿爲宣威，後改今名。殿後柱廊，有後殿，其北相對有夾道門，在拱宸門内。

〔一〕與左銀臺門相對 「與」原作「興」，形近而訛，今改。

〔二〕其門在東池門之内 「其門」，方域三之三八、河南志卷四宋城闕古蹟均作「後門」。又按此句及「與左銀臺門相對」原當爲注文。

皇城，隋曰太微城，亦號南城，宫城之外夾城。南面三門：中曰端門，北對五鳳樓，南對定鼎門；東曰左掖，西曰右掖。東面一門：南曰賓耀，隋曰東太陽，唐曰東明，後改；北曰啟明，西對宫城之蒼龍門。西面二門〔一〕：南曰金耀，隋曰西太陽，後改；北曰乾通，東對宫城之金虎門。西面外夾城又二門〔二〕：南曰麗景，東對金耀門；北曰開化，東對乾通門。北面一門曰應福，五代以來曰甲馬門，蓋諸班直宿其内〔三〕。次北右軍一門〔四〕，在光政門之西，門内皆班院及御園。〔五〕

〔一〕西面二門 「二」原作「三」，據方域三之三七、三八及玉海卷一七〇景德太極門、宋史卷八五地理志一改。

〔二〕西面外夾城又二門 「夾」原作「挾」，據河南志卷四宋城闕古蹟改。

〔三〕蓋諸班直宿其内 「直宿」原倒，據河南志卷四宋城闕古蹟乙正。

〔四〕次北右軍一門　「北」，河南志卷四宋城闕古蹟作「西」。按此句之前，宋城闕古蹟又有「次北左軍二門，在興教門之東」云云。

〔五〕按此段皇城城門之記載與河南志大致相同，但與玉海卷一七〇景德太極門、宋史卷八五地理志一差異較大。如玉海與宋史均載宮城東西有夾城，東二門爲賓耀、啟明，西二門爲金耀、乾通，皇城東一門爲宣仁，西三門爲麗景、開化、應福。

東城，宫東之外城也，隋築。東面一門曰宣仁〔一〕，東對上東門。南面一門曰承福，今爲洛陽監前門。北面一門曰含嘉，今不復有門構。

〔一〕東面一門曰宣仁　按玉海卷一七〇景德太極門、宋史卷八五地理志一載宣仁爲皇城東門。

以上國朝會要。

西京雜録

【題解】本門見方域一之二四至二五，大典卷七六九八「京」字韻「西京」事目收録。整理者於方域一之二四「宋會要」下楷書批「西京雜録」。本門起真宗景德二年八月十三日，迄徽宗政和四年二月十四日。

景德二年八月十三日〔一〕，以將朝陵，詔西京八作司修葺大内及諸司廨舍。

〔一〕景德二年八月十三日　按長編卷六〇繫於景德二年五月六日癸丑。

四年二月二十一日，詔曰：「國家經制，動著於典常；殿闥規模，上符於天象。緬維烈祖〔一〕，嘗幸舊都，修宫闕以未成，正名稱而靡暇。今因巡省，周覽禁庭，縣示於人，題號非便，須從改作，用協彝章。其明堂殿前三門改爲太極門。其諸殿諸名號，宜令崇文院檢討詳定以聞。」〔二〕

〔一〕緬維烈祖 「烈」原作「列」，據玉海卷一七〇景德太極門、宋大詔令集卷一七九太極殿門詔改。
〔二〕按本條與宋大詔令集卷一七九太極殿門詔文字差異較大，此不一一注明。

大中祥符四年三月十四日，祀汾陰迴，駐蹕，將賜酺，有司請改五鳳樓名以彰慶宴。詔以太祖建樓，因瑞應立名，不可更也。

仁宗景祐元年九月十五日，宰臣王曾言：「西京水南地里闊遠，居民甚多，并無城池，望令漸次修築。」詔知河南府李若谷計度興築。

神宗熙寧二年十月十六日，京西轉運司言：「西京大內損壞屋宇，比舊少四千餘間矣，乞於春首差中使一員，計會留守司通判檢定翻修，每二間折翖修之數一間。」詔令通判檢定，本京修葺，轉運司提舉。

四年二月十一日，詔京西轉運司每年撥錢一萬貫，買材木，修西京大內。

元豐七年七月四日，尚書工部言：「知河南府韓絳乞修大內長春殿等，欲下轉運司支歲認買木錢萬緡。」從之。

十日，知河南府韓絳言：「近被水災，自大內天津橋、堤堰、河道、城壁、軍營、庫務等皆傾壞。聞轉運司財用匱乏，必難出辦。役兵累經剗刷，府官職事繁多。欲望許臣總領，賜錢十萬緡，選京朝官、選人、使臣各三五人〔一〕，與本府官分頭補治。乞發諸路役兵三四千人。」

詔轉運司於經費餘錢支十萬緡，令沈希顏往來與韓絳同提舉營葺；及選使臣三五員〔二〕，役兵於本路剗刷一千人，如不足，即雇工。

〔一〕使臣各三五人　「三五」，長編卷三四七元豐七年七月丁未條作「三十五」。輯稿當誤。

〔二〕及選使臣三五員　「三五」，長編卷三四七元豐七年七月丁未條作「三」。

徽宗政和三年十二月三日，詔：「見修西京大内，竊慮亂有采伐窠木、損毀古跡去處。仰王鑄覺察以聞，違者以違御筆論。」

四年二月十四日，詔：「西京大内近降指揮補飾添修〔一〕。或聞官有計度，甚失本意。如實頽圮朽腐，方許整葺，不得過侈。」以上續國朝會要。

〔一〕西京大内近降指揮補飾添修　「内」原作「京」，據上文改。

南京雜録

【題解】本門見方域二之一，大典卷七七〇一「京」字韻「南京」事目收録。整理者於方域二之一首行「宋會要」下行書批「南京」。按本門體例與東京雜録門、西京雜録門相類，且方域三之四六至四七亦多處引「南京雜録」，故改門名曰南京雜録。本門起真宗景德三年二月，迄仁宗慶曆五年九月十八日。

真宗景德三年二月，詔曰：「睢陽奥區，平臺舊壤。兩漢之盛，并建於戚藩；五代以還，荐升於節制。地望雄於征鎮，疆理接於神州。實都畿近輔之邦，乃帝業肇基之地。恭惟聖祖，誕慶鴻圖〔一〕，爰於歷試之初，兼領元戎之寄。謳謡所集〔二〕，符命荐臻。殆兹累朝，俯同列郡。式昭茂烈，宜錫崇名。用彰神武之功，且表興王之盛。宜升爲應天府〔三〕，宋城縣爲次赤，寧陵、楚丘、柘城、下邑、穀熟、虞城等縣并爲次畿。」

〔一〕誕慶鴻圖　「慶」，宋大詔令集卷一五九升宋州爲應天府詔作「啟」。
〔二〕謳謡所集　「謡」，宋大詔令集卷一五九升宋州爲應天府詔作「歌」。

〔三〕宜升爲應天府　宋大詔令集卷一五九升宋州爲應天府詔「宜」前有「宋州」二字。

大中祥符七年正月二十九日，詔曰：「睢水名區，實一方之都會；商丘奥壤，爲三代之舊邦。形勢表於山河，忠烈存於風俗。惟文祖之歷試，蓋王命之初基。今者伸款謁於檜庭，既揚茂則；徇徯來於竹苑，方霈湛恩。期克壯帝猷，俾肇新京邑〔一〕，用志興王之地，允符追孝之心。應天府宜升爲南京，正殿以『歸德』爲名。咨爾都民，承予世德，慶靈所佑，感悦良多。」〔二〕

〔一〕俾肇新京邑　「新」原作「所」，據大典卷七七〇一「京」字韻「南京」事目所引會要、輯稿禮一三之二五改。

〔二〕按宋大詔令集卷一五九有升應天府爲南京曲赦應天府及至京所過縣流以下制，時間在大中祥符七年正月丙辰，即二十九日，然詔令内容與輯稿幾無相同之處。又按樂全集卷二五奏請修南京内殿門闕事及玉海卷一六宋朝四京亦引升應天府爲南京詔之局部，玉海所引與樂全集同，但不見於宋大詔令集與輯稿。

二月一日〔一〕，詔名南京南門曰崇禮〔二〕，雙門曰祥輝，外西門曰迴鑾。

〔一〕二月一日　「月」原作「日」，據大典卷七七〇一「京」字韻「南京」事目引會要改。

〔二〕詔名南京南門曰崇禮　「南門」原脱「南」字，據輯稿禮五一之六及宋史卷八五地理志一補。

三日，以主客郎中、知應天府馬元方兼南京留守司事，合置官屬名目，下審官院、流内銓，一如西京之式。

三月十三日，詔名南京城大東門曰昭仁，小東門曰延和，小西門曰順成，北門曰靖安，新隔門曰承慶。

仁宗慶曆五年九月十八日，置南京留司御史臺。

北京雜録

【題解】本門見方域二之一至二，大典卷七七〇二「京」字韻「北京」事目收録。整理者於方域二之一末「宋會要」下行書批「北京」。按本門體例與東京雜録門、西京雜録門相類，且方域三之四〇即引有北京雜録，據改。本門起仁宗慶曆二年五月，迄神宗元豐七年七月。

仁宗慶曆二年五月，詔曰：「相邑設都，所以因地形之勝；省方展義，所以考民風之宜。乃眷魏郊，實當河麓，席萬盈之懿兆，冠千里之上腴。隱然北門，壯我中夏。洪惟聖考，頃駐琱輿〔一〕，宮館并存，威靈如在。緬懷凝烈，有述於孝思〔二〕；嘉慰傒來，敢忘於時邁？載恢舊制，崇建別京，懋昭善繼之猷〔三〕，仍奐維新之澤。大名府宜升爲北京〔四〕，先朝駐蹕行宮正殿以『班瑞』爲名。其修葺行宮屋宇，并給官錢，毋得科率。」

〔一〕頃駐琱輿「頃」原作「順」，據宋大詔令集卷一五九建北京德音改。

〔二〕有述於孝思「有述」，宋大詔令集卷一五九建北京德音作「彌切」。

〔三〕懋昭善繼之猷 「懋」原作「茂」，據大典卷七七〇二「京」字韻「北京」事目引會要改。

〔四〕大名府宜升爲北京 「升」原作「居」，據宋大詔令集卷一五九建北京德音改。

六月十七日，以樞密副使、右諫議大夫任中師爲修建北京使，翰林學士、尚書禮部郎中、知制誥、史館修撰蘇紳爲修建北京副使。〔一〕

〔一〕按長編卷一三七載，任中師官修建北京使在慶曆二年六月十七日戊子，而蘇紳任修建北京副使在六月二十七日戊戌。

七月十二日，以北京行宮中門爲順豫〔一〕。

〔一〕以北京行宮中門爲順豫 「中」字原缺，據方域三之四〇、玉海卷一六〇慶曆北京班瑞殿補。

八月十七日，出内藏庫緡錢十萬，修北京行宮。

閏九月一日，詔：「比建北京，以備巡幸，其供儗之物，宜令有司辦置，毋或擾民。」

三年二月六日，北京行宮便殿爲靖方。

七年六月二十一日，置北京留守司御史台。

神宗熙寧八年十二月九日〔一〕，賜内外城門名，南河門曰景風，南博門曰亨嘉〔二〕，朝城縣門曰安流，朝城羅門曰巽齊，冠氏門曰華景，冠氏羅門曰春祺，上水關曰善利，北河門曰安平，北博門曰耀德〔三〕，魏縣門曰寶成，魏縣羅門曰利和，觀音門曰安正，觀音羅門曰靜方，下水關曰永濟。左、右四廂凡二十三坊：永寧、延福、靖安、惠安、宜春、敦信、安仁、善化、七賢、大安、德教、宜春〔四〕、崇化、三市、普寧、廣利、長樂、景行、景明、鳳臺、延康、福善、保安。

〔一〕神宗熙寧八年十二月九日　玉海卷一六宋朝四京同，宋史卷八五地理志一作「熙寧九年」，方域一之一五作「熙寧九年二月」。

〔二〕南博門曰亨嘉　「南博」，宋史卷八五地理志一作「南塼」。按舊五代史卷八〇晉高祖紀六不同版本或作「博」，或作「塼」。

〔三〕北博門曰耀德　「北博」，宋史卷八五地理志一作「北磚」。按舊五代史卷八〇晉高祖紀六不同版本或作「博」，或作「塼」。

〔四〕宜春　按前文已有之，疑誤。

九年二月，改正南南河門曰景風，南博曰亨嘉，鼓角曰阜昌；正北北河門曰安平，北塼曰耀德；正東冠氏門曰華景，冠氏第二重曰春祺，子城東曰泰通；正西魏縣門曰寶城〔一〕，魏縣第二重曰利和，子城西曰宣澤；東南朝城門曰安流，朝城第二重曰巽齊；西南觀音門曰安正，觀音第二重曰靜方〔二〕；上水關曰善利，下水關曰永濟。内城創置北門，曰靖武。〔三〕

〔一〕正西魏縣門曰寶城　「寶城」，方域一之三、宋史卷八五地理志一作「寶成」。

〔二〕西南觀音門曰安正觀音第二重曰静方　「第二」前「門曰安正觀音」原爲旁批，宋史卷八五地理志一亦有之，故補。

〔三〕按本條原誤入方域一之一五東京雜録門，今改移於此，與前「神宗熙寧八年十二月九日」條内容接近，但不完全相同，故兩存。

元豐七年七月〔一〕，廢善利、永濟關。〔二〕

〔一〕元豐七年七月　「元豐七年」原無，據方域一之一八及宋史卷八五地理志一補。

〔二〕按本條原誤入方域一之一八東京雜録門，今改移於此。

行在所

【題解】本門見方域二之三至二三，大典卷一〇九四〇「所」字韻「行在所」事目收録。整理者於方域二之三「宋會要」下草書批「行在所」，下又楷書批「臨安府」。本門原有較多衍字，且有删改之跡，凡明確删去者，皆不再出校。另清本將方域二之二四至二五拆分，按時間順序添於本門相關條目之後，在此一并説明，亦不一一出校。本門起高宗建炎元年五月二日，迄寧宗嘉泰二年八月十八日。

舊係京都雜録。自建炎以來車駕巡幸，至紹興八年駐蹕臨安爲行在。

高宗建炎元年五月二日，詔江寧府修建景靈宫〔一〕，諸帝共作一殿，諸后共作一殿。

〔一〕詔江寧府修建景靈宫　「景」下原衍「臨」字，據補編頁二九及建炎以來繫年要録（以下簡稱繫年要録）卷五建炎元年五月辛卯條删。

六月一日，詔：「已降指揮，令永興軍、襄陽府、江寧府准備巡幸，仰逐處守臣營葺城池，建置宫室、官府，務從簡易，不得搔擾。以近便州郡神霄宫并空閑提舉廨舍之類，撥移逐路漕司及提舉常平司錢物應副，如不足，具數申尚書省。」

三日，詔潛邸以「升暘宫」爲名〔一〕。

〔一〕詔潛邸以升暘宫爲名　「暘」原作「賜」，據繫年要録卷六建炎元年六月辛酉條、玉海卷一五八建炎升暘宫、皇朝中興紀事本末（以下簡稱中興紀事本末）卷一下改。

七月十三日〔一〕，詔：「權時之宜，法古巡狩，駐蹕近甸，號召軍馬，以防金人秋高氣寒，再來入寇〔二〕。朕將親督六師〔三〕，以援京城及河北、河東諸路，與之決戰。已詔迎奉元祐太后〔四〕，津遣六宫及衛士家屬，置之東南，朕與群臣將士獨留中原，以爲爾京城及萬方百姓請命於皇天。庶幾天意昭答，中國之勢寢彊，歸宅故都，迎還二聖〔五〕，以稱朕夙夜憂勤之意。應在京屯兵聚糧〔六〕，修治樓櫓器具〔七〕，并令留守司、京城所、户部疾速措置施行。」

〔一〕七月十三日　「十三日」，繫年要録卷七、皇宋中興兩朝聖政（以下簡稱兩朝聖政）卷二、輯稿兵七之一四同，而梁溪集卷一八〇、三朝北盟會編（以下簡稱會編）卷一一一繫於十五日。

〔二〕再來入寇　「再」原作「賊」，據輯稿兵七之一五、梁溪集卷三四敕牓獨留中原詔、會編卷一一一改。

〔三〕朕將親督六師　「將」字原缺，據輯稿兵七之一五、繫年要録卷七建炎元年七月辛丑條、會編卷一一一、宋史卷二四禮志二七補。

〔四〕已詔迎奉元祐太后　「迎奉」，兩朝聖政卷二、輯稿兵七之一五同，梁溪集卷一八〇、繫年要録卷七建炎元年七月辛丑條、會編卷一一一作「奉迎」。

〔五〕迎還二聖　「還」原作「奉」，據繫年要録卷七建炎元年七月辛丑條、會編卷一一一、宋史卷一一四禮志一七改。按輯稿兵七之一五作「還迎」，當爲「迎還」之誤。

〔六〕應在京屯兵聚糧　「京」字原缺，據輯稿兵七之一五、梁溪集卷三四敕牓獨留中原詔、繫年要録卷七建炎元年七月辛丑條、會編卷一一一補。

〔七〕修治樓櫓器具　「器具」原倒，據輯稿兵七之一五、繫年要録卷七建炎元年七月辛丑條、會編卷一一一乙正。

九月七日，詔：「將來巡幸，駐蹕揚州，可行下知揚州呂頤浩修治城池，差膳部員外郎陳兗幹辦頓遞、行宫一行官吏將佐軍兵安泊去處，虞部員外郎李儔幹辦舟船，并樁辦糧草，發運使李祐、淮南轉運使李傳正并差隨軍轉運使。」

十日，手詔：「荆襄、關陝、江淮皆備巡幸，并令因舊就簡，無得搔擾。凡巡幸所過與所止之處，當使百姓莫不預知〔一〕：朕飲食取足以養氣體〔二〕，不事豐美；亭傳取足以庇風雨，不易卑陋；什器輕便，不求備用；供帳簡寡，不求備儀。可齎以行，皆無取於州縣。橋梁舟楫，取足渡濟，道路毋治，官吏毋出，一切無所追呼。隨從臣寮皆體朕意，有司百吏敢搔擾者，重寘於法。唯是軍馬芻糧，必務豐潔，將士寨栅，必令寬爽，官吏無得少懈。部使者皆朕耳目之官，違戒勑而不以上聞者，與同罪〔三〕。若自爲搔擾，罰更加重。仍許民户越訴。」

〔一〕當使百姓莫不預知　「莫不」原缺，據繫年要録卷九建炎元年九月丁酉條、兩朝聖政卷二補。按會編卷一一三作「若不」，或爲「莫不」之誤。

〔二〕朕飲食取足以養氣體　「氣體」原倒，據繫年要録卷九建炎元年九月丁酉條、兩朝聖政卷二、會編卷一一三乙正。

〔三〕與同罪　「與」原作「興」，據會編卷一一三改。

二十二日，詔：「暫駐蹕淮甸，庶使四方有警，皆易應换〔一〕。除河北、河東已相繼發兵，及京師已應副綱運并委措置防拓外，可分留精兵，科撥錢物，於應天、拱、泗州等處防守。應合行事務，令三省、樞密院同共措置。今來巡幸，應科撥舟船，分定帶行及存留官吏數目，措置賞罰，遣發先後次序，般載圖籍文案、户部錢物及准備隨行支遣之物；申嚴斥堠，通報平安，止絶官吏離任迎謁，關防僞冒，覺察姦細，掩襲盜賊，拘截逃亡；批支口券食錢〔二〕，預行下沿路實支數目，供辦置買飲食實數，關防一切搔擾；申嚴沿邊及近地防守措置，并創置控扼、督責征誅等，并令三省、樞密院別措置行下。」

〔一〕皆易應换　「换」疑「援」之誤，按清本眉批「『换』疑『援』」。輯稿禮五二之一二作「皆易接應」。

〔二〕批支口券食錢　「支」原作「文」。按輯稿職官五二之一八、兵二四之四二均有「批支口券」云云，故改。

是日，又差漕臣黄敦書專切隨軍應副錢糧〔一〕，差提刑高士曈專切隨軍應副鄉兵、弓手之類，所用錢糧、人兵、器甲等，全籍諸處同力應副，方可辦集。竊慮故有阻難，移文牽制，不即應副，其合幹人并許追赴行司，便宜行遣，官員奏劾，或一面送官司根治。所辟官請給、人從，并依新任支破，與理爲在任月日，仍破驛券、遞馬，不許受諸州送饋。自被受公文，限一日起發，不得託故。

〔一〕又差漕臣黄敦書專切隨軍應副錢糧 「又」下疑脱「詔」字。

同日，三省、樞密院言：「車駕巡幸，駕船人兵，令工部取會座船綱，逐船依料數，除棹梢外合用駕船人兵實數，欲下都統制官於諸軍内選差東南及牙兵撥充。其軍兵更番所乘舟船，并逐船官吏下自有人從共一十人已上者，乞并不差。」從之。

二十七日，都省言：「車駕巡幸進發日已定，竊慮行在及東京百司官如擅離職守。」詔：「見今行在及東京百司官如擅離任所，并追官勒停根捉，就本處付獄根勘，令刑部疾速施行。」

二十八日，詔：「川陜成都、京兆府，京西襄、鄧州，荆湖潭州、荆南府，江淮江寧府、揚州，仰逐路漕臣積聚錢糧，帥守修治城壘、宫室、官舍，以備時巡省、觀風俗，務從儉約，勿致搔擾。」

二年二月十一日，東京留守司遣委開封府判官專管使院公事范世延、開封府左推官鮮于繪齎捧在京士庶表章，恭請聖駕，并進呈修城開壕一切了畢圖本。詔令閤門引見上殿。

三年二月十三日，車駕至杭州，以州治爲行宫，以顯寧寺爲尚書省。

十四日，車駕初至杭州，霖雨不止〔一〕，執政葉夢得奏事畢，因言：「州治屋宇不多，六宫居必隘窄，且東南春夏之交，多雨蒸潤，非京師比。」上曰：「亦不覺窄，但卑濕爾。然自過江，百官六軍皆失所，朕何敢獨求安？今寢處尚在堂外，當俟將士官屬各得所居，遷徙之人稍有所歸，朕方敢入正寢。」

〔一〕霖雨不止　「止」原作「至」，據揮麈録後録餘話卷一改。

二月十六日，德音：「應今來巡幸經過州軍民户，特與蠲免今年夏税以聞。車駕經過之後，州縣將民間元科借物色未足之數尚行追納，委實搔擾，可限指揮到日住罷。如違，許人户越訴。」

同日，德音：「今來巡幸，沿路州縣排辦去處，備見勤勞，仰守臣保明實宣力人，當議推恩。」

三月一日，詔：「昨金人逼近，暫至錢塘，每念中原，未嘗敢忘。今據探報，賊馬歸回，已離揚州，錢塘非可久留，便當移駐江寧府，經理中原之事。可於四月上旬擇日進發。應江寧府合預排辦并沿路一行程頓等事，有司疾速施行，務要前期趁辦。應副諸軍外，餘事盡從簡便，不得搔擾。」

三日，禮部侍郎、充御營使司參贊軍事張浚言：「近日鑾輿過平江府〔一〕，扈從需索，其數尚多。欲乞外擇臣寮可與經營者數人，内侍忠信謹願者一二，其餘六宮、朝廷，悉留杭州。」詔候到江寧府取旨。

〔一〕近日鑾輿過平江府 「江」字原缺，按政和三年升蘇州爲平江府，宋無「平府」，據補。

同日，詔金部郎中李迨、金部員外郎高士佃差主管車駕巡幸隨行左藏庫錢物官，兩浙轉運副使劉誨差主管車駕巡幸錢糧官。

同日，知常州周杞言：「車駕巡幸到州，臣逐急權就倚郭武進縣治事。緣州衙係御座之處，未敢擅便還入。」詔除曾經安設御座、御榻之處外，餘并賜依舊作州衙。其餘沿路州縣及今後巡幸去處并准此。

二十八日〔二〕，詔曰：「國家歷運中微，干戈未弭，因時巡省，蓋順權宜。以江寧府王氣龍盤，地形繡錯。據大江之險，茲惟用武之邦；當六路之衝，實有豐財之便。將移前蹕，暫駐大邦[二]。外以控制於多方，内以經營乎中國[三]。尚慮有司排辦，過於奉承，百姓追呼，疲於道路。儻齊民之或擾，豈菲德之敢安！將來巡幸緣路州郡及兩浙路[四]、江東監司、江寧府，不得分毫騷擾，以安人心。」

〔一〕二十八日　按會編卷一二三繫於二月二十八日。
〔二〕暫駐大邦　「駐」原作「住」，據輯稿禮五二之一三、會編卷一二三、景定建康志卷三改。
〔三〕内以經營乎中國　「經營」原倒，據輯稿禮五二之一三、會編卷一二三、景定建康志卷三乙正。
〔四〕將來巡幸緣路州郡及兩浙路　「緣」原作「公」，據輯稿禮五二之一三、景定建康志卷三改。會編卷一二三作「沿」。

五月八日，車駕至建康府，駐蹕於神霄宫。

六月十二日，上諭宰臣曰：「得鎮江奏報，十日皇太后進發，出鎮江府門，遇雨復回，次第來日須到，朕當躬往迎接。既已定日，雖遇雨亦不宜住，蓋沿路州縣頓遞、衛士飲食之類既已排辦，若滯留一日，則又縻費騷擾。朕前日自鎮江來，塗中雖遇雨，亦不曾住。來日郊迎太母，已令備辦雨具，卿等可詣宫觀祈晴，朕當降香以往。」吕頤浩等奉命而退。

七月二十八日，宰臣吕頤浩等進呈權知三省、樞密院前往洪州分掌事件：

一、六部常程依格法事務并從權知三省、樞密院官奏行。雖非常程而待報不及者亦聽裁决。

一、權知三省、樞密院應分遣文書，并合通簽。

一、奏鈔并依常式修寫，繫宰執階位，注：隨行在。其權知三省、樞密院官依式簽書。

一、遍下諸路照會，行在專總邊防軍馬錢穀、差除重事，所有其餘細務及官員注擬、磨勘功賞、舉辟之類，并申權知三省、樞密院。仍往洪州投下。

一、六曹長貳、郎官，或留行在，或隨從前去，并各仍舊主行本部事務，其姓名取自朝廷指揮。

一、三省、樞密院六房人吏，除已選充行遣文字外，逐房自點檢以下至守闕守當官〔二〕，并從上各存留一半，於行在祗應，餘并先次隨從前去。

一、官告院、糧料院、審計司官吏，分一半，各掌行所管事務。或文書壅并，即添差權官。

一、大理寺治獄官吏并留行在，斷行官吏量留三分之一，餘并隨權知三省、樞密院前去。

一、太常寺已有指揮留博士一員外，少卿隨從神主前去。

一、存留宗正寺丞及國子監丞外，并隨權知三省、樞密院前去。

一、進奏院監官二員，一員留行在，一員合隨從前去。其進奏官除存留人外，并前去通管諸路州軍文字。

一、吏部除自來合堂除窠闕外，并於洪州使闕。

一、户部諸路錢米物帛等，已有指揮分定路分應副，仍令榷貨務都茶場作料次，每次印造東南鹽鈔五十萬貫、茶引一十萬貫。榷貨務都茶場量那官吏前去出賣，應副經費支用。仍先印鹽鈔五十萬貫隨行。

一、禮部印造度牒，并聽行在降敕印造。

一、兵部起發諸路將兵，并從行在降指揮。

一、刑部諸路奏案并發赴洪州，依條例裁決回報。應干帳籍等，亦申發前去。

一、工部應合用軍器，并聽隨所闕數於洪州及鄰近州軍有作院處製造。

從之。

〔一〕逐房自點檢以下至守闕守當官「當」原作「宫」。按宋代官制，守闕守當官爲吏名，隸門下省，故改。

閏八月二十六日，詔巡幸浙西。翌日，御史臺言：「今來車駕巡幸，一行舟船并於船兩頭木上，大寫字書貼某官及梢工姓名。如有不依次序攙先擁鬧，官員奏劾，梢工處斬。」從之。

二十八日，詔：「鎮江府、常州、平江府、秀州并沿路州縣人户，不得關閉店舍賣買，專委知州措置。軍行并令占宫觀、寺院、廟宇、官舍安泊，即不得亂行拘占居民屋舍。如違，當從軍法施行。隨從除衛兵給蒸湖〔一〕、熟肉外，更無一毫取買。如輒有取覓借索什物，仰州縣不得應副，許諸色人經尚書省陳訴。」

〔一〕隨從除衛兵給蒸湖，「湖」應爲「糊」或「餬」之誤。上古本言宋人主食有「蒸糊」，一作「蒸餬」，當是。

九月二十九日，詔：「朕巡幸所至，應什物供帳之具，不許於民間科配。詔旨丁寧，誠諭切至。訪聞百司翫習須索，卻成搔擾。仰尚書省劄下應隨駕百司，不得於州縣取索分文以上物色。如違，其監官及當行人吏并坐贓論，及私受饋送者准此。」

四年二月二日，詔温州江心寺賜名龍翔。時車駕至温州，駐蹕於寺也。

十三日，詔令温州江貼占通真菴〔一〕，充尚書六部置局。

〔一〕詔令温州江貼占通真菴　「江」字疑衍。

六月七日，大理卿兼同詳定一司敕令王衣言〔一〕，乞以詳定重修敕令所爲名，就用見使印記。從之。

〔一〕大理卿兼同詳定一司敕令王衣言 「敕」原作「救」。按此條下文有「乞以詳定重修敕令所爲名」，又建炎以來朝野雜記（以下簡稱朝野雜記）乙集卷五炎興以來敕局廢置有「大理卿兼同詳定一司敕令王衣」云云，據改。

七月六日，詔臨安府宜遷府治於祥符寺基創建。從中書舍人季陵請也。

紹興元年十一月六日，三省言：「徐康國權知臨安府，措置移蹕事務，令具到行在百司局所。」詔宜措置，隨宜撙截，不得搔擾，仍具已撙截處所畫圖申尚書省〔一〕。

〔一〕仍具已撙截處所畫圖申尚書省 「具」原作「其」，形近而訛，今改。

八日〔一〕，詔：「已降指揮，移蹕臨安府，可差内侍楊公弼前去，與徐康國同措置撙截行宫，務要簡省，更不得華飾。」

〔一〕八日 「日」原作「月」，據玉海卷一五八紹興臨安行宫改。

十二日，都省言：「徐康國欲添造共百餘間，楊公弼欲造三百餘間，比之康國數多二百，竊慮難以趁辦。」詔依徐康國措置。

十九日，宰臣奏撙截行宫文字，上曰：「面飭楊公弼，止令草創，僅蔽風雨足矣。椽楹未暇丹艭，亦無害，或用土朱亦〔一〕。」

〔一〕或用土朱亦　「亦」下當有脱文，清本眉批「『亦』下疑落『可』字」。

同日，襄陽府鄧隨郢州鎮撫使桑仲言：「乞駐蹕荆南，以係中原之望。今劉豫僭於鄆，招誘京畿、京陝官吏軍民，乞先次下詔〔一〕，稱鑾輿擇日起發，前來中原，庶幾人心不至搖動，此中興不可失之機會。」詔：「桑仲所奏備見忠嘉，荆南東連吴會，西徹巴蜀，北據漢沔，利盡南海，自古形勢之地，止以目今糧道未通，已差參知政事孟庾充江西荆湖東西宣撫使，韓世忠充宣撫副使，計置沿路糧食，俟就緒日進發。」

〔一〕乞先次下詔　「次下」原倒。方域四之四有「先次填補」，四之六有「先次施行」，故乙正。

十二月十四日，宰臣進呈臨安府有司欲就移近城僧舍以造行宫，上曰：「僧家緣化營葺不易，遽爾毁拆，慮致怨嗟。朕正欲召和氣，豈宜如此？但給官錢，隨宜修蓋，能蔽風雨足矣。」

二十二日，車駕移蹕臨安府〔一〕，用來年正月十日登舟，十一日進發，宿錢清鎮，十二日宿蕭山縣〔二〕，十三、十四日候潮渡江。留神武右軍統制官劉寶、張宗顔兩項人馬收後，仍且在紹興府駐劄，聽候朝廷指揮起發。令張俊統其餘兵并中軍扈從前去。

〔一〕車駕移蹕臨安府　「車駕」原倒，據輯稿禮五二之一三乙正。

〔二〕十二日宿蕭山縣　「蕭山」原倒，據宋史卷八八地理志四乙正。

二年正月二十三日，詔：「比移蹕臨安，六宮尚留會稽者，政不欲增廣行闕，重困民力。訪聞行在係官修造去處甚多，可日下并罷。自今非得旨而擅役人夫者，令御史臺糾彈以聞。」時車駕以正月十四日至臨安府〔一〕。

〔一〕時車駕以正月十四日至臨安府　「車駕」原倒，據輯稿禮五二之一四乙正。

二月六日〔一〕，詔天章閣祖宗神御，可先行趁潮汛過江，仰臨安府差渡船五隻，令巡檢引帶，保護過江。

〔一〕二月六日　「月」原作「日」，據上下文改。

七月八日，尚書省言：「行宮南門添置樓屋一所，已令臨安府修蓋，相次了畢。所有牌額，乞下所屬書寫」。詔令臨安府書寫，仍以「行宮之門」四字爲名。

九月二十九日，尚書省又言：「行宫南門修蓋畢工，今來太史局選用十月二日，欲令百官朝謁出入。」從之。

三年正月十一日，都省言：「江南東路安撫使兼知建康府事趙鼎言〔一〕：『昨蒙指揮營造建康府行宫事，今畫圖在前，計工止及六分以上，自餘材植不甚少闕。所有應干粧染隔截磚瓦、人匠日支錢米之費，都未有備。昨來住工日，見在錢七萬餘貫、米一千七百餘石，已係宣撫使司截使了當，朝廷如許畢工，乞將支過元樁錢米榷貨務等處支發應副〔二〕。』」詔委孟庾措置，申尚書省。

〔一〕江南東路安撫使兼知建康府事趙鼎言　「安」下原衍「府」字，按某路安撫使，宋代官名，故删。

〔二〕乞將支過元樁錢米榷貨務等處支發應副　「發」或爲「撥」之誤。

十六日，中書門下省奏：「勘會行宫南門裏并無過廊，百官趨朝，冒雨泥行。」詔令梁汝嘉同修内司官就東廊舊基營蓋。

十二月九日，詔宫墻底小卻薄，不足以限制内外，令修司使相度幫貼砌壘〔一〕。其合用工料磚灰，具申尚書省。

〔一〕令修司使相度幫貼砌壘　「修司使」當爲「修内司」之誤。按宋代官制，修内司掌皇城内宫殿垣宇及太廟修繕之事。

四年二月十八日，權知臨安府梁汝嘉言：「本府係車駕駐蹕，其越城、門禁，止有海行條法，竊恐合依在京法禁。乞下所屬檢會頒降，以憑遵守。」刑部狀：「檢准律，諸越殿垣者絞，宫垣流三千里，皇城減宫垣一等，京城又減一等。諸奉敕以合符夜開宫殿門，符雖合，不勘而開者，徒三年。若勘符不合而爲開者，流二千里。其不承敕擅便開閉者絞。若錯符下鍵及不由鑰而閉者，杖一百；即應忘誤不下鍵、應開毁鍵而開者，徒一年。其皇城門減宫門一等，即宫殿門閉訖而進鑰遲者，杖一百，經宿加一等，宫門以外遞減一等。其開門出鑰遲，又加遞減進鑰一等。勘會臨安府城壁見有摧倒去處，竊慮夜有越城作過之人。」詔越城、門禁并權依京城斷罪，候車駕回鑾日依舊。其未修城壁，仰本路相度置鋪巡防。

五年正月十四日，詔：「建康府行宫繕治未畢〔一〕，兼城壁損壞，亦當修築，可委江東帥臣同轉運判官俞俟隨宜措置〔二〕，須管日近了畢。及省部百司倉庫等，亦仰踏逐，具圖來上，務從減省，不得騷擾。」時車駕駐蹕臨安府〔三〕。

〔一〕建康府行宫繕治未畢　「治」原作「本」，據繫年要録卷八四紹興五年正月戊午條改。

〔二〕可委江東帥臣同轉運判官俞俟隨宜措置　「措」下原衍「署」字，據上下文删。

〔三〕時車駕駐蹕臨安府　「駐蹕臨安府」與下文十九日條「恭請車駕還臨安府」矛盾。按繫年要録卷八四紹興五年正月乙巳條載：「上在平江。」同卷正月癸亥條載：「孟庾上表請車駕還臨安府駐蹕，許之。」故「臨安府」實「平江府」之誤。

十九日，參知政事孟庾上表，恭請車駕還臨安府。詔答曰：「朕夙嚴戎駕，底定邊虞，小次舍於吳門，往宅師於建鄴。載念江山之勝，屢經兵火之餘。雖有司板築以時，并繕官府城池之役；顧斯民襁負而至，尚無邑屋廬舍之依。復覽封章，力祈還幸。見官儀而思漢，諒南北之一心；從仁人而居邠，亦父老之誠意。勉徇來牘，暫議回轅。想遲警蹕之音，益尉羽旄之喜。可依所請，暫回臨安府駐蹕。」戶部侍郎兼權知臨安府梁汝嘉，率本府父老、僧道、士庶上表迎回車駕。是日，賜臨安府官吏、軍民等詔書曰：「朕萬騎時巡，方圖遠略；九廟未復，其敢奠居？比臨江上之師，覬殄目中之虜，遂頒前詔，暫議還轅。汝等并傾向日之心，咸起望雲之意，有嘉愛戴，諒慰忠忱。」

二十七日，詔：「令御史臺、主管禁衛所取見內外百官司船隻數目，逐船各給旗號，分明書寫某官司舟船，依圖本先後資次擺泊。如將來攙先行船，或無官給旗號，其棹梢徒三年，在禁衛內依紹興四年十一月十一日已降指揮，官員奏劾。所有旗號合用黃絹，據的實數目，令戶部支給。仍令文思院限三日製造。」

二月一日，平江府言：「昨排辦府治充駐蹕行宮，本府欲候進發日，將行宮封鎖，輪差兵官看管，祗備將來車駕回鑾駐蹕。」詔賜平江府依舊充府治。時車駕欲以二月三日自平江府進發〔一〕，回臨安府。

〔一〕時車駕欲以二月三日自平江府進發　「車駕」原倒，據前文乙正。

六年八月二十一日，閤門言：「准禮部關，選定進發吉日，得旨用九月一日。契勘至日係朔日遥拜。」詔權免。時車駕自臨安府進發，是日應侍從官并從駕。

九月四日，詔御舟至平江府〔一〕，止於水門外進輦，可行下本府，更不拆門。

〔一〕詔御舟至平江府　「江」字原缺，據上下文補。

十日，樞密院言：「今來車駕巡幸，親撫六師，竊慮四方傳聞不一，别致疑惑。」詔令諸路帥守〔一〕、監司散出文榜，分明告諭軍民通知，仍多方措置彈壓盗賊，務要境内肅静〔二〕，毋致紛擾生事。

〔一〕詔令諸路帥守　「守」原作「首」，據中興禮書卷二三一巡幸視師二改。

〔二〕務要境内肅静　「肅」下原衍「盡」字，據中興禮書卷二三一巡幸視師二删。

七年正月二日，中書門下省言：「將來車駕巡幸建康，其扈從一行沿路合用錢糧之類，并係隨軍轉運職事。兼經由東陽、下蜀兩處程頓，合與本路漕司同共措置。及營繕行宫，將見就緒，亦當因便檢點。」詔令梁汝嘉躬親起發前去催促應辦，仍約束經由州縣，不得以應副巡幸爲名，因而騷擾。如違，按劾以聞。

七日，詔建康府營繕行宫，務從省約，不得華侈。仰葉宗諤等具知稟狀聞奏。

三月三日，都督府言：「今來車駕巡幸建康府，其沿江津渡合行關防機察。」詔權依黄河法，候邊事寧息依舊。

七日，詔巡幸建康府，出陸日天氣稍暄，應扈從臣寮許戴凉笠〔一〕。

〔一〕應扈從臣寮許戴凉笠　「從臣」原倒，按上文「七年正月二日」條有「扈從一行」云云，故乙正。

同日，詔巡幸至建康府駐蹕，依例作歇泊假三日。

六月二十六日，宰臣奏蒲贊劄子，乞駐蹕江陵。上曰：「荆南形勝，吴蜀必争之地。朕嘗見杜甫望幸詩云：『地利西通蜀，天文北照秦。風煙含越鳥，舟楫控吴人。』可知其爲要地。宜諭王庶益濬治城塹，招徠流移，練兵積粟，爲悠久之計。」宰臣張浚曰：「庶在荆南頗有治行。元係雜學士，猶未復舊職。」上曰：「可還舊職，悉心府事。」

八年正月十一日，上諭輔臣曰：「將來幸浙西，建康諸宫屋宇及百官廳舍，皆令有司照管，他時復幸，免更營造以傷民力。」臣趙鼎等奏曰〔二〕：「已令建康府拘收。」且言：「若虜人遂以大河之南歸我〔三〕，當且駐蹕建康。」上曰：「群臣上殿，多論建都事〔三〕，蒲贊謂當擇險要之地，勾龍如淵謂當修德而不在險。以二人之論校之，如淵爲勝矣。」

〔一〕臣趙鼎等奏曰 「臣」前疑缺「宰」或「輔」字。

〔二〕若虜人遂以大河之南歸我 「南」字原缺，據繫年要録卷一一八紹興八年正月戊戌條、咸淳臨安志卷一駐蹕次第補。

〔三〕多論建都事 「建」下原衍「康」字，據繫年要録卷一一七紹興七年十二月、卷一一八紹興八年正月戊戌條删。

十四日，詔復幸浙西，已定二月七日進發，差楊沂中充車駕巡幸總領，彈壓一行事務。

三月，詔：「昔光武之興，雖定都於洛，而車駕往返，見於前史者非一，用能奮揚英威，遞行天討，上繼隆漢，朕甚慕之。朕荷祖宗之休，克紹大統，夙夜危懼，不常厥居。比者巡幸建康，撫綏淮甸，既已申固邊圉，獎率六軍，是故復還臨安，内修政事，繕治甲兵，以定基業，非厭霜露之苦而圖宫室之安也。」

九年正月二十二日，修内司承受提轄王晋錫言：「奉旨於内中修蓋皇太后殿門廊一所，今踏逐直筆内省事務承慶院屋宇地步，可以修蓋。」詔依，合用工料令臨安府應副。十一月八日，上親書「慈寧之殿」四字并「臣御名恭書」四字〔一〕，降下本司造牌，擇日安掛。

〔一〕上親書慈寧之殿四字并臣御名恭書四字 「御」字原脱。按玉海卷一六〇紹興慈寧殿載：「慶元元年正月二十五日，御書『壽康宫壽康之殿』七字。」小注云：「并『臣御名恭書』四字。」據補。御名即「構」字。

四月二十九日，中書舍人李誼言：「臨安府奉迎兩宮到行在，設降舟幄，就餘杭門外北郭稅務亭排辦。有旨於前路迎接。臣見陛下念親之深，朝夕拳拳之意。然前路奉迎，未知所止何地，若去城差遠，勢須宿頓〔一〕，則千乘萬騎，未易輕動。如或省節儀衛，又非所以嚴警備。漢文帝即位之初，太后在代，止是遣車騎將軍薄昭往迎。唐明皇自蜀歸至咸陽，距長安無四十里，而肅宗始備法駕迎於望賢宮。今兩宮既還，陛下致天下之養永永未已，其承顏之樂，豈較一日之遠哉？欲望止於近處陳設幄次，以爲奉迎之備，庶可朝出夕歸，於事理爲稱。」詔依，仍令臨安府於前路祗備迎接。

〔一〕勢須宿頓「宿」原作「索」，據中興禮書卷一七五皇太后回鑾一改。

十月三十日，昭宣使、忠州防禦使、入内内侍省押班陳永錫言：「修蓋皇太后殿宇門廊，并創造到鋪設什物簾額等，一切了畢。」詔：「陳永錫特轉行一官，於使額上轉行，王晉錫、邵諤并轉行遥郡刺史。第一等各轉行一官，更減一年磨勘，第二等各轉一官，第三等各減三年磨勘。内白身人并候有名目或出職日收使。兵匠第一等各支錢一十二貫，第二等各支錢一十貫，第三等并在外津般交撥官物財植等兵級、和雇作家、甲頭、工匠，各支錢八貫。并令户部支給。」

十二年三月八日〔一〕，詔令臨安府於城内擇地，依禮制建築社稷壇壝，并修蓋行事官致齋所，亦隨宜修蓋。

〔一〕十二年三月八日　「八日」，輯稿禮二三之三作「十八日」。

八月二十三日，詔：「今月二十一日進發登舟〔一〕，奉迎皇太后，應從駕諸班直、天武親從親事官、親兵軍兵將校并諸色祇應人失儀落馬，拽斷圍子，排立交牙，趕隊不上，損壞儀仗、軍器〔二〕、衣甲、器械等，并特與放罪，仍免估剥陪償。」

〔一〕今月二十一日進發登舟　「舟」原作「州」，按登州，北宋時隸京東東路，紹興中已爲金人占領，原文顯誤。據中興禮書卷一七六皇太后回鑾二改。

〔二〕軍器　「器」下原衍「等」字，據輯稿禮二四之九〇删。

十一月十二日，提舉修内司承受提轄王晋錫言：「依已降指揮，同臨安府將射殿修蓋兩廊，并南廊殿門作崇政殿，遇朔望權安置幕帳門作文德、紫宸殿，及將皇城司近北一帶相度修蓋垂拱殿。今具掇移諸司屋宇共二百四十七間，乞依畫到圖本修建。」從之。

十四日，提舉修内司承受提轄王晋錫言：「依已降指揮修蓋射殿廊舍，合用兩朵殿，乞一就修蓋。」從之。

十二月十二日，詔：「太學養士，權於臨安府府學措置增展，所有府學先次別選去處建置。其增展屋宇，約可容生員三百人，齋舍并官吏直舍等，并臨安府措置修蓋。」

十三年正月十五日，知臨安府王喚言：「踏逐得錢塘縣西岳飛宅子地步，可造太學并國子監。」從之。

同日，詔禮部、太常寺同共討論禖壇方位制度〔一〕。既而檢會到國朝禮例，郊禖壇在國之東南〔二〕，昨緣車駕駐蹕東南臨安，權於錢湖門外惠照院齋宮設位行禮〔三〕。今欲臨安府於行宮東南城外踏逐去處隨宜修建，取近就寺觀充行事官齋舍。從之，以太常博士劉嶸有請也。

〔一〕詔禮部太常寺同共討論禖壇方位制度　「制」原作「置」，據玉海卷九九紹興高禖壇改。
〔二〕郊禖壇在國之東南　「之」原作「子」，據輯稿禮二八之二三、咸淳臨安志卷一郊廟、通考卷八五郊社考一八改。
〔三〕權於錢湖門外惠照院齋宮設位行禮　「錢」原作「前」，「齋宮」原作「照宮齋」，據咸淳臨安志卷一郊廟、中興禮書卷二郊祀儀禮、通考卷八五郊社考一八改。

十三年二月二十五日〔一〕，殿前都指揮使楊存中等言：「相視圓壇地步〔二〕，今於龍華寺西空地，得東西長一百二十步、南北長一百八十步，修築圓壇。除壇及內壝丈尺依制度用九十步外，其中壝、外壝欲乞隨地之宜，用二十五步，分作兩壝，外有四十步。若依前項地步修築，其兵部車輅、儀仗，殿前司禁衛，皆可以排列。兼修建青城并望祭殿，委是可以圓備〔三〕。」從之。

〔一〕十三年二月二十五日　按「十三年」已見上條，此處不當複出。

〔二〕相視圓壇地步　「視」下原衍「都」字，據輿地紀勝（以下簡稱紀勝）卷一行在所郊社删。

〔三〕委是可以圓備　「圓」原作「圖」，據輯稿禮二之四一、紀勝卷一行在所郊社、通考卷七二郊社考五改。

閏四月一日，上諭宰臣曰：「祖宗時殿宇皆赤土刷染，飾以桐油，蓋國家尚火德也，兼弊則易修。後來多用朱紅漆〔一〕，所費不貲，且難於修整。」秦檜等奏曰：「此有以見陛下述祖宗之儉德也。」

〔一〕後來多用朱紅漆　「漆」原作「膝」，據繫年要録卷一四八紹興十三年閏四月戊子條改。

八月二日〔一〕，詔景靈宫、萬壽觀成，差權吏部侍郎江邈詣温州迎奉神御。詳見本門。

〔一〕八月二日　原作「三月十三日」，據補編頁三六、繫年要録卷一四九紹興十三年八月丙戌條、十朝綱要卷二四、宋史卷三〇高宗紀七改。

八月二十五日，大理寺丞吴鏞言〔一〕：「伏自車駕駐蹕東吴，城壁仍舊，未暇作改〔二〕。近日創建前殿，肇新典禮〔三〕，每遇朝會，宰執百官緣朝在城之外〔四〕，遂自五鼓後啟外城二門之鑰，不惟密爾皇城〔五〕，而又迫臨江渚富商大賈風帆海舶往來之衝，豈所謂九重嚴邃、君門萬里之義乎？乞下所屬措置，若城外朝路難以移改，秖於朝路之外東量添城壁，免致未旦啟鑰。」詔於臨安府措置，申尚書省。

〔一〕大理寺丞吴鏞言　「丞」原作「臣」。按大理寺丞，南宋職事官名，故改。

〔二〕未暇作改　「作改」，疑爲「改作」之誤。

〔三〕肇新典禮　「新」原作「親」。按晁説之嵩山文集卷一四成周論、鄭真滎陽外史集卷六一玄宗開元六年郡國謝頒鄉飲酒禮表均有「肇新典禮」之語，據改。

〔四〕宰執百官緣朝在城之外　「官」字原缺，按輯稿禮一五之一七有「宰執百官出城」云云，故補。

〔五〕不惟密爾皇城　「密」原作「蜜」，形近而訛，今改。按「密爾」亦作「密邇」。

十二月二十二日，兩浙轉運司言：「准尚書省劄子，踏逐去處重建祕書省。今清河坊糯米倉巷西街北殿前司營寨地步寬廣〔一〕，可以建造。」從之。

〔一〕今清河坊糯米倉巷西街北殿前司營寨地步寬廣　「清河坊」原作「西河坊」，據南宋館閣録卷二省舍、咸淳臨安志卷一九坊巷改。按咸淳臨安志卷一九坊巷、夢粱録卷七禁城九厢坊巷均載泰和坊俗呼糯米倉巷。

十四年七月二十七日，詔景靈宮南壁舊草場〔一〕，見今空閑地步摋入景靈宮〔二〕。

〔一〕詔景靈宮南壁舊草場 「宮南」原倒，據中興禮書卷一〇六景靈宮二乙正。

〔二〕見今空閑地步摋入景靈宮 「空」下原衍「現」字，據中興禮書卷一〇六景靈宮二刪。

十五年八月二十八日，入内内侍省東頭供奉官王晉錫言：「神御殿遇旦望、節序、生辰，駕過酌獻行香，御路窄狹。欲於射殿東修蓋神御殿一座，告遷安奉，委是穩便。所有土工、人匠、材料〔一〕，乞下臨安府應副，同共修造。」從之。

〔一〕材料 「材」原作「村」，形近而訛，今改。

十七年十一月一日，詔太一宮令兩浙轉運司、修内司同共修建。詳見本門。

十八年三月十四日，學士院撰到皇城南門名曰麗正，北門名曰和寧。從之。

五月十六日，詔將太一宮齋殿後空地修蓋景靈宮道院。

六月十八日，詔臨安府於國城之東擇爽塏地〔一〕，建築九宮貴神壇壝。

〔一〕詔臨安府於國城之東擇爽塏地 「爽」原作「桑」，據紀勝卷一行在所郊社、通考卷八〇郊社考一三、中興禮書卷一二九九宮貴神改。

二十年八月五日〔一〕，詔大理寺刑獄所在，與景靈宮、太一宮相近，可令臨安府擇空地移置別處，仍將舊基撥入景靈宮〔二〕。

〔一〕二十年八月五日　「二十年」原缺，據輯稿職官二四之三二、繫年要録卷一六一紹興二十年八月戊申條、咸淳臨安志卷六諸寺補。

〔二〕仍將舊基撥入景靈宮　「撥」原作「掇」，「靈」原作「臨」，據輯稿職官二四之三二改。

二十一年九月二十一日，詔景靈宮令轉運司、修内司同共檢計〔一〕，拆韓世忠宅作圖本添建，合用錢米令户部支給。

〔一〕修内司同共檢計　「共」原作「供」，按方域二之一八、一九及中興禮書卷一〇六景靈宮二有「同共修建」、「同共修蓋」、「同共相度」，故改。

二十二年六月二十七日，詔將故韓世忠宅東位地步，見在門廓、屋宇并景靈宮退材〔一〕，令轉運司、修内司同共修蓋左藏庫、南省倉，聽逐處指引造作。

〔一〕屋宇并景靈宮退材　「材」原作「村」，形近而訛，今改。

十一月十三日，詔顯應觀可令兩浙轉運司於西湖靈芝寺空地修建〔一〕，須管日近了畢。

〔一〕詔顯應觀可令兩浙轉運司於西湖靈芝寺空地修建 「應」下原衍「官」字，據紀勝卷一行在所宮觀廟宇刪。

二十四年二月一日，詔麗正外東壁有修内司空地，仰殿前、馬、步三司各差輜重軍兵一千人，就用見在塼土打築入皇城門。

九月二十五日，禮部言：「准勅討論天章等閣制度，檢國朝會要，即不該載。欲乞置天章等閣一所，將諸閣御書、御集、圖籍等分諸閣安奉。」詔依，令臨安府、修内司同共修蓋。〔一〕

〔一〕本條「將諸閣御書」至「修内司」原缺，據紀勝卷一行在所臺閣引宋會要補。

十一月三日，詔臨安府、修内司修蓋天章等閣了畢，第一等轉行一官，仍減二年磨勘，第二等轉一官，第三等減三年磨勘。

二十六年正月九日，兩浙轉運司修蓋到執政府三位，詔東位魏良臣，中位沈該，西位湯思退，并令遷入。

二十八日，詔令兩浙轉運司、修内司將都省北舊府第修蓋左、右相府第兩位。

二月五日，詔行在太醫局已降指揮修蓋，所有塑像并什物等，令兩浙轉運司應副置辦〔一〕。

〔一〕令兩浙轉運司應副置辦　「轉運」原倒，轉運司爲宋代路級監司之一，據乙正。

六月十八日，入内内侍省東頭供奉官、幹辦萬壽觀陳思恭言：「萬壽觀在京日有皇帝本命殿，每遇聖節，本命〔一〕、降聖、三元等節，修設清醮，祝延聖壽。今來本觀有南挾殿一座空閑，欲依在京日建置，以純福殿爲額。隨宜設置本命所屬星官位牌，焚修香火。」從之。

〔一〕本命　「命」原作「府」，據紀勝卷一行在所宮觀廟宇改。按宋朝事實卷七道釋載，太宗時於終南山建上清太平宮，「每歲三元及誕節、皇帝本命日，并遣中使致醮」。雲笈七籤卷一〇三翊聖保德真君傳亦有基本相同之記載。

七月十二日，詔兩浙轉運司見修蓋豐儲倉，當此暑月，工役不易，候農隙十月以後興工。

及内外別有修造去處，并權住。

二十七年九月十八日，尚書省言：「乞將六部門移就三省都門内出入〔一〕，卻移都門向外起蓋。」從之。

〔一〕乞將六部門移就三省都門内出入　「部」原作「郊」，下文有「六部修蓋畢工」云云，據改。

十月二十二日，尚書省言：「近將官告院地步展修六部，權移本院於望山橋置司。今來六部修蓋畢工，乞將官告院依舊遷歸六部〔二〕。」從之。

〔二〕乞將官告院依舊遷歸六部　「院」字原缺，據前文補。

十二月四日，詔知臨安府張偁除直敷文閣，尚書都官員外郎楊倓與轉一官〔一〕，更減二年磨勘，其餘官吏各轉官、減一年磨勘有差。并以修蓋六部畢工推恩。

〔一〕尚書都官員外郎楊倓與轉一官　「與」原作「興」，形近而訛，今改。

二十八年六月三日，詔：「皇城東南一帶未有外城，可令臨安府計度工料，候農隙日修築。具合用錢數申尚書省，於御前支降。今來所展地步不多，除官屋外，如有民間屋宇，令張偁措置優恤。」

七月二日，殿前都指揮使楊存中言：「降下展城圖子，令臣相度。臣看詳所展城離隔墻五丈，街路止闊三丈，只是通得朝馬路。今乞更展八丈，通一十三丈，以五丈作街路，六丈令民居。將來聖駕親郊，由候潮門經從所展街路，直抵郊臺，極爲快便。展八丈地步，十之九是本司營寨、教場，其餘是居民零碎小屋。若築城畢工，即修蓋屋宇，依舊給還民户居住，委實利便。」詔依，差户部郎官楊倓同知臨安府張偁計料修築。張偁、楊倓言：「今相視合修築五百四十一丈，計三十餘萬工，用塼一千餘萬片，礦灰二十萬秤。監修、壕寨、監作、收支錢米物料、部役等官，并於殿前司差撥外，所有計置般運物料、受給官等，乞從臣等選差。日支工食錢，監修官欲支一貫二伯文〔一〕，壕寨官一貫文，監修〔二〕、收支錢米、部役、計置般運物料、受給官八伯文，作家六伯文，諸作作頭、壕寨五伯文，米二勝半，工匠三伯五十文，矸手三百文，雜役軍兵二伯五十文，各米二勝半，行遣人吏手分各三百文，貼司各二百文。已上并自興工日支，畢工日住。其興工、畢工、壘砌每及二百丈，乞從臣等參酌犒設〔三〕。今來所展城闊一十三丈，内二丈充城基，中間五丈充御路，兩壁各三丈充民居。所展民屋六丈，基址内有可以就便居住之家，更不拆移。所有合拆移之家，如自己屋地，今已踏逐側近修江司、紅亭子等處空閑官地四十餘丈，許令人户就便撥還。内和賃房廊舍，候將來蓋造，卻依元間數撥賃。其新城内外不礙道路屋宇，依舊存留。竊慮小人妄説，於標竿外拆移人家，扇惑居民，合行約束。所有拆移般家錢，除官司房廊止支賃户錢外〔四〕，百姓自己屋地每間支錢一十貫文，賃户每間五貫文，業主五貫文。除已出榜曉諭，候見實數支給。」從之。

〔一〕監修官欲支一貫二伯文　「支」原作「置」。據前文改。
〔二〕監修　按前文已載「監修官欲支一貫二伯文」，此處不當複出，據前文應爲「監作」。
〔三〕乞從臣等參酌犒設　「犒」原作「搞」，形近而訛，今改。

〔四〕除官司房廊止支賃户錢外　「户錢」原倒，據後文乙正。

九月九日，詔近修垂拱三殿已畢工，知臨安府張偁特轉一官，餘人等第推恩。

二十二日，措置修城所言：「契勘新城添置便門，今欲移用『利涉』爲名，所有舊利涉門繫於園墻大路修蓋，乞別立門名。」詔新南門可名嘉會門。

二十四日，詔垂拱殿等處修蓋了畢，除臨安府官吏等已推恩外，其修内司官吏、兵匠可取索人數，等第推恩。

三十年正月六日，閤門言：「四孟朝獻，車駕詣景靈宫行禮，所有殿門外宰執、親王、使相待班閣子，今貼定合搟截并添置門户、閣子圖本，乞下臨安府，依圖搟截。」從之。

三十二年六月四日，詔行在望仙橋東新葺宫室以「德壽宫」爲名。

孝宗乾道七年五月十三日，詔行在宫門以西舊隔城通内軍器一庫，增造庫屋十間，改築土墻，并將南庫門築合，止留舊北庫門出入。

九年正月九日〔一〕，詔後殿門係車駕入出經由門户〔二〕，其屋宇低小，入出妨礙〔三〕，令工部委官計會修内司，照輂院合用高低丈尺，相視計料，重別修蓋。

〔一〕九年正月九日　「正月九日」，輯稿職官三〇之四作「閏正月九日」。按是年確有閏正月，其中必有一誤。

〔二〕詔後殿門係車駕入出經由門户　「車」字原缺，據上下文補。按「車駕入出經由門户」，輯稿職官三〇之四作「駕出門户」。

〔三〕入出妨礙　按輯稿職官三〇之四「入出」前有「逍遥子」三字。

十二月二十一日，試尚書兵部侍郎兼知臨安府沈度言：「本府車駕駐蹕之地，其周回禁城，昨因今歲梅雨損兑七十二處〔一〕，計五百九十五丈。分委官相視檢計，約用磚灰、木植、物料、工食錢九萬五千餘貫，委官自德壽宫東城修砌周回城壁，一切工畢。」詔官吏等第推恩。

〔一〕昨因今歲梅雨損兑七十二處　「損兑」疑誤，按清本眉批「『兑』疑『毁』或『壞』」。

續宋會要

淳熙二年十一月二十八日，詔：「殿前司、修内司、臨安府、轉運司修蓋射殿殿門、隔門，并皇太子宫門已畢工，殿帥王友直、提舉修内司甘昪、提轄修内司楊皓、臨安府守臣趙彦操、兩浙漕臣趙蟠老各轉一官，減三年磨勘。其餘官屬，第一等轉一官資，第二等減三年磨勘，第三等減二年磨勘。礙止法人特與轉行，白身人有名目日收使。餘并倍支犒設。」

三年八月十六日，詔修内司、臨安府修蓋垂拱殿畢工，其應辦官吏第一等各與轉一官資，減二年磨勘，第二等各與轉一官資。

六年四月二十四日，知臨安府吴淵乞擇日蓋造後殿。上曰：「朕止欲令修，而左右皆以此殿年深，木植有損朽處多，不可不蓋造。」至七月訖工，詔知臨安府轉一官，修内司提舉官轉一官、減四年磨勘，其餘官吏等第推賞。

八年八月十二日，詔以後殿擁舍改作延和殿。

九年三月二十四日，詔射殿年深損壞，未須拆蓋，且令隨宜抽换。既而臨安府守臣趙磻老言〔一〕：「若行拆蓋，比之抽换所添工物不多，欲量行蓋造。」從之。

〔一〕既而臨安府守臣趙磻老言 「守」字原缺，據上文補。

十五年九月二十一日，詔新修蓋皇太后宫殿以「慈福宫」爲名。

十六年正月二十八日，詔德壽宫改作重華宫。

嘉泰二年八月十八日，詔令修内司於大内計料修蓋壽慈殿，恭請太皇太后還内。

宫

【題解】本門見輯稿禮五之三、方域三之一至二，分别收録於大典卷二三三四「宫」字韻「宋宫」事目、卷二三三七「宫」字韻「後宫」事目。方域三之一天頭有整理者楷書批「宫」字。按本門「龍德宫」原在輯稿禮五，今移於宫門之首。又按本門各宫以時間爲序，因時間訛誤而至顛倒之處皆予釐正。

龍德宫。

徽宗元符三年已即位，未改元。二月二十四日，詔懿親宅潛邸賜名龍德宫，管勾官令入内侍省取旨。

大觀元年十月十二日，上批：「龍德宫五日一次提舉官宿於本廳，日輪提點官一員宿於本廳，勾當官一員宿於廨舍。已上遇疾患、事故在假，即輪當次官。」

政和四年三月十五日，侍衛步軍司奏：「提舉龍德宫、直睿思殿、同提舉大晟府楊戩奏：『奉聖旨，侍衛步軍司可特差借宣效六軍兵士二百人，帶行見請諸般請給，日下發遣龍德宮役使，充本宮實占祗應，與免諸處差借、揀選。體量向去有闕，依此差借，如有拘礙，特依今來指揮。』」詔割移名糧充龍德宮清衛闕額。

欽宗靖康元年四月七日，以太中大夫、門下侍郎耿南仲爲正奉大夫，資政殿學士、朝散大夫王㝢簡爲中大夫，中書舍人譚世勣、李熙靖并爲顯謨閣待制，提舉醴泉觀、主管龍德宮。

五月一日，宰臣徐處仁等言：「陛下躬聽機政，不得侍上皇於別宮，視膳問寢之念每形辭旨。乞詔提舉龍德宮官日具道君起居平安以聞，庶慰聖孝晨夕企慕之意。」從之。

慈福宮。

淳熙十五年八月二日，詔修蓋皇太后宮。五日，詔學士院、給舍同禮官依典禮擬撰進宮殿名。既而給事中兼直學士院李巘、權禮部侍郎尤袤、起居舍人鄭僑、户部員外郎權太常少卿羅點、太常丞張體仁、秘書省著作郎兼權禮部郎官倪思、太常博士葉適奏，恭擬殿名曰慈福。詔恭依。

十六年正月十五日丙午，皇太后遷慈福宮。

壽康宮〔一〕。

慶元二年十月二十六日〔二〕，禮部、太常寺言：「正、至，皇帝率百僚詣壽康宮行朝賀禮，設黄麾角仗。」從之。

〔一〕按「壽康宫」原在「慈福宫」前，因誤繫於乾道，今改移於此。

〔二〕慶元二年十月二十六日　「慶元」原作「乾道」，據玉海卷七一慶元壽康宫朝賀改。按兩朝綱目備要卷三、宋史卷三七寧宗紀一均載紹熙五年改泰安宫爲壽康宫。又玉海卷一五八淳熙重華宫云：「光宗内禪，以舊福寧殿爲壽康宫。」并小注「初曰泰安，後改」。故從玉海。

四年八月丙戌，詔將帥、群臣詣宫上壽，既而不克行。

節鎮陞降

【題解】本門見方域五之一至九，大典卷一五四八三「鎮」字韻「節鎮」事目收録。整理者於方域五之一「宋會要」下楷書批「節鎮」，第二行正文抬頭有「節鎮升降」四字，或即門名。本門原有大量小字注文，題金坡遺事，當爲直齋書録解題卷六職官類著録錢惟演金坡遺事三卷，似非會要文。因原書已佚，故仍予保留。

京東路

青州，漢平盧軍節度，淳化五年改鎮海軍。

拱州，舊開封府襄邑縣，崇寧四年陞爲州，尋又陞爲保慶軍節度，仍爲東輔。大觀四年廢爲縣，仍舊隸。政和四年復爲州，仍舊節度。宣和二年罷置輔郡。

齊州，國朝初爲防禦州，治平二年陞興德軍節度，政和六年陞爲濟南府。

密州，漢防禦州，周降軍事。建隆元年復爲防禦，開寶五年陞爲安化軍節度，尋復降爲防禦，六年復陞節度。元祐三年，改臨海軍〔一〕。

〔一〕元祐三年改臨海軍　按長編卷四〇九元祐三年三月乙丑條載：「改板橋鎮爲膠西縣，軍額以『臨海軍』爲名。」并注引實録云：「密州板橋置市舶司，仍改鎮爲膠西縣，軍爲臨海軍。」宋史卷八五地理志一載：「元祐三年，以板橋鎮爲膠西縣，兼臨海軍使。」疑輯稿有脱誤。

襲慶府，舊兖州，唐泰寧軍節度，周降防禦。建隆元年復節度，大中祥符元年陞爲大都督府，政和八年陞爲襲慶府。

徐州，國朝陞爲大都督府。

興仁府，舊曹州，督府，彰信軍，建中靖國元年改興仁。崇寧三年，陞興仁軍爲興仁府，仍還彰信舊節。

東平府，舊鄆州，宣和元年陞爲東平府。

金坡遺事：青州，鎮海軍管内觀察處置押新羅、渤海兩番等使，即北海郡，古青州。「海、岱惟青州」，周成王封太公，是爲齊國，所謂營丘，後徙臨淄，亦其地。南燕慕容德都此。密州，安化軍管内觀察處置等使，即高密郡，古青州分，因密水爲名。後魏爲膠州，隋、唐爲密州。曹州，彰信軍管内觀察處置等使，即濟陰郡，古荆河州分，在周爲曹國，後魏爲西兗州。鄆州，太平軍管内觀察處置河堤等使，即東平郡，古兗州分，春秋爲魯之附庸須句也。州理古須句縣，又有鉅野澤，即春秋「西狩獲麟」之地。貝州，永清軍管内觀察處置等使，即清河郡，古兗州分，又曰兗、冀二州之境。清河，漢厝縣也〔一〕，後桓帝改爲甘陵，古曰貝丘。

〔一〕漢厝縣也　「厝」原作「厝」，據漢書卷二八上地理志八上、後漢書志二〇郡國二改。

京西路

隨州，國朝初爲防禦州，乾德五年陞崇義軍節度，太平興國元年改崇信軍。

金州，晋懷德軍節度〔一〕，後爲防禦，乾德五年陞爲昭化軍節度。

〔一〕晋懷德軍節度　「德」字原缺，據五代會要卷二四諸道節度使軍額、太平寰宇記（以下簡稱寰宇記）卷一四一金州、九域志卷一金州補。

房州，國朝初爲防禦州，雍熙三年陞爲保康軍節度。

襄陽府，舊襄州，宣和元年陞爲襄陽府。

鄧州，政和二年依舊爲上州〔一〕。

〔一〕政和二年依舊爲上州　按宋史卷八五地理志一載：「政和二年，升爲望郡。」又方域五之一八載：「政和二年依舊爲上州，又陞爲望郡。」本條疑有脱文。

均州，舊爲防禦州，宣和元年陞爲武當軍節度。

蔡州，國朝初爲防禦州，景祐二年陞爲淮康軍節度。

潁昌府，舊許州，元豐三年陞爲潁昌府〔一〕，崇寧四年爲南輔，隸京畿，宣和二年罷置輔郡。

〔一〕元豐三年陞爲潁昌府　「元豐三年陞爲」據眉批補入。

鄭州，建隆元年陞爲防禦，景祐元年陞奉寧軍節度。熙寧五年廢隸開封府。元豐八年復，治管城縣。元祐元年爲奉寧軍節度，政和四年爲輔郡〔一〕。

〔一〕政和四年爲輔郡　按宋史卷八五地理志一載：「崇寧四年，建爲西輔。大觀四年，罷輔郡。政和四年，又復。宣和二年，又罷。」又方域一之二〇、五之一二、一四、二三亦有相關記載，具體請參見李勇先、王小紅輿地廣記卷九「鄭州」條校注。

滑州，後唐義城軍節度，太平興國元年改武成軍〔一〕，熙寧五年廢隸開封府。〔二〕

〔一〕太平興國元年改武成軍　按長編卷一七繫於開寶九年十月壬戌，當年十二月甲寅，改元太平興國。

〔二〕按宋史卷八五地理志一於熙寧五年州廢後又載：「元豐四年，復舊，縣復來隸。元祐元年，還舊節度。」

孟州，政和二年陞爲濟源郡。

淮寧府，舊陳州，上州，宣和元年陞爲淮寧府。

潁州，元豐二年陞爲順昌軍節度。

陸海軍，舊汝州，政和五年以歲比豐登，珍祥屢發，可陞爲陸海軍節度。劉豫改爲防禦州，紹興九年收復，依舊。

金坡遺事：隨州，崇信軍管内觀察處置等使，即漢東郡，古荆州分。春秋隋侯之國，傳曰「漢東之國，隋爲大」。又棗陽，即漢蔡陽，有光武舊宅及白水在焉。後魏置南荆州，隋置春陵郡。金州，昭化軍管内觀察處置等使，即安康郡，古梁州分，舜嘗居之，謂之嬀墟，世紀謂之姚墟。西魏置東梁州〔一〕，其地出金，因改爲金州。房州，保康軍管内觀察處置等使，即房陵郡。春秋庸國，後改爲房陵，以縣有房山，故名之。襄州，山南東道管内觀察處置〔二〕、兼三司水陸發運橋道等使，即襄陽郡。禹貢荆河之南境。漢、魏置郡，爲重鎮，與江陵爲唇齒，又爲鄢、郢北門，有襄、漢二水及峴山。鄧州，武勝軍管内觀察處置等使，即南陽郡，古荆河州分〔三〕。春秋時申伯、鄧侯二國之地。穰縣，秦封爲穰侯國。許州，忠武軍管内觀察處置等使，即潁川郡，古荆河州分，春秋許國，七國時韓、魏二國之境。滑州，武成軍管内觀察處置河堤等使，即靈昌郡〔四〕，古兗州分，豕韋氏之國。漢置東郡，有滑臺古城，又有黎陽津，一名白馬津。孟州，河陽三城管内觀察處置河堤等使，即古孟津，亦曰富平津、中潭城〔五〕，本東魏所築，仍置河陽關。唐會昌三年置孟津，初以懷州爲理所，四年移理孟州。陳州〔六〕，鎮安軍管内觀察處置等使，即淮陽郡，古荆河州分，今理宛丘。昔庖犧氏都曰太昊之墟〔七〕，周初封舜後嬀滿於此，以備三恪，爲陳國，後魏爲北揚州。

〔一〕西魏置東梁州　「西魏」原作「西漢」，據周書卷二文帝紀下、輿地廣記卷八金州、紀勝卷一八九金州「州沿革」改。

〔二〕山南東道管内觀察處置　「山南東道」原作「山東東道」，據輿地廣記卷八襄州、宋史卷八五地理志一改。

〔三〕古荆河州分　「州」字原缺，據通典卷一七七州郡七補。

〔四〕即靈昌郡　「靈昌郡」，宋史卷八五地理志一作「靈河郡」，按通典卷一八〇州郡一〇、舊唐書卷三八地理志一、輿地廣記卷九滑州均作「靈昌郡」，宋史誤。

〔五〕中潭城　「潭」原作「渾」，據元和郡縣圖志（以下簡稱元和志）卷五河南府、通典卷一七七州郡七改。

〔六〕陳州　原作「東州」，據上文及宋史卷八五地理志一改。

〔七〕昔庖犧氏都曰太昊之墟　「氏」字原缺，據通典卷一七七州郡七、輿地廣記卷九陳州補。

河北路。舊分東、西，後并爲一路。熙寧六年，復分二路。

冀州，慶曆八年陞武安軍節度。

開德府，舊澶州，崇寧四年建爲北輔，五年陞爲開德府、節度〔一〕，宣和二年罷輔郡。

〔一〕五年陞爲開德府節度　疑有脱誤。按五代會要卷二四諸道節度使軍額載，澶州陞鎮寧軍節度在後晋天福九年。

河間府，舊瀛州，爲防禦州，大觀二年陞爲河間府、瀛海軍節度。

真定府，宣和二年以成德軍稱。

信德府，舊邢州，安國軍，宣和元年陞爲信德府。

慶源府，舊趙州，崇寧四年陞爲慶源府，仍以慶源軍節度。〔一〕

〔一〕按輯稿職官三八之二、方域五之三三有相同記載，然宋史卷二〇徽宗紀二、卷二二徽宗紀四、卷八六地理志二、方域五之三三皆言，趙州，崇寧四年賜軍額，宣和元年升爲府，且方域五之三三録有賜軍額及升府之詔書。本條當誤。

中山府，舊定州，唐義武軍節度，太平興國元年改定武軍〔一〕，政和三年改中山府中山郡。

〔一〕太平興國元年改定武軍　「武」字原缺，據長編卷一七開寶九年十月壬戌條、宋史卷八六地理志二補。

濬州，舊通利軍，政和五年八月陞爲州，濬川軍節度〔一〕，九月又改爲平川軍。

〔一〕濬川軍節度　「川」原作「州」，據輯稿職官三八之三、宋史卷八六地理志二改。

金坡遺事：澶州，鎮寧軍管内觀察處置河堤等使，漢頓丘地，唐武德四年置澶州，五代時自梁以刺史理之，晋陞爲防禦，隸相州，移理德勝。南渡後陞爲節度〔一〕，以濮州隸之。汾州，寧化軍管内觀察處置等使〔二〕，即西河郡，有介休縣，介休綿上山有介子推祠〔三〕。定州，定武軍管内觀察處置北平軍等使，即博陵郡，古冀州分。堯始封唐國之地，漢爲中山郡，後魏武帝時爲定州，又春秋時鮮虞國。滄州，横海軍管内觀察處置等使，即景城郡，古兗州分，漢爲渤海郡，後魏爲滄水郡。今理清池，即漢浮陽縣，在浮水之陽。又東光縣，有胡蘇亭〔四〕。無棣縣，因無棣溝爲名。邢州，安國軍管内觀察處置等使，即鉅鹿郡〔五〕，古冀州分，亦邢國也，又爲襄國，石勒都此。又平鄉縣，即古大鹿之野，有沙丘之臺，紂所築。相州，彰德軍管内觀察處置等使，即鄴郡，古冀州分。殷王河亶甲居相，即其地。秦爲邯鄲郡，後趙石季龍、前燕慕容儁都此。

〔一〕南渡後陞爲節度　按五代會要卷二四諸道節度使軍額載：「澶州，晋天福三年十一月初，升爲防禦，隸相州，移理所於德勝渡。至九年八月，升爲節度，號鎮寧軍，以濮州隸之。」金坡遺事或誤。

〔二〕寧化軍管内觀察處置等使　按九域志卷四汾州、宋史卷八六地理志二等均載汾州爲軍事州，并無軍額。金坡遺事或誤。

〔三〕介休綿上山有介子推祠　「祠」原作「詞」，據寰宇記卷四一汾州、輿地廣記卷一九汾州改。

〔四〕有胡蘇亭　「亭」原作「河」，據漢書卷二八上地理志八上改。

〔五〕即鉅鹿郡　「鉅」原作「鄴」，據宋史卷八六地理志二改。

燕山府路

燕山府，古幽州，漢置涿郡，唐武德元年改爲燕州，天寶元年復爲幽州，號廣陽郡、永清軍節度，宣和四年十月改爲府。〔一〕

〔一〕按此條唐代部分與舊唐書多有不合。舊唐書卷三九地理志三載：「武德元年，改爲幽州總管府，……天寶元年，改范陽郡，……乾元元年，復爲幽州。」同卷又載有燕州，即隋遼西郡，「武德元年，改爲燕州總管府，……天寶元年，改爲歸德郡。乾元元年，復爲燕州。」又通典卷一七八州郡八載，燕州，「歷代土地與范陽郡同」。另輯稿言「廣陽郡、永清軍節度」，舊唐書等史籍均未載，不知何據，或「范陽郡、盧龍軍節度」之誤。

涿州，漢涿郡地，唐置州，宣和四年十月賜名涿水郡〔一〕、威行軍節度。

〔一〕宣和四年十月賜名涿水郡 「水」原作「州」，據輯稿職官三八之三、會編卷一〇、宋史卷九〇地理志六改。

檀州，漢漁陽郡地，隋置州，宣和四年十月賜名横山郡、鎮遠軍節度〔一〕。

〔一〕鎮遠軍節度 「鎮」原作「安」，據輯稿職官三八之三、會編卷一〇、宋史卷九〇地理志六改。

平州，漢遼西郡地，隋置州，宣和四年十月賜名海陽郡、撫寧軍節度。

陝西。熙寧五年分爲永興軍、秦鳳二路。今按元豐九域圖，除永興一路外，鄜延、環慶、涇原、秦鳳、熙河，分爲五路。

永興軍路

陝州〔一〕，唐保義軍節度，太平興國元年改保平軍〔二〕。

〔一〕陝州 「陝」下原衍「陝」字，據宋史卷八七地理志三删。

〔二〕太平興國元年改保平軍 按長編卷一七繫於開寶九年十月壬戌，當年十二月改元太平興國。

河中府，唐河中府、河中節度，國朝改爲護國軍節度。

同州，唐正德軍節度〔一〕，梁爲忠武軍，後唐復舊，周降爲軍事，國朝改定國軍節度。

〔一〕唐正德軍節度　「正德軍」，寰宇記卷二八同州、九域志卷三同州均作「匡國軍」，資治通鑑卷二六六梁開平二年五月壬申條亦載：「同州匡國軍爲忠武軍。」輯稿或誤。

華州，唐鎮國軍節度，周降爲軍事，國朝初爲鎮國軍節度〔一〕，皇祐五年改鎮潼軍。

〔一〕國朝初爲鎮國軍節度　「國朝初」，輯稿眉批「一本作『建隆元年』」。按長編卷一繫於建隆元年正月己酉。

京兆府，宣和二年以永興軍稱。

鄜延路

耀州，後唐順義軍節度，後爲團練，開寶五年復爲感義軍節度〔一〕，太平興國元年改感德軍。

〔一〕開寶五年復爲感義軍節度　按長編卷八繫於乾德五年三月庚戌。

環慶路

慶陽府，舊慶州，政和七年陞爲慶陽軍，宣和元年陞爲府。

寧州，宣和元年陞爲興寧軍節度。

涇原路

涇州，唐彰義軍節度，太平興國元年改彰化軍。

渭州，政和七年陞爲平凉軍。

熙河路

熙州，熙寧五年八月，以唐臨州地羌人號武勝軍地，置鎮洮軍。十月，改熙州、臨洮郡、鎮洮軍節度〔一〕。

〔一〕鎮洮軍節度　「軍」原作「郡」，據輿地廣記卷一五熙州、宋史卷八七地理志三改。

蘭州，元豐四年九月，建州爲帥府，以熙州爲列郡。

西寧州，舊鄯州，崇寧二年陞爲隴西節度〔一〕，仍置都護。大觀二年改爲西平郡，作中都督府。尋爲隴右節度〔二〕，加賓德軍。

〔一〕崇寧二年陞爲隴西節度　「二年」，方域六之二同，皇宋通鑑長編紀事本末（以下簡稱長編紀事本末）卷一四〇收復鄯廓州、宋史卷一九徽宗紀一、卷八七地理志三作「三年」，輯稿或誤。「隴西節度」，方域六之二至三同，按長編紀事本末卷一四〇收復鄯廓州、宋史卷一九徽宗紀一等皆作「隴右節度」。

〔二〕尋爲隴右節度　「隴右」原作「隴西」，據方域六之二改。

樂州，舊邈川城，元符二年建爲湟州，崇寧二年爲副都護，大觀三年賜名嚮德軍節度〔一〕，宣和元年改今名。

〔一〕大觀三年賜名嚮德軍節度　「三年」原作「二年」，據方域六之一、宋史卷二〇徽宗紀二改。

金坡遺事：華州，鎮國軍管内觀察處置等使，即華陰郡，古雍州分。周畿内國，秦爲内史地，漢屬京兆尹，後魏置東雍州，唐復爲華州，西岳在焉。耀州，感德軍管内觀察處置等使，本華原縣，唐屬京兆府。李茂貞建節爲耀州，號義勝軍，以同州美原縣爲鼎州以隸之。梁改爲崇州，静勝軍，後唐改爲順義軍，後降爲團練州，周降爲刺史州，直屬京師，皇朝復爲節鎮。涇州，彰化軍管内觀察處置押番落等使，即安定郡，古雍州分，以涇水爲名。同州，定國軍管内觀察處置等使〔一〕，即馮翊郡，古雍州分。秦爲内史，項羽分爲塞國，漢祖置河上郡，景帝復爲内史，武帝改爲左馮翊，魏祖爲馮翊，以二水同流爲名。延州，彰武軍管内觀察處置等使，即延安郡，古雍州分。春秋白翟之地，秦分董翳翟王〔二〕，都高奴，即此地。亦朔方郡南境，後魏置東夏州。秦州，雄武軍管内觀察處置押番落等使，即天水郡，古雍州分，古西戎之國。秦始封之邑，郡有秦亭、秦谷。漢分隴西置天水郡，郡有大坂，名曰隴坻。邠州，静難軍管内觀察處置押番落等使，即新平郡，古雍州分。昔公劉據豳〔三〕，即其地也。秦爲内史，漢爲右扶風，唐開元改豳爲邠〔四〕。洮州，保順軍管内觀察處置等使，即臨洮郡。秦漢以來，爲諸戎之地。郡城本名洮陽城，臨洮水，洮水出吐谷渾界。鄜州，保大軍管内觀察處置等使，即洛交郡，古雍州分。春秋白翟之地〔五〕，秦屬上郡、左馮翊地，後魏置北華州，唐爲鄜州。漢雕陰之地，又三川，漢翟道縣也。又云鄜畤。

〔一〕定國軍管内觀察處置等使　「軍」字原缺，據宋史卷八七地理志三補。

〔二〕秦分董翳翟王　「翟王」原倒，據史記卷七項羽本紀、漢書卷一上高帝紀一上乙正。按立董翳翟王者乃項羽，「分」當作「封」。

〔三〕昔公劉據豳　「豳」原作「幽」，據史記卷四周本紀改。
〔四〕唐開元改豳爲邠　「豳」原作「幽」，據舊唐書卷八玄宗紀上改。
〔五〕春秋白翟之地　「翟」原作「秋」，據寰宇記卷三五鄜州、輿地廣記卷一四鄜州改。

河東路

太原府，唐大都督、太原尹、河東節度使。太平興國四年平劉繼元，降爲軍事州。嘉祐四年，復爲太原府、河東節度。大觀元年，陞爲大都督府。

隆德府，舊潞州，唐昭義軍節度，太平興國元年改昭德軍，建中靖國元年改爲隆德軍，崇寧三年陞隆德軍爲隆德府，仍還昭德舊節。

麟州，唐建寧軍節度，端拱元年改鎮西軍。

府州，崇寧元年改爲靖康軍，建炎元年改府州靖康軍額爲保成軍。

平陽府，舊晋州，政和六年陞爲平陽府。

金坡遺事：麟州，鎮西軍管内觀察處置等使，即新秦郡，古雍州分。隋已來銀、勝二州地。漢武帝徙貧民充朔方已南新秦中，即其地也。銀城縣有光禄塞。府州，永安軍管内觀察處置等使，五代時漢陞爲永安軍，後降爲團練州，周復爲節度。晋州，建雄軍管内觀察處置等使，即平陽郡，古冀州分。秦漢爲河東郡〔一〕，劉元海補漢曆，都於此，後魏爲晉州，置總管府。有姑射山，屬臨汾。

〔一〕秦漢爲河東郡　「河」字原缺，據寰宇記卷四三晉州、輿地廣記卷一八晉州補。

浙東西路

杭州，唐鎮海軍節度，淳化五年改寧海軍，大觀元年陞爲帥府，建炎三年陞爲臨安府。

蘇州，後唐中吴軍節度，太平興國三年改平江軍節度。

潤州，唐爲浙江西道團練觀察，亦爲鎮海軍節度，開寶八年爲鎮江軍節度。

湖州，唐宣德軍節度，景祐元年改昭慶軍。

婺州，晉武勝軍節度，淳化元年改保寧軍。

明州，唐浙東觀察使，錢鏐置望海軍，建隆二年改奉國軍節度。

越州，大觀元年陞爲帥府，紹興元年改紹興府。

平江府，政和三年陞爲平江府、平江軍節度。

鎮江府，政和三年陞爲鎮江府、鎮江軍節度。

應道軍，舊温州，晋静海軍節度，太平興國三年降爲軍事〔一〕，政和七年陞爲應道軍，建炎三年罷軍額。

〔一〕太平興國三年降爲軍事　「降」原作「陞」，據九域志卷五温州、輿地廣記卷二三温州、宋史卷八八地理志四改。

嚴州，舊睦州，宣和元年爲建德軍節度，三年改今名，仍爲遂安軍。

嘉興府，舊秀州，慶元元年改爲嘉興府。嘉定元年十二月三日，詔嘉興府陞爲嘉興軍，以守臣趙希道言，嘉興係孝宗皇帝儲祥毓聖之郡故也。

金坡遺事：蘇州，平江軍管内觀察處置堤堰橋道等使，即吴郡〔一〕，古揚州分。春秋吴國之都，自闔閭後都此。漢亦爲會稽，至順帝，浙江以西爲吴郡，以東爲會稽郡。潤州，鎮江軍管内觀察處置堤堰橋道等使，即丹陽郡，古揚州分。漢爲丹陽，吴初爲京城，後改爲建業。晋元渡江，都建業，梁改守爲丹陽尹，宋爲南徐州。又丹陽，古雲陽也。又建業，避湣帝諱，改爲建康也。湖州，宣德軍管内觀察處置等使，即吴興郡，古揚州分，亦防風氏之國。史記注「汪芒氏之君〔二〕，守封禺之山」，即防風地。隋置湖州，以太湖爲名，州東有太湖，一名五湖。婺州，保寧軍管内觀察處置等使，即東陽郡，古揚州分，理金華縣。吴置東陽郡〔三〕，陳爲金華郡，以婺女之分爲名〔四〕。明州，奉國軍管内觀察處置等使，即餘姚郡，古揚州分。餘姚山記云，舜父所封，舜，姚姓，故曰餘姚。又姚丘山〔五〕，舜所生，上虞縣也。州因四明山爲名。

〔一〕即吴郡　「即」原作「節」，據後文改。
〔二〕汪芒氏之君　「汪芒」原作「國」，據史記卷二八封禪書索引改。
〔三〕吴置東陽郡　「吴」字原缺，據寰宇記卷九七婺州、輿地廣記卷二三婺州補。
〔四〕以婺女之分爲名　按元和志卷二六婺州、寰宇記卷九七婺州等載，隋平陳置婺州，以婺女之分爲名。輯稿疑有脱文。
〔五〕又姚丘山　「丘」原作「立」，據寰宇記卷九六越州、嘉泰會稽志卷九山、紀勝卷一〇紹興府「景物下」改。

淮南東路

揚州，唐淮南節度，建炎元年陞爲帥府。
亳州，晋爲防禦，大中祥符七年陞爲集慶軍節度。
保静軍，舊宿州，建隆元年陞爲防禦，開寶五年陞爲保静軍節度，劉豫改爲防禦州，紹興九年收復，依舊。

淮南西路

壽春府，舊壽州，政和六年陞爲壽春府。

廬州，大觀二年爲望郡〔一〕。

〔一〕大觀二年爲望郡　「郡」原作「裙」，形近而訛，今改。

安慶軍，舊舒州，政和五年改德慶軍，紹興十七年改安慶軍。

光州，宣和元年爲光山軍節度。

金坡遺事：亳州，集慶軍管内觀察處置等使，即譙郡。周封神農之後於焦，後改爲譙，即其地也。春秋時屬陳，戰國時屬宋，魏置譙郡，後周改爲亳州。宿州，保静軍管内觀察處置等使，本徐州符離縣，唐元和四年置宿州，皇朝建節。廬州，保信軍管内觀察處置等使，即廬江郡，古揚州之域，廬子之國也。春秋舒國之地，歷代爲重鎮，亦爲南荆河州，隋初爲廬江郡，唐爲州，又爲廬江郡。壽州，忠正軍管内觀察處置等使，即壽春郡，古揚州之域。秦爲郢都，又項羽用黥布爲九江王，都六，即此也。漢爲淮南國，魏晋歷代爲重鎮，梁爲荆河州，亦曰壽陽，又六安郡。

福建路

福州，唐威武軍節度，周改彰武軍，太平興國二年復爲威武軍〔一〕，建炎三年陞爲帥府。

〔一〕太平興國二年復爲威武軍 「國」字原缺，按太平興國乃太宗年號，故補。

建寧府，舊建州，僞閩鎮武軍，僞唐改永安軍，又爲忠義軍，後爲軍事。端拱元年陞爲建寧軍節度，紹興三十二年十月二十二日，以孝宗潛藩陞建寧府。

泉州，僞唐清源軍節度，太平興國三年改平海軍〔一〕。

〔一〕太平興國三年改平海軍 長編卷五乾德二年正月庚子條、莆陽比事卷二均作乾德二年改平海軍。按紀勝卷一三〇泉州「州沿革」言太祖時改，并注云，太平興國三年陳洪進納土時，「已稱平海軍節度，則平海更節當在太祖之時」。輯稿或誤。

金坡遺事：福州，威武軍管内觀察處置兼三司發運等使〔一〕，即長樂郡，古揚州分，閩越地。秦爲閩中郡，漢分置南部都尉，歷代或爲閩、豐、泉、建州，唐後爲福州〔二〕。建州，建寧軍管内觀察處置等使，即建安郡，古揚州之域。本閩越地，秦屬閩中郡，唐置建州，以建溪爲名。建安縣有武夷山。泉州，平海軍管内觀察處置等使，即清源郡，古揚州分。秦漢土地與長樂郡同，唐始移置泉州於此。

〔一〕威武軍管内觀察處置兼三司發運等使 「三司」原缺，據册府元龜卷一七九姑息四、金石萃編卷一一八王審知德政碑補。按清本徑補「三司」。

〔二〕唐後爲福州 「後」原作「俊」，形近而訛，今改。

江南路

江寧府，僞唐江寧府，開寶八年爲昇州，天禧二年復爲江寧府、建康軍節度。建炎元年陞爲帥府，三年改建康府。

江州，僞唐奉化軍節度，開寶八年降軍事州。

寧國府，舊宣州，乾道二年八月二十六日，以孝宗潛藩陞。

撫州，僞吳昭武軍節度，開寶八年降軍州事〔一〕。

〔一〕開寶八年降軍州事　「八年」，方域六之二六同，九域志卷六撫州作「四年」。「軍州事」，方域六之二六及紀勝卷二九撫州「州沿革」注引國朝會要同，九域志卷六撫州、宋史卷八八地理志四等作「軍事州」，軍事州即刺史州，屬州格名，會要原本誤。

隆興府，舊洪州，鎮南軍節度〔一〕。先是，軍言係孝宗潛藩，乞依靜江府例陞爲府額，隆興元年十月二十五日陞爲隆興府〔二〕。

〔一〕鎮南軍節度　「軍」原作「州」，據宋史卷八八地理志四改。

〔二〕隆興元年十月二十五日陞爲隆興府　「隆興府」原作「興隆」，據輯稿職官三八之四、宋史卷三三孝宗紀一乙補。

金坡遺事：宣州，寧國軍管内觀察處置等使，即宣城郡，古揚州分。郡境有蕪湖、牛渚，亦謂之采石。虔州〔一〕，昭信軍管内觀察處置等使，即南康郡，古揚州分，今理贛縣。又大庾嶺〔二〕，一名塞上嶺，五嶺之一也。秦屬九江，漢屬豫章。

〔一〕虔州　「虔」原作「處」，據宋史卷八八地理志四改。

〔二〕又大庾嶺　「大」字原缺，據通典卷一八二州郡一二補。

荆湖路

潭州，唐武安軍節度，乾德元年降防禦州，端拱元年復武安軍節度〔一〕，大觀元年陞爲帥府。

〔一〕端拱元年復武安軍節度　「元年」原作「九年」，據方域六之二八、宋史卷五太宗紀二、卷八八地理志四改。

鄂州，唐武昌軍節度，後唐改武清軍，太平興國三年復爲武昌軍。

德安府，舊安州，唐安遠軍節度。晋降爲防禦州，後復爲安遠軍，周又降爲防禦，建隆元年復爲安遠軍節度，宣和元年陞爲德安府。

常德府，唐朗州，周武平軍節度。建隆四年降爲團練州〔一〕，大中祥符五年改鼎州，後爲永安軍額。以犯陵名，崇寧元年改爲靖康軍，政和七年陞爲常德軍節度〔二〕。乾道元年九月二十一日，以孝宗潛藩陞常德府。

〔一〕建隆四年降爲團練州　「建隆四年」，紀勝卷六八常德府「府沿革」、宋史卷八八地理志四作「乾德二年」。按建隆四年十一月改元乾德。

〔二〕政和七年陞爲常德軍節度　「常德軍」原作「常慶軍」，據紀勝卷六八常德府「府沿革」、宋史卷二一徽宗紀三改。

岳陽軍，舊岳州，宣和元年陞爲岳陽軍節度，紹興二十五年改岳陽軍爲華容軍〔一〕，三十一年依舊。

〔一〕紹興二十五年改岳陽軍爲華容軍　「岳陽軍」原作「岳州軍」，據輯稿職官三八之四、繫年要録卷一六八紹興二十五年六月癸卯條、宋史卷三一高宗紀八改。

淳熙四年二月二十三日，詔荆南府依舊爲江陵府〔一〕。先是，湖北安撫司乞依建康、平江、鎮江府例，就以荆南爲名，嘗從其請。至是，吏部侍郎周必大言：「前後除本府守倅〔二〕，或作江陵府，或作荆南府，而不知荆南是節鎮之名，江陵乃府號也。隨時差互，失於釐正〔三〕。昨來湖北安撫司不以圖經、九域志爲證〔四〕，士民及公移皆以荆南爲稱，亦不知節鎮行移自來多用軍額，遂乞依倣建康等三府例〔五〕，就以荆南爲名。有司既以其説爲是，朝廷遂從其請。今擬注幕職官，合行申明。」故有是詔。

〔一〕詔荆南府依舊爲江陵府　「舊」字原缺，據輯稿職官三二之四五、四八之一一補。
〔二〕前後除本府守倅　「守」字原缺，據輯稿職官四八之一一、周必大文忠集卷一三九論荆南江陵府號差互補。
〔三〕失於釐正　「正」原作「政」，據輯稿職官四八之一一、文忠集卷一三九論荆南江陵府號差互改。按文忠集明澹生堂鈔本作「政」，文淵閣四庫全書本作「正」。
〔四〕九域志爲證 「域」原作「月」，眉批「域」，按九域志乃宋代之地理總志，故改。
〔五〕遂乞依倣建康等三府例 「乞依」二字原缺，據輯稿職官四八之一二、文忠集卷一三九論荆南江陵府號差互補。

成都府路

成都府，唐成都府，劍南西川節度〔一〕，太平興國六年降爲益州，端拱元年復成都府、劍南西川節度，淳化五年降爲益州，嘉祐六年復爲劍南西川節度。

〔一〕劍南西川節度 「度」字原缺，據後文補。

崇慶府，舊蜀州，紹興十四年以太上皇帝潛藩，陞爲崇慶軍節度，淳熙四年陞爲府。

嘉定府，舊嘉州，慶元二年改爲嘉定府。開禧元年十月十三日，嘉定府言：「本府舊係嘉州，昨以今上皇帝自嘉王陞正大位，蒙陞爲嘉定府。竊覩祖宗典故，應係潛藩皆陞節鎮，本府即係今上皇帝潛藩，乞降賜軍額。」詔陞嘉慶軍〔一〕。

〔一〕詔陞嘉慶軍 按輯稿眉批「軍額詔陞爲」。

潼川府路。舊梓州路，重和元年改。

潼川府，舊梓州，唐劍南東川節度，僞蜀改天正軍〔一〕，乾德三年改安静軍〔二〕，端拱二年復東川節度〔三〕，元豐三年閏九月，復詔稱劍南東川〔四〕，重和元年十一月賜名潼川府。

〔一〕僞蜀改天正軍　「天正軍」，九國志卷六前蜀、資治通鑑卷二六八後梁紀三、紀勝卷一五四潼川府「府沿革」等皆作「武德軍」。輯稿或誤。

〔二〕乾德三年改安静軍　「乾德三年」實誤。紀勝卷一五四潼川府「府沿革」載：「國朝改静戎軍，又改安静軍。」「静戎軍」下注引國朝會要「在乾德四年」，「安静軍」下注引國朝會要「在太平興國三年」。宋史卷八九地理志五載，乾德四年，改静戎軍，太平興國中，改安静軍。按長編卷七乾德四年七月丁亥條言「復置静戎軍於梓州」。十朝綱要卷二載，太平興國三年，「改梓州静戎軍爲安静軍」。故梓州當於乾德四年改静戎軍，太平興國三年改安静軍。輯稿「乾德」下疑脱「四年改静戎軍，太平興國」。

〔三〕端拱二年復東川節度　「東川」上原有「劍南」二字，據紀勝卷一五四潼川府「府沿革」引國朝會要及宋史卷八九地理志五删。

〔四〕元豐三年閏九月復詔稱劍南東川　按此句亦見方域七之四，紀勝卷一五四潼川府「府沿革」載：「詔梓州復稱劍南東川」，并注引國朝會要「在元豐三年」。「復詔」疑倒。

果州，僞蜀永寧軍節度，乾德三年降爲團練。

遂寧府，舊遂州、遂寧郡、武信軍節度，政和五年陞爲遂寧府，武信軍節度依舊。

瀘州，宣和元年陞爲瀘川軍節度。

利州路。紹興十四年分爲東、西路，後并爲一。乾道三年六月，復分爲二路。

利州，僞蜀昭武軍節度，景祐四年改寧武軍。

閬州，後唐保寧軍節度，乾德四年改安德軍。

洋州，僞蜀武定軍節度，景祐四年改武康軍。

普安軍〔一〕，舊劍州。隆興二年十月，以本州言孝宗潛藩，下給舍議，陞爲普安軍節度〔二〕。陞隆慶府〔三〕。

〔一〕普安軍　「普」原作「晋」，據方域七之七、宋史卷八九地理志五改。

〔二〕陞爲普安軍節度　「度」字原缺，據方域七之七、宋史卷八九地理志五補。

〔三〕陞隆慶府　按宋史卷三六光宗紀、卷八九地理志五及輯稿下文均作紹熙元年升隆慶府。本條疑有脱誤。

隆慶府，舊普安軍，紹熙元年九月十日〔一〕，以至尊壽皇聖帝潛藩陞。〔二〕

〔一〕紹熙元年九月十日　「紹熙」原作「紹興」，據宋史卷三六光宗紀、卷八九地理志五改。

〔二〕按本條據眉批補。

紹熙五年三月二日，詔利州西路安撫司依舊并歸東路，興元府置司。〔一〕

〔一〕按本條與上條原在夔州路「重慶府」條後，所記屬利州路事，今改移於此。

夔州路

夔州，唐乾元二年陞爲都督府，尋罷，天成二年陞爲寧江軍節度〔一〕。

〔一〕天成二年陞爲寧江軍節度　「寧江」原倒，據五代會要卷二四諸道節度使軍額、舊五代史卷三八唐明宗紀四乙正。

重慶府，舊恭州，淳熙十六年八月七日，以聖安壽仁太上皇帝潛藩陞。

金坡遺事：潭州，武安軍、湖南管内觀察處置等使，即長沙郡，古荆州之域。三苗國之地，春秋已來爲黔中地，楚之南境，有五里沙洲，故曰長沙。湘川之奥，南通嶺嶠，唇齒荆雍，取昭潭爲名也。安州，安遠軍管内觀察處置等使，即安陸郡，古荆州分。春秋鄖子之國，漢屬江夏郡，西魏置安州總管府。鼎州，武平軍管内觀察處置兼三司水陸發運等使、制置武安静江等軍事，即武陵郡，古荆州域。春秋楚地黔中，漢曰武陵，晋潘京曰，本名義陵〔一〕，與夷相接〔二〕，光武時改武陵。桃花源即此地，亦曾爲朗州。梓州，安静軍、劍南東川節度管内營田觀察處置等使，即梓潼郡，古梁州之域〔三〕。梁末置新州，隋改爲梓州，唐爲梓潼郡。遂州，武信軍管内觀察處置橋道等使，即遂寧郡，古梁州之域，今理方義縣。利州，昭武軍管内觀察處置橋道等使，即益昌郡，古梁州之域。春秋蜀侯之國，蜀之北境。後魏立益州〔四〕，代號爲小益州。古劍閣道，秦使司馬錯伐蜀所由，謂之石牛道〔五〕，漢葭萌縣之地〔六〕。閬州，安德軍管内觀察處置榷鹽制置等使，即閬中郡，古梁州之域。居蜀漢之半，又當東道要衝。梁置北巴州，西魏置崇州及盤龍郡。古閬中域，前臨閬水。黔州，武泰軍管内觀察處置等使，即黔中郡，古荆州之域。蠻夷之國，春秋楚地，通云五溪。五溪，謂酉、辰、洋、武、沅等五溪也〔七〕。隋初爲黔安郡，唐曰黔中。洋州，武定軍管内觀察處置等使，即洋川郡，古梁州之域。春秋戰國皆楚地，三國時爲蜀重鎮，因水爲名。西鄉縣有漢班超封定遠侯故城在焉〔八〕。夔州，寧江軍管内觀察處置兼雲安榷鹽制置等使，即雲安郡，古梁州之域。春秋夔國之地，三國時爲重鎮，先主爲吴將陸遜所敗〔九〕，退止白帝，改爲永安。隋爲巴東郡，唐爲夔州。有白帝城。

〔一〕本名義陵　「陵」原作「郡」，據晋書卷九〇潘京傳改。

〔二〕與夷相接　「夷」下原衍「陵」字，據晋書卷九〇潘京傳删。

〔三〕古梁州之域　「梁州」原作「遂州」，據元和志卷三三梓州、寰宇記卷八二梓州改。

〔四〕後魏立益州　「益州」，通典卷一七六州郡六、輿地廣記卷三二利州同，元和志卷二二利州、寰宇記卷一三五利州作「西益州」。

〔五〕謂之石牛道　「牛」原作「羊」，據通典卷一七六州郡六、元和志卷二二利州、寰宇記卷一三六利州改。
〔六〕漢葭萌縣之地　「萌」原作「萠」，據元和志卷二二利州、寰宇記卷一三五利州改。
〔七〕五溪謂西辰洋武沅等五溪也　按五溪，水經注卷三七作雄、樠、無、酉、辰，通典卷一八三州郡一三、寰宇記卷一
二〇黔州作酉、辰、巫、武、沅。
〔八〕西鄉縣有漢班超封定遠侯故城在焉　「城」原作「域」，據通典卷一七五州郡五改。
〔九〕先主爲吴將陸遜所敗　「陸遜」原作「陸議」，據三國志卷五八陸遜傳、通典卷一七五州郡五改。

廣南路

廣州，梁清海軍節度〔一〕，後入僞漢，開寶四年收復，仍舊節度，大觀元年陞爲帥府。

〔一〕梁清海軍節度　「清」原作「青」，據九域志卷九廣州、宋史卷九〇地理志六改。

肇慶府，舊端州，元符三年陞爲興慶軍，政和八年改爲肇慶府，仍爲肇慶軍節度。
永慶軍，紹興元年陞德慶府，十四年置永慶軍節度。
容州，唐防禦、經略，開寶四年陞寧遠軍節度。〔一〕

〔一〕按紀勝卷一〇四容州「州沿革」載，「仍爲寧遠軍節度」，并注云：「國朝會要及九域志云唐防禦、經略……與通

鑑所紀不同。」且引梁姚彦章爲寧遠軍節度而未就及新五代史之記載，認爲「在唐非防禦州」。

桂州，大觀元年陞爲帥府，爲大都督府〔一〕，紹興三年陞静江府。

〔一〕爲大都督府　「都」字原缺，據宋史卷九〇地理志六補。

宜州，宣和元年陞爲慶遠軍節度〔二〕。

〔二〕宣和元年陞爲慶遠軍節度　「慶遠」原倒，據輯稿職官三八之三、宋史卷九〇地理志六乙正。

融州，大觀三年陞爲清遠軍節度。

瓊州，政和元年陞爲靖海軍。

鎮州，大觀元年建，仍爲龍門郡，下都督府，陞爲靖海軍，尋廢。

金坡遺事：容州，寧遠軍管内觀察處置等使，即普寧郡，古南越域。秦屬象郡，隋爲合浦郡，唐置銅州，後改爲容州。桂州，静江軍管内觀察處置等使，即始安郡，古南越域。秦爲桂林郡，漢屬零陵、蒼梧二郡，梁置桂州。有桂江、荔江，一名離水、荔水，其源多桂，不生兼樹。邕州，建武軍、嶺南西道管内觀察處置等使，即朗寧郡，古南越域。秦屬桂，漢屬鬱林郡，唐置南晋州，後改爲邕州，又置邕管經略使。

化外節鎮：雲州，大同軍管内觀察處置等使，即雲中郡。有白登臺，漢高祖被匈奴圍於此。又有故高柳城，又有單于臺，光武所登也〔一〕。朔州，振武軍管内觀察處置押番落營田等使、安北都護，即馬邑郡。戰國時屬燕，漢末置新興郡，後魏置朔州，唐謂之馬邑郡。新州，威塞軍管内觀察處置等使，後唐陞爲威塞軍，嬀、儒、武三州隸之。應州，彰國軍管内觀察處置等使，後唐陞爲彰國軍，以寰州隸焉。豐州，天德軍管内觀察處置等使，即九原郡，因鎮爲名。其河自九原東流千里，在府州北，其西河之側也。瓜州，歸化軍管内觀察處置等使，即晋昌郡，古西戎地。又瓜州、燉煌郡，舜流三苗於三危處，古謂之瓜州。其地生美瓜，故名之。亦古流沙之地，有三危山，又有渥洼水，又有玉門關也。沙州，歸義軍管内觀察處置等使，即燉煌郡，自瓜州分置。勝州，振武軍管内觀察處置等使，即榆林郡，二漢爲雲中、五原郡之地。史記云，秦卻匈奴，樹榆爲塞〔二〕，所謂榆溪塞也。又有古雲州城、拂雲堆，又有榆林關。慎州，昭化軍管内觀察處置等使，唐武德初隸幽州〔三〕，五代爲慎瑞師觀察，皇朝建節。

〔一〕光武所登也　按漢書卷六武帝紀六、通典卷一七九州郡九均載，漢武帝元封元年，「北登單于臺」。「光武」誤。

〔二〕秦卻匈奴樹榆爲塞　「卻」字原缺，「塞」原作「帥」，據通典卷一七三州郡三補改。

〔三〕唐武德初隸幽州　「幽州」，舊唐書卷三九地理志二作「營州」。

見在境外四鎮：幽州，盧龍軍管内觀察處置等使，即范陽郡，因幽都山以爲名。周武王封召公於燕，又命主幽州，古之涿鹿也。燕國之都，謂之渤海之國，大都督府。靈州，朔方軍管内觀察處置營田押番落度支鹽池榷税等使，大都督府，即靈武郡，古雍州分。舊是赫連東國〔一〕，後魏明帝築城置州，即今郡也。有鹽池、鳴沙、賀蘭山、薄骨律鎮。夏州，定難軍管内觀察處置押番落等使，都督，即朔方郡，古雍州分。秦爲上郡地，漢武取河南地爲朔方郡。晉亂，夏赫連勃勃都號黑水之南〔二〕，勃都號統萬城，後爲拓跋氏所居。涼州，河西軍管内觀察處置押番落等使〔三〕，即武威郡，古狄地也。漢武置武威郡，魏、晉至唐謂之涼州。

〔一〕舊是赫連東國　「赫連東國」，通典卷一七三州郡三、輿地廣記卷一七靈州作「赫連果地」，寰宇記卷三六靈州作「赫連果城」。「東」疑「果」之誤。

〔二〕夏赫連勃勃都號黑水之南　「號」字顯誤，按通典卷一七三州郡三載：「勃勃於朔方水北、黑水之南營起都城，號曰統萬城。」故「號」當作「於」。

〔三〕河西軍管内觀察處置押番落等使　「押」原作「背」，據前文改。

兩鎮見降爲防禦州：并州，太原郡，舜分冀州爲并，置十二牧〔一〕，即其一也。秦并天下，爲太原郡，唐爲并州，又爲北都，又爲北京，改爲太原府。益州，蜀郡，魏晉之後爲益州，唐爲成都府。

〔一〕置十二牧　「十」原作「千」，據通典卷一七九州郡九、寰宇記卷二五雍州改。

州縣陞降廢置

【題解】本門見方域五之一〇至七之二四，大典卷一四一八八、一四一八九「地」字韻「地理」事目收録。整理者於方域五之一〇「宋會要」下小字楷書批「地理」，下又楷書批「州縣陞降廢置」。按方域七之二四第十九行頂格爲「方域·州縣陞降廢置·雜録」，有「雜録」必有「州縣陞降廢置」，又方域一二之一〇有「詳見州縣陞降廢置門」，見方域五之二〇第七至十一行，故門名可確定。本門先記四京，繼分述各路，以路統府州軍監，末爲省廢州軍，體例與九域志等相類。部分路名及府州軍名原缺，能確定者增補，否則闕如。本門内容錯亂之處較多，除少數確屬失誤、有礙閱讀者改移外，餘皆因仍其舊，并一一出校説明。宋人王象之輿地紀勝大量引用會要，題爲「國朝會要」，其中相當一部分未見於輯稿，當屬佚文，今皆附於門末。

高宗建炎元年六月二十一日，宰臣李綱言：「守禦之策，當以河北、河東之地建藩鎮，立豪傑，使自爲守，朝廷量以兵力援之，而於沿河、沿淮、沿江置帥府、要郡以控扼。京畿路割京東路拱州、京西北路鄭州、京西南路潁昌府順昌府爲輔郡。大名府路，大名爲帥府，恩州爲要郡，棣、德、博爲次要郡〔一〕。開德府路，開德爲帥府，滑州爲要郡，濮州爲次要郡。横海軍路，滄州爲帥府，清州爲要郡，濱、永静爲次要郡。京西北路，河南爲帥府，河陽爲要郡，汝、蔡爲次要郡。京西南路，襄陽爲帥府，鄧州爲要郡，唐、隨爲次要郡。陝西路，永興爲帥府，河中、陝府爲要郡，解、虢、同、華爲次要郡〔二〕。京東東路〔三〕，青州爲帥府，濟南爲要郡，登、萊、沂、密爲次要郡。京東西路，東平爲帥府，興仁、襲慶爲要郡，徐州爲次要郡。淮西路，壽春爲帥府，廬、舒、蘄爲要郡，光、黄、濠、和爲次要郡。淮東路，揚州爲帥府，宿、亳、楚、泗爲要郡，真、海、通、泰爲次要郡。荆湖北路，荆南爲帥府，德安、鄂、鼎爲要郡，岳、復、澧爲次要郡。荆湖南路，潭州爲帥府，衡州爲要郡，道、永爲次要郡。江南東路，江寧爲帥府，江、宣爲要郡，池、饒、太平爲次要郡。江南西路，洪州爲帥府，虔州爲要郡，袁、吉爲次要郡。兩浙西路，杭州爲帥府，鎮江、蘇、湖爲要郡，常、秀、嚴爲次要郡。兩浙東路，越州爲帥府，明、婺爲要郡，温、處、衢爲次要郡。」從之。〔四〕

〔一〕棣德博爲次要郡　「棣」原無，且注小字「缺」，據宋史卷八六地理志二補。

〔二〕解虢同華爲次要郡　「虢」原作「號」，據宋史卷八七地理志三改。

〔三〕京東東路　原作「京東路」，據梁溪集卷六一乞於沿河沿江沿淮置帥府要郡劄子補。

〔四〕按宋丞相李忠定公奏議卷二三、梁溪集卷六一均收録乞於沿河沿江沿淮置帥府要郡劄子，所記帥府、要郡、次要郡與此條差異頗大。

皇祐五年，以曹、陳、許、鄭、滑五州爲京畿路，至和二年罷。

開封府。長垣縣，舊匡城縣〔一〕，建隆元年改。白馬縣、韋城縣、胙城縣，熙寧五年廢滑州，以三縣來隸。管城縣、新鄭縣，熙寧五年廢鄭州，以二縣來隸。太康縣，政和四年割隸拱州，宣和六年復來隸。延津縣，政和七年以酸棗縣改。襄邑縣，舊拱州，紹興九年廢爲襄邑縣來隸。〔二〕

〔一〕舊匡城縣　「匡」原作「斤」，據九域志卷一東京、宋史卷八五地理志一改。

〔二〕按本條「白馬縣」以下據眉批補。

河南府。望陵縣，乾德元年廢隸登封縣。河清縣，唐治朝崖阬池〔一〕，開寶元年移治白波鎮〔二〕，慶曆三年廢爲鎮，四年復置〔三〕。永安縣，本永安鎮，景德四年陞爲縣以奉陵寢。壽安縣，慶曆三年廢爲鎮〔四〕，四年復置。偃師縣，熙寧三年廢爲鎮〔五〕，四年復置。熙寧五年又廢，八年復置。福昌縣，熙寧五年廢爲鎮，隸壽安縣，元祐元年復。潁陽縣，熙寧五年廢爲鎮〔六〕，隸登封縣，元祐二年復。

景德四年正月二十九日〔七〕，詔曰：「朕恭朝陵寢，式展孝思，仰惟列聖之靈，方積昊天之感。營建城邑，充奉山園，祇率徽章，用崇先烈。永安鎮特建爲縣，隸河南府，同赤縣，令本府與轉運司割移近便人户。二稅止輸縣倉〔八〕，不得移撥，常賦外特免其他役。著於甲令，慰朕永懷。」初議建陵邑，有司擇縣名，真宗曰：「可名永安。」「安」字，宣祖陵名也。又視詔草，但云建縣，謂王旦等曰：「充奉陵寢，當爲赤縣。」乃下詔。

〔一〕唐治朝崖阬池　「朝崖阬池」，寰宇記卷五西京三作「柏崖阬地」。

〔二〕開寶元年移治白波鎮　「元年」原作「六年」，「波」原作「陂」，據寰宇記卷五西京三、宋史卷八五地理志一改。

〔三〕慶曆三年廢爲鎮四年復置　按方域一二之一八、長編卷一四九慶曆四年五月己丑條均載，慶曆四年五月二十八日，「省河南府潁陽、壽安、偃師、緱氏、河清五縣并爲鎮」。

〔四〕慶曆三年廢爲鎮　「三年」，方域一二之一八、長編卷一四九均作「四年」。

〔五〕熙寧三年廢爲鎮　「熙寧」，宋史卷八五地理志一作「慶曆」。按方域一二之一八、長編卷一四九均作「慶曆四年」。

〔六〕熙寧五年廢爲鎮　「五年」，九域志卷一西京作「三年」，輿地廣記卷五西京作「八年」，宋史卷八五地理志一作「二年」。

〔七〕景德四年正月二十九日　「二十九日」原作「十二日」，據輯稿禮三七之二八、長編卷六五景德四年正月丁卯條、宋大詔令集卷一五九建永安縣、宋史卷七真宗紀二改。

〔八〕二稅止輸縣倉　「止」原作「正」，據宋大詔令集卷一五九建永安縣改。

應天府。劉豫改爲歸德府，紹興九年收復，依舊。宋城縣、寧陵縣、柘城縣、穀熟縣、楚丘縣、下邑縣、虞城縣。景德三年陞宋城爲次赤，餘縣爲次畿。大中祥符七年，陞宋城爲正赤，餘縣爲正畿。寧陵縣，政和四年割隸拱州，宣和六年復來隸。

宣和六年六月七日，詔太康縣依舊隸京畿，寧陵縣屬南京，拱州以襄邑并南京柘城爲屬縣。以太康賦税合輸京畿，而寧陵戍兵衣糧係南京支撥故也。

大名府。元城縣、大名縣、莘縣〔一〕、朝城縣、永濟縣、内黄縣、成安縣、魏縣、洹水縣、館陶縣、臨清縣、宗城縣、夏津縣、冠氏縣、經城縣〔二〕。慶曆二年升元城、大名爲次赤，餘并爲次畿。永濟縣，慶曆二年爲次畿，熙寧五年廢爲鎮，隸館陶縣，尋改隸臨清縣。臨清縣，慶曆二年陞爲次畿，熙寧五年廢爲鎮，隸宗城縣，尋復。大名縣，慶曆二年陞爲次赤，熙寧六年廢爲鎮，隸元城縣，紹聖三年復。經城縣，慶曆二年陞爲次畿，熙寧六年廢爲鎮，隸宗城縣。南樂縣，慶曆二年陞爲次畿，紹聖三年廢隸大名縣。洹水縣，熙寧六年廢爲鎮，隸成安縣。

熙寧六年六月十八日〔三〕，北京留守司、河北都轉運司言：「館陶縣在大河兩隄之間〔四〕，欲遷於高囤村以避水〔五〕，公私以爲便。」從之。

紹聖三年十一月九日，北京留守司言：「得旨移南樂縣於廢罷大名赤縣基内建置，請以大名縣爲名。」從之。

〔一〕莘縣　「莘」原作「萃」，據寰宇記卷五四魏州、宋史卷八六地理志二改。

〔二〕經城縣　「城」原作「成」，據寰宇記卷五四魏州、宋史卷八六地理志二改。下同。

〔三〕熙寧六年六月十八日　按長編卷二三五繫於元豐六年六月十八日壬戌。

〔四〕館陶縣在大河兩隄之間　「兩」原作「南」。長編卷三三五元豐六年六月壬戌條作「兩」，又長編卷三一六元豐四年九月庚子條、方域一五之七均載權判都水監李立之言：「北京南樂、館陶、宗城、魏縣，……在大河兩隄之間。」據改。

〔五〕欲遷於高囤村以避水　「高囤村」，長編卷三一六元豐四年九月庚子條作「高固村」。

崇寧四年七月二十二日〔一〕，宰臣蔡京言：「被旨京畿四面可置輔郡，屏衛京師，謹酌地理遠近之中，割移縣鎮〔二〕。以潁昌府爲南輔，以汝之郟縣隸之；襄邑縣爲東輔〔三〕，以南京寧陵、楚丘、柘城〔四〕、京畿之考城、太康隸之；鄭州爲西輔，以西京密縣隸之；澶州爲北輔，以北京朝城、南樂隸之。四輔郡爲節度，以太中大夫以上知州〔五〕，置副都總管、鈐轄各一員，知州爲都總管，餘依三路帥臣法。」從之。

〔一〕崇寧四年七月二十二日　「四年」原作「三年」，據十朝綱要卷一六、東都事略卷一〇、宋史卷二〇徽宗紀二、卷一六七職官志七、宋史全文卷一四改。

〔二〕割移縣鎮　按續資治通鑑長編拾補（以下簡稱長編拾補）卷二五崇寧四年七月丁巳條「縣鎮」下有「分置四輔」四字。

〔三〕襄邑縣爲東輔　長編拾補卷二五崇寧四年七月丁巳條「襄邑縣」下有「建名輔州」四字，按「輔州」當作「拱州」。

通考卷六三職官考一七、宋史卷一六七職官志七「襄邑縣」下有「升爲拱州」。

〔四〕以南京寧陵楚丘柘城　「楚丘」原作「楚兵」，據宋史卷八五地理志一、長編拾補卷二五崇寧四年七月丁巳條改。

〔五〕以太中大夫以上知州　「大夫」原作「夫夫」，據宋史卷一六七職官志七改。

京東路〔一〕

〔一〕京東路　路名原無，據九域志卷一京東路、宋史卷八五地理志一及本門體例補。按青州以下至宣化軍均屬京東路。

［青州］。漢平盧軍節度，淳化五年改鎮海軍。十月十四日〔二〕，詔曰：「眷彼營丘，控於東夏。太公開四履之地，小白舉九合之師。忠烈猶存，風流可尚。宜改總戎之號，用旌表海之邦。青州平盧軍改爲鎮海軍。」時命曹彬爲青州節度使，中書奏：「按唐乾元中，侯希逸爲平盧軍使，本平州之地也。朝廷因授節度，屢爲賊所迫，希逸率將士累破，又爲奚虜所侵，乃拔其軍二萬餘人，且行且戰達青州〔三〕，詔就加希逸爲平盧淄青節度使。自是迄今，淄青節鎮皆帶平盧之名。今青州頗爲重地，請以鎮海爲額。杭州僻在海隅，請爲寧海軍。」乃下是詔。

政和元年八月二十七日，尚書省言：「應九域圖志内有合陞降州縣删改修立，勘會興仁府爲東輔，青州爲齊郡，濰州爲北海郡。」從之。

〔一〕十月十四日　「十四日」，宋史卷五太宗紀二及宋大詔令集卷一五九改鎮海軍詔、改寧海軍詔皆作「二十七日」。

〔二〕且行且戰達青州　「且行且戰」，齊乘卷三郡邑引會要作「且戰且行」。

密州。漢防禦州，周降軍事，建隆元年復爲防禦〔一〕，開寶五年陞爲安化軍節度，尋復降爲防禦。六年復陞節度。元祐三年改臨海軍〔二〕。安丘縣，唐輔唐縣，梁改安丘，晉改膠西，開寶四年復今名。膠西縣，元祐三年以板橋鎮陞爲縣。

〔一〕建隆元年復爲防禦　「隆」原作「降」，據宋史卷八五地理志一改。

〔二〕元祐三年改臨海軍　按此句疑有誤，具體請參見本書節鎮升降門「密州」條校記。

拱州。舊開封府襄邑縣，崇寧四年陞爲州，尋陞爲保慶軍節度，仍爲東輔，以南京寧陵縣楚丘縣柘城縣、開封府考城縣太康縣隸焉。大觀四年，廢爲縣，依舊爲襄邑，隸開封府，以寧陵、楚丘、柘城三縣依舊隸南京，以考城、太康依舊隸開封府。政和四年，復爲州，五縣復來隸。宣和二年罷置輔郡。

崇寧三年二月九日〔一〕，詔：「京師川原平衍，無阻山帶河之險，比建四輔，拱翼都邑，澶、鄭、潁昌，因舊節度，以壯屏翰之勢。其新置拱州，可依澶、鄭例賜軍額爲保慶。」

大觀四年十一月九日，臣寮言：「伏聞王畿象日，畫地千里，所以大勢而尊朝廷〔二〕，宅地中而制天下。惟其規模壯偉，氣象寬宏，故四方萬里引首面内，知其爲天下之都。竊見近罷四輔，除許、鄭、澶舊屬京西、河北，已各還逐路外，拱州元係開封府襄邑縣，今乃割隸京東，王畿舊地蹙於前，而有害無利。今自京至拱州仍不滿百里之地，非三代都邑之法，不足以雄視四方。伏乞罷拱州，依舊爲襄邑縣，隸開封府，以復京畿之舊。其知縣仍選第二任通判資序、有風力人充。」詔依舊爲襄邑縣，舊屬開封府縣分并依舊。

政和四年十一月十日，京畿轉運司奏：「承勑，襄邑縣復爲拱州，依舊隸京畿。契勘昨建拱州日，係以京畿襄邑太康考城縣、應天府寧陵楚丘柘城縣六縣隸焉。今既復拱州，依舊隸京畿，竊慮上件六縣便合依舊撥隸拱州。」詔并依舊隸拱州。

政和四年十二月八日，奉寧軍奏：「本州先於崇寧四年内陞爲輔郡，隸屬都畿，至大觀四年内罷輔郡，割屬畿西。伏覩拱州復爲輔郡，依舊隸都畿。」詔鄭州、開德府、潁昌府并依舊爲輔郡，隸京畿。

紹興九年三月十九日，中書門下省言：「河南諸路州軍新復之初，今權宜措置，京城已差留守及京畿路差置漕、憲外，其拱州舊係襄邑縣，合依舊爲縣，隸京畿路。」從之。

〔一〕崇寧三年二月九日　按宋大詔令集卷一五九載有建拱州爲保慶軍御筆，時間在崇寧四年十二月十日，與宋史卷二〇徽宗紀二同，輯稿當誤。

〔二〕所以大勢而尊朝廷　上古本疑「大」上下脱一字，當是。

齊州。國朝初爲防禦州〔一〕，政和六年陞爲濟南府。臨邑縣，舊治權家村，建隆元年以河決公乘渡，壞縣城〔二〕，三年徙治孫耿鎮〔三〕。長清縣，至道二年徙治刺榆店。臨濟縣，咸平四年廢隸章丘縣。章丘縣，景德三年以縣置清平軍，熙寧三年軍廢，縣來隸，即縣治置清平軍使。清平縣，舊清平縣〔四〕，熙寧三年廢軍使，縣隸州，即縣治置清平軍使。

〔一〕國朝初爲防禦州　「國朝」原作「宋朝」，據方域五之一改。

〔二〕壞縣城　「縣城」原倒，據通考卷三一七輿地考三乙正。按宋史卷八五地理志一作「壞城」。

〔三〕三年徙治孫耿鎮　「孫」字原缺，據通考卷三一七輿地考三、宋史卷八五地理志一補。

〔四〕清平縣舊清平縣　此句顯誤，按宋濟南府曾以章丘縣置清平軍，并無清平縣，上古本疑此句當爲「清平軍，舊章丘縣」。又按上文章丘縣已記清平軍事，此或複文。

登州。唐中都督府，乾德元年降爲上州。

濰州。本青州北海縣，建隆三年於縣置北海軍，乾德三年陞爲州。北海縣，建隆三年自青州來隸。昌邑縣，隋都昌縣〔一〕，唐廢，建隆三年置。昌樂縣，唐營丘縣〔二〕，後廢，乾德三年復置安仁縣，後改今名。

〔一〕隋都昌縣　「都昌」原倒，據輿地廣記卷六青州、通考卷三一七輿地考三、宋史卷八五地理志一乙正。

〔二〕唐營丘縣　「營丘」原作「楚邱」，據通考卷三一七輿地考三、宋史卷八五地理志一改。

淄州。鄒平縣，舊治縣北故城，景德元年徙治廣陽城〔一〕。高苑縣，景德三年以縣置宣化軍，熙寧三年軍廢，縣復來隸，即縣治置宣化軍使。宣化縣，舊宣化軍〔二〕，熙寧三年廢軍爲縣，隸州，即縣治置宣化軍使。

〔一〕景德元年徙治廣陽城　「廣陽」，宋史卷八五地理志一作「濟陽」。

〔二〕宣化縣舊宣化軍　按宋淄州曾於高苑縣置宣化軍，并無宣化縣，上古本疑此句當爲「宣化軍，舊高苑縣」。又按上文高苑縣已記宣化軍事，此或複文。

淮陽軍。太平興國七年，以徐州下邳縣建爲軍。下邳縣、宿遷縣，七年自徐州來隸。

襲慶府。舊兗州，唐泰寧軍節度，周降防禦，建隆元年復節度，大中祥符元年陞爲大都督府，政和八年陞爲襲慶府。

端拱元年三月二十二日，京東轉運使劉甫英言：「兗州龔丘縣民請還於舊邑〔一〕。」從之。先是，國家有東封之意，故遷是邑以供行在，至是中輟，民欲復其故地。

襲慶府瑕縣，大觀四年以瑕丘縣改。龔縣，大觀四年以龔丘縣改。鄒縣，熙寧五年廢爲鎮，隸仙源縣，元豐七年復。

政和八年八月二十五日，知梁山軍韓瑜奏：「考通典，元天大聖后夢感天人，誕育聖祖於壽丘，實今兗州。大中祥符間，改曲阜縣爲仙源，茲乃國家席慶福地。太宗始封此邦，聖祖真蔭，流光無極，乞陞兗州爲府，冠以美名。」詔陞爲襲慶府。

兗州奉符縣，舊名乾封，開寶五年移治岱岳鎮，大中祥符元年改。仙源縣，舊名曲阜，大中祥符五年改。

〔一〕兗州龔丘縣民請遷於舊邑　「遷」原作「選」，據後文改。

徐州。國朝陞爲大都督府〔二〕。利國監，徐州彭城縣狄丘鐵冶務，太平興國四年陞爲監。

〔一〕國朝陞爲大都督府　「國朝」原作「宋朝」，據方域五之一改。

興仁府。舊曹州，督府，彰信軍，建中靖國元年改興仁。崇寧三年〔一〕，陞興仁軍爲興仁府，仍還彰信舊節〔二〕。劉豫改爲曹州，紹興九年收復，依舊。曹州定陶縣，本濟陰縣定陶鎮，太平興國二年隸廣濟軍〔三〕，熙寧四年軍廢，以縣來隸。宛亭縣，大觀二年以冤句縣改〔四〕，紹興九年廢入濟陰縣〔五〕。成武縣、楚丘縣，兩縣舊隸單州〔六〕，紹興九年隸興仁府。

政和元年八月五日，詳定九域志何志同奏：「興仁府自天禧前已爲輔郡，崇寧三年以襄邑爲拱州建東輔〔七〕，遂改興仁爲督府。今拱州既罷，則興仁合復爲東輔。舊制有大都督、中都督、下都督府之稱，未有止稱督府者，乞改正。」從之。

紹興九年六月十日，東京留守司言：「知興仁府李上達申，本府見今止管濟陰、宛亭兩縣，田土絶少，户口凋弊。乞將單州成武、楚丘兩縣割隸本府，卻將宛亭廢併入濟陰縣，庶得稍成州郡。」從之。

〔一〕崇寧三年　「三年」，宋史卷八五地理志一作「元年」。

〔二〕仍還彰信舊節　「彰」原作「彭」，據前文改。

〔三〕太平興國二年隸廣濟軍　「二年」原作「三年」，據寰宇記卷一三廣濟軍、長編卷一八太平興國二年閏七月癸丑條、十朝綱要卷二、隆平集卷一郡縣、通考卷三二〇輿地考六、宋史卷八五地理志一改。按上述諸書所載，廣濟軍乃陞定陶鎮置。

〔四〕大觀二年以冤句縣改　「冤」原作「宛」，據通典卷一七七州郡七、寰宇記卷一三曹州、宋史卷八五地理志一改。「大觀二年」，宋史卷八五地理志一作「元祐元年」，通考卷三二〇輿地考六作「元祐間」。

〔五〕紹興九年廢入濟陰縣　「濟陰」原作「濟陽」，據前文及宋史卷八五地理志一改。
〔六〕成武縣楚丘縣兩縣舊隸單州　按楚丘縣屬應天府，亦曾隸拱州，未見單州有楚丘縣。
〔七〕崇寧三年以襄邑爲拱州建東輔　按「三年」當作「四年」。

鄆州。咸平三年因水災，以地卑下，移治舊州東南十里。陽穀縣，舊順昌縣地，景德三年徙治孟店〔一〕。東平府，舊鄆州，宣和元年陞爲東平府。

〔一〕景德三年徙治孟店　「徙」原作「徒」，據宋史卷八五地理志一改。

濮州。建隆元年陞防禦，雍熙四年降團練。

單州。建隆二年陞爲團練〔一〕。

〔一〕建隆二年陞爲團練　「二年」，宋史卷八五地理志一作「元年」。

廣濟軍。乾德元年以曹州定陶置爲發運務，開寶九年置爲轉運司。

宣化軍。景德三年以淄州高苑縣建軍，熙寧三年廢隸淄州，即縣治置軍使。

京西。太平興國三年分南北路，後併一路，熙寧五年復分二路。南路，紹興四年改爲襄陽府路，以襄陽府、隨郢唐鄧州、信陽軍六郡隸。六年，廢襄陽府路，復置京西南路，以襄陽府、唐鄧隨郢金房均州、信陽軍九郡隸。十三年，割金州隸利州路。十九年，撥信陽軍隸淮南西路。

熙寧五年八月二十四日，詔以京西路分南北兩路，襄、鄧、隨、金、房、均、郢、唐八州爲京西南路，西京、滑許孟陳蔡汝潁七州、信陽軍爲北路〔一〕。

建炎四年十月四日，知樞密院事、宣撫處置使張浚言：「金、房兩州東連襄郢，西控川蜀，道途險阻，最爲衝要。今措置，將金、房兩州割屬利州，仍添差精鋭軍馬前去屯駐，與興、洋等州互相照應，關防守禦。勘會金、房州已係分鎮去處，昨差范之才充鎮撫使，身亡，未曾差人。」詔令張浚一面選差有風力官充鎮撫使，仍先次之任訖，具名聞奏。

紹興六年二月十日〔二〕，都督行府言：「襄陽、唐鄧隨郢金房均州、信陽軍元係京西南路，欲乞改襄陽府路依舊爲京西南路。」從之。

〔一〕西京滑許孟陳蔡汝潁七州信陽軍爲北路　「西京」、「滑」原無。按長編卷二三七熙寧五年八月己亥條有「西京」、「滑」，長編紀事本末卷七七州縣廢復、宋史全文卷一二上有「西京」，無「滑」，按長編此條小注云「據五朝會要增入」，又輯稿明言七州，實僅六州，據補。

〔二〕紹興六年二月十日　「紹」原作「詔」，形近而訛，今改。

鄧州。政和二年依舊爲上州，又陞爲望郡。順陽縣，内鄉縣順陽鎮，太平興國六年陞爲縣。紹興五年廢爲鎮，隸穰縣。淅川縣〔一〕，紹興五年廢爲鎮，隸内鄉縣，三十二年十二月三日自均州還隸。内鄉縣，紹興三十二年十二月三日自均州還隸。

紹興五年七月二十五日，鄧州言：「乞廢順陽縣爲順陽鎮，隸穰縣；廢淅川縣爲淅川鎮〔二〕，隸内鄉縣。各差監官一員，兼管酒税煙火盗賊公事。」是日，襄陽府言：「乞廢鄧城縣并入襄陽縣，廢中廬縣并入南漳縣，并差監鎮一員，管幹煙火公事兼監酒税〔三〕。」從之。

三十二年十二月三日，參知政事、督視湖北京西路軍馬汪澈言：「鄧州收復之後，倚郭穰縣并南陽、内鄉、淅川共四縣，昨得旨權撥内鄉、淅川兩縣隸均州，候事定日依舊。契勘逐縣在鄧州西北二百餘里，今隸均州，即鄧州之地界不過數十里。切緣鄧州實爲襄陽屏翰，欲乞撥還。」從之。

〔一〕淅川縣　「淅」原作「淛」，據下文及輿地廣記卷八鄧州、宋史卷八五地理志一改。

〔二〕廢淅川縣爲淅川鎮　「淅川」原均作「浙川」，據下文及九域志卷一鄧州、繫年要録卷九一紹興五年七月丙申條、宋史卷八五地理志一改。

〔三〕管幹煙火公事兼監酒税　「公」原作「八」，據方域一二之一九改。

襄陽府〔一〕。紹興四年陞爲帥府。光化縣，乾德三年以穀城縣陰城鎮置光化軍〔二〕，熙寧五年軍廢爲縣，來隸。中廬縣，舊名義清，太平興國元年改，紹興五年入南漳縣。鄧城縣，紹興五年廢入襄陽縣〔三〕。

襄州。光化軍，乾德三年以襄州穀城縣置軍〔四〕，仍置乾德縣。熙寧五年軍廢爲光化縣，省乾德縣，隸襄州。紹興二十八年，改爲通化軍，三十一年依舊。光化縣，紹興二十八年改爲通化縣，三十一年依舊。

襄陽府。舊襄州，宣和元年陞爲襄陽府。

〔一〕襄陽府　「府」原作「縣」，據下文改。按本條原在方域五之一八紹興五年七月二十五日條前，所記爲襄陽府事，卻繫於「鄧州」下，今改移於此。

〔二〕乾德三年以穀城縣陰城鎮置光化軍　「三年」，宋史卷八五地理志一作「二年」，長編卷五繫於乾德二年三月辛卯，紀勝卷八七光化軍「軍沿革」注曰，「長編云『乾德二年三月』」，「國朝會要在乾德三年」。

〔三〕紹興五年廢入襄陽縣　「縣」原作「府」，據紀勝卷八二襄陽府「縣沿革」改。按紀勝引國朝會要作「紹興元年」，當誤。

〔四〕乾德三年以襄州穀城縣置軍　「三年」原作「元年」，據方域五之一八及紀勝卷八七光化軍「縣沿革」改。

均州。舊爲防禦州，宣和元年陞爲武當軍節度。豐利縣，乾德六年廢入鄖鄉縣。

唐州。建隆元年陞爲團練。平氏縣，開寶五年廢入泌陽縣。方城縣，慶曆四年廢入鄧州南陽縣，元豐元年，以鄧州方城鎮復爲縣，還隸州。桐柏縣，紹興五年廢爲鎮，三十二年復爲縣〔一〕，隆興二年九月二十五日廢爲鎮，撥隸隨州。紹興五年九月十九日，襄陽府安撫都總管司言：「唐州桐柏縣在州之東，與倚郭泌陽縣連接，即日不及百户，一年二税贍養本縣官吏不足。乞廢爲鎮，差監鎮一員，兼酒税煙火公事〔二〕，隸泌陽縣。」從之。

三十二年六月十日，知唐州王彦忠言：「唐州舊管五縣，内桐柏縣先係在淮河之南，分割外所存無多，不能成縣，遂改爲桐柏鎮，其地分隸隨州棗陽等縣。今來收復唐州，并復舊縣界地分了當，人煙户口不減鄰近，乞依舊置縣，仍將本縣舊管界内隸隨州棗陽縣等處地分還隸本縣。」從之。

孝宗隆興二年九月二十五日，户部尚書兼湖北京西路制置使韓仲通言：「唐州桐柏縣係在淮河之南，昨紹興十二年與金國通和，桐柏縣廢爲鎮，撥隸隨州。近復唐州，獲旨桐柏鎮依舊爲縣，還隸唐州。今無所隸〔三〕，欲乞依舊爲桐柏鎮，撥隸隨州。」從之。

〔一〕三十二年復爲縣　「三十二年」原作「三十三年」，據下文改。
〔二〕兼酒税煙火公事　「火」原作「大」，形近而訛，今改。
〔三〕今無所隸　「隸」原作「穎」，按清本眉批「『穎』當是『隸』」，方域五之二三亦有「隸」誤爲「穎」者，故改。

隨州〔一〕。國朝初爲防禦州〔二〕。棗陽軍，舊隨州棗陽縣，紹興十二年陞爲軍，是年降軍使，隸隨州。

紹興十二年九月一日，工部尚書莫將言：「隨州與唐州接界，欲陞棗陽縣爲軍，將襄陽府東鄰唐州、北抵光化軍地界，東西割五里屬棗陽軍。其淮水之南有唐州桐柏鎮，欲撥隸本軍，及乞於桐栢鎮務子頭置巡檢寨，監鎮兼充巡檢。」詔從之，仍令帥司撥定屬縣，申尚書省。

紹興十二年十月六日，吏部言：「京西路安撫使司申，乞將棗陽知縣兼充軍使，更不添置官屬。取到進奏院狀，隨州棗陽縣依先降指揮陞爲軍，若爲軍名，即不隸隨州。今來止令知縣兼充軍使〔三〕，合隸隨州管下。」從之。

〔一〕隨州 「隨」原作「隋」，據下文及宋史卷八五地理志一改。

〔二〕國朝初爲防禦州 「國朝」原作「宋朝」，據方域五之一改。

〔三〕今來止令知縣兼充軍使 「充」原作「完」，據前文改。

金州。晉懷德軍節度，後爲防禦。金州洵陽縣，乾德四年廢入洵陽縣。平利縣，熙寧六年廢爲鎮，隸西城縣，元祐元年復。紹興十三年閏四月十日〔二〕，詔金州撥屬利州路。

紹興十四年正月十五日，金房開達等州經略安撫使、知金州郭浩言：「商州於去年九月内規畫了畢，見存上津、豐陽兩縣未有所隸。邊面闊遠，已差官兵戍守，并逐縣官吏合用錢糧，係是金州應辦，乞將兩縣權隸金州檢察。」從之。

〔一〕紹興十三年閏四月十日「十三年」原作「十二年」，據方域五之一七、繫年要録卷一四八紹興十三年閏四月丁酉條、宋史卷八九地理志五改。

房州。國朝初爲防禦州〔一〕，雍熙三年陞爲保康軍節度。建炎四年改隸利州路，紹興六年依舊。上庸縣，開寶中廢入竹山縣。永清縣，開寶中廢入房陵縣。

〔一〕國朝初爲防禦州「國朝」原作「宋朝」，據方域五之一改。

郢州。富水縣，乾德二年廢隸京山縣〔一〕。

〔一〕乾德二年廢隸京山縣「二年」，紀勝卷八四郢州「縣沿革」及「古跡」兩引國朝會要均作「三年」。

虢州。舊隸陜西永興軍，紹興九年來隸。

元豐三年正月九日，詔中書曰：「潁州奥區，王國巨屏〔一〕，土疆財賦，既廣且繁。朕祗荷永圖，紹膺聖緒，建旄授節，實基此邦〔二〕，宜錫府名，用慰民望。其陞許州爲潁昌府。」於是乃降制曰：「朕膺昊天之篤祐，紹列聖之丕基。昔在先朝，遥分外鎮。眷許昌之巨屏，有忠武之全師。仗鉞建牙，兹惟我履〔三〕，升儲纂服，實自是邦。鬱爾山川，陪浚都之王氣；敦乎民俗，想夏禹之遺風。爰舉故常，特崇名號，俾雄藩輔之制〔四〕，式慰臣民之心。乃霈涣恩，以彰休慶，推恩並如潁州。於戲！擁旄開府〔五〕，荷景命之有先；布德行仁，與舊封而同樂。咨爾黎庶，體予顧懷。」推恩在當年五月二十二日，事見在後〔六〕。

五月二十二日，賜尚書駕部員外郎、主管西京崇福宮孫京紫章服，潁昌府父老等茶綵有差。京等六百二十二人以陞潁昌府詣闕謝，上召見勞賜之。

宣和二年，罷置輔郡。十二月四日，詔罷置輔郡，潁昌、開德府、鄭州歸元隸路分，割到縣撥還元處。内拱州依舊爲州，隸京東西路，襄邑、太康、寧陵爲屬縣。潁昌府帶京西北路安撫，府界依舊爲京畿。

政和四年十一月二十六日，潁昌府奏：「乞將本府復充南輔，隸屬都畿〔七〕。」從之。劉豫改爲許州，紹興九年收復，依舊。

〔一〕王國巨屏　「王國」，宋大詔令集卷一五九升許州爲潁昌府詔作「上國」。

〔二〕實基此邦　「實基」，宋大詔令集卷一五九升許州爲潁昌府詔作「基命」。

〔三〕仗鉞建牙兹惟我履　原作「仗鉞爪牙之威惟我履」，據宋大詔令集卷一五九曲赦潁昌府德音改。

〔四〕俾雄藩輔之制　「藩輔」，宋大詔令集卷一五九曲赦潁昌府德音作「輔藩」。

〔五〕擁旄開府　「開」原作「問」，「府」字原脱，據宋大詔令集卷一五九曲赦潁昌府德音改補。

〔六〕推恩在當年五月二十二日事見在後　此句爲會要編者按語，誤入正文，今改作小字注。

〔七〕隸屬都畿　「隸」原作「穎」，按方域五之一四有「隸屬都畿」云云，故改。

鄭州。建隆元年陞爲防禦州，景祐元年陞奉寧軍節度，熙寧五年廢隸開封府。元豐八年復治管城縣。元祐元年爲奉寧軍節度，政和四年爲輔郡。管城縣、新鄭縣，熙寧五年廢州，以二縣隸開封府。元豐八年復州，以縣還來隸。滎陽縣、滎澤縣，熙寧五年廢爲鎮，隸管城縣，元祐元年復。原武縣，熙寧五年廢爲鎮，隸陽武縣，元祐元年復。

景祐元年三月四日〔一〕，詔曰：「周制九畿，蓋尊寰内；漢設二部，實陪京師。自相宅浚都，夾右滎圃，爰稽扶翊之義〔二〕，參領防遏之兵。肆先聖之時巡，嘉馳道之所出。留宴耋老，觀省風謠。比覽侍臣之章，請增戎鎮之號。矧車傳旁午，民閭阜蕃，固可以充奉寢園，輔寧都甸。式循廣武之舊，且寵建牙之威。鄭州宜陞爲節鎮，以『奉寧』爲額〔三〕。」

〔一〕景祐元年三月四日　按長編卷一一五、宋大詔令集卷一五九升鄭州爲節鎮詔均繫於景祐元年十二月二十一日丁丑，會要或誤。又玉海卷一六皇祐京畿亦節録此詔，作「景祐元年三月」，當摘自會要。

〔二〕爰稽扶翊之義　「爰」原作「奚」，據玉海卷一六皇祐京畿、宋大詔令集卷一五九升鄭州爲節鎮詔改。

〔三〕以奉寧爲額　按宋大詔令集卷一五九升鄭州爲節鎮詔於此句下，又有「仍以大兩省知州」一句。長編卷一一五景祐元年十二月丁丑條亦云：「賜軍額曰『奉寧』，以大兩省官知州。」輯稿或有脱文。

滑州。後唐義成軍節度，太平興國元年改武成軍，熙寧五年廢隸開封府。劉豫改爲平涼府，紹興九年收復，依舊。白馬縣，熙寧四年八月十五日〔一〕，詔白馬縣復爲滑州，隸京西，繫浮梁，葦城壘，縣還來隸。韋城、胙城縣，熙寧五年廢州，以三縣隸開封府。元豐四年復爲州，縣還來隸。

紹興九年四月十二日，同簽書樞密院事、充東京留守、權開封尹王倫言：「今來已交割地界了當，西國軍對界〔二〕，若有整會事宜，各須州軍文移往來。契勘滑州係在河北岸，其南岸與滑州相對，係是胙城縣。今欲將本縣陞作一州軍，乞賜名額，以便文移。所有合置官屬，乞從朝廷一就差注。」詔依，陞作胙城軍。

四月十八日，詔新復州縣内，滑州胙城縣已陞爲胙城軍，權隸東京留守司，令本司量度合置官屬，踏逐辟差。

〔一〕熙寧四年八月十五日　按前文載熙寧五年滑州廢，縣隸開封府，此言熙寧四年復爲滑州，顯係矛盾。又按長編卷三一五亦載白馬縣復爲滑州事，繫於元豐四年八月十五日己巳，九域志卷一滑州、宋史卷八五地理志一及輯稿下文亦繫於元豐四年。輯稿「熙寧」當爲「元豐」之誤。

〔二〕西國軍對界　「對」原作「葑」，形近而訛，今改。下同。按「西國軍」疑誤。

孟州。政和二年陞爲濟源郡。河陰縣，至道三年自河南府來隸。汜水縣，熙寧三年省縣爲行慶關〔一〕，隸河南府鞏縣，四年復置縣，還隸；五年廢爲鎮，隸河陰縣，元豐三年復〔二〕。王屋縣，慶曆三年自河南府來隸，四年還隸，熙寧五年復來隸。

〔一〕熙寧三年省縣爲行慶關　「熙寧三年」，方域一二之一、玉海卷一八慶曆省縣邑、卷二五祥符行慶關皆作「慶曆四年五月己丑」。此處或誤。

〔二〕元豐三年復　「三年」，宋史卷八五地理志一作「二年」。

蔡州。國朝初爲防禦州〔一〕。確山縣，舊名朗山〔二〕，大中祥符五年改。景祐二年十一月九日〔三〕，詔曰：「王者因督師之地，立節制之名。所以啟公侯之封，大其土宇，崇屏翰之望〔四〕，衛於京師。乃眷汝南之墟，舊惟豫州之域。控帶淮瀆，密邇浚都。城邑旁連，允爲劇郡；賦輿錯出，實雄庶邦〔五〕。矧迺氣候本於中和，風俗洽於康静〔六〕，宜陞建牙之號，式厲經武之方。蔡州宜陞爲淮康軍。」

〔一〕國朝初爲防禦州　「國朝」原作「宋朝」，據方域五之一改。

〔二〕舊名朗山　「朗」原作「郎」，據隋書卷三〇地理志中、宋史卷八五地理志一改。

〔三〕景祐二年十一月九日　「景祐」原作「大觀」，據方域五之一、輿地廣記卷九蔡州、長編卷一一七景祐二年十一月己丑條、十朝綱要卷四、宋大詔令集卷一五九升蔡州爲淮康軍詔改。

〔四〕大其土宇崇屏翰之望　按宋大詔令集卷一五九升蔡州爲淮康軍詔作「崇屏翰之望，賓大土宇」。

〔五〕實雄庶邦　「雄」，宋大詔令集卷一五九升蔡州爲淮康軍詔作「異」。

〔六〕風俗洽於康静　「洽」、「静」，宋大詔令集卷一五九升蔡州爲淮康軍詔作「底」、「靖」。

陳州。政和二年六月二十六日，提舉詳定九域圖志何志同奏：「編修京西南北路一十七州軍圖志，看詳文字，數内上、望次序倒置，或闕郡名。若坊郭鄉裏等處名稱，與殿閣或祖宗陵名相犯，及流傳鄙俗，難以書於地志，垂示久遠。各已參擬改立，於傍通格及册内貼説進呈。孟州今欲擬立爲濟源郡，鄧州欲乞陞改爲望郡，陳州合依舊爲上州。」從之。

淮寧府。舊陳州，上州，宣和元年陞爲淮寧府。劉豫改爲陳州，紹興九年收復，依舊。

順昌府。元豐二年八月二十四日，詔曰：「本朝州郡之别，土廣民衆，則必表以節制之號，况王者舊封之地，顧可以無稱哉？汝陰奥區，東豫舊壤，朕實受胙於先帝，以啟土茅，宜加寵名，用顯基命〔一〕。潁州宜陞爲順昌軍節度。」潁故團練州，因知州事、天章閣待制羅拯以爲言，故下是詔。

舊潁州，開寶六年陞爲防禦。劉豫改爲潁州，紹興九年收復，依舊。汝陰縣，開寶六年移治於州城東南〔二〕。萬壽縣，六年以汝陰百尺鎮爲縣〔三〕，咸平五年徙治舊城東南十里，宣和三年以萬壽縣改泰和縣。

〔一〕用顯基命　「用」原作「周」，據宋大詔令集卷一五九升潁州爲節鎮詔改。

〔二〕開寶六年移治於州城東南 「開寶」原缺,「於州城」原作「州予城」,據宋史卷八五地理志一補改。
〔三〕六年以汝陰百尺鎮爲縣 按寰宇記卷一一潁州、九域志卷一潁州、輿地廣記卷九潁州皆繫於「開寶六年」。

汝州。大觀元年四月初二日,大司成強淵明奏:「契勘曹、滑、汝元係輔郡,昨承敕命,京畿四面置輔郡,以拱州爲東輔,鄭州爲西輔,潁昌府爲南輔,開德府爲北輔。今來四輔既已陞建,其舊係輔郡去處合行改定。所有曹州本係潛邸,已陞興仁府號,伏望睿旨改爲督府。其滑州係武成軍節度,爲緊。汝州係防禦,爲上。」從之。

寶豐縣,舊龍興縣,熙寧五年廢爲鎮〔一〕,隸魯山縣,元祐元年復,宣和二年改。龍興縣,宣和二年改爲寶豐縣,紹興九年依舊。

陸海軍。舊汝州,政和五年,以歲比豐登,珍祥屢發,可陞爲陸海軍節度。劉豫改爲防禦州,紹興九年收復,依舊。〔二〕

〔一〕熙寧五年廢爲鎮 「五年」,宋史卷八五地理志一同,九域志卷一汝州、長編卷二二八熙寧四年十二月丙子條作「四年」,方域一二之一四作「六年」。
〔二〕按本條原在下文「信陽軍」後,所記乃汝州事,今改移於此。

[信陽軍]。唐申州,開寶九年降爲義陽軍。五月十七日,詔降申州爲義陽軍,差本縣

令知軍兼鹽麴商税，其餘縣分併爲一路，置司寇參軍、縣尉各一員。羅山縣，開寶九年廢入信陽縣〔一〕，雍熙三年復置〔二〕。鍾山縣，開寶九年廢入信陽縣〔三〕。紹興十九年正月五日，詔信陽軍撥隸淮西路〔四〕，從户部請也。二十年三月十八日〔五〕，詔信陽軍撥隸湖北路，從本軍請也。

〔一〕開寶九年廢入信陽縣　「開寶」原缺，據紀勝卷八〇信陽軍「縣沿革」引國朝會要及宋史卷八五地理志一補。

〔二〕雍熙三年復置　「三年」，通考卷三一九輿地考五、宋史卷八五地理志一作「二年」。

〔三〕開寶九年廢入信陽縣　「開寶」原缺，據九域志卷一信陽軍、紀勝卷八〇信陽軍「縣沿革」及宋史卷八五地理志一補。

〔四〕紹興十九年正月五日詔信陽軍撥隸淮西路　「九」前原脱「十」字，「淮」原作「准」，據方域五之一七、繫年要録卷一五九紹興十九年正月丁亥條、紀勝卷八〇信陽軍「軍沿革」補改。按繫年要録繫於正月四日丁亥。

〔五〕二十年三月十八日　按紀勝卷八〇信陽軍「軍沿革」引國朝會要作「（紹興）十九年三月」。

皇祐五年十二月二十七日〔一〕，詔曰：「朕惟有周成憲，二漢故事，分置三輔〔二〕，以衛中都。内史主風化，司隸察淑慝，皆規畫於千里，以表則於四方。不恢藩翰之嚴，曷大京師之制！宜以京東曹州、京西陳許鄭滑州爲輔郡，并隸畿内。曹、滑仍差近侍爲知州，置京畿轉運使以按察畿輔。逐州增鈐轄一員，曹州更增都監一員，留屯兵三千人〔三〕，以時教閲。若出屯，即於開封府近縣或鄭州徙兵足之。」

〔一〕皇祐五年十二月二十七日　「二十七日」，輯稿食貨四九之一五作「二十五日」。
〔二〕分置三輔　「三」原作「司」，據輯稿食貨四九之一六改。
〔三〕留屯兵三千人　「兵」字原缺，據輯稿食貨四九之一六補。

至和二年十月十二日〔一〕，詔罷京畿路轉運司使、提點刑獄，陳、許等五州各歸元隸路，仍爲輔郡。今後所差知州，更不援例遷轉。

〔一〕至和二年十月十二日　按長編卷一八一繫於至和二年十月五日己丑。

熙寧十年三月八日，侍御史知雜蔡確言：「鄭、滑舊爲輔郡，遮蔽京師，頃因論者苟欲裁減役人，廢以爲縣，所利者小，所害者大。東、西兩京相望數百里，大河之南，直抵都城，并無州郡爲限，雖有縣鎮，形勢輕弱，非所以輔王畿、疆根本也〔一〕。臣以謂鄭〔二〕、滑二州皆宜復置。兼州廢尚近，完復亦易，諸般官舍未甚隳壞。若歲月滋久，方圖興葺，所費工力，必須倍多。」奏議未下。

〔一〕非所以輔王畿疆根本也　「疆」，長編卷二八一熙寧十年三月戊午條作「重」。

〔一一〕臣以謂鄭　「謂」原作「請」，據長編卷二八一熙寧十年三月戊午條改。

河北路。太平興國二年分河北南路，雍熙四年分東、西路，端拱二年併一路，熙寧六年復分二路〔一〕。熙寧六年七月二十七日〔二〕，詔以河北路分東、西兩路。北京、澶滄冀瀛博棣雄霸恩德濱莫十二州〔三〕、永静乾寧信安保定四軍爲東路，真定府、定相邢懷衛洺磁深祁趙保十一州〔四〕、安肅永寧廣信順安四軍爲西路。

政和三年四月二十三日，詳定九域志蔡攸等奏〔五〕：「今參考擬定下項：清州未有郡名，案州治即舊乾寧軍，大觀二年詔以河清之瑞陞爲清州，今欲乞以舊軍名爲乾寧郡。保州未有郡名，案後魏地形〔六〕，在漢、晋曰北新城，高祖太和元年分新城置永寧、清苑縣，隋唐因之。宋朝建隆元年，以清苑縣置保塞軍〔七〕，太平興國六年陞爲州。今清苑縣雖廢，而州治正故縣之地，今欲乞爲清苑郡。雄州未有郡名，按本州在易水之南〔八〕，今欲乞爲易陽郡。霸州治永清縣，後永清雖廢，今州治正在故縣之地，今欲乞爲永清郡。定州治博陵縣，按州自漢至後魏，或爲郡，或爲國，并號中山，隋始爲博陵，在蠡吾，而蠡吾今爲永寧軍。本州不當因舊額，今欲乞復以中山郡爲名。慈州，按唐書志、廣韻、本草并作『磁』，今州名從省作『慈』，無所稽考，今欲乞改作『磁』。」

〔一〕熙寧六年復分二路　「六年」原作「二年」，據後文及方域五之二、長編卷二四六熙寧六年七月乙丑條、十朝綱要卷九、宋史卷八六地理志二改。

〔二〕熙寧六年七月二十七日　按長編卷二四六、十朝綱要卷九繫於熙寧六年七月二十四日乙丑。

〔三〕澶滄冀瀛博棣雄霸恩德濱莫十二州　「棣」原缺，據九域志卷二棣州、長編卷二四六熙寧六年七月乙丑條、宋史卷八六地理志二補。

〔四〕定相邢懷衛洺磁深祁趙保十一州　「邢」原作「形」，據九域志卷二邢州、長編卷二四六熙寧六年七月乙丑條、宋史卷八六地理志二改。

〔五〕詳定九域志蔡攸等奏　「蔡」原作「葵」，形近而訛，今改。

〔六〕案後魏地形　「案」下原衍「地」字，「後魏地形」即魏書地形志，故刪。

〔七〕以清苑縣置保塞軍　「塞」原作「寨」，據十朝綱要卷一、輿地廣記卷一二保州、宋史卷八六地理志二改。

〔八〕按本州在易水之南　按北道刊誤志載，易水在雄州州城南門外，寰宇記卷六七雄州亦有此記載。「南」疑「北」之誤。

［開德府］。舊澶州，崇寧五年陞爲開德府、節度〔一〕，宣和二年罷置輔郡。衛南縣、黎陽縣，雍熙四年自滑州來隸。臨黄縣，端拱元年廢隸觀城縣。清豐縣，慶曆四年徙治德清軍。觀城縣，皇祐元年併入濮陽、頓丘縣，四年復置於水北鎮。頓丘縣，熙寧六年廢爲鎮，隸濮陽縣〔二〕。

崇寧五年十月二十一日，知澶州李孝壽奏：「本州實太祖、太宗龍潛之地，真宗巡狩臨幸，遂獲建原廟。元豐五年，又爲陛下賜履之邦，乞賜府額。」詔陞爲開德府。

〔一〕崇寧五年陞爲開德府節度　疑有脱誤，見本書節鎮陞降門「開德府」條校注。

〔二〕頓丘縣熙寧六年廢爲鎮隸濮陽縣　按九域志卷二澶州、輿地廣記卷一〇開德府、宋史卷八六地理志二皆言省入清豐縣，輯稿當誤。又「六年」，輿地廣記作「四年」。

［河間府］。舊瀛州，爲防禦州，大觀二年陞爲河間府、瀛海軍節度。高陽縣，開寶二年十二月四日，詔瀛州高陽行縣復舊邑。先是，高陽陷北虜，嘗爲邊民蹂躪，虜遷其民於縣北三十里爲行縣，而無城壁。及朝廷復其疆土，民上訴請完葺故縣而居之〔一〕，故有是詔。河間縣，舊縣在州衙前，雍熙中於縣西置平虜寨，景德二年改爲肅寧城，三年徙州就今治。樂壽縣，至道三年自深州來隸。

〔一〕民上訴請完葺故縣而居之　「訴」原作「訢」，形近而訛，今改。

滄州、保順軍。開寶三年以滄、棣州界保順〔一〕、吴橋兩鎮置軍。無棣縣〔二〕，治平元年徙治保順軍，即縣治置保順軍使，隸滄州。樂陵縣，熙寧二年徙治咸平鎮。饒安縣，熙寧五年廢爲鎮，隸清池縣。臨津縣，熙寧六年廢爲鎮，隸南皮縣。

〔一〕棣州界保順　「棣」原注「缺」，據十朝綱要卷一、宋史卷八六地理志二補。
〔二〕無棣縣　「棣」原注「缺」，據九域志卷二滄州、宋史卷八六地理志二補。

［冀州］。棗彊縣，熙寧元年廢爲鎮，隸信都縣，十年復爲縣。武邑縣，嘉祐八年廢爲鎮，隸蓨縣，熙寧十年復爲縣。新河縣，熙寧六年廢爲鎮，隸南宫縣。

博州。聊城縣，淳化三年河決，移州治孝武渡西〔一〕，并縣遷焉。

〔一〕移州治孝武渡西　「孝」原作「李」，據通考卷三一七輿地考三、宋史卷八六地理志二改。

棣州〔一〕。建隆二年陞爲團練州，乾德三年陞防禦。陽信縣〔二〕，建隆四年置。

〔一〕棣州　「棣」字原注「缺」，據宋史卷八六地理志二補。
〔二〕陽信縣　「陽信」原倒，據九域志卷二棣州、通考卷三一七輿地考三、宋史卷八六地理志二乙正。

［雄州］。容城縣，建隆四年以唐廢全忠縣地置。

［莫州］。莫縣，熙寧六年廢爲鎮，隸河間縣〔一〕，元祐二年復，十二月復廢爲鎮。長豐縣，熙寧六年廢爲鎮，隸任丘縣。保定縣，宣和七年以軍使改。

〔一〕莫縣熙寧六年廢爲鎮隸河間縣　按九域志卷二莫州、輿地廣記卷一〇莫州、通考卷三一六輿地考二及宋史卷八六地理志二皆言莫縣省入任丘縣，會要或誤。

德州。歸化縣，乾德六年廢，隸德平縣。德平縣，熙寧六年廢爲鎮，隸安德縣。

［濱州］。招安縣，熙寧六年廢爲鎮，元豐二年復爲縣。

大觀元年六月十五日，通判濱州張孝純狀：「契勘濱州在滄州之南，棣州之東〔一〕，青州之北，渤海之西，雖非漢渤海郡，亦漢渤海東南之境。顔師古注前漢地理志，解渤海郡曰：『在渤海之濱，因此爲名』〔二〕。渤海郡即係是濱州。」從之。

〔一〕棣州之東　「棣」字原注「缺」，據上文及宋代地理補。

〔二〕解渤海郡曰在渤海之濱因此爲名　按顔師古注見漢書卷二八上地理志八上，「此」當作「以」。

恩州。唐貝州，晉永清軍節度〔一〕，慶曆八年改恩州，降軍事。清河縣，端拱元年徙州北永寧鎮，淳化五年徙今治。清陽縣，熙寧四年廢爲鎮，隸清河縣。

慶曆八年閏正月七日〔二〕，詔曰：「甘陵舊國，冀土要藩，嘗建高牙，俾殊支郡。偶凶妖之竊發，扇吏卒以相依，輕弄庫兵，共嬰州壘。逮須捕繫，始伏誅夷。言念此邦，久陶至化，合懷忠憤，同弭倡狂，輒動匪人，幾成污俗。雖本緣於詿誤，良有玷於和平。宜錫嘉名，且昭善貸。其貝州可降爲軍事州，廢永清軍號，仍賜恩州爲額。其廣南東路恩州以南恩州爲額。」

〔一〕晋永清軍節度　「節度」下原批「使」字，與文意不合，據九域志卷二恩州、宋史卷八六地理志二删。

〔二〕慶曆八年閏正月七日　按長編卷一六二載貝州改恩州在慶曆八年閏正月五日甲辰。

乾寧軍。太平興國七年，以滄州永安縣陞爲軍，大觀二年陞爲清州，政和五年廢爲縣。

乾寧縣，太平興國七年，以滄州永安縣北析置縣來隸〔一〕，熙寧六年廢爲鎮，元符二年復。

熙寧五年八月二十五日〔二〕，高陽關路安撫使韓忠彦言：「轉運司欲移乾寧軍於滄州乾符寨，廢軍爲縣，以避河患，人不以爲便。」知滄州趙瞻亦言：「乾寧民心恟懼，皆謂河水頗已順行，又增隄數倍堅固，移軍實有害無利，乞速罷以安邊民。」從之。

元符二年三月十八日〔三〕，河北路都轉運司言：「乾寧軍申〔四〕，舊有乾寧倚郭縣，自商胡口决，人户流散，廢併入本軍。近年人户多已歸業，增及萬户已上，合復爲縣。」從之。

崇寧三年三月八日，户部言：「乾寧軍乾寧縣歸化、定邊兩鄉人户狀，本軍元有倚郭乾寧一縣，先於熙寧六年内將本縣廢罷入軍〔五〕，元符二年蒙再復本縣〔六〕。竊緣自復置縣來，創添役人，不唯止爲役錢浩瀚，兼諸般催科，甚是搔擾，乞行廢罷本縣併入本軍，依舊一就通管。」從之。

大觀二年三月二十八日，詔：「國家承平垂一百五十年，三有河清之應，越千歲一清之期。今乾寧軍河清踰八百里，凡七晝夜，上天眷佑，敢不欽承！其以乾寧軍爲清州，以答天休。布告中外，咸使知之。」

〔一〕以滄州永安縣北析置縣來隸　「析」原作「折」，形近而訛，今改。

〔二〕熙寧五年八月二十五日　長編卷二三九繫於元豐五年八月二十六日乙亥。按宋史卷三一二韓忠彦傳載：「琦薨，服除，爲直龍圖閣，擢天章閣待制、知瀛州。」韓琦薨於熙寧八年，則韓忠彦知瀛州在熙寧八年之後。又據宋史卷三四一趙瞻傳載，趙瞻知滄州在熙寧七年之後。輯稿作「熙寧五年」，顯誤。

〔三〕元符二年三月十八日　「元符」原作「元祐」，據長編卷五〇七元符二年三月辛酉條、宋史卷八六地理志二改。

〔四〕乾寧軍申　「乾寧軍」原作「乾德軍」，據上下文及九域志卷二乾寧軍改。

〔五〕先於熙寧六年内將本縣廢罷入軍　「六年」原作「元年」，據上文及宋史卷八六地理志二改。

〔六〕元符二年蒙再復本縣　「二年」原作「元年」，據上文及宋史卷八六地理志二改。

永静軍。唐景州，周降定遠軍，隸滄州。太平興國六年，以軍隸京師，景德元年改今名，嘉祐八年廢，熙寧十年復。東光縣，太平興國六年自滄州來隸。阜城縣，淳化元年自冀州來隸，嘉祐八年廢爲鎮，隸東光縣，熙寧十年復爲縣。將陵縣，慶曆七年自德州來隸。

信安軍。太平興國六年，以霸州淤口寨破虜軍〔一〕，仍以霸州永清、文安二縣隸焉。後二縣廢歸霸州，景德三年改今名。

〔一〕以霸州淤口寨破虜軍 「淤口寨」下疑脱一字，輿地廣記卷一〇信安軍、九域志卷二信安軍、長編卷二二太平興國六年三月丙辰條作「爲」，通考卷三一六輿地考二、宋史卷八六地理志二作「建」，十朝綱要卷二作「置」。

真定府。九門縣，開寶六年廢隸稾城縣。石邑縣，六年廢隸獲鹿縣。井陘縣，熙寧六年廢隸獲鹿、平山二縣，八年復置，徙治天威軍。靈壽縣，熙寧八年廢爲鎮，隸行唐縣，元祐二年復。宣和二年以成德軍稱。

［相州］。鄴縣，熙寧五年廢爲鎮，隸臨漳縣。永和縣，熙寧五年廢爲鎮，隸安陽縣。湯陰縣，宣和二年二月，以縣隸濬州，八月内復來隸。宣和二年八月十八日，朝請大夫、直祕閣、知相州韓肖胄奏：「契勘本州舊管四縣，内湯陰縣於今年二月内濬州陞爲節鎮，割隸去訖。緣本州係久來節鎮去處，湯陰縣是虜使往回食頓，今割隸濬州，即相州州城之南十五里便屬别州界地分，境土蹙近，不稱大藩，虜使往來，觀望非便。」詔湯陰縣依舊隸相州。

北平軍。慶曆二年以定州北平寨置軍，四年即北平縣治置軍使，隸定州。舊定州北平縣，建隆元年自易州來隸。無極縣，景德二年自祁州來隸〔二〕。

〔一〕景德二年自祁州來隸　「二年」，九域志卷二定州、輿地廣記卷一一中山府、宋史卷八六地理志二皆作「元年」，輯稿或誤。按無極縣景德後隸定州，即北平縣與北平軍亦隸定州，故本條文首應爲「定州」。

懷州。建隆元年爲團練，後陞防禦。修武縣，熙寧六年廢爲鎮，隸武陟縣，元祐元年復。武德縣，熙寧六年廢爲鎮，隸河内縣。

衛州。獲嘉縣，天聖四年自懷州來隸〔一〕。衛縣，四年建通利軍〔二〕，以縣隸焉。熙寧三年軍廢，縣復來隸。六年，廢隸黎陽、汲二縣〔三〕。黎陽縣，熙寧三年廢通利軍來隸。新鄉縣，熙寧六年廢爲鎮，隸汲縣，元祐三年復〔四〕。通利軍，端拱元年，以滑州黎陽縣置通利軍，縣仍隸焉。天聖元年改安利〔五〕，四年以衛縣來隸，明道二年復爲通利。熙寧三年軍廢，縣隸衛州。

〔一〕天聖四年自懷州來隸　「四年」原作「五年」，據九域志卷二衛州、長編卷一〇四天聖四年十二月丁亥條、宋史卷八六地理志二改。

〔二〕四年建通利軍　「四年」原作「五年」，據本條下文及九域志卷二衛州、長編卷一〇四天聖四年十二月丁亥條、宋史卷八六地理志二改。又據本條下文及九域志卷一〇省廢州軍、宋史卷八六地理志二載，通利軍建於端拱元年，輯稿作「(天聖)四年建」，顯誤。

〔三〕六年廢隸黎陽汲二縣　疑有脱誤。按九域志卷二衛州、宋史卷八六地理志二載，熙寧六年廢衛縣爲鎮，隸黎陽縣，廢新鄉縣爲鎮，隸汲縣。

〔四〕元祐三年復　「三年」，宋史卷八六地理志二作「二年」。

〔五〕天聖元年改安利　「元年」下原衍一「年」字，據宋史卷八六地理志二删。

洺州。建隆元年陞爲防禦。曲周縣，熙寧三年廢爲鎮，隸雞澤縣，元祐二年復。臨洺縣〔一〕，熙寧六年廢爲鎮，隸永年縣，元祐二年復爲縣，九月復爲鎮。

〔一〕臨洺縣　「臨」前原衍「西」字，據九域志卷二洺州、宋史卷八六地理志二删。

深州。雍熙四年自州西北舊城徙今治。静安縣，太平興國八年以下博縣建静安軍〔一〕，雍熙二年軍廢，縣還以隸〔二〕。三年，廢下博縣，四年復置，改静安。陸澤縣，雍熙四年廢，隸静安縣。束鹿縣，淳化二年自真定府來隸〔三〕。

雍熙四年二月十二日〔四〕，詔：「深州昨以犬戎肆暴〔五〕，侵我封陲，惟彼生民，被其荼毒〔六〕，永言隱恤，勿忘於懷〔七〕，思有改更，庶期安輯。宜以静安軍爲深州治所。」

〔一〕太平興國八年以下博縣建静安軍　輿地廣記卷一一深州亦言「太平興國八年置静安軍」。按宋史卷八六地理志二深州静安載：「本漢下博縣，周置静安軍，以縣隸。」長編卷二三太平興國六年正月乙卯條注亦云：「周顯德二年三月辛未，於深州下博縣李宴口置静安軍。」事見五代會要卷二四軍、舊五代史卷一一五周世宗紀二。則静安軍後周時即有之，非太平興國間建，故九域志卷二深州、宋史卷八六地理志二均言「隸静安軍」，當是。

〔二〕縣還以隸　「以」字當衍。

〔三〕淳化二年自真定府來隸　「二年」，輿地廣記卷一一深州、九域志卷二深州均作「元年」。

〔四〕雍熙四年二月十二日　「二月十二日」，長編卷二八、宋大詔令集卷一五九以静安軍爲深州治所均作「二月丁未」，即二月十四日。

〔五〕深州昨以犬戎肆暴　「犬」原作「大」，形近而訛，今改。按清本徑改作「犬」。

〔六〕被其荼毒　「荼」原作「茶」，據宋大詔令集卷一五九以静安軍爲深州治所改。

〔七〕永言隱恤勿忘於懷　宋大詔令集卷一五九以静安軍爲深州治所作「永言憫恤，日志於懷」。

磁州。昭德縣，熙寧六年廢爲鎮，隸滏陽縣。

祁州。端拱二年徙置於真定府鼓城〔一〕，景德二年陞團練州，自鼓城徙治定州蒲陰〔二〕。蒲陰縣，舊名義豐，太平興國元年改，景祐二年自定州來隸〔三〕。鼓城縣，端拱二年自真定府來隸。深澤縣，熙寧六年廢爲鎮，隸鼓城縣，元祐元年復。

〔一〕端拱二年徙置於真定府鼓城　「二年」，九域志卷二祁州、輿地廣記卷一二祁州均作「元年」。

〔二〕景德二年陞團練州自鼓城徙治定州蒲陰　「蒲陰」原缺，據方域八之一七、長編卷五七景德元年九月乙巳條、宋史卷八六地理志二補。按長編、宋史及方域八之一七皆載祁州徙治蒲陰縣在景德元年。又按祁州陞團練州，九域志卷二祁州亦作「景德二年」。

〔三〕景祐二年自定州來隸　按前條校注，「景祐二年」當「景德元年」之誤。

保州。建隆初以莫州清苑縣置保塞軍，太平興國六年陞爲州。保塞縣，建隆元年以莫州清苑縣來隸，太平興國六年改。

慶源府。舊趙州，崇寧四年陞爲慶源府，仍以慶源軍節度〔一〕。柏鄉縣〔二〕，熙寧五年廢爲鎮，隸高邑縣，元祐元年復。贊皇縣，熙寧五年廢爲鎮，隸高邑縣，元祐元年復。隆平縣，熙寧六年廢爲鎮，隸臨城縣，元祐元年復。

宣和元年十月七日，右武郎、廉訪使者王寓奏〔三〕：「仰惟國姓所出之地，實自全趙。在昔神考，深念世本，嘗詔求程嬰、公孫杵臼之遺祠，優加爵號，以旌其義。又命守臣恢大城圍，用壯形勢。昨陛下惟尊姓系，即褒其州爲慶源軍。臣兹獲將命，迓客朔塞，道出邢、趙，竊見邢之鉅鹿郡元係英廟所領舊藩，今已改府曰信德，欲乞趙州慶源軍更陞府號，以副群望。」詔慶源軍陞爲慶源府，依舊軍額。

崇寧四年二月二十五日，詔曰：「冀北奥區，趙郡名壤。胙土命氏，遹祇先德之傳；賜羨流光，大啓後人之慶。昔我藝祖，誕受天命，列聖儲祉，萬方咸休。肆予一人，嗣有神器，夙夜祗懼，惟懷永圖。洒眷此邦，實緊國姓，思假寵靈之侈，宜分旄鉞之榮。式隆王跡之基，永底兆民之阜。宜陞爲節鎮，仍以慶源軍爲額。」因舉人李獻臣等言：「伏讀趙世家，稱穆王賜造父以趙城〔四〕，由此爲姓。至春秋時程嬰、公孫杵臼協心戮力，以興趙氏之祀，至襄子因以有國。迄至皇宋，建萬世不拔之基，實本諸此。神宗皇帝深惟國姓之所自，乃詔天下求程嬰、公孫杵臼之遺祠，優加封爵，以報其忠。又命守臣展拓本州城圍，壯大形勢，固所以尊世繫而重國本也。今則本州獨爲軍事，事體朘削，非所以稱國家宗姓所出之地。乞建本州爲節鎮軍府，尊大國姓。」故有是命。

〔一〕仍以慶源軍節度　「節度」下疑脱「稱」字。按後文及宋史卷八六地理志二所載，趙州，崇寧四年升慶源軍節度，宣和元年升慶源府。

〔二〕柏鄉縣　「柏」原作「栢」，據九域志卷二趙州、宋史卷八六地理志二改。

〔三〕廉訪使者王寓奏　「訪」原作「防」。按十朝綱要卷一七載，政和六年七月，改走馬承受爲廉訪使者，繫年要録卷一一建炎元年十二月西卯條亦有此記載，據改。

〔四〕稱穆王賜造父以趙城　「賜」字原缺，據史記卷四三趙世家補。

［信德府］。舊邢州，安國軍。宣和元年陞爲信德府。任縣，熙寧五年廢爲鎮，隸南和縣，元祐元年復。平鄉縣，熙寧六年廢爲鎮，隸鉅鹿縣，元祐元年復。堯山縣，熙寧六年廢爲鎮，隸内丘縣，元祐元年復。邢臺縣，宣和二年以龍崗縣改。

濬州。舊通利軍，熙寧三年廢爲黎陽縣，隸衛州，元祐元年復爲軍。政和五年八月陞爲州、濬川軍節度，九月又改爲平川軍。衛縣，熙寧三年廢通利軍〔一〕，還隸衛州，元祐元年復軍，依舊來隸。

〔一〕熙寧三年廢通利軍　「廢」下原衍「爲」字，據上文「衛州」條及九域志卷二衛州删。

安肅軍。太平興國六年，以易州宥戎鎮地置静戎軍，景德元年改，宣和七年陞爲軍〔一〕，隸保州。安肅縣，太平興國六年〔二〕，以遂城縣三鄉爲静戎縣，景德元年改。

〔一〕宣和七年陞爲軍　按宋史卷八六地理志二安肅軍載，宣和七年，「廢軍爲安肅縣」，會編卷二二亦載，宣和七年十月二十四日「安肅軍改爲安肅縣」。輯稿疑誤。

〔二〕太平興國六年　「太平興國」原缺，據九域志卷二安肅軍、宋史卷八六地理志二補。

［永寧軍］。博野縣，雍熙四年自定州來隸〔一〕，宣和七年以縣兼軍使。

〔一〕雍熙四年自定州來隸　「雍熙」原作「熙寧」。按寰宇記卷六八寧邊軍、九域志卷二永寧軍、十朝綱要卷二、宋史卷八六地理志二皆言雍熙四年，以定州博野縣置寧邊軍。又按寧邊軍於景德元年改永定軍，天聖七年改永寧軍，事見九域志及十朝綱要卷四等。故博野縣自定州來隸實在雍熙四年，據改。

廣信軍。太平興國六年，以易州遂城縣地置威虜軍，景德元年改今名〔一〕。遂城縣，太平興國六年自易州來隸。

〔一〕景德元年改今名　「元年」原作「二名」，據九域志卷二廣信軍、輿地廣記卷一二廣信軍、長編卷五八景德元年十二月甲辰條、宋史卷八六地理志二改。

順安軍。太平興國六年〔一〕，以瀛州廢唐興縣置唐興寨，淳化三年陞爲軍。高陽縣，至道三年自瀛州來隸，熙寧六年廢爲鎮，十年復爲縣。

〔一〕太平興國六年　「六年」，九域志卷二廣信軍、輿地廣記卷一二廣信軍、通考卷三一六輿地考二及宋史卷八六地理志二皆作「七年」，輯稿或誤。

承天軍。建隆元年，以鎮州孃子關建軍〔二〕，仍隸鎮州，後廢。

〔二〕以鎮州孃子關建軍　「關」原作「開」，據九域志卷一〇省廢州軍、長編卷一建隆元年十月壬申條、通考卷三一六輿地考二改。

［燕山府路］

燕山府。古幽州，漢置涿郡，唐武德元年改爲燕州，天寶元年復爲幽州。號廣陽郡、永清軍節度，宣和四年十月改爲府。燕山府析津縣、宛平縣、昌平縣、良鄉縣、潞縣、武清縣、安次縣、永清縣、清化縣、玉河縣、漷陰縣，并宣和四年十月内復。廣寧縣，宣和四年十月以都市縣改。宣和四年十月五日，詔：「燕京，古之幽州，武王克商，封邵公奭於燕，以燕然山得名。漢置涿郡，唐武德元年改燕州，天寶元年改幽州。舊號廣陽郡，有永清軍節度。燕京宜改爲燕山府。」

涿州。漢涿郡地，唐置州，宣和四年十月賜名涿水郡、威行軍節度。宣和四年十月以范陽縣改。威城縣，宣和四年十月以新城縣改。歸義縣、固安縣〔一〕，并宣和四年十月内復。

〔一〕固安縣「固」原作「周」，據寰宇記卷七〇涿州、遼史卷四〇地理志改。

檀州。漢漁陽郡地，隋置州，宣和四年十月賜名橫山郡、鎮遠軍節度。密雲縣，宣和四年十月内復。盧城縣，宣和四年十月以行唐縣改〔二〕。

〔二〕盧城縣宣和四年十月以行唐縣改　宋史卷九〇地理志六載，行唐縣，「賜名威塞」，又載平州盧龍縣，「賜名盧城」，與會要不同。按會編卷一〇載，宣和四年十月九日，「□城縣賜名威塞，盧龍縣賜名盧城，石城縣賜名臨州」，與宋史部分相同。會要記行唐縣改盧城，或誤。

平州。漢遼西郡地，隋置州，宣和四年十月賜名海陽郡、撫寧軍節度。盧龍縣，宣和四年十月復。臨關縣，宣和四年十月以石城縣改。馬城縣，宣和四年十月復。

易州。漢涿鹿郡地，隋置州，宋朝宣和四年十月賜名遂武郡，防禦。易水縣、淶水縣〔一〕，宣和四年十月復。安城縣，宣和四年十月以容城縣改〔二〕。

〔一〕淶水縣　「水」字原缺，據會編卷一〇、宋史卷九〇地理志六補。

〔二〕安城縣宣和四年十月以容城縣改　按宋史卷九〇地理志六載，平州馬城縣，「賜名安城」，與會要不同。

營州。漢遼西郡地，隋置州，宋朝宣和四年十月賜名平盧郡，防禦。鎮山縣，宣和四年十月以柳城縣改。

順州。漢涿郡地，唐置州，宋朝宣和四年十月賜名順興郡，團練。懷柔縣，宣和四年十月復。

薊州。漢漁陽郡地，唐置州，宋朝宣和四年十月賜名廣川郡，團練。平虜縣〔一〕，宣和四年十月以漁陽縣改。三河縣、玉田縣，宣和四年十月復。

〔一〕平虜縣　「平虜」，宋史卷九〇地理志六作「平盧」。

景州。北虜置，宋朝宣和四年十月賜名灤川郡，軍事。遵化縣，宣和四年十月復。

陝西路。太平興國二年，分河北、河南路，又有陝府西北路〔一〕，後併一路。熙寧五年，分永興、秦鳳二路。今按元豐九域圖，除永興一路外，鄜延、環慶、涇原、秦鳳、熙河，分爲五路。

熙寧五年十二月十三日，詔以陝西路分爲永興軍、秦鳳兩路。京兆府、河中府、陝延同華耀邠鄜解慶號商寧坊丹環十五州、保安軍爲永興軍路，鳳翔府、秦涇熙隴成鳳渭原階河岷十一州、鎮戎德順通遠三軍爲秦鳳路。

大觀二年四月一日，大司成強淵明奏：「稽諸史籍，歷代以來，州郡例著上、望，以第差定貢賦。今陝右、黔南等道新附州軍，乞令參立郡名，擬定上、望外，其土貢委尚書户部下本路轉運司參酌。」從之。

宣和元年四月六日，河東、陝西宣撫司奏：「據環慶路經略司申，承朝廷復奉天縣爲醴州，創置環慶路第十將，隨將割屬環慶路管轄。緣本路諸將各有屯駐將兵，其管下縣分户口不多，所入不足所支。雖蒙將醴州割屬本路，卻將邠州永壽縣割屬醴州，及寧州定平縣割屬邠州，止是只將本路諸縣遞相割隸，委是逐州轉見供贍不足。今相度，欲乞將邠州相鄰耀州淳化、雲陽兩縣割屬邠州，將定平縣卻割屬寧州，將慶州相鄰寧州襄樂割屬慶州，所貴逐州各得均濟〔二〕。」詔令陝西轉運司相度：「契勘耀州所入財賦摘椿酒税錢，係應副鄜延等路邊計去處，若將淳化、雲陽兩縣并割屬邠州管轄，不惟雲陽去邠州地里相遠，又於耀州并諸路歲額斛斗顯有妨闕〔三〕。今相度得淳化一縣附近邠州去處，欲將耀州淳化縣割隸邠州，餘並依舊。所有淳化縣税賦，除本州於第五等内有合納分數外，將餘數自來年夏料應副環慶路，秋料應副鄜延路。今來既割屬環慶路，若依舊令人户赴兩路輸納，本司契勘得耀州三原縣税賦自來年夏料合應副鄜延路，秋料卻應副環慶路，其兩縣税賦多寡若不相遠〔四〕，今欲互换輸納，其逐縣摘椿酒税等錢各依舊。」從之。

〔一〕又有陝府西北路　「陝府西北路」原作「陝西府路」，據輯稿食貨四九之二及長編卷四一至道三年、通考卷三一五輿地考一改。按九域志卷三陝西路作「陝府西路」。
〔二〕所貴逐州各得均濟　「貴」原作「責」，形近而訛，今改。
〔三〕又於耀州并諸路歲額斛斗顯有妨闕　「闕」原作「關」，形近而訛，今改。
〔四〕其兩縣税賦多寡若不相遠　「若」原作「苦」，形近而訛，今改。

京兆府。宣和二年以永興軍稱。奉天縣，熙寧五年廢乾州復爲縣，隸府。樊川縣〔一〕，宣和三年以萬年縣改〔二〕。
宣和二年三月六日，詔：「永興軍守臣等銜位并不用軍額，永興軍稱京兆府，成德軍稱真定府。」

〔一〕樊川縣　「川」原作「州」，據通考卷三二二輿地考八、宋史卷八七地理志三改。

〔二〕宣和三年以萬年縣改　「宣和」原缺，據通考卷三二一輿地考八補。按宋史卷八七地理志三作「宣和七年」。

河中府。榮河縣，舊名寶鼎，大中祥符四年改榮河，隸慶成軍。熙寧元年廢慶成軍，以縣來隸，仍置軍使。河西縣，開寶五年徙於西關城外，天禧五年，徙府城內通化坊，熙寧三年廢隸河東縣。永樂縣，熙寧六年廢爲鎮，隸河東縣。龍門縣，舊改爲河津縣，紹興元年依舊。

大中祥符四年二月二十八日，詔曰：「寶鼎縣駐蹕所臨，神祠俯邇，允資肅奉，宜示優恩，特建爲慶成軍，隸河中府。」續詔改寶鼎曰榮河，令軍使兼知縣事，別置判官一員。

四月十七日，詔：「慶成軍不隸河中府，其榮河縣特置令、簿、尉各一員，隸本軍；置司理、司法參軍各一員，司法兼司糧料事。」先是，祀汾陰畢，即榮河縣建慶成軍，仍隸河中府。其官僚雖帶軍額，實領縣事，本以崇奉宮廟，而本府不即給遺禮料，言事者以爲非便。至是，以軍直隸京，增置官吏。其太寧宮廟每年祠祭，委知軍行禮。

醴州。政和七年以京兆府奉天縣陞爲州，劉豫改爲永興軍路，紹興九年收復，依舊。

政和八年三月二十八日，陝西、河東、河北路宣撫司奏：「勘會奉天縣復爲州，賜名醴州，創置一將，以環慶路第十將爲名，見於興平、醴泉、武功三縣招置，隨將割屬環慶路管轄。契勘醴州舊係乾州日，合治永壽、好畤二縣，後廢爲縣，內永壽隸邠州，好畤隸鳳翔府。若止復割此兩縣，委是供贍將兵不足。其醴泉、武功二縣，雖見屬永興，緣逐縣附近醴州，乞割隸醴州。」從之。

太平興國二年八月五日〔一〕，右拾遺李幹言〔二〕：「諸道藩鎮所管支郡，多俾親吏掌其關市，頗不便於商賈，滯天下之貨。望不令有所統攝〔三〕，以分方面之權，尊獎王室，亦彊幹弱枝之術也。」詔邠、寧、涇、原、渭、鄜、坊、延、丹、陝、虢、襄、均、房、復、鄧、唐、澶、濮、宋、亳、鄆、濟、滄、德、曹、單、青、淄、兗、沂、貝、冀、滑、衛、鎮、深、趙、定、祁等州〔四〕，先隸藩鎮，今並直隸京郡〔五〕，長吏得自奏事。〔六〕

〔一〕太平興國二年八月五日　按長編卷一八繫李幹進言於八月八日丙寅，而下詔則在十日戊辰。

〔二〕右拾遺李幹言　「李幹」，通考卷六一職官考一五同，而輯稿職官三八之二及長編卷一八太平興國二年八月丙寅條則作「李瀚」。

〔三〕望不令有所統攝　「不」原作「下」，據輯稿職官三八之二及長編卷一八太平興國二年八月丙寅條、通考卷六一職官考一五改。

〔四〕詔邠寧涇原渭鄜坊延丹陝虢襄均房復鄧唐澶濮宋亳鄆濟滄德曹單青淄兗沂貝冀滑衛鎮深趙定祁等州　「貝」原作「具」，據長編卷一八太平興國二年八月戊辰條、通考卷六一職官考一五改。按長編、通考及輯稿均列三十九州，無「渭」。

〔五〕今並直隸京郡　「京郡」當誤，或爲「京」、「京都」。按輯稿職官三八之二、長編卷一八太平興國二年八月戊辰條均作「并直屬京」，通考卷六一職官考一五作「令直屬京師」。

〔六〕按本條内容與本門不合，職官三八之二亦有記載，文字大致相同（甚至皆誤將「亳」作「毫」、「貝」作「具」），當屬複文。

陝州。湖城縣，太平興國三年自虢州來隸，熙寧四年廢爲鎮，隸靈寶縣〔一〕，元豐元年復爲縣隸〔二〕。硤石縣，乾德五年移治石壕鎮〔三〕，仍割河南永寧縣之胡郭管隸焉。太平興國二年徙今治，三年自虢州來隸，熙寧六年廢隸陝縣。閿鄉縣，太平興國三年自虢州來隸。〔四〕

〔一〕隸靈寶縣　「靈寶」原倒，據九域志卷三陝州、輿地廣記卷一三陝州、宋史卷八七地理志三乙正。
〔二〕元豐元年復爲縣隸　「元年」，宋史卷八七地理志三同，九域志卷三陝州作「六年」。
〔三〕乾德五年移治石壕鎮　「石」原作「右」，據九域志卷三陝州、宋史卷八七地理志三改。
〔四〕按本條「二年徙今治」至「太平興國」據眉批補入。

延安府。劉豫改爲延州，紹興九年收復，依舊。豐林縣，熙寧五年廢爲鎮，隸膚施縣〔一〕。金明縣，熙寧五年廢爲寨，隸膚施縣。延水縣，熙寧八年廢爲鎮，隸延川縣。淳化五年五月二十三日，以延州石堡寨爲威塞軍。

紹聖四年六月十二日，樞密院言：「鄜延經略司奏：『延安府延川縣城形勢不便，難爲守禦，合依延長、臨真縣例，廢作不可守禦縣。』」從之。

〔一〕隸膚施縣　「膚」原作「鄜」，據九域志卷三延州、宋史卷八七地理志三改。下同。

同州。唐正德軍節度〔一〕，梁爲忠武軍，後唐復舊，周降爲軍事，國朝改定國軍節度〔二〕。

夏陽縣，熙寧三年廢爲鎮，隸郃陽縣。沙苑監，乾德三年於同州馮翊、朝城二縣境置監〔三〕。

〔一〕唐正德軍節度　「正德軍」，資治通鑑卷二六六梁開平二年五月壬申條、寰宇記卷二八同州、九域志卷三同州均作「匡國軍」，輯稿或誤。

〔二〕國朝改定國軍節度　「國朝」原作「宋朝」，據方域五之三改。

〔三〕朝城二縣境置監　「朝城」，寰宇記卷二八同州、九域志卷三同州均作「朝邑」。按九域志及宋史卷八七地理志三載，同州有韓城、朝邑縣，無朝城縣。輯稿當誤。

華州。唐鎮國軍節度，周降爲軍事，國朝初爲鎮國軍節度〔一〕，皇祐五年改鎮潼軍。蒲城縣，京兆府奉先縣，乾德二年隸同州，開寶四年改爲蒲城，天禧四年自同州來隸。渭南縣，熙寧六年廢爲鎮，隸鄭縣，元豐元年復〔二〕。

〔一〕國朝初爲鎮國軍節度　「國朝」原作「宋朝」，據方域五之三改。

〔二〕元豐元年復　「元年」原作「九年」，據九域志卷三華州、宋史卷八七地理志三改。按神宗元豐總八年。

清平軍。大觀元年陞鳳翔府清平鎮爲軍，隸永興。

乾州。軍事，領三縣，乾德二年以京兆府好畤、邠州永壽二縣來隸。熙寧五年廢州，以奉天縣隸京兆府，永壽縣還舊隸，好畤縣隸鳳翔府〔一〕。

〔一〕好畤縣隸鳳翔府 「鳳翔府」下原衍「商州」，按後一條即商州，故删。

商州。紹興九年聽金州節制。紹興九年七月二十一日，陝西路宣諭使周聿、郭浩等言：「乞將虢州隸京西，商州隸金州節制。并金州舊屬京西南路，紹興三年本州失守，至紹興六年朝廷差郭承宣知州，隸屬川陝宣撫使司，本官措置營田，搜訪遺利，漸次富實。今移帥鄜延，其金州卻合委四川宣撫司選有武勇、諳民事兵官前去鎮守，依舊隸四川宣撫司，庶幾與梁、洋一帶關隘首尾相應。」詔依舊隸四川宣撫司，虢州隸京西，商州聽金州節制。

［鄜州］。鄜城縣，康定二年即縣治建康定軍使，隸本州。三川縣，熙寧七年廢爲鎮，隸洛交縣。

耀州。後唐順義軍節度，後爲團練。

虢州。唐弘農郡，至道三年改弘農〔一〕，尋改虢郡。虢略縣，舊名弘農。朱陽縣，乾德六年廢隸常農縣，太平興國七年復置。欒川縣，崇寧三年以鎮陞爲縣。

〔一〕至道三年改弘農 「改」字原缺，據後文及九域志卷三虢州補。

坊州。昇平縣，熙寧元年廢爲鎮，隸宜君縣。

丹州。宜川縣，舊名義川，太平興國元年改，熙寧八年析同州韓城縣新封鄉隸。咸寧縣，太平興國三年廢入宜川縣。汾川縣〔一〕，熙寧三年廢爲鎮，隸宜川縣。雲巖縣，熙寧七年廢爲鎮，隸宜川縣。

〔一〕汾川縣　「汾」原作「分」，據輿地廣記卷一四丹州、九域志卷三丹州改。

銀州。崇寧四年收復，五年廢爲城。

綏德軍。治平四年收復，廢爲綏德城〔一〕，元符二年以綏德城爲綏德軍。元豐七年正月十九日〔二〕，陝西轉運副使范純粹言：「綏德城當夏賊之衝，乞立軍額。」以米脂、義合、浮圖、懷寧、順安、綏平六城咸隸焉。

〔一〕治平四年收復廢爲綏德城　據編年綱目備要卷一七、長編紀事本末卷八三種諤城綏州、宋史卷一四神宗紀一載，收復綏州在治平四年，廢綏州爲綏德城在熙寧二年。輯稿或有脱誤。

〔二〕元豐七年正月十九日　「元豐」原作「熙寧」，據方域八之三二、長編卷三四二元豐七年正月己未條、玉海卷一七四熙寧綏德城、宋史卷八七地理志三改。

環州。唐靈州方渠鎮，晉置威州，周爲環州，後降通遠軍。通遠縣，舊名通遠，天聖元年改方渠，景祐元年復今名。

慶陽府。舊慶州，政和七年陞爲慶陽軍，宣和元年陞爲府。唐安化節度，後降軍事。建隆元年陞團練，四年降軍事。劉豫改爲慶州，紹興九年收復，依舊。同川縣，乾德二年廢隸安化縣。安化縣，唐安化縣，後改順化，宋朝初爲安化，太平興國二年省邠州甘井、寧羌二縣地入焉〔一〕。華池縣，并熙寧四年廢。彭原縣，熙寧三年自寧州來隸。合水縣，熙寧四年置。樂蟠縣，熙寧四年廢隸合水縣。

〔一〕太平興國二年省邠州甘井寧羌二縣地入焉　按邠州甘井、寧羌二縣，寰宇記、輿地廣記、九域志、宋史諸書均未見記載。

寧州。宣和元年陞爲興寧軍節度。定平縣，熙寧五年自邠州來隸。

邠州。永壽縣，乾德二年以縣隸乾州，熙寧五年乾州廢，復來隸。

定邊軍。定邊縣，政和六年建。

涇州。長武縣，咸平四年陞長武鎮爲縣，五年廢爲寨。

[渭州]。政和七年陞爲平涼軍。崇信縣，乾德元年以舊崇信軍地置縣，隸鳳翔府，淳化中隸儀州，熙寧五年儀州廢，來隸。安化縣，乾德二年析華亭縣地置縣〔二〕，隸儀州，太平興國八年徙治制勝關，至道元年徙安化鎮，改今名。

〔一〕乾德二年析華亭縣地置縣　「乾德」原缺，「析」原作「折」，據通考卷三二二輿地考八補改。

儀州。唐義州，軍事，領三縣，乾德二年置安化縣，太平興國元年改，淳化中以鳳翔府崇信縣來隸。熙寧五年廢州，以華亭、安化、崇信三縣隸渭州。

〔原州〕。彭陽縣，舊名豐義，太平興國元年改，至道三年自寧州來隸。

西安州。元符二年以南牟會新城建。元符二年五月二十一日〔一〕，涇原路進築天都、南牟會，諸路築據要害，而各徑直相通。畢工，詔以南牟會新城爲西安州。

〔一〕元符二年五月二十一日　「元符」原作「元祐」，據上文及宋史卷八七地理志三改。按南牟會新城賜名西安州，十朝綱要卷一一作「元符二年四月」，方域一八之二〇具體到「四月十七日」，則「五月二十一日」似誤。

〔懷德軍〕。元平夏城，大觀二年陞爲威德軍，續改今名。

鎮戎軍。至道元年以原州故平高縣地置軍〔一〕。

〔一〕至道元年以原州故平高縣地置軍　「平高」原倒，據輿地廣記卷一六鎮戎軍、九域志卷三鎮戎軍乙正。

德順軍。慶曆三年正月二十三日，以渭州平涼縣地籠竿城爲德順軍。其地蓋籠竿川，大中祥符四年，知渭州曹瑋上言，隴山之外，坦爲兵衝，而州無扞蔽之勢，請兵戍守而城之〔一〕。至是，安撫使王堯臣請建軍也。

〔一〕請兵戍守而城之　「戍」原作「戌」，據武經總要前集卷一八改。

〔鳳翔府〕。好畤縣，乾德二年自京兆府隸乾州，熙寧五年乾州廢，以縣隸府。司竹監，宋朝因唐制，於鳳翔府盩厔縣置監〔一〕，隸鳳翔府。

〔一〕於鳳翔府盩厔縣置監　「盩厔」原作「盩屋」，據九域志卷三鳳翔府、輿地廣記卷一五鳳翔府、宋史卷八七地理志三改。

〔隴州〕。隴安縣，開寶二年析汧陽縣四鄉置縣。

開寶監。建隆三年於鳳州兩當縣七房鎮置銀冶，開寶五年陞爲監，隸鳳州。

鳳州。後唐防禦，建隆四年降團練。五年二月七日〔一〕，以雄勝軍爲雄勝鎮，依舊隸鳳州。

〔一〕五年二月七日　按建隆無五年，上古本疑其爲乾德五年，或是。

秦州。元祐三年十一月七日，兵部言：「秦州、岷州、階州舊爲沿邊，今則收復州郡甚多，恐秦、岷、階州合爲次邊。其次嵐、石州已在近裏，各無邊面，并令改爲次邊，委是經久利便。」又言：「熙河蘭會路沿邊近收復開拓，創建州城堡寨，展套蕃土，甚是闊遠，其秦州合作次邊。」從之。太平監，秦州清水縣地，開寶五年於秦州清水縣置銀冶，太平興國三年陞爲監，隸秦州。

鞏州。皇祐四年以渭州地置古渭寨，熙寧五年建爲通遠軍，崇寧三年陞爲州。隴西縣，元祐五年建。通渭縣，崇寧五年以寨陞爲縣〔一〕。通遠軍，熙寧五年以唐渭州地古渭寨置軍。

崇寧三年十二月六日，熙河蘭會路經略安撫使王厚奏：「乞以通遠軍依舊爲渭州，陞爲節鎮，并乞改差文臣知州，仍乞自朝廷選除。」詔通遠軍改爲鞏州，仍堂除文臣知州，餘不行。

元祐五年十月十六日，三省言：「通遠軍申，乞添置倚郭一縣，以隴西爲名，差選人充尉，兼令、簿。」從之。

〔一〕通渭縣崇寧五年以寨陞爲縣　按宋史卷八七地理志三載：「崇寧五年，通渭縣復爲砦，未詳何年以砦爲縣。」又方域一九之一九亦載崇寧五年通渭縣復爲寨。本條疑誤。

熙河路。元豐五年二月十三日，熙河路加「蘭會」二字。元祐四年八月二日，改爲熙河蘭岷路。元符元年八月一日，仍舊爲熙河蘭會路。崇寧四年正月一日，改爲熙河蘭湟路。宣和二年三月十五日，改爲熙河蘭廓路。紹興九年，改爲熙河蘭鞏路〔一〕。

大觀三年正月二十九日，詔曰：「國家誕受多方，靡間并包之度；奄有四海，咸歸覆燾之仁。朕獲承至尊，克紹先烈。惟湟川之沃壤，暨鄯城之奥區〔二〕，失自有唐，復於今日。顧封陲之廣斥，已軼河源；肆聲教之遐敷，有光禹跡。民風不變，邊候不驚。迺眷四州，實控二道。金湯既固，庶無疆埸之虞；耒耜方興，佇底坻京之積。爰綏有衆，永孚於休。湟州賜名嚮德軍，陞爲節鎮，西寧州爲賓德軍，廓州爲防禦，洮州爲團練。」

元符二年閏九月四日〔三〕，詔以青唐爲鄯州，仍爲隴右節度，邈川爲湟州，宗哥城爲龍支城。鄯州、湟州并河南北新收復城寨，并隸隴右，仍屬熙河蘭會路。

元符二年八月八日〔四〕，熙河蘭岷路經略使孫路言〔五〕：「王贍已收復邈川城〔六〕。邈川係古湟中之地〔七〕，北控夏國甘、凉，西接宗哥、青唐，部族繁庶，形勢險要。南距河州百九十餘里〔八〕，東至蘭州二百餘里，請建爲湟水軍。」詔路詳累降約束指揮施行。

崇寧四年正月一日，詔熙河蘭會路宜以熙河蘭湟路爲名〔九〕。

政和七年三月二十三日，詔：「熙、河、鄯、湟自開拓已來〔一〇〕，疆土雖廣而地利悉歸屬羌，官兵吏祿仰給縣官，不可爲後計〔一一〕。仰本路帥臣相度，以錢銀茶綵或以羌人所嗜之物，與之貿易田土〔一二〕。土田既多，即招置弓箭手，入耕出戰，以固邊圉。」

紹興九年六月十二日，樞密院言：「熙河蘭廓路經略安撫司奏：『本路舊管一十州軍，以熙河蘭廓路經略安撫司爲稱。昨因兵火，將河外西寧、樂、廓等州官吏軍民移那前來河裏諸州，緣此行移止以熙河路經略安撫司稱呼。今承樞密院劄子，爲遷割河南故地事，劄付熙河蘭廓路經略安撫司。本司所割別無廓州，未審如何稱呼。』」詔以熙河蘭鞏路爲名。

〔一〕改爲熙河蘭鞏路　「鞏」原作「華」，據下文及十朝綱要卷一三改。

〔二〕暨鄯城之奧區　「鄯城」原作「鄯成」，據元和志卷三九鄯州、舊唐書卷四〇地理志三改。

〔三〕元符二年閏九月四日　「元符」原作「元祐」，據長編卷五一六元符二年閏九月癸酉條、十朝綱要卷一四、宋史卷一八哲宗紀二改。

〔四〕元符二年八月八日　「元符」原作「元祐」，據輯稿兵九之一、長編卷五一四元符二年八月己卯條改。

〔五〕熙河蘭岷路經略使孫路言　「熙河蘭岷」，長編卷五一四元符二年八月己卯條同。然據上文所載，熙河路，元祐四年改「熙河蘭岷」，元符元年仍舊爲「熙河蘭會」，崇寧四年改「熙河蘭湟」，則元符二年當名「熙河蘭會」而非「熙河蘭岷」，疑誤。

〔六〕王贍已收復邈川城　「王贍」原作「王瞻」，據輯稿兵九之一、長編卷五一四元符二年八月己卯條及宋史卷三五〇王贍傳改。

〔七〕邈川係古湟中之地　「係」原作「孫」，據長編卷五一四元符二年八月己卯條改。

〔八〕南距河州百九十餘里　「河州」原作「河川」，據輯稿兵九之二、長編卷五一四元符二年八月己卯條改。

〔九〕詔熙河蘭會路宜以熙河蘭湟路爲名 「湟」上原衍「會」字，據上文及宋史卷二〇徽宗紀二删。
〔一〇〕湟自開拓已來 「自」原作「日」，據通考卷一五六兵考八及宋史卷一九〇兵志四改。
〔一一〕不可爲後計 「計」原作「法」，據通考卷一五六兵考八及宋史卷一九〇兵志四改。
〔一二〕與之貿易田土 「田土」原缺，據通考卷一五六兵考八及宋史卷一九〇兵志四補。

熙州。狄道縣，熙寧五年收復置，九年廢，元豐二年復。熙寧五年八月，以唐臨州地羌人號武勝軍地置鎮洮軍，十月改熙州、臨洮郡、鎮洮軍節度。

蘭州。元豐四年九月建州，爲帥府，以熙州爲列郡。蘭泉縣，崇寧三年建。

西寧州。舊鄯州，崇寧二年陞爲隴西節度〔一〕，仍置都護。大觀二年改爲西平郡，作中都督府，尋爲隴右節度，加賓德軍。

大觀二年七月六日〔二〕，詳定九域圖志所言：「新附州軍除典籍該載可以斟酌外，今西寧州乞以西平爲郡名，爲中都督府，庭州以懷德爲郡名，爲下州。」

〔一〕崇寧二年陞爲隴西節度 「二年」，方域五之三同，長編紀事本末卷一四〇收復鄯廓州、宋史卷一九徽宗紀一、卷八七地理志三作「三年」。「隴西節度」，方域五之三同，按輿地廣記卷一六西寧州、長編紀事本末卷一四〇收復鄯廓州、宋史卷一九徽宗紀一等皆作「隴右節度」。
〔二〕大觀二年七月六日 「二年」原作「七年」，據上文改。

會州。敷文縣〔一〕，崇寧三年建。〔二〕

〔一〕敷文縣 「縣」原作「院」，據宋史卷八七地理志三改。

〔二〕按本條據眉批添入。

廓州。元符二年廢爲城，崇寧三年復爲州。防禦。

崇寧二年九月一日，熙河蘭會經略王厚奏：「將來建置城寨，乞以鄯州爲隴西節度，仍置都護，湟州爲副都護。溪哥城乃古積石軍，今當爲州，乞置河南安撫司。廓州去鄯百里而近，止爲城，置知城。其餘辟差官吏、分屯人馬等悉條上。」并從之。

三年六月二十三日，熙河蘭會路措置邊事司言：「昨相度廓州建爲寧塞城〔一〕，已准依奏。今再相度，宜建爲州，鎮守疆場，以保邊防。」詔寧塞城賜名廓州。

〔一〕昨相度廓州建爲寧塞城 「塞」原作「寨」，據後文及宋史卷八七地理志三改。

洮州。大觀二年以臨洮城陞爲州。團練。

樂州。舊邈川城，元符二年建爲湟州，崇寧二年爲副都護，大觀三年賜名嚮德軍節度〔一〕，宣和元年改今名。

〔一〕大觀三年賜名嚮德軍節度　「三年」原作「二年」，據方域六之一、十朝綱要卷一五、宋史卷二〇徽宗紀二、卷八七地理志三改。

綏州。上郡，舊領隴泉、城平、綏德、延福、大斌五縣，唐末陷吐蕃，熙寧二年收復，廢爲綏德城。

震武軍。政和六年建。

至道元年五月二十日，詔靈州界定遠鎮宜建爲軍，仍以威遠軍爲額。

〔河東路〕

太原府。唐大都督、太原尹、河東節度使。太平興國四年平劉繼元，降爲軍事州。嘉祐四年，復爲太原府、河東節度，大觀元年陞爲大都督府。平晋縣，隋晋陽縣，劉崇改樂崇，建隆四年來降，以爲平晋軍，太平興國四年改爲縣，熙寧三年廢入陽曲縣〔一〕。太原縣，太平興國四年廢隸榆次縣。交城縣，四年以縣置大通監，寶元二年復來隸。陽曲縣，七年徙州治於縣之唐明鎮〔二〕。

太平興國四年五月十日〔三〕，詔曰：「乃眷太原，本維藩鎮，蓋以山川險固，城壘高深，致奸臣賊子違天拒命。因其悖逆，詿誤軍民。今既盪平，議須更改。當令衆庶，永保安寧。其太原舊城并從毁廢，仍改爲平晋縣，别於榆次縣創立并州。」〔四〕

政和五年四月六日，户部言：「太原府舊平晋縣〔五〕，太宗皇帝復河東駐蹕之地。熙寧初，以汾水溢而廢，請復爲縣。」從之。

〔一〕熙寧三年廢入陽曲縣　「入」字原缺，據九域志卷四太原府、宋史卷八六地理志二補。

〔二〕七年徙州治於縣之唐明鎮　「七年」，宋史卷四太宗紀一作「太平興國七年」。

〔三〕太平興國四年五月十日　「太平興國」原作「太國興國」，據上下文改。

〔四〕按本條與宋大詔令集卷一五九以榆次縣爲并州詔文字差異較大。

〔五〕太原府舊平晋縣　「晋」原作「原」，據上文改。

［隆德府］。舊潞州，唐昭義軍節度。崇寧三年陞隆德軍爲隆德府，仍還昭德舊節。黎城縣，熙寧五年廢隸潞城、涉二縣〔一〕。

〔一〕黎城縣熙寧五年廢隸潞城涉二縣　按九域志卷四潞州、宋史卷八六地理志二均載省黎城縣入潞城，并無涉縣。

［平陽府］。汾西縣，太平興國七年徙今治。和川縣，熙寧五年廢爲鎮，隸冀氏縣，元祐元年復。襄陵縣，天聖元年徙治晋橋店，熙寧五年廢慈州〔一〕，以鄉寧縣分隸。

元豐二年三月十七日〔二〕，知晉州王説言：「百姓輸納、辭訟回遠不便〔三〕，酒稅歲失官課。兼竊稽趙氏之先，季勝生孟增，孟增生衡父，衡父生造父，周繆王賜造父以趙城，今趙城是也，由此爲趙氏。乃是國家得姓始封之地，不與他縣邑比。」故復之。

平陽府。舊晉州，陞爲平陽府。政和六年八月二十八日，手詔：「祖宗以來，賜履踐祚之地，皆建府號。晉、壽、齊三州，乃太宗、真宗、英宗封建之邦，有司失於申明，懼不足以仰對在天之靈而俯慰邦人之望，可並陞爲府，晉爲平陽，壽爲壽春，齊爲濟南。」

〔一〕熙寧五年廢慈州　「慈」字原缺，據方域六之六、長編卷二三三熙寧五年五月、宋史卷八六地理志二補。

〔二〕元豐二年三月十七日　「二年」，九域志卷四晉州同，宋史卷八六地理志二作「三年」，長編卷三〇三繫於元豐三年三月十七日庚辰。

〔三〕辭訟回遠不便　「回」原作「日」，據長編卷三〇三元豐三年三月庚辰條改。

〔麟州〕。乾德五年十二月四日〔一〕，詔曰：「眷彼麟州，地連金澤，懷柔鎮撫，實曰要區。俾分節制之權，以重藩宣之寄。宜陞爲節鎮，以建寧軍爲名。」

唐建寧軍節度，端拱元年以建州軍額同，改鎮西軍。乾德初移治吴兒堡。新秦縣，政和四年廢銀城、連谷二縣并入。

慶曆四年四月八日〔二〕，帝謂輔臣曰：「上封者數請廢麟州，以其饋糧勞民，其利害如何？」章得象曰：「麟州四面蕃漢户皆爲元昊所掠，今野無耕民，故一路困於饋運。欲更爲寨，徙其州少近府州〔三〕，以省邊民之役。」帝曰：「州不可廢，但徙屯軍近府州別置一城，亦可紓其患也。」

政和四年四月十四日，詳定九域圖志所編修官蔡經國札子：「照對舊九域圖志〔四〕，并載麟州管下新秦、銀城、連谷三縣，各有所管堡寨、山川界分。本州今供卻只作新秦等縣，其銀城、連谷并屬新秦，本所致未敢便作新秦一縣修立，合取自朝廷指揮。」詔麟州管下新秦等三縣，今後只以新秦縣稱呼，其銀城、連谷縣并廢罷，并入新秦縣。

〔一〕乾德五年十二月四日　「乾德」原作「開寶」，據九域志卷四麟州、長編卷八、宋史卷二太祖紀二、卷八六地理志二改。按長編繫於十二月十五日己巳，宋史繫於十二月十九日癸酉。

〔二〕慶曆四年四月八日　「八日」原作「二十八日」，據方域二一之六及長編卷一四八慶曆四年四月己亥條删。

〔三〕徙其州少近府州　「府」原作「附」，據方域二一之六及長編卷一四八慶曆四年四月己亥條改。

〔四〕照對舊九域圖志　「對」原作「葑」，形近而訛，今改。

府州。崇寧元年改爲靖康軍，建炎元年改府州靖康軍額爲保成軍。政和五年八月二十日，詔以府州爲榮河郡。

建炎元年七月二十七日，知府州折可求言：「府州軍額舊係永安軍，緣犯陵名，准朝旨改爲靖康軍，又與年號相礙，乞行改稱。」詔以保成軍爲額。

絳州。宋朝陞防禦。

代州。乾德元年陞防禦。唐林縣，景德二年廢隸崞縣。

隰州。吉鄉縣，熙寧五年廢慈州來隸，即縣治置吉鄉軍使。

忻州。定襄縣，熙寧五年廢隸秀容縣。

嵐州。樓煩縣，唐樓煩監，咸平五年移憲州治於静樂縣，以此城依舊爲樓煩縣，隸州。

汾州。孝義縣，熙寧五年廢爲鎮，隸介休縣，元祐元年復。

憲州。熙寧三年廢嵐州〔一〕，十年復置。静樂縣，咸平二年陞縣爲軍〔二〕，五年徙憲州於静樂縣，仍并玄池〔三〕、天池二縣入焉。熙寧三年州廢，縣隸嵐州，十年復置州，來隸。政和五年八月二十日，憲州爲汾源郡。

〔一〕熙寧三年廢嵐州　按宋史卷八六地理志二載：「廢憲州，以静樂縣隸嵐州。」又九域志卷四憲州載：「熙寧三年廢，隸嵐州，十年復置。」輯稿或「廢」下脱「隸」字。

〔二〕咸平二年陞縣爲軍　「二年」，九域志卷四憲州同，長編卷四六、宋史卷六真宗紀一均作「三年二月甲戌」。

〔三〕仍并玄池　「玄池」原作「玄地」，據九域志卷四憲州、宋史卷八六地理志二改。

慈州。文城郡，團練，領三縣。熙寧五年，廢州爲吉鄉軍，以文城縣爲鎮，入吉鄉縣，隸隰州。省鄉寧縣，析其地隸晉、絳二州。六年，省昭德縣爲鎮，隸滏陽縣〔一〕。

〔一〕省昭德縣爲鎮隸滏陽縣　按方域五之三三及九域志卷二磁州、宋史卷八六地理志二皆載，熙寧六年，磁州昭德縣省入滏陽縣。昭德、滏陽屬磁州，磁州在河北西路，慈州在河東路。輯稿顯誤。又按方域五之二六至二七及宋史卷八六地理志二載，磁州原亦作慈州，政和三年改。故政和三年前，河北西路、河東路各有一慈州。此句本屬河北西路之慈州，卻誤入河東路之慈州。

［豐州］。不統縣，政和五年爲寧豐郡。

遼州。樂平郡，軍事，領四縣。熙寧七年州廢，省平城、和順二縣入遼山縣，隸平定軍，榆杜縣入威勝軍武鄉縣。元豐八年復。平城縣、和順縣，熙寧七年廢州，省二縣爲鎮，入遼山縣，隸平定軍。榆社縣，熙寧七年廢爲鎮，隸威勝軍武鄉縣，元豐八年復置州，縣復來隸。

唐嵓嵐軍。後廢爲嵐谷縣，太平興國五年復爲軍。嵐谷縣，五年自嵐州來隸，熙寧三年廢，元豐六年復。

寧化軍。太平興國五年以嵐州寧化縣置軍。寧化縣，五年以嵐州之固軍爲縣來隸，熙寧三年廢縣〔二〕，元祐元年復，崇寧三年又廢。

崇寧三年七月六日，河東路察司奏：「寧化軍管下倚郭寧化縣，户口不多，職事稀簡，昨熙寧中已經相度廢罷。至元祐間，止緣本路有合興復縣鎮，一例卻復爲縣，即別無利害，乞依舊廢罷。」從之。

〔一〕熙寧三年廢縣　「三年」原作「二年」，據九域志卷四寧化軍、輿地廣記卷一九寧化軍、宋史卷八六地理志二改。

威勝軍。太平興國二年，以潞州銅鞮縣亂柳石圍中建爲軍。銅鞮縣、武鄉縣，二年自潞州來隸。沁源縣〔一〕，六年廢沁州來隸。綿上縣，寶元二年自大通監來隸。

太平興國二年四月四日，八作使李繼昇言：「先受詔，潞州北亂柳石圍中修築城池畢。」詔曰：「要衝之地，控扼攸宜，特築軍城，以壯戎備，宜以威勝軍爲名。」

〔一〕沁源縣　「沁」字原缺，據九域志卷四威勝軍、宋史卷八六地理志二補。

平定軍。太平興國四年，以并州廣陽縣建軍〔一〕。廣陽縣，四年改平定，自并州來隸。樂平縣，四年自并州來隸。遼山縣，熙寧七年廢遼州來隸。

〔一〕太平興國四年以并州廣陽縣建軍　按九域志卷四平定軍言，「太平興國四年以并州平定縣置軍」。然長編卷一八太平興國二年四月丁酉條載：「以鎮州廣陽寨爲平定軍。」通考卷三一六輿地考二及宋史卷八六地理志二與長編同。又按寰宇記卷五〇平定軍載，平定縣，本漢上艾縣地，唐屬并州，天寶元年改爲廣陽縣，「皇朝改爲平定」。宋史卷八六地理志二太原府載，太平興國四年，以平定、樂平二縣屬平定軍。金陵書局本九域志馮集梧校注云，并州廣陽縣，「北漢以其地置廣陽寨，宋初改屬鎮州，太平興國二年建爲平定軍，四年以并州之平定來屬」，或是。具體請參見中華書局點校本九域志卷四平定軍校記。

沁州。陽城郡，軍事，領三縣。太平興國六年廢州，以和川縣隸晉州，沁源縣隸威勝軍，綿上縣隸大通監。

晉寧軍。元符二年八月二十四日〔一〕，樞密院言：「河東路經略使林希奏：『元豐中進築米脂〔二〕、葭蘆、吴堡三寨。以嵐、石之人始戍河西〔三〕，然密睇麟、府，猶迂十舍。自前年復葭蘆後，築神泉、烏龍，通接鄜延〔四〕，稍相屏蔽。嵐、石遂爲次邊，麟、府不爲孤絶，實自先帝經始葭蘆，爲今日通道之根本。望建葭蘆爲軍，以章先烈。』」詔特建爲晉寧軍。

大觀三年九月九日，河中安撫使洪中孚奏：「昨準御前劄子，晉寧軍管下臨泉縣，元係撥到石州定胡縣十分之四。晉寧係極邊，兼本路安撫只有一縣，户口不多，恐未能資一軍六寨之費。若將定胡縣併歸本軍，有無未便。詔仰帥臣契勘聞奏。取到人户狀，别無不便。」從之。

〔一〕元符二年八月二十四日　「元符」原作「元祐」，據方域一八之一八、長編卷五一四元符二年八月甲午條、十朝綱要卷一二、通考卷三一六輿地考二、宋史卷一九哲宗紀二改。

〔二〕元豐中進築米脂　「米」原作「未」，據長編卷五一四元符二年八月甲午條改。

〔三〕以嵐石之人始戍河西　「戍」原作「戊」，據長編卷五一四元符二年八月甲午條改。

〔四〕築神泉烏龍通接鄜延　「烏」原作「爲」，「鄜延」原作「麟延」，據長編卷五一四元符二年八月甲午條改。

静樂軍。咸平二年，以憲州静樂縣爲軍，五年廢入憲州。

咸平五年五月八日〔一〕，詔曰：「列城障寨，控制外蕃，審其形勢之宜，當處要衝之地。俾遷治所，用壯邊陲。宜以静樂軍置憲州〔二〕。」在静樂東南，領樓煩、玄池、天池三縣，治樓煩。至是，以地非要害，且卑隘多水潦，遂議徙置。初，嵐州静樂縣北三十里有寨，因縣爲名，咸平二年爲軍，至是置州，徙静樂縣治郭下，廢玄池、天池二縣入焉。以樓煩縣隸嵐州。

〔一〕咸平五年五月八日　「咸平」原作「熙寧」，據九域志卷四憲州、長編卷五二咸平五年五月癸卯條、宋大詔令集卷一五九以静樂軍置憲州詔、宋史卷八六地理志二改。

〔二〕宜以静樂軍置憲州　「樂」字原缺，據上文及宋大詔令集卷一五九以静樂軍置憲州詔補。

大通監。太平興國四年，以并州交城縣置監，以沁州綿上縣隸焉〔一〕。寶元二年，以交城縣還隸并州，俾知縣兼領監事，以綿上縣隸威勝軍。

〔一〕以沁州綿上縣隸焉　按方域六之八及九域志卷四太原府、通考卷三一六輿地考二皆言太平興國六年以沁州綿上縣隸大通監。故疑此脱「六年」。

永利監。咸平四年，建河東榷鹽院爲監〔一〕。

〔一〕建河東榷鹽院爲監　「榷」原作「推」，據長編卷四八咸平四年二月己巳條改。

淮南路。太平興國元年分東、西路，後并一路。熙寧五年復分二路。

紹興五年正月二十四日，三省言：「依近降德音，淮甸累經殘破，理合權宜減省。今條具：承州欲權廢爲高郵縣，隸揚州，興化縣依舊隸泰州，舒州欲廢三縣，蘄州欲廢兩縣，和州、滁州、楚州、無爲軍等處，欲并廢一縣。仍令逐州守臣量度户口多寡、地里遠近，各具合廢縣分申帥司，保明申尚書省。其廢并去處，各置監鎮官一員。」從之。

紹興五年七月七日〔一〕，詔高郵縣陞爲軍額，差知縣兼軍使，衹以見任官吏、軍兵爲額，更不增添。從都督行府請也。

三十一年四月十九日，權發遣淮南路轉運副使楊抗言〔二〕：「揚州高郵縣元係軍額，昨緣兵火，一時權宜爲縣。今來户口在淮東最爲盛處，第去揚州遼遠，民户輸納不便。兼縣界所管運河堤岸接連，湖濼深遠，豪右猥通奸利，慮致引惹生事，乞依舊改爲高郵軍。所有合置軍事判官、録事司理司法參軍〔三〕、兵馬都監，監在城酒税務、高郵縣令縣尉兼主簿，乞各置一員，指使共置四員，更不須添差不釐務指使之類。其合置官，許漕司同本軍守臣踏逐委可倚仗之人奏辟。自餘合行事件，乞依盱眙軍元降指揮體例施行。仍乞下所屬給降見錢二萬貫、米三千石，應副支遣。」詔知軍就差吕令問，錢於揚州紹興三十一年分未起經總制錢内，米於常平米内，并依數支撥。餘從之。

皇祐三年正月二十四日，詔江寧府、揚州、廬州、洪州、福州并帶提轄本路兵甲賊盗公事，益屯禁兵。仍分淮南爲兩路，揚州爲東路，廬州爲西路。

大觀元年十二月十二日，詔：「東南久安，兵寡勢弱，人輕易揺，或遇水旱，巨盗竊發。當謹不虞之戒，用消奸萌。可以揚、杭、越、江寧、洪、荆南、福、潭、廣、桂爲帥府，選侍從官或帶職人爲帥，仍兼總管。真、潤、明、江、虔、靖、邵、泉、封、邕爲望郡，選曾任監司、郎官、卿少以上人爲守。」

〔一〕紹興五年七月七日　按繫年要録卷九四繫於紹興五年十月七日丙午，「七月」、「十月」，必有一誤。

〔二〕權發遣淮南路轉運副使楊抗言　「楊抗」原作「楊杭」，據輯稿食貨五〇之一九、繫年要録卷一八九紹興三十一年四月辛酉條、會編卷二四九改。

〔三〕録事司理司法參軍　「理」原作「理」，據宋史卷一六七職官志七改。

〔東路〕

揚州。唐淮南節度，建炎元年陞爲帥府。天長縣，唐縣，周改天長軍，至道二年復爲縣來隸，建炎元年陞爲軍，四年廢爲縣，紹興十一年陞爲軍，十二年復爲縣，隸盱眙軍。高郵縣，開寶四年以縣建高郵軍，熙寧五年軍廢，縣來隸。廣陵縣，熙寧五年廢隸江都縣。泰興縣，建炎四年割隸泰州，紹興五年依舊來隸。

紹興五年二月二十八日，詔楚州淮陰縣、泰州興化縣并廢爲鎮。

宿州。臨渙縣，大中祥符七年隸亳州〔一〕，天禧元年復來隸。靈壁縣，元祐元年以鎮陞爲縣，七月廢爲鎮，七年二月復爲縣，政和七年改「零」爲「靈」。

大中祥符七年正月二十一日，詔割宿州臨渙縣隸亳州，其税户差徭依真源縣例施行。天禧元年，縣復還隸宿州，但析天淨宫、大李一鄉隸亳州蒙城縣。

元祐元年四月二十五日，户部言：「宿州零壁鎮在符離、蘄、虹三縣之中，盗賊轉徙，艱於跡捕，良民不得安業。欲乞將三縣近零壁鎮鄉管割隸本鎮，仍以本鎮爲縣。」從之。

〔一〕大中祥符七年隸亳州　「大」原作「宋」，據宋史卷八八地理志四改。

保静軍。舊宿州，建隆元年陞爲防禦，開寶五年陞爲保静軍節度，劉豫改爲防禦州，紹興九年收復，依舊。

楚州。鹽城縣，開寶九年自泰州來隸，紹興元年撥隸漣水軍，三年還隸。漣水縣〔一〕，太平興國三年自泗州隸漣水軍，熙寧五年廢軍〔二〕，縣來隸。建炎四年陞爲軍，紹興五年復爲縣，十一年陷，三十二年收復，依舊來隸。

建炎四年五月二十四日，詔：「楚州漣水軍雖有軍額，自來秪差知縣〔三〕，隸楚州，事力單弱，可令依舊額，更不隸楚州。其合行事件，并申取鎮撫使指揮施行。」

紹興元年八月九日，詔楚州管下鹽城縣撥隸漣水軍。以權發遣漣水軍吴誠申，收復楚州鹽城、山陽兩縣。樞密院言：「勘會山陽縣雖吴誠收復，係楚州倚郭，合還楚州。」時朝廷慮漣水軍養贍吴誠所部軍馬不足，故有是詔。

三年二月十八日，權發遣楚州楊揆言：「鹽城縣係産鹽地分，全藉課税應副本州。并漣水軍舊係本州屬縣，近改軍額，將鹽城縣撥隸漣水軍。本州屯戍用度不少，乞依舊將鹽城縣撥還本州。」詔依，其漣水軍聽楚州沿淮安撫司節制。

五年閏二月十九日，詔漣水軍依舊充漣水縣，隸楚州，知縣兼充軍使。以淮東安撫司言，漣水軍地界不廣，户口凋瘵，依德音可以併省，故有是詔。

三十二年三月三日，淮南東路安撫、轉運、提刑司言：「漣水縣舊隸楚州，昨緣金賊占據，地界隔絶，權隸海州。今收復了當，兼每楚州對岸相去海州二百餘里〔四〕，地程遥遠，乞將漣水縣依舊撥屬楚州。」從之。

三十二年十一月二十三日，江淮東西路安撫使司言：「漣水縣已得旨隸屬海州，昨差忠義統制郭昇知縣事〔五〕。緣本縣去海州二百四十里，道路艱遠，乞陞爲軍額，隸本路帥司。」從之。

〔一〕漣水縣　「漣」原作「連」，據下文改。
〔二〕熙寧五年廢軍　「熙寧」原缺，據九域志卷五楚州、通考卷三一七輿地考三、宋史卷八八地理志四補。
〔三〕自來秖差知縣　「差」原作「羔」，形近而訛，今改。
〔四〕兼每楚州對岸相去海州二百餘里　「對」原作「剳」，形近而訛，今改。
〔五〕昨差忠義統制郭昇知縣事　「統」原作「純」，按統制爲宋軍職名，據改。

淮陰縣，熙寧十年析泗州臨淮地入焉〔一〕，紹興五年廢爲鎮，六年復。吴城縣，紹興三年廢爲鎮。

紹興三年十一月九日，淮南東路安撫、提刑司言：「楚州吴城縣所管止有八十八户，乞依舊爲鎮，隸淮陰縣，差置武臣監鎮，廢罷巡檢、縣尉。」從之。

六年八月一日，楚州言：「據士民景昇等狀，乞將淮陰鎮依舊爲縣。」從之。

〔一〕熙寧十年析泗州臨淮地入焉　「析」原作「沂」，據紀勝卷三九楚州「縣沿革」改。

海州。東海縣，開寶三年以朐山縣東海監爲縣。

泰州。周爲團練，乾德五年降軍事。泰興縣，乾德二年徙治柴墟鎮。興化縣，建炎四年撥隸高郵軍，紹興五年軍廢，復來隸。是年廢爲鎮，十九年復爲縣。

紹興五年三月八日，詔泰州泰興縣并柴墟鎮及遵化鄉撥隸揚州。以知揚州葉焕言：「前任守臣湯東野、宋孝先在任已得指揮，將泰興縣并柴墟鎮、遵化一鄉撥隸揚州，因虜人侵犯，權隸泰州。上件縣鎮鄉不經虜人入境，即有税入可助揚州經費，乞還隸揚州。」故有是詔。

紹興十九年八月四日〔一〕，詔復泰州興化鎮爲縣，從本路諸司請也。

〔一〕紹興十九年八月四日　「十九年」原作「二十年」，據上文及繫年要録卷一六〇紹興十九年八月癸丑條改。

泗州。招信縣，舊名昭義〔一〕，乾德元年自濠州來隸，太平興國元年改，建炎四年撥隸濠州。紹興二年復，十一年隸天長軍，十二年隸盱眙軍〔二〕。

建炎四年九月十七日，詔泗州招信縣特割屬濠州。以劉綱言：「蒙朝廷指揮，令綱帶萬人聽吕頤浩使唤〔三〕，餘人發歸本鎮。緣綱世居泗州，所統之衆，類多土人。今朝廷已分泗州隸趙立鎮撫，令綱所部卻歸滁、濠，則人各思歸，勢必離散。」尚書省勘會，劉綱世居招信，理宜措置分隸，故有是詔。

紹興十一年十二月九日〔四〕，樞密行府言：「泗州淮河南岸盱眙、招信兩縣，欲將揚州天長縣陞作天長軍，其盱眙、招信兩縣撥隸本軍。所有知軍并盱眙知縣，從朝廷選差曾經邊任、歷練民事武臣充。仍於盱眙縣置榷場，專差有才幹官一員措置管幹。」從之。

〔一〕舊名昭義　紀勝卷四四盱眙軍「縣沿革」引國朝會要云「招信本名昭義」，按元和志卷九濠州、舊唐書卷四〇地理志三、寰宇記卷一六泗州、輿地廣記卷二〇泗州、九域志卷五泗州皆作「招義」，會要原誤。

〔二〕十二年隸盱眙軍　「十二年」原作「二十年」，據紀勝卷四四盱眙軍「縣沿革」及宋史卷八八地理志四改。

〔三〕令綱帶萬人聽吕頤浩使唤　「令」原作「今」，據繫年要録卷三七建炎四年九月甲辰條改。

〔四〕紹興十一年十二月九日　按繫年要録卷一四四繫於紹興十二年正月九日癸卯。

真州〔一〕。乾德二年，以揚州永正縣迎鑾鎮爲建安軍。大觀元年陞爲望郡，政和七年爲儀真郡。揚子縣，舊名永正〔二〕，雍熙二年自揚州來隸，大中祥符六年改。六合縣，至道二年自揚州來隸。〔三〕

〔一〕真州　州名原被删去，此條所記爲真州事，故回改。

〔一〕舊名永正　「永正」，九域志卷五真州作「永貞」。

〔二〕按本條末原衍「政和七年爲静海郡」，按下文「通州」條及宋史卷八八地理志四載，政和七年，以通州爲静海郡，故删。

通州。政和七年以通州爲静海郡。

高郵軍。開寶四年以揚州高郵縣建軍，熙寧五年廢軍，並以縣隸揚州，元祐元年復置。紹興五年廢爲縣，隸揚州，是年十月爲軍使，三十一年復陞爲軍。

建炎四年五月二十四日，詔：「高郵軍可改爲承州，分割泰州興化縣隸屬。其揚州泰興縣舊屬泰州，卻依舊撥還。」

漣水軍。太平興國三年，以泗州漣水縣置軍，熙寧五年廢軍，以縣隸楚州。紹興三十二年十一月二十三日，以海州漣水縣建軍。

滁州。來安縣，紹興五年廢入清流縣，十八年復，乾道九年閏正月三十日廢爲鎮〔一〕，隸清流縣。

紹興五年閏二月十九日，淮南東路宣撫使司言：「滁州欲廢一縣，今權知軍州事何洋躬親詣本州管下清流〔二〕、來安、全椒三縣，量度户口多寡。數内來安縣殘破尤甚，户口數少，今乞廢併屬清流縣。其來安縣只置監鎮一員，欲就差承節郎、權來安縣尉張仲武充監鎮，管

幹本鎮公事，兼監税，餘官屬並罷。」從之。〔三〕

紹興十八年八月十八日，詔復滁州來安鎮爲縣，從本路諸司之請也。

〔一〕乾道九年閏正月三十日廢爲鎮　「正月」原作「五月」。按乾道九年有閏正月而無閏五月。據方域一二之一二、二一改。

〔二〕今權知軍州事何洋躬親詣本州管下清流　「何洋」原作「河洋」，據輯稿食貨六三之五、繫年要録卷八四紹興五年正月戊辰條改。

〔三〕按本條原在「紹興十八年八月十八日」條後，今據時間先後改移於此。

盱眙軍。舊泗州盱眙縣，建炎三年陞爲軍，四年廢爲縣，紹興十一年隸天長軍，十二年復陞爲軍，割天長、招信兩縣來隸。

建炎三年六月一日，詔盱眙軍並依天長、高郵軍例施行。

建炎四年九月二十二日，詔：「趙立除楚泗承州漣水軍鎮撫使，兼知楚州，王林知承州。天長軍依舊爲天長縣，隸揚州；盱眙軍依舊爲盱眙縣，隸泗州。」以立等奏〔一〕，承州天長軍鎮撫使薛慶援揚州應敵未到，慶下統制王林權承州事，故有是詔。

紹興十二年九月九日〔二〕，中書門下省言：「盱眙縣係與泗州對境〔三〕，使人往來，直至天長軍，沿路別無管待去處。」詔盱眙縣陞爲軍，天長軍依舊爲縣，隸本軍。

九月十六日，知盱眙軍沈該言：「初置本軍，合用印以『盱眙軍印』四字爲文，乞行鑄造。本軍官屬除通判從朝廷選差外，昨來天長軍有判官一員右文林郎施璋，司理一員右迪功郎胡望之，司法一員右迪功郎孫守信，兵馬監押一員保義郎向居仁。今乞依上件員數就差，候臣到任，取會逐官願狀〔四〕，先次借職，申朝廷別給付身。如合別行差人，即乞從該踏逐，具姓名申朝廷辟差。天長軍昨添置指揮使二員，許臣踏逐有心力能幹之人，不以大小使臣、校副尉、下班祗應，不依常制辟差。摧場全藉有才力之人管幹，切慮内有不勘倚仗之人，欲乞從臣踏逐，申朝廷對換，各不理遺闕。本軍未有常賦，所有官兵請給及過往批請等支遣，乞依天長知軍劉武經例，下本路轉運司或近便官司支撥錢米應副。本軍公使庫合除歲賜錢物及許造酒數目，乞候該到日，體訪天長軍例，別具數目申乞給降施行。」勘會天長縣見有寄樁曹烜銀，詔令沈該於前項銀内取撥一千兩，並令胡紡於近便大軍米内支一千石〔五〕，津發前去，應副支用，餘從之。

〔一〕以立等奏　「立」前原衍「立」字，立即前文趙立，故删。
〔二〕紹興十二年九月九日　按盱眙縣陞爲軍，繫年要録卷一四五繫於紹興十二年五月九日辛丑。
〔三〕盱眙縣係與泗州對境　「對」原作「葑」，形近而訛，今改。下同。
〔四〕取會逐官願狀　「逐」原作「遂」，形近而訛，今改。
〔五〕並令胡紡於近便大軍米内支一千石　「並」原作「片」，據下文改。

天長軍，周以揚州天長縣建軍，至道二年廢〔一〕，縣還舊隸。〔二〕

〔一〕至道二年廢　「二年」原作「三年」，據方域六之一〇、紀勝卷四四盱眙軍「縣沿革」引國朝會要、宋史卷八八地理志四改。

〔二〕按本條原在淮南西路下，天長軍屬淮南東路，今改移於此。

利豐監。僞唐鬻鹽之所，在通州城南，太平興國八年移治州西南琅山，後廢。

海陵監。僞唐於泰州海陵縣置鬻鹽監，開寶七年移治於如皋，後廢。

鹽城監〔一〕。僞唐於泰州鹽城縣置鬻鹽監，太平興國二年隸楚州，大中祥符二年廢爲倉。〔二〕

〔一〕鹽城監　「監」原作「縣」，據紀勝卷三九楚州「景物下」及宋史卷八八地理志四改。

〔二〕按以上「利豐監」、「海陵監」、「鹽城監」三條原在淮南西路下，因屬東路，故改移於此。

紹興元年四月八日，通判建昌軍莊綽言：「竊見大觀中忌諱日廣，君、主、龍、天、萬年、萬壽之類，縣邑稱呼名字例皆改易，有識觀之，以爲靖康之讖。欲乞應緣避前項衆字所更縣邑、鄉村、寺院等名，并令如故。」進奏院供到元避字去處，海州龍苴巡檢等處，詔并令改正，更有似此去處，令所屬申尚書省。進奏院狀：海州龍苴巡檢，今改爲苴城巡檢，邠州龍泉鎮改爲清泉鎮，汝州龍興縣改爲寶豐縣，西京龍門鎮改爲通洛鎮，嘉州龍遊改爲嘉祥縣〔一〕，循州龍川縣改爲雷鄉縣，袁州萬載縣改爲建城縣，處州龍泉縣改爲劍川縣，鼎州龍陽縣改爲辰陽縣，濟南府龍山鎮改爲般水鎮，龍州改爲政州，化州石龍縣改爲羅川縣，河中府龍門縣改爲河津縣，中山府龍泉鎮改爲雲泉鎮，衢州龍遊縣改爲盈川縣，常州武進縣萬歲鎮改爲皁通鎮，秀州青龍鎮改爲通惠鎮，吉州龍泉縣改爲泉江縣，涪州武龍縣改爲枳縣。

〔一〕嘉州龍遊改爲嘉祥縣　據前後文，此「龍遊」下疑脱「縣」字。

紹興十年八月二日，尚書省言：「收復到宿、亳、徐、海州，未曾撥隸路分〔一〕。」詔宿州、海州隸淮東，亳州隸淮西，徐州隸京東。

〔一〕未曾撥隸路分　「曾」原作「會」，形近而訛，今改。

西路。紹興五年六月九日，淮西安撫使言：「舒州合廢三縣，相度除桐城、懷寧兩縣依舊及存留望江縣外，欲將太湖縣併入懷寧，宿松縣併入望江縣。蘄州欲廢羅田縣爲羅田鎮，隸蘄水縣；廢廣濟縣爲廣濟鎮，隸蘄春縣，仍置監鎮務一員兼煙火公事。和州乞廢烏江縣併入歷陽〔一〕，無爲軍乞廢巢縣爲鎮。」從之。

〔一〕和州乞廢烏江縣併入歷陽　「歷陽」下原衍「烏江縣」三字，據前後文删。

壽春府。舊壽州，政和六年陞爲壽春府，劉豫改爲壽州。紹興九年收復，依舊，寄治安豐縣。十二年置安豐軍，遂廢。紹興三十二年十二月二十九日，以壽春縣爲壽春府，淮北壽春府爲下蔡縣。乾道三年十二月十五日，壽春府改爲安豐軍。蒙城縣，舊隸亳州，紹興九年來隸。

紹興九年四月十八日，樞密院言：「壽春府見於本府安豐縣寄治，其舊府係在淮北，今已交割地界了畢。」詔壽春府自合隸淮西路，其移治令孫暉相度聞奏。孫暉奏，壽春府舊城係淮河沿流去處，委是利便。從之。

六月十六日，壽春府言，乞將蒙城縣依舊隸本府，從之。

隆興二年十月五日，吏部言：「昨降旨，壽春縣改爲壽春府，安豐軍改爲安豐軍使，隸屬壽春府，今合以『安豐軍使兼知壽春府安豐縣事兼營田』爲稱。」詔王希吕差權安豐軍使兼知壽春府安豐縣事兼營田，日後令吏部依條差注。

六安軍。政和八年以壽春府六安縣陞爲軍。

蘄州。羅田縣，元祐八年以石橋鎮陞縣，紹興五年廢爲鎮，是年復。廣濟縣，紹興五年廢爲鎮，六年復。

紹興五年十月十三日，蘄州言，乞將羅田鎮依舊爲縣，從之。

紹興六年正月二十二日，提點淮南兩路公事言，相度蘄州廣濟縣，乞依舒州太湖、宿松縣例，免廢爲鎮。從之。

舒州。太湖縣，紹興五年廢入懷寧縣，是年復。宿松縣，紹興五年廢入望江縣，是年復。紹興五年七月二十七日，詔舒州太湖、宿松縣仍舊，前降廢併指揮不行。

和州。烏江縣，紹興五年廢爲鎮，七年復。

紹興七年四月二十二日，司農少卿樊賓言：「和州烏江自改爲鎮之後，户口日漸增盛，乞依舊爲縣。」從之。

光州。宣和元年爲光山軍節度。光山縣，紹興二十八年改爲期思縣，三十一年依舊。五年七月十四日，詔光州褒信縣移治淮南上由市，以褒信鎮爲名〔一〕，擇土豪首領補下班祗應，充監鎮兼煙火盜賊公事。以淮西宣撫使司言近僞界故也。

紹興二十八年五月十二日，詔改光州爲蔣州，光山軍額爲寧淮軍，光山縣爲期思縣，光化軍爲通化軍，光化縣爲通化縣〔二〕。

〔一〕以褒信鎮爲名　「褒信」下原衍「爲」字，據方域一二之一九删。

〔二〕光化縣爲通化縣　「通化」原作「遵化」，原本眉批「原本作『通』」。按方域五之一九亦載改爲通化縣，故改。

安豐軍。舊壽春府安豐縣，紹興十二年陞爲軍，割壽春府六安、霍丘、壽春三縣來隸。紹興十二年正月十九日，詔安豐縣陞爲安豐軍，以壽春、霍丘、六安三縣隸本軍。紹興十二年四月十九日，權發遣安豐軍事于澤言：「安豐縣陞爲軍，其安豐縣即未有存廢指揮。」詔安豐軍許置倚郭安豐縣。〔一〕紹興三十二年十二月二十九日，即縣爲軍使兼壽春府安豐縣事。乾道三年十二月十五日，安豐軍使依舊爲縣〔二〕，隸本軍。乾道三年九月十七日〔三〕，吏部言：「壽春府已改安豐軍，安豐軍使依舊改作安豐軍，其屬邑知縣欲依舊并兼主簿、監稅。」從之。

〔一〕按以上紹興十二年兩條原在「乾道三年九月十七日」條後，今據時間先後改移於此。

〔二〕安豐軍使依舊爲縣　「安豐軍」原作「安豐縣」，據上文改。

〔三〕乾道三年九月十七日　「三年」原作「二年」，據上文及宋史卷八八地理志四改。

廬州。大觀二年陞爲望郡。梁縣，舊縣與孝宗御名同音，紹興三十二年十月三日改。紹興三十二年十月三日，試給事中金安節等言：「廬州管下一慎縣，與御名同音，合避。」詔下給舍，案本州圖經，縣在陳爲梁郡，至隋開皇初郡廢，爲今名，今欲從舊改作梁縣。從之。

安慶軍。舊舒州，政和五年改德慶軍，紹興十七年改爲安慶軍。

兩浙路。總論。〔一〕

〔一〕按「兩浙路總論」原在方域六之二三「衢州」條末，今改移於此。清本眉批：「『兩浙路總論』疑係徵引之注文，已佚。」又按方域六之三八載續東陽志引會要云：「嘉泰元年三月二十四日，詔婺州東陽縣添置縣尉一員，蓋以臣僚言東陽縣爲婺州難治之縣，而永寧又爲東陽難治之鄉。」并有眉批「此條移第廿二頁第二行，接湖州條下」。按此條續東陽志引文見於輯稿職官四八之八一至八二，當續東陽志摘自會要，後爲大典編者抄於卷六〇二五「陽」字韻「東陽縣」事目下，又被徐松書手當作會要文字輯出。解開宋會要之謎及上古本等均以爲非會要文，是。今不入正文，附注於此。

臨安府。淳化五年十月十四日〔一〕，詔曰：「浙右奧區，餘杭故壤。閭閻舊俗，有延陵廉讓之風；組練雄師，知孫武訓齊之令。控於滄海，實曰大藩。宜更節制之名〔二〕，用洽底寧之化。杭州鎮海軍改爲寧海軍。」大觀元年陞爲帥府。建炎三年十一月三日，敕：「杭州，兩浙都會，今以邊面移帥司在鎮江府，於控扼未便。其守臣可令帶浙西同安撫使，領杭、湖、嚴、秀四州，仍杭州爲臨安府。」臨安縣，舊名安國，太平興國三年改今名，隸順化軍。五年軍廢，縣復來隸。南新縣，熙寧五年廢縣爲鎮，隸新城縣。

〔一〕淳化五年十月十四日　宋大詔令集卷一五九改寧海軍詔及宋史卷五太宗紀二均作淳化五年十月二十七日乙巳，紀勝卷二臨安府「府沿革」引國朝會要作「淳化元年」，且引長編作「淳化五年」，與輯稿不同。

〔二〕宜更節制之名 「更」字原缺，據乾道臨安志卷二歷代沿革、紀勝卷二臨安府「四六」、宋大詔令集卷一五九改寧海軍詔補。

蘇州。平江府互見。後唐中吳軍節度，政和三年陞爲平江府、平江軍節度。五月十七日，手詔：「朕獲承聖緒，撫有方夏，迺睠三吳之重鎮，實惟二浙之名區，俗號富饒，民知禮義。昔在紹聖，嘗建節旄，有司因循，未遑表異。朕仰稽故事，俯酌師言，爰即軍名，肇新府號，以慰一方之望，以彰上帝之休。俾億萬年，永有慶賴，豈不偉哉！蘇州可陞爲平江府。」

潤州。鎮江府互見。唐爲浙江西道團練觀察，亦爲鎮海軍節度。開寶八年十月二十日，詔曰：「鎮海之號，丹徒舊軍，自浙西之未平，命餘杭而移置。爰茲尅復，方披化條，宜別賜於軍名，用永光於戎閫。其潤州舊號鎮海軍，宜改爲鎮江軍。」大觀元年陞爲望郡，政和三年升爲鎮江府、鎮江軍節度。

湖州。唐宣德軍節度。

越州。大觀元年陞爲帥府。紹興元年十月二十六日，詔越州陞爲紹興府。守臣陳汝錫言：「車駕駐蹕會稽，閱時滋久，它日法駕言還，恢復之功必自越始。願加惠此州，易一府額，錫之美名，以彰臨幸之休。」故有是詔。十一月十七日，又言：「本州既陞爲府，欲率官屬、士庶、僧道、耆老詣闕稱謝。」從之。嵊縣〔一〕，宣和三年以剡縣改。乾道八年五月十一日，詔以紹興府諸暨縣楓橋鎮爲義安縣，置知縣、縣丞、主簿兼尉、監税各一員，割諸暨之長阜、大部、長寧、東長安、西長安、□泰、南鄉、紫嵓、花亭、花山十鄉隸焉〔二〕。從本路諸司請也。

〔一〕嵊縣　「嵊」原作「剩」，據宋史卷八八地理志四改。

〔二〕割諸暨之長阜大部長寧東長安西長安泰南鄉紫嵓花亭花山十鄉隸焉　按嘉泰會稽志卷一二八縣載諸暨二十四鄉，其中有長阜、大部、長寧、東長安、西長安、紫嵓、花亭、花山，無「□泰、南鄉」，二十四鄉中帶「泰」字者，僅「長泰」，無帶「南」字者，或誤。

［明州］。唐浙東觀察使，錢鏐置望海軍，大觀元年陞爲望郡。

常州。宜興縣，舊名義興，太平興國元年以避太宗諱改〔一〕。僞唐以杭州安國縣建衣錦軍〔二〕，太平興國三年改順化軍，五年軍廢。

紹興二十七年二月六日，知臨安府榮薿言：「江陰軍本常州屬縣，建炎之初，沿江守禦，權改爲軍，候士馬寧息依舊。臣前知常州，備見本處雖改爲軍，於朝廷初無所補，而民間實被其害〔三〕。蓋財賦本出一縣，而官兵請給〔四〕、券食公庫、將迎使客，乃供一州之費，遂使繇役科率〔五〕，倍於他州，而又常州失此一縣之賦，兩皆受弊。欲乞將江陰軍復改爲縣。」從之。中書門下省言：「江陰軍依舊爲縣，所有見管禁軍凡三百八十七人。」詔存留兵官一員，其軍兵依舊在縣防拓，請給、賞賜如舊。二月二十三日，宰臣沈該等奏事，上曰：「江陰罷軍爲縣，兵民不肯聽從，遂集衆宣鬨，若不行遣，何以號令天下？頃年諸郡盜賊勿發，便與招安，補授官資，是乃誘之爲盜，不可不治。可委監司體究以聞。」

〔一〕太平興國元年以避太宗諱改　「以避太宗諱」原缺，據紀勝卷六常州「縣沿革」引國朝會要補。

〔二〕僞唐以杭州安國縣建衣錦軍　「杭州」原作「常州」，據長編卷一九太平興國三年九月己亥條、乾道臨安志卷二歷代沿革、紀勝卷二臨安府「府沿革」及宋史卷八八地理志四改。按吴越備史卷一武肅王、新五代史卷六七吴越世家、乾道臨安志卷二歷代沿革等載，唐天祐四年，升衣錦城爲安國衣錦軍，后梁開平二年，改臨安縣爲安國縣。故建衣錦軍與「僞唐」無關，「僞」字疑衍。又衣錦軍全稱爲「安國衣錦軍」，并非以「安國縣建衣錦軍」，且安國縣其時仍作臨安縣。又按杭州訛爲常州，置於「常州」條下，或會要原本即誤。

〔三〕而民間實被其害　「被」原作「備」。按輯稿禮二〇之二四、食貨六六之一五等均有「實被其害」云云，故改。

〔四〕而官兵請給　「給」原作「終」，據後文改。

〔五〕遂使繇役科率　「繇」原作「遥」，據繫年要録卷一七六紹興二十七年二月壬寅條改。

應道軍。舊温州，晋静海軍節度。太平興國三年降爲軍事，政和七年陞爲應道軍。建炎二年正月十日，詔應道軍額依舊爲温州。又詔温州既非節鎮，即不合置天寧觀，其開元寺依舊給還寺額。建炎三年罷軍額。

[台州]。天台縣，唐爲唐興縣，梁爲天台，晋爲台興。

[處州]。劍川縣，宣和三年以龍泉縣改。龍泉縣，宣和三年改劍川縣，紹興元年依舊。

嚴州。舊睦州，宣和元年爲建德軍節度〔一〕，三年改今名，仍爲遂安軍。淳安縣，元青溪縣，宣和三年平方臘改〔二〕。桐廬縣，太平興國三年自杭州來隸〔三〕。

〔一〕宣和元年爲建德軍節度 「元年」原作「九年」，據方域五之四、宋史卷八八地理志四改。按淳熙嚴州圖經卷一歷代沿革作「政和八年」，即重和元年，或誤。

〔二〕宣和三年平方臘改 「平方臘」原缺，據紀勝卷八嚴州「縣沿革」引國朝會要補。

〔三〕太平興國三年自杭州來隸 按紀勝卷八嚴州「縣沿革」引國朝會要云：「太平興國二年錢氏納土，詔還隸睦州。」

[衢州]。盈川縣，宣和三年以龍遊縣改。龍遊縣，宣和三年改爲盈川縣，紹興元年依舊。

江南路。太平興國元年分東西路，後併一路。真宗天禧二年〔一〕，復分二路。紹興元年正月十日，尚書省言：「今措置：建康府、池饒宣徽信撫太平州、廣德建昌軍爲江南東路；江洪筠袁虔吉州〔二〕、興國南康臨江南安軍爲江南西路。其江南東西路提刑并提舉茶鹽官，並依今來分定州軍管幹職事。鄂岳潭衡永郴道州、桂陽監爲荆湖東路，鼎澧辰沅靖邵全州、武岡軍爲荆湖西路。其湖南提刑并提舉茶鹽官，並改充荆湖東路，其荆湖西路合創置提刑并提舉茶鹽官。」從之。

〔一〕真宗天禧二年　「二年」原作「四年」，據紀勝卷一七江南東路引國朝會要及九域志卷六江南路改。按長編卷九五天禧四年四月庚寅條、通考卷三一五輿地考一及宋史卷八真宗紀三皆作「四年」，會要或誤。

〔二〕江洪筠袁虔吉州　「虔」前原衍「處」字，據宋史卷八八地理志四删。按處州屬兩浙路。

東路。紹興元年，以建康府、池饒宣徽信撫太平州、廣德建昌軍爲江南東路。四年，撥撫州、建昌軍依舊隸江南西路。

建康府。天禧二年二月四日，詔曰：「朕祇畏昊穹〔一〕，保寧基構，荷鴻禧之總集〔二〕，佑丕緒之綿昌。利建懿藩〔三〕，實惟元嗣。表兹南紀，允謂名區〔四〕。式示壯猷，特崇巨屏。昇州宜陞曰江寧府，軍額曰建康軍節度。」建炎元年陞爲帥府。建炎三年五月九日，詔江寧府改爲建康府。宰臣吕頤浩言：「伏覩陛下駐蹕江寧，改爲建康，雖已付本府施行，緣諸路未盡知行幸所臨。欲乞模勒親筆，鏤板行下，庶始知陛下進援中原、以圖恢復之意〔五〕。」從之。其親筆令建康收掌。

〔一〕朕祇畏昊穹　「昊」原作「旻」，據景定建康志卷二留都録二、宋大詔令集卷一五九建昇州爲建康軍江寧府詔改。

〔二〕荷鴻禧之總集　「禧」原作「休」，據景定建康志卷二留都録二、宋大詔令集卷一五九建昇州爲建康軍江寧府詔改。

〔三〕利建懿藩　景定建康志卷二留都録二、宋大詔令集卷一五九建昇州爲建康軍江寧府詔均作「眷予宗藩」。

〔四〕允謂名區　「名區」，景定建康志卷二留都録二、宋大詔令集卷一五九建昇州爲建康軍江寧府詔均作「奥區」。

〔五〕以圖恢復之意　「圖」原作「圍」，形近而訛，今改。

［太平州］。蕪湖縣、繁昌縣，開寶八年自昇州隸宣州，太平興國二年自宣州來隸。當塗縣，太平興國二年置州，以縣爲治所。

徽州。宣和三年年以歙州改〔一〕。

〔一〕宣和三年年以歙州改　「三年」原作「元年」，據紀勝卷二〇徽州「州沿革」引國朝會要及通考卷三一八輿地考四、宋史卷二二徽宗紀四改。

江州。僞唐奉化軍節度，開寶八年降軍事州，大觀元年陞爲望郡。

南康軍。太平興國七年以江州星子縣置軍。星子縣，太平興國三年以江州星子鎮升爲縣，七年爲南康軍治。

廣德軍。太平興國四年以宣州廣德縣置軍。廣德縣，四年自宣州來隸，爲軍治。建平縣，端拱元年以宣州廣德縣郎步鎮置縣，來隸。

［西路］

隆興府。舊洪州，鎮南軍節度。先是，本軍言係孝宗潛藩，乞依静江府例陞爲府額，隆興元年十月二十五日，陞爲隆興府。新建縣，太平興國四年析南昌縣地置〔一〕。進賢縣，崇寧二年以鎮陞爲縣〔二〕。

〔一〕太平興國四年析南昌縣地置　「四年」，紀勝卷二六隆興府「縣沿革」引國朝會要同。按寰宇記卷一〇六洪州、九域志卷六洪州、輿地廣記卷二五洪州及宋史卷八八地理志四皆作「六年」，會要或誤。

〔二〕崇寧二年以鎮陞爲縣　按紀勝卷二六隆興府「縣沿革」引國朝會要言：「崇寧二年，分南昌縣四鄉、新建縣二鄉改鎮爲進賢縣。」輯稿或有脱文。

贛州。舊虔州，大觀元年陞爲望郡，紹興二十三年改。虔南縣，宣和三年以龍南縣改。寧都縣，舊名虔化，紹興二十三年改。太平興國九年三月八日，以虔州虔村爲永通軍，割南劍州尤溪〔一〕、泉州德化縣隸焉，尋廢。

哲宗元祐元年三月十一日，户部言：「虔州虔化縣陂陽、仁義兩鄉八千二百户，割屬石城縣，輸納不便，請還隸虔化縣。」又言：「亳州蒙城縣承恩鄉第一都東至本縣九十里，西至城父縣三十里，乞就近割屬城父縣。」並從之。

紹興二十三年正月二十二日，秘書省校書郎董德元言：「江西虔州，士大夫謂之虎頭城，非佳名也。左氏傳曰：『女贄〔二〕，以告虔。』釋云：『虔，欽也〔三〕。』又曰：『虔劉我邊陲。』釋云：『虔，殺也。』今虔之風俗，固有儒良美秀之家，以應虔欽之義，而椎埋盜奪之習爲多〔四〕，又應殺虔之義。州有十縣，地廣人稠，大抵嗜勇而好鬥，輕生而敢死。今天下之民舉安矣，獨此郡間有小警，臣意其名有以兆之〔五〕。欲乞去其不令之名，賜以美稱，則不令之實自此而銷。屬縣有虔化，乞并更之。」中書後省言：「虔州本漢贛縣，有貢水出自新樂山，至縣郭東北與章水合流，名曰贛江。寰宇記云，晉永和五年，太守高琫置郡城於二水間，即今城是也。今擬改虔州爲贛州。虔化縣，據隋書地理志，舊曰寧都，仍欲復舊名。」從之。

〔一〕割南劍州尤溪　「尤」原作「流」，紀勝卷三二贛州「古跡」引國朝會要作「游」，按九域志卷九南劍州、宋史卷八九地理志五等載南劍州屬縣作「尤溪」，據改。

〔二〕女贄　「女」下原衍「用」字，據左傳莊公二十四年删。

〔三〕欽也　「欽」，左傳莊公二十四年作「敬」，輯稿或誤。

〔四〕而椎埋盜奪之習爲多　「椎」原作「推」。按史記卷一二二王溫舒傳有「少時椎埋爲奸」之語，集解曰「椎殺人而埋之」。故改。

〔五〕臣意其名有以兆之　「名」原作「各」，據繫年要録卷一六四紹興二十三年二月辛未條、紀勝卷三二贛州「州沿革」引中興小曆改。

〔吉州〕。萬安縣，熙寧二年以龍泉縣萬安鎮升爲縣〔一〕。龍泉縣，宣和三年改名泉江，紹興元年依舊。

〔一〕熙寧二年以龍泉縣萬安鎮升爲縣　「二年」，紀勝卷三一吉州「縣沿革」引國朝會要同。按九域志卷六吉州、輿地廣記卷二五吉州、長編卷二二八熙寧四年十一月、宋史卷八八地理志四等皆作「四年」，會要當誤。紀勝又引國朝會要云：「熙寧二年，始割龍泉、太和、贛縣地，并改萬安鎮爲萬安縣。」與輯稿文字頗爲不同。

〔袁州〕。萬載縣，開寶八年自筠州來隸，宣和三年改名建城，紹興元年依舊。建城縣，宣和三年以萬載縣改。

撫州。僞吳昭武軍節度，開寶八年降軍州事〔一〕。金溪縣，淳化五年以金谿場置。紹興四年七月二十六日，三省、樞密院言：「撫州、建昌軍自古隸屬江西帥司，先因沿江置三大使，撥江東屬郡江州、南康軍隸江西，卻撥撫州、建昌軍隸江東。帥司係在建康府，相遼遠〔二〕，諸事不便。近者建昌軍兵作過，朝廷遣兵并洪州帥司各已發差軍馬前去，建康府帥司尚未知事宜，遠近利害灼然可見。」詔撫州、建昌軍依舊隸江西路，南康軍依舊隸江東路。

紹興十九年十二月，詔於撫州管下地名詹墟置樂安縣，割本州崇仁縣天授、樂安、忠義三鄉及吉州吉水縣雲蓋一鄉隸屬〔三〕。仍將吉州吉水縣遷鶯一鄉割還永豐縣，撫州臨川县惠安〔四〕、永秀两乡割还崇仁縣。从本路诸司请也。

紹興二十四年十一月五日，詔撫州樂安縣雲蓋鄉復隸吉州永豐縣〔五〕，其永豐縣遷鶯鄉依舊撥還吉州吉水縣。初，紹興十九年建置樂安縣，以永豐縣雲蓋一鄉隸樂安，以吉水縣遷鶯一鄉隸永豐縣。至是，雲蓋鄉税户張達等具狀，陳本鄉不通運漕，負擔路遠，難於輸納，故有是命。

〔一〕開寶八年降軍州事　「軍州事」，方域五之六及紀勝卷二九撫州「州沿革」注引國朝會要同，九域志卷六撫州、宋史卷八八地理志四等作「軍事州」，按軍事州即刺史州，屬州格名，會要誤。

〔二〕相遼遠　「相」下疑脱「去」字。

〔三〕割本州崇仁縣天授樂安忠義三鄉及吉州吉水縣雲蓋一鄉隸屬　按雲蓋鄉，下文「紹興二十四年十一月五日」條又言屬永豐縣，顯係矛盾。考諸史籍，繫年要録卷一五九紹興十九年正月乙未條、崇禎撫州府志卷一歲運表等言割崇仁、吉水縣地置樂安縣。大明清類天文分野之書卷五撫州府、康熙撫州府志卷四邑里考等則載割崇仁三鄉及永豐縣雲蓋鄉爲樂安縣。又紹興十八年同年小録、文忠集卷七二董昌裔墓誌銘均有雲蓋鄉隸永豐縣之記載，且周必大言，「雲蓋初屬吉水縣，至和元年析隸永豐」，所指係至和元年以吉水縣地置永豐縣事。故紹興十九年建樂安縣時，雲蓋鄉實隸永豐縣，「吉水縣雲蓋一鄉」，疑誤。

〔四〕撫州臨川县惠安　「州」字原缺，按臨川縣屬撫州，據補。

〔五〕詔撫州樂安縣雲蓋鄉復隸吉州永豐縣　「樂安」原倒，據上下文乙正。

筠州。紹興十三年正月七日，户部言：「筠州士庶乞賜郡名。本州契勘，乞將所治高安縣賜名高安郡，以慰一方士庶之情。」從之。

興國軍。永興縣，太平興國二年，以鄂州永興縣建永興軍，以縣爲治所，三年改興國軍。通山縣，紹興四年廢爲鎮，五年復。

紹興四年正月二十五日，江西安撫大使司言：「興國軍通山縣舊係羊山鎮，隸鄂州永興縣。太平興國中，改永興縣爲興國軍，遂改羊山鎮爲通山縣。近緣賊馬劫虜人民，見在只有二百餘家，乞改通山縣依舊爲鎮，户税并隸永興縣。仍乞存留文尉，通永興縣舊尉共兩員，每半年輪那一員前去主管鎮事，捕捉盜賊。應合存留弓手并減省公吏人等，令江西常平司申明施行。」詔依，仍以通山鎮爲名。

紹興六年八月一日〔一〕，江南西路安撫、制置、轉運、提點刑獄使司言：「興國軍通山鎮税户石英等狀，本鎮元係通山縣，昨被李成賊馬殺戮，權廢爲鎮，隸永興縣。今已及八百餘户，至永興縣送納租税，往回六百餘里，人户艱辛，乞依舊爲縣。」從之。

通山縣〔二〕、大冶縣，太平興國三年自鄂州來隸〔三〕。

〔一〕紹興六年八月一日　「六年」，上文及紀勝卷三三興國軍「縣沿革」引圖經、宋史卷八八地理志四均作「五年」，輯稿或誤。

〔二〕通山縣　「縣」原作「軍」，據紀勝卷三三興國軍「縣沿革」引國朝會要改。按九域志卷六興國軍、宋史卷八八地理志四均載通山縣自鄂州隸興國軍事。

〔三〕太平興國三年自鄂州來隸　「太平興國」、「州」原缺，據紀勝卷三三興國軍「縣沿革」引國朝會要補。「三年」，九域志卷六興國軍、紀勝卷三三興國軍「縣沿革」引國朝會要作「二年」。

南安軍〔一〕。大庾縣，淳化元年以虔州大庾縣建軍，以縣爲治所。

〔一〕南安軍　「安」原作「康」，據九域志卷六南安軍、宋史卷八八地理志四改。

臨江軍。清江縣，淳化三年以筠州清江縣置軍，以縣爲治所。

建昌軍。廣昌縣，紹興八年置。新城縣，紹興八年置。

紹興八年三月十八日，江西安撫、轉運、提刑、提舉司言：「建昌軍南豐縣天授鄉揭坊耆并南城縣黎灘市，乞各添置一縣。」詔揭坊耆以廣昌縣爲額，黎灘市以新城縣爲額。

荆湖路。咸平二年分南北路。

［南路］

［潭州］。唐武安軍節度，乾德元年降防禦州，端拱元年復武安軍節度，大觀元年陞爲帥府。

大觀元年十二月十二日，詔：「潭州居三江五湖之中，地大物衆，亦嘗僭竊；邵州最處極邊，外制溪洞。除邵州已降敕爲望郡，潭州爲帥府，兼湖南路馬步軍總管。」

常豐縣，乾德三年以常豐場置〔一〕，開寶中廢隸長沙縣。衡山縣，淳化四年自衡州來隸〔二〕。善化縣，元符元年置。益陽縣，紹興三年隸鼎州，五年還隸。

元符元年六月十六日，湖南安撫申〔三〕：「潭州長沙、湘潭縣户口獄訟繁多，乞將長沙縣一十二鄉數内撥出附近五鄉，及湘潭縣管下八鄉於内撥出兩鄉，共七鄉，别立爲一縣，以善化爲名。」從之。

紹興三年四月十八日，知潭州折彦質言〔四〕：「程昌禹申，乞將益陽縣撥隸鼎州。契勘潭州例皆殘破，今復割益陽縣爲鼎州，責辦應副，必致意外生事。况益陽今爲潭州屏捍，乞將常賦令湖南運司管認，應副鼎州使用，候楊么事息住罷。」詔且權隸鼎州，候賊稍息，取旨依舊。

紹興五年七月五日，都督行府言：「益陽縣屬潭州，昨緣水賊作過，權隸鼎州，今楊么等已是平定，鼎州用度減省，欲令依舊〔五〕。」從之。

〔一〕乾德三年以常豐場置　「乾德」原作「乾道」，據九域志卷六潭州、隆平集卷一郡縣改。

〔二〕淳化四年自衡州來隸　「淳化」原缺，據九域志卷六潭州、宋史卷八八地理志四補。

〔三〕湖南安撫申　「撫」原作「撥」，按安撫使爲宋代一路之帥臣，據改。

〔四〕知潭州折彦質言　「質」，原注「缺」，按繫年要録卷六四紹興三年四月戊戌條有「湖南安撫使折彦質」云云，據補。

〔五〕欲令依舊　「依」字原缺，按輯稿職官三之八、兵二之一九等皆有「欲令依舊」云云，據補。

衡州。

紹興九年三月二十三日，荆湖南路安撫、轉運、提點刑獄司言：「衡州茶陵縣當廣南、江西兩界，自茶陵至吉州永新縣數百里，百姓山寨聚集無賴，出入爲寇，官軍不能深入。欲乞將茶陵縣改作一軍，於吉州永新縣割地添置一縣，隸茶陵，知縣充軍使，兼知衡州茶陵縣事，依舊隸衡州。仍將管下衡陽、安仁、茶陵三縣巡檢於本軍屯駐。」從之。〔一〕

〔一〕按本條記茶陵軍事，或當隸「茶陵軍」下。

[道州]。營道縣，舊名弘道[一]，建隆三年改。大曆縣，乾德三年廢隸寧遠縣[二]。永明縣，熙寧五年廢爲鎮，隸營道縣，元祐元年復[三]。

〔一〕舊名弘道 「弘」原作「引」，據舊唐書卷四〇地理志三、寰宇記卷一一六道州改。

〔二〕乾德三年廢隸寧遠縣 「乾德」原缺，據九域志卷六道州、宋史卷八八地理志四補。

〔三〕元祐元年復 「元年」，宋史卷八八地理志四同，紀勝卷五八道州「縣沿革」引國朝會要及輿地廣記卷二六道州作「二年」。

永州。紹興十八年八月二十五日，詔永州零陵縣唐興鄉改爲宋興鄉，祁陽縣唐昌鄉改爲宋昌鄉[一]，永隆鄉唐興里改爲宋興里。從邑人請也。

〔一〕祁陽縣唐昌鄉改爲宋昌鄉 「祁」原作「初」，據九域志卷六永州、宋史卷八八地理志四改。

邵州。大觀二年陞爲望郡[一]。蒔竹縣，元溪洞徽州，元豐四年，詔以爲蒔竹縣，隸邵州。元豐四年四月八日[二]，詔河北路轉運副使賈青相度新建溪洞徽、誠州隸屬湖南、湖北於何爲便以聞[三]。後青具道里以聞，乃詔誠州治渠陽，隸荆湖北路，徽州爲蒔竹縣，隸荆湖南路邵州。

〔一〕大觀二年陞爲望郡　「郡」原作「縣」，據紀勝卷五九寶慶府「府沿革」引國朝會要、宋史卷八八地理志四改。

〔二〕元豐四年四月八日　「元豐」原作「熙寧」，據前文及長編卷三一二元豐四年四月乙丑條改。

〔三〕詔河北路轉運副使賈青相度新建溪洞徽誠州隸屬湖南湖北於何爲便以聞　「使」原作「司」，「何」原作「河」，據長編卷三一二元豐四年四月乙丑條改。

桂陽軍。舊桂陽監，紹興三年陞爲軍〔一〕。平阳县，天禧三年置。藍山縣，景德元年自郴州來隸。紹興二十二年九月十七日，詔陞桂陽監爲桂陽軍，從本路諸司請也。

〔一〕紹興三年陞爲軍　「三年」，紀勝卷六一桂陽軍「軍沿革」引國朝會要、宋史卷八八地理志四同。按後文及繫年要録卷一六三均繫於紹興二十二年九月十七日戊申，又紀勝於桂陽軍「風俗形勝」摘録紹興二十二年乞陞改軍額始末之文字。查輯稿，除後文「詔陞桂陽監爲桂陽軍」外，桂陽監最晚一次出現在紹興二十一年閏四月二十二日（輯稿食貨九之六、六八之五），桂陽軍最早一次出現在紹興二十六年八月四日（輯稿食貨一〇之四）。宋史本紀亦如是，其最後記桂陽監在紹興十七年十二月甲寅（宋史卷三〇高宗本紀七），最早記桂陽軍在紹興二十六年十月甲午（宋史卷三一高宗本紀八）。故桂陽監陞軍之時間似在紹興二十二年，「三年」疑誤。

茶陵軍。舊衡州茶陵縣，紹興九年陞爲軍使。

武岡軍。舊邵州武岡縣，崇寧五年陞爲軍。

紹興十六年三月十三日〔一〕，詔復桂陽監管下臨武洞爲縣，從本路諸司之請也。

〔一〕紹興十六年三月十三日　「紹興」原缺，據繫年要録卷一五五紹興十六年三月壬午條補。

紹興十一年九月一日，荆湖南路安撫、轉運、提刑司言：「乞將武岡軍綏寧縣移入武陽寨爲縣，卻移武陽寨入扶叢置寨。」從之。

紹興二十五年四月九日，荆湖南路安撫司言：「欲於武岡軍水頭江北岸平廣去處建立一縣，以『新寧』爲名，撥扶陽、恭和、宣義、零陽四鄉隸之，知縣、縣尉、巡檢，乞依綏寧、臨岡等縣體例，從安撫司踏逐奏辟，任滿減三年磨勘。」從之。

紹興二十五年四月十一日，詔武岡軍於舊治復置綏寧縣。以鄂州都統司言，收復到賊徒楊再興元侵占地，數内綏寧縣乞於舊處重置，故有是命。

乾德三年七月十七日〔一〕，詔以洽州復爲懿州。時五溪團練使、洽州刺史田處崇上言：「先是湖南節度使馬希範以潭陽縣爲懿州，命臣叔萬盈爲刺史〔二〕。及馬希萼襲位，改爲洽州，請復其名。」從之，仍鑄印賜之。

〔一〕乾德三年七月十七日　「乾德」原作「開寶」，據長編卷六乾德三年七月丁酉條、十朝綱要卷一、宋史卷四九三西南溪峒諸蠻傳上改。

〔二〕命臣叔萬盈爲刺史　「臣」字原缺，據長編卷六乾德三年七月丁酉條、宋史卷四九三西南溪峒諸蠻傳上補。

元豐四年正月十二日〔一〕，荆湖南路轉運判官趙楊言：「溪洞徽、誠等州置城寨畢，誠州乞建爲郡，徽州爲縣。」

〔一〕元豐四年正月十二日　「元豐」原作「熙寧」，「正月」原作「四月」，據長編卷三一一元豐四年正月庚子條改。按方域一九之四、宋史卷四九四誠徽州傳載，元豐三年，趙楊、闞杞等請於徽、誠州置城寨。故從長編。

元豐四年十二月十七日〔一〕，相度新建徽誠州、朝散大夫賈青言：「准朝旨下朱初平奏，乞招納元屬溪洞地分道路以至地理遠近，并附入州縣圖籍。」從之。〔二〕

〔一〕元豐四年十二月十七日　「元豐」原作「熙寧」，據輯稿蕃夷五之八七、長編卷三二一元豐四年十二月己巳條改。

〔二〕按本條所記不全，請參見輯稿蕃夷五之八七、長編卷三二一元豐四年十二月己巳條。

元豐五年正月二十六日〔一〕，知誠州謝麟言：「本州旁近户口或遠隸他州，見有封疆不足城守。乞增割户口、山川，降屬縣名額。」詔沅州新修貫保、托口、小由、豐山堡，控扼蠻蜑形勢之地〔二〕，宜以瀕渠河貫堡寨爲治所〔三〕，置渠陽縣，隸誠州。

〔一〕元豐五年正月二十六日　「元豐」原作「熙寧」，據輯稿職官四七之一五、蕃夷五之八七、長編卷三二二元豐五年正月戊申條改。

〔二〕控扼蠻蜑形勢之地　「蜑」原作「蛋」，據輯稿職官四七之一五、蕃夷五之八七、長編卷三二二元豐五年正月戊申條改。

〔三〕宜以瀕渠河貫堡寨爲治所　「貫」原作「賈」，據輯稿職官四七之一五、蕃夷五之八七、長編卷三二二元豐五年正月戊申條改。

元豐五年九月十三日〔一〕，知誠州謝麟言：「奉詔置誠州，未畫地理四至，慮邵州蒔竹縣争占誠州新城管分〔二〕。聞邵州已撥潼村屬新城，潼村距誠州四十里，至蒔竹縣八十里，道路峻險〔三〕，經九疊坡腳〔四〕、大小盤攔，深山長林，正係湖南至誠州行旅之路。今屬蒔竹，比之誠州地里已遠，又遥隸邵州二十二驛，或有寃訟，縣堡不能決，去州既遠，則民無訴。乞自昌蒲嶺脊分水〔五〕，西屬誠州，東屬邵州蒔竹。」從之。

〔一〕元豐五年九月十三日　「元豐」原作「熙寧」，據長編卷三二九元豐五年九月庚寅條改。按輯稿職官四七之一五、兵一四之五、長編卷三二三元豐五年正月戊申條等皆有元豐五年謝麟知誠州之記載。故從長編。

〔二〕慮邵州蒔竹縣争占誠州新城管分　「慮」原作「盧」，據長編卷三二九元豐五年九月庚寅條改。

〔三〕道路峻險　「峻」原作「峽」，據長編卷三二九元豐五年九月庚寅條改。

〔四〕經九疊坡腳　「疊」原作「壘」，據長編卷三二九元豐五年九月庚寅條改。

〔五〕乞自昌蒲嶺脊分水　「自」字原缺，「脊」原作「眷」，據長編卷三二九元豐五年九月庚寅條補改。

元豐六年七月三日〔一〕，前湖北路鈐轄、轉運司乞移渠陽縣治所以安集誠州户口，兼治

貫保、小由等民户。從之。〔二〕

〔一〕元豐六年七月三日 「元豐六年」原作「熙寧五年」，按長編卷三三七繫於元豐六年七月三日丙午，又輯稿職官四七之一五、蕃夷五之八七、長編卷三二二元豐五年正月戊申條、宋史卷八八地理志四皆載渠陽縣置於元豐五年。故改。

〔二〕按本條原在方域六之三一「開寶三年七月十七日」條後，今改移於此。

紹興五年六月十二日，中書門下省言：「荆南、峽州、荆門、公安軍未分鎮以前，係屬荆湖北路〔一〕，昨緣分鎮，遂罷轉運、提刑。今來王彦差知荆南府，四州更不除鎮撫〔二〕，止置安撫使，其荆湖北路轉運、提刑卻合通管，内轉運二員，理合分隸。」從之。

〔一〕係屬荆湖北路 「荆」原作「京」，據後文改。

〔二〕四州更不除鎮撫 「州」原作「川」，按繫年要録卷八八紹興五年四月丁未條載王彦知荆南府，充歸峽州荆門公安軍安撫使，上古本以爲「四州」即指此四州軍，并據改，是。

紹興六年八月九日，知荆南府、充荆南府峽州荆門公安軍安撫使王彦言〔一〕：「靖康中，因祝靖等賊馬占據荆南，公安知縣程千秋召募人兵防捍，准禦營使司將本縣陞爲軍，止是知縣兼軍使。後來復經殘破，軍城一空，止有百餘家。今乞廢公安軍，依舊爲縣，庶得減省支用。」從之。

〔二〕充荆南府峽州荆門公安軍安撫使王彦言 「軍」原作「車」，據上文改。下同。

宣和三年四月二十日，詔：「五溪郡縣，闢自先朝，中更棄地，雖已興復，然經元祐之變，猺賊屢肆跳梁。蓋緣荆南鈐轄司去邊稍遠，難以彈壓。先朝有意經畫，其事未就。朕紹述先猷，敢忘繼志？可分荆湖北路荆南府、歸峽安復州、荆門軍漢陽軍爲荆南路，帶兵馬都鈐轄，治荆南府；分鼎澧岳鄂辰沅靖州爲鼎澧路，帶兵馬都鈐轄，治鼎州。」〔一〕

〔一〕按湖北分荆南、鼎澧二路，編年綱目備要卷二八、十朝綱要卷一七、東都事略卷九八鄧洵武傳、紀勝卷六八常德府「府沿革」皆作政和六年。又輯稿兵二九之六至七載宣和四年六月六日臣僚言，政和六年九月，奉御筆分荆湖北路爲荆南、鼎澧二路，「至宣和三年十二月，五年之間并無邊事」，「顯見并爲一路與分路利害，相去甚遠，依政和六年九月十八日已降處分分爲兩路」。同書蕃夷五之九四亦有此記載，故湖北分爲兩路應在政和六年九月，且直至宣和四年并無變動。然會要此條作宣和三年四月二十日，與下文荆湖北路總述及輯稿職官四八之一一四同。又職官四八之一一四原作「二年」，然前已有「宣和二年」，故此「二年」當作「三年」。則宣和三年四月二十日確有此指揮，但並未施行。

北路。宣和三年四月二十日，荆湖北路分爲荆南路、鼎澧路指揮更不施行，并依舊。〔一〕

〔一〕按「宣和三年」前似有脱文。鄂國金佗續編卷二五鼎澧逸民敘述楊么事跡一載，建炎二年五月，「聖旨指揮罷鼎澧路，依舊併作湖北路」。上古本據此以爲「宣和三年」前似脱「建炎二年五月詔」等文字，或是。

江陵府。古荆州，唐爲江陵府、永安軍、荆南節度。建炎二年升帥府。華池縣〔一〕，太平興國七年自岳州來隸。萬庾縣，乾德三年陞萬庾巡爲縣〔二〕，尋廢。枝江縣，熙寧六年廢爲鎮，隸松滋縣，元祐元年復。玉沙縣，熙寧六年廢爲鎮，隸監利縣，元祐元年復。長林縣，開寶五年隸荆門軍，熙寧六年軍廢，復來隸。當陽縣，開寶五年隸荆門軍，熙寧六年軍廢〔三〕，復來隸。公安縣〔四〕，建炎三年陞爲軍，紹興五年復。

建炎三年六月二十一日，御營使司參議官高衛言：「公安縣在荆江南岸，治吕蒙城〔五〕，三國、六朝常爲控扼之地。今欲陞公安爲軍，知縣帶軍使，兼松滋石首華容縣都巡檢使。」從之。

〔一〕華池縣　按宋岳州無華池縣，上古本疑其乃「華容」之誤，當是。

〔二〕乾德三年陞萬庾巡爲縣　「乾德」原作「乾從」，據九域志卷六江陵府改。

〔三〕熙寧六年軍廢　「軍」字原缺，據前文補。

〔四〕公安縣　「縣」原作「軍」，據下文及紀勝卷六四「江陵府上」引國朝會要改。

〔五〕治吕蒙城　「吕蒙」原倒，入蜀記卷五載，公安縣「有廢城，髣髴尚存，圖經謂之吕蒙城」，又紀勝卷六五「江陵府下」、通考卷三一九輿地考五均載公安縣有吕蒙城。故乙正。

鄂州。唐武昌軍節度〔一〕，後唐改武清軍，太平興國三年復爲武昌軍〔二〕。漢陽縣，熙寧四年廢漢陽軍爲縣，來隸。通城縣，熙寧五年陞崇陽縣通城鎮爲縣，紹興五年廢爲鎮，十七年復。紹興五年九月二十一日，荆湖北路安撫使司言：「鄂州通城縣舊係鎮，熙寧五年陞爲縣〔三〕，今人民凋殘，欲依舊爲鎮，隸崇陽縣。」從之。紹興十七年五月十八日，詔鄂州通城鎮復爲縣，從本路監司之請也。

〔一〕唐武昌軍節度　「度」下原衍「使」字，據方域五之六删。

〔二〕太平興國三年復爲武昌軍　「復」原作「後」，九域志卷六鄂州言：「皇朝太平興國三年復舊。」據改。

〔三〕熙寧五年陞爲縣　「五年」原作「四年」，據上文及宋史卷八八地理志四改。

德安府。舊安州，唐安遠軍節度，晋降爲防禦州，後復爲安遠軍，周又降爲防禦，建隆元年復爲安遠軍節度，宣和元年陞爲德安府。吉陽縣，開寶二年廢爲鎮，隸孝感縣。應城縣，淳化元年徙舊縣置治所。雲夢縣，熙寧二年廢爲鎮，隸安陸縣，元祐元年復，紹興七年十月移治仵落市，十八年還舊治。景陵縣，舊名竟陵〔一〕，建隆三年改，熙寧六年廢復州，以縣來隸。

〔一〕舊名竟陵　「竟」原作「敬」，據紀勝卷七六復州「縣沿革」引國朝會要及輿地廣記卷二七復州改。

復州。景陵郡，防禦，領三縣。建隆三年，改竟陵縣爲景陵〔一〕。至道三年，以江陵府玉沙縣來隸。寶元二年，廢沔陽縣入玉沙〔二〕。熙寧六年州廢，以景陵縣隸安州，省玉沙縣入江陵府監利縣，元祐元年復。景陵縣，熙寧六年廢州，以縣隸安州，元祐元年復。

〔一〕改竟陵縣爲景陵　「竟陵」原作「晉陵」，據紀勝卷七六復州「州沿革」引國朝會要及輿地廣記卷二七復州改。

〔二〕寶元二年廢沔陽縣入玉沙　「元」字原缺，「沔」原作「污」，據紀勝卷七六復州「縣沿革」引國朝會要及宋史卷八八地理志四補改。

常德府。唐朗州，周武平軍節度。建隆四年降爲團練州〔一〕，大中祥符五年改鼎州〔二〕，後爲永安軍額。以犯陵名，崇寧元年改爲靖康軍，政和七年爲常德軍節度〔三〕，乾道元年九月二十一日，以孝宗潛藩陞常德府。鼎州桃源縣，乾德二年析武陵縣地置〔四〕。龍陽縣，舊改爲辰陽縣，紹興元年依舊，五年陞爲軍，移治黄城寨〔五〕，尋還舊治，三十一年復爲縣。

紹興五年七月五日，都督行府言：「鼎州龍陽縣移於黄城寨地，仍陞作龍陽軍，置使一員，差軍使兼知龍陽縣事。」詔從之。是年八月十五日，詔於舊縣重建，以知鼎州張觷言舊縣高爽，黄城寨地低下〔六〕，近江湖，有水患故也。

〔一〕建隆四年降爲團練州　「建隆四年」，九域志卷六鼎州同，紀勝卷六八常德府「府沿革」、宋史卷八八地理志四作「乾德二年」。按建隆四年十一月改元乾德。

〔二〕大中祥符五年改鼎州　紀勝卷六八常德府「府沿革」引國朝會要言，「祥符五年以避聖祖諱改」，或輯稿「五年」下脱「以避聖祖諱」五字。

〔三〕政和七年爲常德軍節度　「常德軍」原作「常慶軍」，據紀勝卷六八常德府「府沿革」、宋史卷二一徽宗紀三及卷八八地理志四改。

〔四〕乾德二年析武陵縣地置　「二年」，紀勝卷六八常德府「縣沿革」引國朝會要同，九域志卷六鼎州作「元年」。

〔五〕紹興元年依舊五年陞爲軍移治黃城寨　按紀勝卷六八常德府「縣沿革」引國朝會要言，「紹興元年陞爲軍使以鎮之」，與輯稿不同。龍陽縣升爲軍，繫年要録卷九一紹興五年七月丙子條與宋史卷八八地理志四均作「紹興五年」，紀勝或誤引。

〔六〕黃城寨地低下　「城」原作「誠」，據前文及宋史卷八八地理志四改。

岳陽軍。舊岳州，宣和元年陞爲岳陽軍節度，紹興二十五年改岳陽軍爲華容軍〔一〕，三十一年依舊。沅江縣，舊名橋江，隸鼎州，乾德元年改今名〔二〕，來隸。臨湘縣，淳化五年升王朝場爲縣〔三〕，至道二年改〔四〕。

紹興二十五年六月二十七日，臣僚言：「岳州與岳飛姓同，顧莫之或改。按酈道元水經，汨水西逕羅縣，實本羅子之國，與純水合源，逕純山西北流，又西逕玉笥山，又西爲屈潭、羅淵，即今巴陵郡是也。『純』之爲字〔五〕，有純一不雜之義〔六〕，乞改岳爲純。」從之。

紹興三十一年十二月五日，御史中丞汪澈言：「紹興二十五年，臣僚白劄子〔七〕，謂岳飛既已伏誅，岳州與其姓同，本路諸司審度，妄引汨水與純水合源，乞改岳州爲純，額爲華容。臣切謂岳飛之叛與不叛，固自有公論，以姓同而改州名，尤悖於理。恩、恭、嚴、徽、贛五郡易名，初非以姓同也。且岳之爲義，以南岳衡山相直而得名，自隋唐至宋朝爲望郡。英宗皇帝初在潛邸，嘗領岳州團練使，及登寶位，陞軍額爲岳陽。岳州之名，其來久矣。若以同姓而改，則五岳岳廟亦可改乎？又光州、光化軍以避虜雛之名〔八〕，易『光』爲『蔣』，易『光化』爲『通化』，尤可切齒。乞改岳州、岳陽、光州、光化軍名額，一依舊制。」從之。

〔一〕紹興二十五年改岳陽軍爲華容軍　「岳陽軍」原作「岳州軍」，據輯稿職官三八之四、繫年要録卷一六八紹興二十五年六月癸卯條、宋史卷三一高宗紀八改。

〔二〕乾德元年改今名　「元年」原作「二年」，據九域志卷六鼎州、紀勝卷六八常德府「縣沿革」引國朝會要改。

〔三〕淳化五年升王朝場爲縣　「五年」，九域志卷六岳州、隆平集卷一郡縣、通考卷三一九輿地考五皆同。然輿地廣記卷二八岳州、紀勝卷六九岳州「縣沿革」引國朝會要均作「四年」，岳陽風土記作「三年」，宋史卷八八地理志四作「元年」。

〔四〕至道二年改　「二年」原作「三年」，據九域志卷六岳州、輿地廣記卷二八岳州及紀勝卷六九岳州「縣沿革」引國朝會要改。

〔五〕純之爲字　「字」原作「守」，據繫年要録卷一六八紹興二十五年六月癸卯條改。

〔六〕有純一不雜之義　按繫年要録卷一六八紹興二十五年六月癸卯條言：「有純臣之義焉，其言純粹、純白、純常，皆静一不雜之義。」

〔七〕臣僚白劄子　「白」原作「自」，據繫年要録卷一九五紹興三十一年十二月癸卯條改。

〔八〕又光州光化軍以避虜雛之名　「雛」原作「鄒」，按鶴山先生大全文集卷八五倪思墓志銘有「虜雛新立」云云，據改。

［歸州］。興山縣〔一〕，熙寧五年廢爲鎮〔二〕，隸秭歸縣，元祐元年復〔三〕。紹興五年八月六日〔四〕，都督行府言：「歸州舊屬湖北路，昨緣荆南失守，權撥隸夔路。後來朝廷又差解潛充荆南府歸峽州荆門公安軍鎮撫使，即係湖北分鎮地分，止是不曾正行交割。今來王彦復爲荆南安撫使，遷於舊治，屯泊大軍，其歸州合依舊撥還湖北。兼歸州薄有税入，可助本府經費。」詔依。所有歸州一帶捍禦，專委本司措置，不管疏虞。
紹興三十一年四月三日，知夔州李師顔上言〔五〕：「歸州去夔路最近，去荆南最遠。建炎四年内，本路鈐轄司亦嘗申宣撫處置使司，割歸州隸夔路，至紹興五年依舊撥還湖北路。今乞割歸州復隸夔路，所有歸州歲起湖北路錢物依舊〔六〕。」從之。

〔一〕興山縣　「山」原作「仁」，據九域志卷六歸州、宋史卷八八地理志四改。
〔二〕熙寧五年廢爲鎮　「寧」字原缺，據紀勝卷七四歸州「縣沿革」引國朝會要補。
〔三〕元祐元年復　「元年」，宋史卷八八地理志四同，紀勝卷七四歸州「縣沿革」引國朝會要作「五年」。
〔四〕紹興五年八月六日　「五年」原作「六年」，據下文及繫年要録卷九二紹興五年八月壬寅條、紀勝卷七四歸州「州沿革」、宋史卷八八地理志四改。按繫年要録卷九二繫於紹興五年八月一日壬寅。

〔五〕知夔州李師顏上言　「李師顏」原作「李師言」，據繫年要録卷一八九紹興三十一年四月乙巳條、宋史卷三二高宗紀九改。

〔六〕所有歸州歲起湖北路錢物依舊　「物」字原缺，據繫年要録卷一八九紹興三十一年四月乙巳條補。

辰州。招諭縣，元祐元年廢隸沅州麻陽縣〔一〕。

〔一〕元祐元年廢隸沅州麻陽縣　「元祐元年」，紀勝卷七一沅州「縣沿革」引國朝會要同，然下文「沅州」條及長編卷二六〇熙寧八年二月辛卯條、九域志卷六沅州、通考卷三一九輿地考五、宋史卷八八地理志四皆作「熙寧八年」。又紀勝卷七一沅州「縣沿革」於麻陽縣下引縣圖經云：「熙寧七年，以麻陽來屬，至乙卯年又廢招諭縣入麻陽」，乙卯即熙寧八年。「元祐元年」或誤。

沅州。熙寧七年以唐敘、錦、獎三州地置。招諭縣，太平興國七年析麻陽縣地置，隸辰州，熙寧七年來隸，八年廢隸麻陽縣。麻陽縣，熙寧七年自辰州來隸，八年省錦州寨地入焉。盧陽縣，熙寧七年以敘州潭陽縣地置。渠陽縣，舊渠陽寨，元豐五年陞爲縣〔一〕，元祐六年省爲寨，崇寧二年復。

〔一〕渠陽縣舊渠陽寨元豐五年陞爲縣　按輯稿職官四七之一五及蕃夷五之八七、長編卷三二二元豐五年正月戊申條、紀勝卷七二靖州「縣沿革」、宋史卷八八地理志四載，元豐五年，沅州貫保砦改爲縣，以渠陽縣爲名。故渠陽縣舊當貫保寨，而非渠陽寨，輯稿或誤。又按「貫保」亦作「貫堡」。

靖州。大觀元年陞爲望郡。永平縣，崇寧二年以渠陽縣改。會同縣，崇寧二年以三江縣改。貫堡縣〔一〕，元豐五年置。

紹興八年十一月二十八日，知靖州覃敵言：「本州永平縣并無居民，止有東林一團，户口不多，欲將永平縣移就州城倚郭舊都監廨宇充縣。」從之。

〔一〕貫堡縣　按元豐五年，改貫堡寨爲渠陽縣，故「貫堡縣」當作「渠陽縣」，參見本門「沅州」條校記。

［漢陽軍］。漢陽縣，周即鄂州漢陽縣地建軍，熙寧四年廢，以漢陽縣隸鄂州，省漢川縣入漢陽縣，元祐元年復，紹興五年廢爲縣，七年復。漢川縣，紹興五年廢爲鎮，七年復。

紹興二年十一月二十六日，詔漢陽軍依舊撥隸荆湖北路。以樞密院勘會，漢陽軍舊隸湖北帥司，與鄂州對岸，實爲唇齒控扼之地。昨來撥隸德安府，相去三百餘里，緩急措置後時。兼近降指揮，湖北帥臣於鄂州置司。故有是命。

紹興五年十一月五日，詔漢陽軍漢川縣廢爲鎮。

紹興五年八月十五日〔一〕，權發遣漢陽軍高舜舉言：「本軍於熙寧四年曾廢爲縣，卻於元祐元年復。元符元年，知軍茹東濟陳論利害事件，遂不曾廢。今來本軍累經殘破，户口減少，官吏之費，深擾於民。兼鄂州見屯大軍，無盜賊之患，與承平日事體不同，若廢爲縣，委是利便。」都督行府勘會，已劄下漢陽軍隸鄂州，知縣帶軍使，乞令遵守〔二〕。從之。紹興七年閏十月二十五日，湖北京西路宣撫使岳飛言：「漢陽軍元管漢陽、漢川兩縣，最是控扼去處。後來湖北安撫司一時申請，廢軍爲縣，隸鄂州。乞復爲軍〔三〕，漢陽、漢川復爲縣，依舊將漢陽〔四〕、漢川兩縣撥隸本軍。」從之。

〔一〕紹興五年八月十五日　「五年」原作「六年」，據上文及繫年要録卷九二紹興五年八月壬子條改。按繫年要録繫於八月十一日壬子。
〔二〕乞令遵守　「遵」原作「道」，形近而訛，今改。
〔三〕乞復爲軍　「軍」字原缺，據前後文補。
〔四〕依舊將漢陽　「漢陽」下原衍「軍」字，據前文删。

信陽軍〔一〕。舊隸京西北路，紹興四年隸襄陽府路，六年隸京西南路，十九年正月隸淮南西路，是年三月來隸。

〔一〕信陽軍　「信陽軍」前原衍「信陽縣」三字，據方域五之一七删。按本門「京西路」亦有「信陽軍」條。

荆門軍。開寶五年，即江陵府長林縣建軍〔一〕，以長林、當陽二縣來隸。熙寧六年軍廢〔二〕，二縣復隸江陵府。熙寧六年廢爲長林縣，隸江陵府，元祐三年復爲軍。

元祐四年六月二十八日，湖北轉運司言：「荆南長林縣已復爲荆門軍，其諸軍指揮人額并差撥屯駐人數，並合如舊〔三〕。」從之。〔四〕

紹興十四年八月十三日，詔荆門軍當陽縣廢入長林縣，官員依省罷法。從本路監司之請也。紹興十六年十一月十四日，詔復置荆門軍當陽縣〔五〕。從本路諸司之請也。

〔一〕即江陵府長林縣建軍　按長編卷一三開寶五年二月乙亥條作「以荆南荆門鎮爲荆門軍」。

〔二〕熙寧六年軍廢　「六年」原作「五年」，據紀勝卷七八荆門軍「軍沿革」引國朝會要及九域志卷六江陵府、長編卷二四五熙寧六年六月、宋史卷八八地理志四改。按此句與下文重複，上古本疑其原爲注文，或是。

〔三〕并合如舊　「如」原作「入」，據長編卷四二九元祐四年六月丁卯條改。

〔四〕按本條原在「紹興十四年八月十三日」條後，今據時間先後改移於此。

〔五〕詔復置荆門軍當陽縣　「荆」原作「判」，據前文及繫年要録卷一五五紹興十六年十一月庚辰條改。

成都府路。乾德三年平兩川〔一〕，并爲西川路，開寶四年分峽路〔二〕，咸平四年分益、梓、利、夔四路，嘉祐四年以益州路爲成都府路。

〔一〕乾德三年平兩川　「平」原作「并」，據九域志卷七成都府路改。

〔二〕開寶四年分峽路　「四年」，輯稿食貨四九之二、九域志卷七成都府路等作「六年」。

［成都府］。唐成都府、劍南西川節度，太平興國六年降爲益州。端拱元年，復成都府、劍南西川節度。淳化五年降爲益州，嘉祐六年復爲劍南西川節度。靈泉縣，舊名靈池，天聖四年改。犀浦縣，熙寧五年廢爲鎮，隸郫縣。廣都縣，熙寧五年廢陵州，以貴平、籍縣地益入焉。重和元年十二月七日〔一〕，詔改石泉縣爲軍，以永康、龍安、神泉隸焉。知軍及寨堡官吏，委知成都府孫羲叟辟置聞奏。宣和七年二月六日〔二〕，詔成都府路石泉縣依舊爲軍，差武臣知軍。

〔一〕重和元年十二月七日　「重和元年」，方域七之三、通考卷三二一輿地考七、宋史卷八九地理志五皆作「政和七年」，又紀勝卷一五二石泉軍「軍沿革」引舊經改石泉縣爲軍之詔書，作「政和十年」，按：政和無十年，當爲「七年」之誤。故「重和元年」疑誤。

〔二〕宣和七年二月六日　「宣和」原缺，據紀勝卷一五二石泉軍「軍沿革」引國朝會要及宋史卷八九地理志五補。

眉州。至道二年陞防禦。

蜀州。青城縣，乾德四年隸永康軍，熙寧五年軍廢，復來隸。

彭州。導江縣，乾德四年隸永康軍，熙寧五年軍廢爲寨，縣復來隸。九年廢寨，復即縣治置永康軍〔一〕。堋口縣，熙寧二年置，四年廢爲鎮，隸九隴縣。

〔一〕九年廢寨復即縣治置永康軍　按方域七之三、九域志卷七彭州均言熙寧七年廢寨，九年復置永康軍。此處或誤。

【嘉州】。犍爲縣，大中祥符四年徙治懲非鎮。嘉祥縣，舊龍遊縣，宣和元年改，今復爲龍遊縣。龍遊縣，宣和元年改爲嘉祥，紹興元年依舊。

邛州。火井縣，開寶三年徙治平樂鎮。

雅州。百丈縣，熙寧五年廢爲鎮，隸名山縣，今復爲縣〔一〕。

〔一〕今復爲縣　按紀勝卷一四七雅州「縣沿革」引國朝會要作「元祐二年復舊」，宋史卷八九地理志五亦言「元祐二年復」。

【茂州】。唐下都督，乾德元年爲上州〔一〕。

〔一〕乾德元年爲上州　「元年」原作「三年」。紀勝卷一四九茂州「州沿革」引國朝會要作「三年」，九域志卷七茂州作「元年」。按長編卷四乾德元年十一月丙寅條、十朝綱要卷一均載，乾德元年十一月，詔防禦、團練、刺史州「舊有都督府號者并停，仍爲上州」。方域七之二四亦載此事，繫於建隆四年十月二十三日，建隆四年即乾德元年。據改。本門登州、昌州、瀘州、敘州均爲唐都督府，九域志皆言乾德元年爲上州，輯稿與紀勝引國朝會要或作「元年」，或作「三年」，今統一改爲「元年」。

【威州】。通化縣，天聖元年改金川，景祐四年復舊，即縣治置通化軍使〔一〕。

〔一〕即縣治置通化軍使　按輿地廣記卷三〇威州、宋史卷八九地理志五等皆載置通化軍使在治平三年，輯稿疑有脱文。

延寧軍。舊威戎軍〔一〕，政和六年湯延俊等納土建，宣和三年廢。

〔一〕舊威戎軍　按宋史卷八九地理志五載，延寧軍原爲延寧寨，屬茂州。

通化軍。政和三年董舜咨納土建，宣和三年廢軍使爲監押〔一〕，隸威州。

〔一〕宣和三年廢軍使爲監押　「監」字原缺，據上下文及宋史卷八九地理志五補。

祺州。舊保州〔一〕，政和四年董舜咨納土建，宣和三年廢爲城。春祺縣，政和四年建，宣和三年廢爲城。

〔一〕舊保州　「舊」下原衍「元」字，據宋史卷八九地理志五刪。

亨州。舊霸州，政和四年招納，改今名。嘉會縣，政和四年賜今名。

政和四年五月十七日，知成都府龐恭孫奏乞〔一〕：「據知霸州董彦博狀，乞將本州管内地土獻納，伏乞改賜嘉名。仍乞爲軍事、下州，置倚郭一縣，亦乞賜名。」詔名亨州，倚郭縣賜名嘉會縣。

〔一〕知成都府龐恭孫奏乞　「乞」字疑衍。

唐陵州〔一〕，至道二年陞團練〔二〕，宣和四年改仙井監。貴平、籍二縣，熙寧五年廢爲鎮，以籍隸成都府廣都縣。

乾道六年正月十七日，成都府路鈐轄、轉運、提刑司言：「熙寧五年，隆州改爲監，將貴平、籍縣皆廢爲鎮，其籍縣所管夷歌鄉并貴平鎮所管唐福鄉，并割歸仁壽縣。今貴平、籍鎮復還縣，鎮逐鄉合撥歸元舊縣分，其兩縣人户税亦合撥隸隆州〔三〕。」從之。

〔一〕唐陵州　按本門體例，「唐陵州」前當缺「隆州」或「仙井監」。

〔二〕至道二年陞團練　「至道二年」，紀勝卷一五〇隆州「州沿革」引國朝會要同，然是卷所引圖經及九域志卷七陵井監作「淳化三年」，又宋史卷八九地理志五作「至道三年」。

〔三〕其兩縣人户税亦合撥隸隆州　「税」下原衍「税」字，今删。按「税」下疑脱「賦」或「錢」字。

〔永康軍〕。唐於彭州導江縣灌口鎮建鎮静軍，開寶四年改永安軍〔一〕，以蜀州青城、彭州導江二縣來隸。太平興國三年，改永康軍。熙寧五年，廢軍爲寨，以蜀州青城縣、彭州導江縣還舊隸。七年廢寨，九年復即導江縣置永康軍使，隸彭州〔二〕。

〔一〕開寶四年改永安軍　「開寶四年」，紀勝卷一五一永康軍「軍沿革」引國朝會要同。按寰宇記卷七三永康軍、輿地廣記卷三〇永康軍、長編卷七乾德四年閏八月甲子條、十朝綱要卷一「升改廢置州府」、宋史卷八九地理志五皆作「乾德四年」，按輿地廣記、長編誤「永安軍」作「永康軍」。又九域志卷七彭州、方域七之一等有乾德四年以青城縣、導江縣隸永康（安）軍之記載。故改鎮静軍爲永安軍在乾德四年，會要作「開寶四年」，誤。

〔二〕隸彭州　此三字原無，據紀勝卷一五一永康軍「軍沿革」引國朝會要補。

石泉軍。政和七年以縣陞爲軍〔一〕，宣和三年以知軍爲軍使〔二〕，宣和七年復爲軍。安昌縣、神泉縣，政和七年自綿州來隸，宣和三年以知軍爲軍使，依舊還隸焉。

〔一〕政和七年以縣陞爲軍　「政和七年」，紀勝卷一五二石泉軍「軍沿革」引國朝會要作「重和元年」，按十朝綱要卷一五、通考卷三二一輿地考七、宋史卷二一徽宗紀三、卷八九地理志五皆作「政和七年」，紀勝引作「重和元年」，不知何據。

〔二〕宣和三年以知軍爲軍使　「三年」原作「二年」，據後文及紀勝卷一五二石泉軍「軍沿革」引國朝會要、宋史卷八九地理志五改。

真宗咸平四年三月十日，詔分川峽爲四路，以西川轉運使、兵部員外郎、直史館馬亮爲益州路轉運使，總益、綿、漢、彭、邛、蜀、嘉、眉、陵、簡、黎、雅、維、茂、永康凡十五州軍。以知益州宋太初、崇儀使恩州刺史楊懷忠并爲益州鈐轄，提轄兵馬捉賊事。峽路轉運副使、祕書丞李昉爲梓州路轉運使，總梓、遂、果、資、榮、昌、普、渠、合、戎、瀘、懷安、廣安、富順凡十四州軍監，以知梓州王渭提轄兵馬捉賊事。西川轉運副使、虞部員外郎張志言爲利州路轉運使，總利、洋、興、劍、文、集、壁、巴、蓬、龍、閬、興元、劍門、三泉、西縣凡十五州軍府縣，以益州都監、崇儀使王阮知利州，提轄兵馬捉賊事。峽路轉運、工部員外郎、直史館丁謂夔州路轉運使〔一〕，總夔、施〔二〕、忠、萬、開、達、渝、黔、涪、雲安、梁山、大寧凡十二州軍監，以知夔州、西京左藏庫使、順州刺史李漢贇提轄兵馬捉賊事。〔三〕

〔一〕直史館丁謂夔州路轉運使　據前後文，「丁謂」下疑脱「爲」字。

〔二〕施　原作「於」，據長編卷四八咸平四年三月辛巳條、宋史卷八九地理志五改。

〔三〕按本條疑當改移於「成都府路」總敘下。

潼川府路。舊梓州路，重和元年陞爲潼川府路。開寶六年正月九日，詔以遂、合、渝、瀘、昌、開、達〔一〕、渠、巴、蓬、資、戎、涪、忠、萬、夔、施十七州及廣安、梁山、雲安三軍，别置水陸轉運計度使，以太子中允張顒充。

〔一〕達　原作「建」。按建州屬福建路。據長編卷一四開寶六年正月甲子條改。

潼川府。舊梓州，唐劍南東川節度，僞蜀改天正軍〔一〕，乾德四年改静戎軍〔二〕，端拱二年復東川節度〔三〕，元豐三年閏九月，復詔稱劍南東川〔四〕。中江縣，舊名玄武，大中祥符五年改〔五〕。

重和元年十一月二十一日，劍南東川奏：「據奉議郎王維等狀，契勘本州南控瀘、敘，西扼綿、茂，江山形勢據西川之勝、水陸之衝，爲劍外一都會。見管九邑四十鎮兵甲，巡檢賊盜，提舉五州軍，爲東路十八州軍監之冠，與成都相對。昔元豐中，蒙神宗皇帝正劍南東川之名，人神改觀，原隰生光，千里父老欣戴歌詠，至今不已。即目監司移文，尚以梓州爲稱，竊恐名實未稱，不足以鎮壓委切之地。欲望睿斷，依劍南西川例，賜一府號，上以副神考正名之實，下以慰遠方士民之望。」詔梓州賜名潼川府。〔六〕

紹興三十一年五月七日，四川安撫制置司言：「相度到潼川府東關縣管縣令、主簿、縣尉三員，安泰尉司止管尉司官一員，卻管六案、倉庫、刑獄等事。今欲將東關縣主簿一員廢罷，令縣尉兼領主簿職事。仍乞將安泰尉司依舊復置安泰縣，將尉司官改注縣令，卻將東關縣所廢主簿一員撥隸安泰縣差置，仍兼縣尉職事。内酒務官錢隸屬本縣拘催外，餘收納商税并監合同場職事，委自主簿兼監，即是每縣各將縣令一員、簿尉一員〔七〕。」從之。

〔一〕僞蜀改天正軍　「天正軍」似當作「武德軍」，請參見本書節鎮升降門「潼川府」條校記。

〔二〕乾德四年改静戎軍　「四年」原作「三年」，據紀勝卷一五四潼川府「府沿革」引國朝會要及九域志卷七梓州、長編卷七乾德四年七月丁亥條、宋史卷八九地理志五改。

〔三〕端拱二年復東川節度　「東川」上原有「劍南」二字，據紀勝卷一五四潼川府「府沿革」引國朝會要及宋史卷八九地理志五删。

〔四〕復詔稱劍南東川　「復詔」或當作「詔復」。按紀勝卷一五四潼川府「府沿革」載：「詔梓州復稱劍南東川」，并注引國朝會要「在元豐三年」。

〔五〕大中祥符五年改　按紀勝卷一五四潼川府「縣沿革」引國朝會要言，「大中祥符五年避聖祖諱改」，輯稿疑脱「避聖祖諱」四字。

〔六〕按本條原在「紹興三十一年五月七日」條後，今據時間先後改移於此。

〔七〕即是每縣各將縣令一員簿尉一員　據前文，此「將」或當作「管」。

青石縣，熙寧六年廢隸遂寧縣，七年復。〔遂寧府〕。舊遂州、遂寧郡、武信軍節度，政和五年陞爲遂寧府，武信軍節度依舊。

紹興三十年十二月十六日，遂寧府奏：「本府依已降指揮陞爲大藩，照得紹興海行名例敕，未曾於大藩條内修入『遂寧府』字，乞下敕令所增修，降下遵守。」從之。

昌州。唐中都督，乾德元年爲上州〔一〕。昌元縣，咸平四年徙治羅市。

〔一〕乾德元年爲上州　「元年」原作「三年」，據九域志卷七昌州、紀勝卷一六一昌州「州沿革」引圖經及長編卷四乾德元年十一月丙寅條改。具體請參見本門「茂州」條校記。

瀘州。唐下都督，乾德元年爲上州〔一〕。宣和元年陞爲瀘川軍節度〔二〕，二年三月六日，詔瀘州守臣帶潼川府夔州路兵馬都鈐轄、瀘南沿邊安撫使。

熙寧四年正月一日〔三〕，詔：「昨令瀘南安撫使韓存寶移瀘州於江安，及建置堡寨等事〔四〕，令林廣候到，與轉運司商議，從便宜施行。」

宣和元年三月十五日，詔：「瀘州西南要會，控制一路，邊闖之寄，付畀非輕〔五〕，可陞爲節度，仍賜名瀘川軍。」

〔一〕乾德元年爲上州　「元年」，紀勝卷一五三瀘州「州沿革」引國朝會要作「三年」，具體請參見本門「茂州」條校記。

〔二〕宣和元年陞爲瀘川軍節度　「川」原作「州」，據紀勝卷一五三瀘州「州沿革」引國朝會要及宋史卷八九地理志五改。

〔三〕熙寧四年正月一日　按長編卷三一一繫於元豐四年正月六日甲午。

〔四〕及建置堡寨等事　「及」原作「又」，據長編卷三一一元豐四年正月甲午條改。

〔五〕付畀非輕　「畀」原作「界」，據紀勝卷一五三瀘州「州沿革」引國朝會要改。

果州。僞蜀永寧軍節度，乾德三年降爲團練〔一〕。紹興二十七年十月二日，詔果州流溪鎮復升爲縣。

〔一〕乾德三年降爲團練　「三年」，九域志卷七果州作「四年」。

［資州］。資川縣，舊龍水縣，宣和二年改，今復爲龍水縣。熙寧四年九月十八日〔一〕，梓州路轉運司言：「淮朝旨相度知資州王公儀奏移鈐轄司於本州〔二〕，乞升軍額，置通判及增公使錢如遂州，爲便。」從之。

内江縣，紹興十七年移治於舊城。紹興十七年正月二十六日，潼川府路轉運、提刑、安撫司言：「資州内江縣因江水泛漲，漂蕩縣治，乞遷本縣於本州舊治，地名舊城，實爲長久之利。」從之。

〔一〕熙寧四年九月十八日　按長編卷三一八繫於元豐四年十月十四日丁卯。

〔二〕淮朝旨相度知資州王公儀奏移鈐轄司於本州　「本州」原作「本路」，據長編卷三一八元豐四年十月丁卯條改。

普州。普康縣，熙寧五年廢〔一〕。

〔一〕熙寧五年廢　「熙寧五年」，方域一二之一六、通考卷三一二輿地考七、宋史卷八九地理志五同，九域志卷七普州、輿地廣記卷三一普州等作「乾德五年」。

敘州。舊戎州，唐中都督，乾德元年爲上州〔一〕。開邊縣、歸順縣〔二〕，乾德五年廢隸僰道縣〔三〕。宜賓縣，熙寧四年廢隸僰道縣。僰道縣，政和四年改宜賓縣。

〔一〕乾德元年爲上州 「元年」，紀勝卷一六三敘州「州沿革」引國朝會要作「三年」，具體請參見本門「茂州」條校記。

〔二〕歸順縣 「歸」字原缺，據九域志卷七戎州、宋史卷八九地理志五補。

〔三〕乾德五年廢隸僰道縣 「廢」字原缺，據後文及紀勝卷一六三敘州「縣沿革」引國朝會要補。

滋州。大觀三年建，宣和三年廢爲城。承流縣，大觀三年建，宣和三年廢。仁懷縣，大觀三年建，宣和三年廢爲堡。

純州。大觀三年建，宣和三年廢爲城。九支縣，大觀三年建，宣和三年廢爲城。安溪縣，大觀三年建，宣和三年廢爲寨。

祥州。大觀三年建〔一〕，宣和三年廢。慶符縣，大觀三年建〔二〕。

〔一〕大觀三年建 「大觀三年」，紀勝卷一六三敘州「縣沿革」引國朝會要同，輯稿蕃夷五之三六、十朝綱要卷一五、紀勝卷一六三敘州「縣沿革」引皇朝郡縣志、宋史卷二一徽宗紀三、卷八九地理志五皆作「政和三年」，會要或誤。

〔二〕大觀三年建 「大觀」當「政和」之誤，參見上條校記。

[合州]。赤水縣，熙寧四年廢隸銅梁縣，七年復置。

[榮州]。榮德縣，舊名旭川縣，上一字同神宗廟諱〔一〕，治平四年改。

〔一〕上一字同神宗廟諱 「神宗」原作「哲宗」，據紀勝卷一六〇榮州「縣沿革」引國朝會要改。

廣安軍。開寶二年以合州濃洄〔一〕、渠州新明二鎮建軍。渠江縣，二年自渠州來隸。新明縣、岳池縣，并二年自合州來隸〔二〕。

〔一〕開寶二年以合州濃洄 「洄」原作「泗」，據寰宇記卷一三八廣安軍、隆平集卷一郡縣、長編卷一〇開寶二年九月庚申條、宋史卷八九地理志五及紀勝卷一六五廣安軍「軍沿革」引圖經改。

〔二〕新明縣岳池縣并二年自合州來隸 按此句亦見紀勝卷一六五廣安軍「軍沿革」所引國朝會要，王象之於引文後注曰：「岳池自唐以來并屬果州，今果州圖經尚云，舊領縣六，開寶二年割岳池置廣安軍。則岳池非割自合州，會要以爲割自合州，誤矣。」岳池縣，據舊唐書卷四一地理志四載，萬歲通天二年置，隸果州。又寰宇記卷一三八廣安軍、九域志卷七廣安軍及宋史卷八九地理志五亦載，廣安軍新明縣割自合州，岳池縣割自果州。會要誤。

利州路。紹興十四年分爲東西路，後併爲一，乾道三年六月復分爲二路。

乾道五年五月二十五日，知樞密院事、四川宣撫使虞允文言：「利州東路舊係利州路，紹興十四年，四川宣撫副使鄭剛中申明，將吴璘差充利州西路安撫使，以階、成、西和、鳳〔一〕、興、文、龍七州隸屬西路，楊政差充利州東路安撫使，以興元府、金洋利劍閬巴蓬州、大安軍九處隸屬東路〔二〕。其官屬、人吏，從宣撫司比附經略司量度裁減。今利州東西路併而爲一，通部十六州軍，比附未分路已前經略司所管官吏相度裁減外，隨宜存留。」從之。

〔一〕鳳 原作「凰」，據繫年要録卷一五二紹興十四年九月辛酉條、紀勝卷一八三利州路改。

〔二〕以興元府金洋利劍閬巴蓬州大安軍九郡隸屬東路　按紀勝卷一八三利州路亦載此九郡爲東路，然繫年要録卷一五二紹興十四年九月辛酉條則言：「興元府、利、閬、洋、巴、劍、大安軍七郡爲東路。」

［利州］。僞蜀昭武軍節度，景祐四年改寧武軍。平蜀縣，舊名胤山〔一〕，乾德三年改。昭化縣，舊名益昌，開寶五年改〔二〕。嘉川縣，咸平四年自集州來隸〔三〕。

〔一〕舊名胤山　「胤」原作「裔」，據元和志卷二二利州、舊唐書卷三九地理志二、九域志卷八利州改。

〔二〕開寶五年改　「改」下原衍「爲」字，據宋史卷八九地理志五删。按昭化、嘉川并非一縣。

〔三〕咸平四年自集州來隸　「四年」，紀勝卷一八四利州「縣沿革」引國朝會要同，九域志卷八利州及宋史卷八九地理志五均作「五年」。

洋州。僞蜀武定軍節度，景祐四年改武康軍。

閬州。岐平縣〔一〕，熙寧五年廢爲鎮〔二〕，隸奉國縣。晉安縣，熙寧五年廢爲鎮〔三〕，隸西水縣。

〔一〕岐平縣　「岐」原作「故」，據九域志卷八閬州、紀勝卷一八五閬州「縣沿革」引國朝會要及宋史卷八九地理志五改。按紀勝引國朝會要作「岐坪」。

〔二〕熙寧五年廢爲鎮　「熙寧五年」，紀勝卷一八五閬州「縣沿革」引國朝會要同，輿地廣記卷三二閬州作「乾德五年」，九域志卷八閬州作「熙寧三年」，宋史卷八九地理志五作「熙寧四年」。

〔三〕熙寧五年廢爲鎮　「五年」，輿地廣記卷三二閬州、紀勝卷一八五閬州「縣沿革」引國朝會要同，九域志卷八閬州作「三年」，宋史卷八九地理志五作「四年」。

普安軍，舊劍州。隆興二年十月，以本州言孝宗潛藩，下給舍議〔一〕，陞爲普安軍節度，陞隆慶府〔二〕。永歸縣，乾德五年廢隸劍門縣。劍門縣，景德二年以縣隸劍門關，兵馬都監主之，熙寧五年復來隸。劍門關，景德三年，以劍州劍門關直隸京師〔三〕，以兵馬監押主之，熙寧五年縣復隸，劍門關仍別置。

〔一〕下給舍議　「議」原作「義」，據方域五之七改。

〔二〕陞隆慶府　按劍州陞隆興府在紹熙元年，參見本書節鎮升降門「普安軍」條校記。

〔三〕以劍州劍門關直隸京師　「關」原作「縣」，「師」字原缺，據紀勝卷一八六隆慶府「縣沿革」引國朝會要改補。

巴州。歸仁縣，乾德四年廢隸曾口縣。始寧縣，四年廢隸其章縣〔一〕。通江縣，天聖元年改諾水，復舊，熙寧五年廢壁州，省白石、符陽二縣來隸。難江縣，熙寧五年廢集州，以縣來隸。清化縣，熙寧五年廢爲鎮，隸化城縣〔二〕。

〔一〕四年廢隸其章縣　「四年」，紀勝卷一八七巴州「縣沿革」引國朝會要作「熙寧四年」，九域志卷八巴州、通考卷三

二一 輿地考七及宋史卷八九地理志五皆作「乾德四年」。「其章」，寰宇記卷一三九巴州、九域志卷八巴州、輿地廣記卷三二巴州、宋史卷八九地理志五同，紀勝卷一八七巴州「縣沿革」引國朝會要作「奇章」。按王應麟困學紀聞卷一〇地理言：「奇章，巴州之縣。梁普通六年置，取縣東八里奇章山爲名。隋唐志、通典、九域志、輿地廣記皆云『其章』，誤也。」參見九域志卷八巴州校記。

〔二〕隸化城縣 「化城」原作「化成」，據九域志卷八巴州、宋史卷八九地理志五改。

［大安軍］。三泉縣，唐隸梁州。

紹興七年閏十月二日，川陝宣撫副使吴玠言：「利州路三泉縣北至興州仙人關外，地里不遠，東接梁、洋一帶，水陸衝要，係四川喉襟要害之地。比年移關外諸將軍馬就本縣屯駐，人煙事物，大段繁多。九域志至道二年曾陞爲大安軍。紹興三年六月内，宣撫處置使司已將本縣依便宜陞爲軍，乞依已行事理。」從之。〔一〕

〔一〕按本條原在方域七之八「興元府」下，所記乃大安軍事，故改移於此。

西和州。舊岷州，隸秦鳳路，紹興十四年改爲西和州，來隸。

紹興十四年三月十六日，詔岷州可改爲西和州。〔一〕

二十八年二月二十二日，禮、户部言：「西和州申：『本州元係岷州，後改爲西和州，其間名稱未正。乞改純禮觀爲天慶觀，廣慈院爲報恩光孝禪院，酒稅務爲在城清酒商稅務，鎮司并廂司煙火公事委都監，市令司委知録，其餘户婚民訟歸倚郭長道縣，或理斷未盡，許訴於州。』」從之。〔二〕

〔一〕按本條原在方域六之三，所記爲西和州事，今改移於此。

〔二〕按本條原在方域六之一八淮南西路「和州」下，所記爲西和州事，故改移於此。

興元府。西縣，乾德三年以縣直隸京師，至道二年隸大安軍，三年軍廢，還隸。

紹興十五年閏十一月十七日，四川宣撫司言：「昨分畫秦州地界，割到本州管下成紀、隴城兩縣地分，鄉社户民遇有詞訟，并作成紀、隴城縣百姓。緣兩縣治見屬對境，委是稱呼不便。乞將兩縣地分建爲一縣，隨宜差置官吏，隸成州管轄。今逐急將兩縣權隸天水縣管治去訖。」詔令併歸天水縣。〔一〕

〔一〕按本條所記乃天水縣事，時當隸成州。

夔州路

夔州。唐乾元二年陞爲都督府，尋罷，天成二年陞爲寧江軍節度〔一〕。景德三年自白帝

〔一〕唐乾元二年陞爲都督府，尋罷。天成二年陞爲寧江軍節度　按此句原在「夔州路」下，據内容爲夔州，今改移於此。

城徙城東今治。

〔達州〕。巴渠縣，乾德三年移治江西風樂壩。三岡縣，三年移治索心市。閬英縣，五年廢隸石鼓縣，至道三年移治新安市。石鼓縣，熙寧七年廢隸通川、新寧、永睦三縣〔一〕。

〔一〕永睦三縣　「睦」原作「陸」，據九域志卷八達州、宋史卷八九地理志五改。

忠州。〔一〕

〔一〕按「忠州」下原有「慶曆四年廢隸開江縣」一句，開江縣屬開州，故移入「開州」下。

〔開州〕。新浦縣，慶曆四年廢隸開江縣〔一〕。

〔一〕新浦縣慶曆四年廢隸開江縣　「新浦縣」原無，「慶曆四年廢隸開江縣」原在「忠州」下，據九域志卷八開州補並改移。

〔涪州〕。賓化縣，嘉祐八年廢隸隆化縣。隆化縣，熙寧七年以縣隸南平軍〔一〕。武龍縣，宣和元年改爲枳縣，紹興元年依舊。

〔一〕隆化縣熙寧七年以縣隸南平軍　按南平軍之建置時間，紀勝卷一八〇南平軍「軍沿革」引國朝會要作「熙寧七年」，九域志卷八涪州、輿地廣記卷三三涪州亦同，然長編卷二七〇熙寧八年十一月丙戌條、十朝綱要卷八、通考卷三二一輿地考七皆繫於熙寧八年。

萬壽縣〔一〕，乾德五年廢隸江津縣。南川縣，熙寧七年以縣隸南平軍。

〔一〕萬壽縣　按「萬壽縣」前當脱「渝州」或「重慶府」。

「雲安軍」。雲安縣，開寶六年以夔州雲安縣建軍，即縣爲治所。熙寧四年，以縣户口析置雲安監安義縣，八年廢隸焉。安義縣，熙寧四年以雲安縣户口析置安義縣，八年復廢，隸雲安。〔一〕

〔一〕按「安義縣，熙寧四年」以下原在方域七之一〇「遵義軍」後，所記雲安監隸雲安軍，今據九域志卷八雲安軍、紀勝卷一八二雲安軍「軍沿革」、宋史卷八九地理志五改移於此。

珍州。大觀二年建。樂源縣，大觀二年建。

紹興二年十月四日，宣撫處置使張浚言：「恭依聖訓便宜行事，將珍州管界境土已選差正侍大夫、華州觀察使、夔州路兵馬鈐轄、知務川城田祐恭充知州，依倣務川城例施行，庶得省免經費，爲公私利便。所有黔州元撥隸珍州税户李澤等四十九家，並令撥還彭水縣等處。已行下田祐恭更切相度條具，申本路帥司審度，保明供申，别聽本司指揮。」從之。〔一〕

〔一〕按張浚奏章亦見紀勝卷一七八思州「州沿革」所引國朝會要雜録門，時間誤作「紹興元年」。又按今州縣升降廢置雜録門未見此條。

播州。大觀二年以楊文貴獻地建，宣和三年廢爲城。播川縣，大觀二年建，宣和三年廢爲城。朗川縣，宣和三年廢。

承州。大觀三年以任漢崇獻地建，宣和三年廢爲縣。綏陽縣，大觀三年建，宣和三年割隸珍州。

開寶六年二月二十六日，詔改溪洞珍州爲高州。先是，刺史田遷言自賜王州，連年災沴，乞改州名，故有是命。鑄印賜。〔一〕

〔一〕按寰宇記卷一二二有西高州，所載與此條合。

思州。政和八年建，宣和四年廢爲城，今復。務川縣，政和八年建，宣和四年廢爲城，隸黔州。邛水縣〔一〕、安夷縣，政和八年建，宣和四年廢爲堡，隸黔州。

〔一〕邛水縣 「邛」原作「印」，據宋史卷八九地理志五改。

溱州。熙寧七年招收置，宣和三年廢爲寨。溱溪縣，熙寧七年招收置，宣和三年廢爲寨，隸南平軍。夜郎縣〔一〕，熙寧七年招收置，宣和三年廢。

〔一〕夜郎縣 「郎」原作「即」，據宋史卷八九地理志五改。

遵義軍。大觀二年以楊文貴獻地建，宣和三年廢爲寨。

福建路。太平興國元年爲兩浙西南路，雍熙二年改福建路。

福州。建炎三年陞爲帥府。福州懷安縣，太平興國五年析閩縣地置。羅源縣，舊名永貞〔一〕，天禧五年改永昌，乾興元年改今名。永福縣，崇寧元年以永泰縣犯哲宗陵名，故改之。

紹興元年八月十六日，福建路安撫司言：「福州改爲帥府，本司移文江南西路安撫使司，取會到改置帥府合差置准備差遣五員，准備差使十員，准備將領二員，乞依前項差置。」詔置准備將領二員，准備差遣、差使各五員。

〔一〕舊名永貞　「貞」原作「正」，據九域志卷九福州、輿地廣記卷三四福州、淳熙三山志卷三敘縣改。

[建寧府]。舊建州，僞閩鎮武軍，僞唐改永安軍，又爲忠義軍，後爲軍事。紹興三十二年十月二十二日〔一〕，以孝宗潛藩陞建寧府。崇安縣，淳化五年以崇安場置，咸平元年析建陽縣地以益之〔二〕。松溪縣，至道二年析浦城縣地以益之〔三〕。關隸縣，咸平三年以關隸鎮置，析建安縣地以益之。政和縣，舊關隸縣，政和五年改〔四〕。

〔一〕紹興三十二年十月二十二日　「三十二年十月」原作「三十一年十二月」，據宋史卷三三孝宗紀一改。按紀勝卷一二九建寧府「府沿革」引國朝會要亦作「三十二年」。

〔二〕咸平元年析建陽縣地以益之　「陽」原作「楊」，據九域志卷九建州、宋史卷八九地理志五改。

〔三〕至道二年析浦城縣地以益之　「浦」原作「蒲」，據九域志卷九建州、宋史卷八九地理志五改。

〔四〕政和五年改　「改」原作「復」，據紀勝卷一二九建寧府「縣沿革」引國朝會要改。

泉州。大觀三年陞爲望郡〔一〕。惠安縣，太平興國六年析晉江縣地置。

〔一〕大觀三年陞爲望郡　「三年」，紀勝卷一三〇泉州「州沿革」引國朝會要同，宋史卷八九地理志五作「元年」。

[南劍州]。僞唐劍州，太平興國四年以利州路有劍州，加「南」字。將樂縣，四年自建

州來隸。

［汀州］。上杭縣〔一〕，淳化五年以上杭場置，至道二年徙鯗砂地，咸平二年復徙治涺口。武平縣，淳化五年以武平場置〔二〕。

紹興三年七月十五日，福建路轉運、提刑司言：「相度到汀州蓮城堡，乞創置一縣。」詔依，以蓮城縣爲名。

乾道四年正月十日，福建路安撫、轉運、提刑司言：「汀州上杭縣治元在鍾寮場，緣知縣兼監坑冶〔三〕，遂移縣治。累遭兵火，見存上百餘家〔四〕，僻在山隅，不通商旅，風水敗壞，人民不安。本縣舊基見在，地名郭坊〔五〕，人煙翕習，正當十二鄉之中，四路坦平，民間便於輸納。兼有大河，泝流上通本州，順流平抵潮州〔六〕，陸路通於漳、潮、梅、贛等州，商旅往還不絕，士庶父老皆乞遷復以便民。」從之。

〔一〕上杭縣　「上杭」原作「光杭」，據下文及宋史卷八九地理志五改。

〔二〕淳化五年以武平場置　「淳化」原無，據紀勝卷一三二汀州「縣沿革」引國朝會要補。

〔三〕緣知縣兼監坑冶　「冶」原作「治」，形近而訛，今改。

〔四〕見存上百餘家　「上」，上古本徑改爲「止」，或是。

〔五〕地名郭坊　「郭坊」，紀勝卷一三二汀州「縣沿革」引國朝會要作「坊郭」。

〔六〕順流平抵潮州　「潮州」原作「湖州」。按前文所言大河，即鄞江，據宋代地理，上杭下游爲潮州無疑，故改。

［漳州］。唐漳州，僞閩南州，乾德四年復舊〔一〕。

〔一〕乾德四年復舊　按長編卷六繫於乾德三年九月甲午。

邵武軍。太平興國五年以建州邵武縣建軍。邵武縣、歸化縣、建寧縣，並五年自建州來隸。泰寧縣，舊歸化縣，元祐元年改。

［興化軍］。莆田縣、仙遊縣，太平興國四年自泉州來隸〔一〕。

〔一〕太平興國四年自泉州來隸　「太平興國」原缺，據九域志卷九興化軍、紀勝卷一三五興化軍「縣沿革」引國朝會要補。

［廣南東路］

［廣州］。梁清海軍節度〔一〕，後入僞漢，開寶四年收復，仍舊節度，大觀元年陞爲帥府。開寶五年改今名，隸連州，六年來隸〔二〕。番禺縣，五年廢隸南海縣〔三〕，皇祐三年復置。東莞縣，開寶五年廢隸增城縣，六年復置〔四〕。遊水縣，五年廢隸懷集縣。化蒙縣〔五〕，六年廢隸四會縣。信安縣，熙寧五年以縣隸新州。四會縣，熙寧六年以縣隸端州。紹興二十二年九月

十五日，詔陞廣州香山鎮爲香山縣，從本路諸司請也。

開寶五年五月七日，詔廢僞漢廣州常康、咸寧二縣，依舊爲南海鎮〔六〕。南海之名，自秦漢以來未嘗改，劉氏割據嶺表，僞建都於廣州，乃分南海縣地爲常康、咸寧二縣，以爲京邑，且就美名。至是，以本道上言，乃改正之。又詔廢置併移廣南州縣。先是，嶺表既平，按版籍，州縣名多，户口甚少，乃命知廣州潘美及嶺南轉運使王明度其地里廢置之。

〔一〕梁清海軍節度　「清」原作「青」，據九域志卷九廣州、紀勝卷八九廣州「州沿革」改。

〔二〕開寶五年改今名隸連州六年來隸　此句亦見方域七之一六，文字相同，唯「開寶」前缺「浛光縣，舊浛洭縣，隸廣州」。按九域志卷九連州、宋史卷九〇地理志六等載，浛光縣，開寶四年自廣州隸連州，六年隸英州。故「六年來隸」乃指英州，卻誤入「廣州」下，當屬衍文。

〔三〕五年廢隸南海縣　「南海」原作「南康」，據九域志卷九廣州、紀勝卷八九廣州「縣沿革」引國朝會要改。

〔四〕開寶五年廢隸增城縣六年復置　「開寶」原缺，據九域志卷九廣州、紀勝卷八九廣州「縣沿革」引國朝會要補。按紀勝「東莞縣」下引有此文，卻於「增城縣」下又引國朝會要云：「開寶五年，廢增城縣，六年復置」，誤矣。

〔五〕化蒙縣　「化蒙」原倒，據九域志卷九廣州、紀勝卷九六肇慶府「縣沿革」引國朝會要乙正。

〔六〕依舊爲南海鎮　「南海鎮」，紀勝卷八九廣州「縣沿革」引國朝會要同，按後文及寰宇記卷一五七廣州均作「南海縣」。此處實誤。

〔韶州〕。曲江縣，咸平三年徙治岑水西善政坊。乳源縣，乾道二年十月三十日置。

徽宗崇寧元年閏六月二十二日〔一〕，監韶州岑水銀銅場蘇堅狀，乞陞本場作縣。逐司相度到，乞撥曲江縣廉平福建兩鄉〔二〕、翁源縣太平鄉，就岑水場陞縣，仍存留監官二員，一員依舊外，一員知縣同監，并添置縣尉一員兼主簿，卻減罷本場駐泊一員〔三〕。從之。

乾道二年十月三十日〔四〕，廣南東路經略、安撫、提刑、轉運、提舉常平茶鹽司言：「韶州曲江、崇信、樂昌、仁化去州城高遠，不通水道，官司勞於催科，巡尉憚於巡警。今措置，欲就曲江縣管下洲頭津置縣作乳源縣，便於催科，水路可通州城。乞省曲江縣丞一員爲縣令，兼管縣市税場，又省洲頭津監官爲簿尉，仍移樂昌縣平石巡檢於橋村壢駐劄，改稱韶州曲江樂昌乳源三縣巡檢，委是經久利便。」從之。

〔一〕徽宗崇寧元年閏六月二十二日　「崇寧元年」，輿地廣記卷三五韶州同，通考卷三二三輿地考九、宋史卷九〇地理志六均作「宣和三年」。

〔二〕乞撥曲江縣廉平福建兩鄉　「福建」，紀勝卷九〇韶州「縣沿革」引國朝會要同。按輿地廣記卷三五韶州、通考卷三二三輿地考九、宋史卷九〇地理志六皆言以岑水場析曲江、翁源地置建福縣。故「福建」或當作「建福」。

〔三〕卻減罷本場駐泊一員　「泊」原作「汩」，形近而訛，今改。

〔四〕乾道二年十月三十日　「乾道」原作「隆興」，「日」字原缺，據上文及方域一八之二六、一九之二七改補。按紀勝卷九〇韶州「縣沿革」引皇朝郡縣志作「隆興二年」。

循州。宣和二年爲博羅郡。興寧縣，天禧二年移治長樂舊址〔一〕。長樂縣，熙寧四年析興寧縣地置縣〔二〕，紹興六年廢爲鎮，十九年復。雷鄉縣，宣和二年以龍川縣改〔三〕。龍川縣，宣和二年改名雷鄉縣，紹興元年依舊。

〔一〕天禧二年移治長樂舊址　「二年」，宋史卷九〇地理志六作「三年」。

〔二〕熙寧四年析興寧縣地置縣　「四年」，九域志卷九循州、宋史卷九〇地理志六同，紀勝卷九一循州「縣沿革」引國朝會要作「五年」。

〔三〕宣和二年以龍川縣改　「二年」，宋史卷九〇地理志六作「三年」。

賀州。蕩山縣、封陽縣，開寶四年廢隸臨賀縣。馮乘縣，四年廢隸富川縣。

大觀二年五月二十七日，中書省言：「廣東路十五州軍，財賦豐足，内賀州管四縣，南接梧州，西抵昭州，并通水路，直抵桂州。」詔賀州割屬廣西。

封州。大觀元年陞爲望郡〔一〕。開建縣，開寶五年廢隸封川縣，六年復置。

〔一〕大觀元年陞爲望郡　「元年」，宋史卷九〇地理志六同，紀勝卷九四封州「州沿革」引國朝會要作「三年」。

［肇慶府］。舊端州，重和元年陞肇慶府〔一〕。平興縣，開寶五年廢隸高要縣。四會縣，廣州縣〔二〕，五年廢入南海縣，六年復置，熙寧六年自廣州來隸。

元符三年十月二十二日〔三〕，徽宗即位未改元。詔曰：「惟高要之奧區，乃南國之舊壤。土風淳厚〔四〕，民物夥繁。朕誕受多方，紹承大統，顧啟封於兹土，實賜履於先朝。茅社之榮，是爲基命；節旄之重，宜錫隆名。可陞端州爲興慶軍。」

政和八年十月二十一日，朝奉郎、廣南東路轉運判官燕瑛奏：「臣伏覩興慶府元係端州，寅緣陛下潛邸舊封，荐蒙賜以軍額，申錫府號。臣近巡歷到彼，竊見府城規摹未至宏壯。欲望親洒宸翰，特改見今軍府額，賜以美名。」詔令轉運司選計度〔五〕，量行展修，可將鄰近便於輸納移兩縣，仍賜名肇慶府，仍爲肇慶軍節度。

〔一〕重和元年陞肇慶府　「慶」字原缺，據宋史卷九〇地理志六補。按紀勝卷九六肇慶府「府沿革」兩引國朝會要，一云「政和八年改爲肇慶府」，一云「重和元年陞爲肇慶府」，前者見方域五之七，屬節鎮陞降門，王象之并按「政和八年戊戌即改重和元年，同是一年」，是。

〔二〕廣州縣　「廣州」下疑脱「屬」字。

〔三〕元符三年十月二十二日　「元符」原作「元祐」，據紀勝卷九六肇慶府「府沿革」、宋史卷九〇地理志六、宋大詔令集卷一五九端州升爲節鎮詔改。

〔四〕土風淳厚　「厚」原作「原」，據紀勝卷九六肇慶府「碑記」、宋大詔令集卷一五九端州升爲節鎮詔改。

〔五〕詔令轉運司選計度　「選」下疑脱「官」字。

［新州］。新興縣，開寶五年省永順縣及廢勤州地入焉〔一〕。信安縣，廣州義寧縣，五年廢入新會縣，六年復置，太平興國元年改信安，熙寧五年廢縣，以地隸新興縣。

〔一〕開寶五年省永順縣及廢勤州地入焉　「州」字原缺，據紀勝卷九七新州「縣沿革」引國朝會要補。

［康州］。紹興元年升爲德慶府，十四年置永慶軍節度。端溪縣，開寶五年廢州爲端溪縣，隸端州，又併悅城、晉康〔一〕、都城三縣入焉，尋復置州。瀧水縣，治平六年廢瀧州〔二〕，以開陽、建水、鎮南三縣併入瀧水，來隸。

紹興元年十一月十八日，詔康州陞爲德慶府。時康州奏：「據本州居人通直郎伍仕偕等狀，本州係是潛藩，竊見肇慶府元係端州，道君皇帝即位，已蒙推恩建府及置軍額，與本州事體相似，乞依肇慶府施行。」故有是詔。

〔一〕晉康　原作「晉唐」，據九域志卷九康州、宋史卷九〇地理志六改。

〔二〕治平六年廢瀧州　「治平」原缺，據紀勝卷一〇一德慶府「縣沿革」引國朝會要補。按紀勝兩引國朝會要均作「治平六年」，且言：「寰宇記、九域志並在開寶六年，然圖經亦以爲治平六年，當從會要。」查寰宇記卷一六四康州、九域志卷九康州、輿地廣記卷三五康州、長編卷一四開寶六年六月癸卯條、十朝綱要卷一升改廢置州府等，皆作「開寶六年」，又長編卷四六咸平三年正月辛巳條、輯稿職官六四之一三載，咸平三年正月，李永錫「貶康州瀧水縣主簿」，則咸平時瀧水縣已屬康州。故廢瀧州當在開寶六年，會要誤。

［南恩州］。慶曆八年，改河北路貝州爲恩州，故加「南」字。陽春縣，開寶五年廢春州〔一〕，來隸，六年復置春州，省流南、羅水二縣入焉。景德四年隨州城移州南故城，天禧四年復舊治。熙寧六年廢春州〔二〕，復來隸。銅陵縣，開寶五年廢勤州〔三〕，來隸，熙寧六年廢隸陽春縣。富林縣，六年廢勤州〔四〕，省入銅陵縣。

〔一〕開寶五年廢春州 「開寶」原缺，據九域志卷九南恩州、紀勝卷九八南恩州「縣沿革」引國朝會要補。

〔二〕熙寧六年廢春州 「春州」原缺，據方域七之三二、紀勝卷九八南恩州「縣沿革」引國朝會要補。

〔三〕開寶五年廢勤州 「開寶」原缺，據紀勝卷九八南恩州「縣沿革」引國朝會要補。

〔四〕六年廢勤州 按紀勝卷九八南恩州「縣沿革」引國朝會要云：「熙寧六年廢勤州（原作『勒州』——筆者按）富林縣，省入銅陵縣（原作『銅林』——筆者按）。」又按前文及方域七之二二、九域志卷一〇省廢州軍、輿地廣記卷三五南恩州皆作「開寶五年」，會要當誤。

開寶五年廢春州，來隸南恩州，六年復置春州，省流南、羅水二縣入焉。熙寧六年廢春州，復來隸。又銅陵縣，開寶五年廢勤州〔一〕，來隸，熙寧六年廢勤州，富林縣省入銅陵縣〔二〕。是年又廢銅陵縣隸陽春縣。图经云，祥符曰新春县〔三〕。盧多遜貶朱崖，諫議大夫李符適知開封府，求見趙普，言：「朱崖雖在海外，而水土無他惡，流竄者多獲全。春州在内地而近，至者必死。望追改前命，亦以外彰寬宥，乃置於必死之地。」普頷之。後月餘，符坐事貶宣州

行軍司馬，上怒未已，令再貶嶺外，普具述其事，即以符知春州。〔四〕

〔一〕開寶五年廢勤州　「州」字原缺，據方域七之一五補。

〔二〕富林縣省入銅陵縣　「銅陵」原作「銅林」，據前後文改。按紀勝卷九八南恩州「縣沿革」引國朝會要亦作「銅林」。

〔三〕祥符曰新春县　「祥符」原倒，據紀勝卷九八南恩州「縣沿革」乙正。

〔四〕本條原在方域七之三二，眉批云：「陽春縣，此條移前第十五頁第六行『慶曆八年』上。」即本門「南恩州」下。按此條文字亦見紀勝卷九八南恩州「縣沿革」，均前引會要，後摘圖經，甚至「銅林縣」中別字「林」亦如出一轍。故可確定此條出自紀勝，非會要文，當大典編者將紀勝相關内容抄於「春」字韻「陽春縣」事目下，後被書手視作會要文字輯出。

梅州〔一〕，僞漢恭州〔二〕，開寶四年避翼祖廟諱改〔三〕，領程鄉一縣。熙寧六年廢州，元豐五年復以程鄉縣爲州，宣和二年爲義安郡，紹興六年廢爲程鄉縣，十四年復。程鄉縣，熙寧六年以縣隸潮州，元豐五年復置。紹興十四年七月十一日，廣南東路經略、安撫、轉運、提刑司言，乞復置梅州，從之。

紹興六年十月二十八日，廣南東路經略、安撫、轉運、提刑、提舉常平司言：「梅州最僻小，户口税賦不及潮、惠一縣，屢經兵火，上供常額、官兵餽食，民無所出。今欲廢爲程鄉縣，依漣水軍體例，置軍使一員兼知縣事，隸潮州，仍舊存留都監、監税、巡檢。并循州長樂縣去寧興縣三十里，鄉狹土瘠，居民無幾，今欲廢爲長樂鎮，隸興寧縣，置監鎮一員主管監稅煙火。」從之。

〔一〕梅州 「梅州」前原衍「梅州，紹興六年廢爲程鄉縣，十四年復」，文字均見後文，今刪。

〔二〕僞漢恭州 「僞」原作「爲」，據紀勝卷一〇二梅州「州沿革」引國朝會要改。「恭州」，紀勝卷一〇二梅州「州沿革」引國朝會要、宋史卷九〇地理志六同，寰宇記卷一六〇梅州、九域志卷九梅州、輿地廣記卷三五梅州、長編卷一二開寶四年四月戊寅條、紀勝卷一〇二梅州「州沿革」皆作「敬州」。按紀勝言，「以敬州犯翼祖諱改名梅州」，翼祖即趙敬。「敬州」當是，會要誤。

〔三〕開寶四年避翼祖廟諱改 「翼祖」原缺，據紀勝卷一〇二梅州「州沿革」引國朝會要補。

南雄州。宣和三年八月七日〔一〕，詔南雄州爲保昌郡。南雄州，僞漢以韶州保昌縣置雄州，開寶四年，以河北路有雄州，加「南」字。始興縣，四年自韶州來隸。

〔一〕宣和三年八月七日 「三年」，紀勝卷九三南雄州「州沿革」引國朝會要一作「元年」，一作「四年」，宋史卷九〇地理志六作「二年」。

英州。宣和二年爲真陽郡。真陽縣，舊縣名音同仁宗廟諱，乾興元年改。浛光縣，舊浛洭縣〔一〕，隸廣州，開寶五年改今名〔二〕，隸連州，六年來隸。

〔一〕舊洽涯縣「涯」原作「洰」，據元和志卷三四廣州、九域志卷九廣州、輿地廣記卷三五英州改。

〔二〕開寶五年改今名　按紀勝卷九五英德府「縣沿革」引國朝會要言，「開寶五年，以縣名犯太祖御諱改浛光縣」，與輯稿文字有異。

連州。連山縣，紹興六年廢爲鎮，十八年復。紹興六年十月二十八日，詔改連山縣爲連山鎮，置監鎮一員，兼本鎮煙火公事。紹興十八年十二月初一日，詔復連山鎮爲縣，從本路諸司請也。

惠州。舊州名同仁宗廟諱，天禧五年改。

潮州。程鄉縣，熙寧六年廢梅州，以縣來隸〔一〕。元豐五年縣復隸梅州。揭陽縣，紹興二年廢入海陽縣，八年復，仍移治吉帛村。

宣和六年五月二十日〔二〕，詔割潮州海陽縣光德、太平、懷德三鄉置揭陽縣。

紹興二年三月十九日，廣南東路經略、安撫、轉運、提刑司言：「潮州揭陽縣，因宣和六年本路經略司相度，將海陽縣所管户口析爲二縣，添撥官屬。今詳究得元初所乞，共爲劉花三等作過，多在本處山林藏伏，是以添縣控扼，此外别無利害，徒置官吏費用。欲乞罷縣，將元撥鄉村人户依舊屬海陽。縣尉兩員，内撥一員并本州水陸同巡檢，各就揭陽縣元相度控扼去處駐劄，委是利便。」從之。

紹興八年八月八日，詔潮州管下地名吉帛村，復置揭陽縣，從本州之請也。

〔一〕以縣來隸　「隸」下原衍「梅州以縣來隸」六字，據前後文删。

〔二〕宣和六年五月二十日　「六年」，下文亦同，然紀勝卷一〇〇潮州「縣沿革」引國朝會要及通考卷三一八輿地考四、宋史卷九〇地理志六皆作「三年」，輯稿或誤。

西路。大觀三年六月十八日，詔黔南路依熙河蘭湟路體例，併入廣西爲一路，以廣西黔南路爲名，依舊桂州爲帥府，轉運等司並罷。大觀四年五月二十四日，詔廣西黔南路仍舊稱廣南西路。

桂州。大觀元年陞爲帥府，爲大都督府。

紹興三年二月初一日，桂州静江軍土官武功大夫秦再言：「今上皇帝自静江軍節度使、桂州牧加封康王，嗣登寶位，今康州已陞爲府，本州未賜府額。」詔陞爲静江府。紹興三年陞爲静江府〔一〕。

興安縣，乾德元年廢溥州爲全義縣，來隸，太平興國元年避太宗御名改〔二〕。義寧縣，開寶五年廢入廣州新會縣，六年復置。修仁縣，熙寧四年廢爲鎮，隸荔浦縣〔三〕，元豐元年復置縣。永寧縣，熙寧四年廢爲鎮，隸荔浦縣，元祐元年復。

〔一〕紹興三年陞爲靜江府　上古本以爲此句當移於「桂州」條「爲大都督府」下，當是。

〔二〕太平興國元年避太宗御名改　「避太宗御名」原缺，據紀勝卷一〇三靜江府「縣沿革」引國朝會要補。

〔三〕隸荔浦縣　「荔浦」原作「荔蒲」，據紀勝卷一〇三靜江府「縣沿革」引國朝會要及九域志卷九桂州、宋史卷九〇地理志六改。下同。

容州。唐防禦、經略，開寶四年陞寧遠軍節度。普寧縣，開寶五年廢繡州，省常林、河林、羅繡、欣道、渭龍五縣入焉〔一〕。北流縣，五年廢禺州，省峩石〔二〕、扶萊、羅辨、陵城四縣入焉。陸川縣，七年廢順州〔三〕，省龍豪、温水、龍化、南河四縣入焉。九年移治公平，淳化五年復徙舊温水縣。

〔一〕省常林河林羅繡欣道渭龍五縣入焉　「河林」，紀勝卷一〇四容州「縣沿革」及「古跡」引國朝會要同，按通典卷一八四州郡十四、舊唐書卷四一地理志四、寰宇記卷一六七容州、輿地廣記卷三六容州、通考卷三二三輿地考九、宋史卷九〇地理志六皆作「阿林」。阿林縣，漢書卷二八下地理志八下載，漢屬鬱林郡。會要作「河林」，顯誤。

〔二〕省峩石　「峩石」原作「莪石」，據方域七之二三、紀勝卷一〇四容州「縣沿革」引國朝會要、宋史卷九〇地理志六改。

〔三〕七年廢順州　「七年」，紀勝卷一〇四容州「縣沿革」引國朝會要同，方域七之二三、九域志卷九容州、輿地廣記卷三六容州、長編卷一三開寶五年五月乙丑條、宋史卷九〇地理志六皆作「五年」。會要或誤。

邕州。元祐三年五月十五日，改邕州懷化洞爲州〔一〕。先是，知峒零崇檗納土〔二〕，自順州廢，即棄巢穴歸省地。朝廷録其功，授以使額，而有是詔。大觀元年陞爲望郡。樂昌縣，舊名晋興，開寶五年改，景祐三年廢隸武緣縣。朗寧縣，開寶五年廢隸宣化縣〔三〕。封陵縣，五年廢隸武緣縣。思龍縣，五年廢隸如和縣。如和縣，景祐三年廢隸宣化縣〔四〕。

〔一〕改邕州懷化洞爲州　「邕州」下原衍「洞」字，據長編卷四一一元祐三年五月庚申條删。

〔二〕知峒零崇檗納土　「納」原作「約」，據長編卷四一一元祐三年五月庚申條改。

〔三〕開寶五年廢隸宣化縣　「開寶」原缺，據紀勝卷一〇六邕州「縣沿革」引國朝會要及九域志卷九邕州補。

〔四〕景祐三年廢隸宣化縣　「三年」，九域志卷九邕州同，紀勝卷一〇六邕州「縣沿革」引國朝會要及宋史卷九〇地理志六均作「二年」。

融州。大觀三年八月二十四日，詔曰：「融州融水奥區，潭中巨屏〔一〕。山居谷聚，控並海之蠻夷；地大物荒，據列城之襟帶。封陲益斥，墉壑肇新。宜錫節旄，用壯藩翰。爰綏有衆，永孚於休。可陞爲清遠軍節度。」

武陽縣，熙寧七年廢隸融水縣。羅城縣，開寶五年以桂州之球州洞地置〔二〕。熙寧七年廢二縣爲鎮〔三〕，隸融水縣。

紹興十四年十一月十四日，廣南西路經略、安撫、提點刑獄司言：「融州王口寨元係平州〔四〕，於紹興四年九月廢爲王口寨，隸融水縣。本寨洞民輸賦、詞訟，并赴融水縣理訴，動經月餘，方始追人到官。乞改爲懷遠縣，改知寨爲知縣，差有才力膽勇武臣充，所有理任、任滿酬賞，并乞依經略司元奏得王口寨條例施行。」從之。

〔一〕潭中巨屏　「潭中」原作「漳中」。按「漳」與融州無關，元和志卷三七融州、寰宇記卷一六六融州載，融州融水縣本漢潭中縣地。紀勝卷一一四融州「四六」引陞軍額制詞作「潭中」。故改。又「巨屏」，前揭陞軍額制詞作「舊壤」。

〔二〕開寶五年以桂州之球州洞地置　「球州」，紀勝卷一一四融州「縣沿革」引國朝會要同，通考卷三二三輿地考九作「珠州」，九域志卷九融州作「珠川」。

〔三〕熙寧七年廢二縣爲鎮　紀勝卷一一四融州「縣沿革」引國朝會要云：「熙寧七年，廢羅城縣爲鎮，隸融水縣，又廢武陽縣爲鎮，隸融水縣。」則「二縣」即指羅城、武陽縣。

〔四〕融州王口寨元係平州　「係」原作「保」，據方域一八之一六改。

象州。景祐四年陞防禦州〔一〕。來賓縣，開寶七年廢嚴州，以二縣來隸，省歸化、武化二縣入焉〔二〕。武化縣，開寶七年廢隸來賓縣〔三〕，元祐元年復〔四〕。

〔一〕景祐四年陞防禦州　「景祐」，紀勝卷一〇五象州「州沿革」引國朝會要同，九域志卷九象州、宋史卷九〇地理志六作「景德」，按長編卷六七、宋史卷七真宗紀二及宋大詔令集卷一五九升象州爲防禦州詔皆繫於景德四年十月丁未，會要或誤。

〔二〕來賓縣開寶七年廢嚴州以二縣來隸省歸化武化二縣入焉　按開寶七年省武化入來賓，亦見後文及紀勝卷一〇五象州「縣沿革」所引國朝會要。據寰宇記卷一六五象州、輿地廣記卷三六象州、紀勝卷一〇五象州「古跡」、通考卷三二三輿地考九、宋史卷九〇地理志六等載，開寶七年廢嚴州，省歸化入來賓縣，隸象州。然同年省象州之武化縣入來賓，除會要外，別無他載。武化縣，查寰宇記卷一六五象州，未見其省廢之記載，紀勝卷一〇五象州「古跡」引廣西郡邑志云，熙寧四年省武化入來賓，按紀勝同卷「縣沿革」之來賓縣引廣西郡邑志又言，熙寧四年省武化入陽壽，疑誤。長編卷二二四熙寧四年六月亦言廢象州武化縣爲鎮，宋史卷九〇地理志六則作「熙寧七年」。故省武化縣入來賓，當在熙寧時，會要或誤。又按紀勝卷一〇五象州「州沿革」及「古跡」兩引國朝會要皆言，開寶七年廢嚴州，省歸化入來賓縣，隸象州。似乎并未涉及武化縣，會要似乎前後矛盾。

〔三〕武化縣開寶七年廢隸來賓縣　按會要記載有誤，請見上條校記。

〔四〕元祐元年復　「元祐」，長編卷三八九元祐元年十月辛卯條、宋史卷九〇地理志六同。紀勝卷一〇五象州「縣沿革」引國朝會要作「景祐」，誤。

[昭州]。永平縣，開寶五年廢隸平樂縣，大中祥符元年移治州城東。龍平縣，開寶五年廢富州來隸，省思勤、馬江二縣入焉。

梧州。戎成縣，熙寧五年復廢〔一〕，隸蒼梧縣。孟陵縣，五年廢〔二〕，隸蒼梧縣。龍平縣，開寶五年廢富州〔三〕，以縣隸昭州，省思勤、馬江二縣入焉。熙寧五年自昭州來隸〔四〕。

〔一〕熙寧五年復廢　「五年」，九域志卷九昭州、宋史卷九〇地理志六作「四年」。

〔二〕五年廢　「五年」，九域志卷九昭州作「開寶五年」。

〔三〕開寶五年廢富州　「開寶」原缺，據紀勝卷一〇八梧州「州沿革」引國朝會要補。

〔四〕熙寧五年自昭州來隸　「五年」，紀勝卷一〇八梧州「州沿革」引國朝會要同，九域志卷九梧州、宋史卷九〇地理志六作「八年」。

［藤州］。寧風縣、感義縣〔一〕、義昌縣，開寶五年廢三縣隸鐔津縣〔二〕。岑溪縣，熙寧五年廢南儀州來隸〔三〕。

〔一〕感義縣　「感義」原作「咸義」，據紀勝卷一〇九藤州「縣沿革」引國朝會要及九域志卷九藤州、宋史卷九〇地理志六改。

〔二〕開寶五年廢三縣隸鐔津縣　「五年」原作「三年」，據紀勝卷一〇九藤州「縣沿革」引國朝會要及九域志卷九藤州、輿地廣記卷三六藤州改。按宋史卷九〇地理志六亦作「三年」。

〔三〕熙寧五年廢南儀州來隸　「五年」，紀勝卷一〇九藤州「縣沿革」引國朝會要同，方域七之一三、九域志卷九藤州、輿地廣記卷三六藤州、長編卷二二六熙寧四年九月、宋史卷九〇地理志六皆作「四年」。會要或誤。

龔州。政和元年廢隸潯州，三年復。陽川縣、武陵縣、隨建縣、大同縣，開寶五年廢四縣隸平南縣〔一〕。武郎縣，開寶六年廢〔二〕。

政和元年正月二十三日，廣南西路經略安撫司奏：「勘會本路管下龔、白二州各管一縣，税租不足官兵支費。今欲將白州併廢隸鬱林軍，存留博白縣；龔州并廢隸潯州，依舊存留平南縣。更各置主簿一員。」從之。

政和四年四月十一日，尚書省勘會：「廣南西路龔州平南縣民户梁政等狀〔三〕，爲本州額於政和元年四月内承朝旨廢併龔州入潯州，民心憂惶不願。每至二税供輸，登涉山險，至潯州動經五七日，民户道路勞苦。自併廢後來，流竄甚多。況龔州四至，容、藤等州遼遠，各二三百里，容至桂十六程，並無州府官兵防托。又自藤州沿江至潯州〔四〕，多有興販私鹽，驚劫民户，不得安跡。竊覩梅州元豐中亦曾入潮州，自後鄉民自願添納二税錢米，乞行興復，已蒙依舊還州額訖。今來乞依梅州例添納二税錢米各一分，依舊興復爲龔州。」從之。

〔一〕開寶五年廢四縣隸平南縣　「四」下原有「鎮」字，似有删除痕跡，且清本徑删。按九域志卷九龔州、宋史卷九〇地理志六等均無廢四縣爲鎮之記載，故删。又「五年」，宋史卷九〇地理志六同，九域志卷九龔州、輿地廣記卷三六龔州、紀勝卷一一〇潯州「州沿革」皆作「六年」。

〔二〕武郎縣開寶六年廢　按九域志卷九龔州載，開寶六年廢思明州，以武郎縣隸龔州，嘉祐二年省武郎縣入平南。輿地廣記卷三六龔州、紀勝卷一一〇潯州「州沿革」、宋史卷九〇地理志六等皆有大致相同之記載，上古本疑「開寶六年」下有脱文，或是。

〔三〕廣南西路龔州平南縣民户梁政等狀　「平南」原倒，據上文乙正。

〔四〕又自藤州沿江至潯州　「沿」原作「松」。按藤州、潯州并無松江，其「江」乃指潯江。故「松」實「沿」之誤，今改。

潯州。開寶五年廢隸貴州鬱林縣，六年復爲潯州。皇化縣、大賓縣，五年廢隸桂平縣。平南縣，舊龔州，紹興六年廢爲平南縣〔一〕，來隸。

〔一〕紹興六年廢爲平南縣　「六年」，通考卷三二三輿地考九、宋史卷九〇地理志六均同，紀勝卷一一〇潯州「縣沿革」引國朝會要作「七年」，誤。

宜州。宣和元年升爲慶遠軍節度。淳化元年正月十四日，詔嶺南道羈縻環州、鎮寧州、金城州、智州、懷遠軍，并依前隸宜州。先是，建琳州爲懷遠軍，以溪洞諸州隸焉。至是，始復舊制，夷人便之。宜州，熙寧八年徙治帶溪，元豐六年復徙龍水縣舊治。忻城縣，慶曆三年自羈縻芝忻州來隸〔一〕。河池縣，治平二年自羈縻智州來隸，省富力縣入焉〔二〕。

〔一〕慶曆三年自羈縻芝忻州來隸　按紀勝卷一二二宜州「縣沿革」引國朝會要云：「慶曆三年，以羈縻芝忻、歸恩、紆等州地爲忻城縣，來屬本州。」九域志卷九宜州、宋史卷九〇地理志六等亦有此記載，會要似有脱誤。

〔二〕省富力縣入焉　「富力」原作「富刀」，據寰宇記卷一六八宜州、九域志卷九宜州、紀勝卷一二二宜州「縣沿革」引國朝會要改。

［横州］。永定縣，開寶五年廢巒州〔一〕，以縣來隸，省武羅、靈竹二縣入焉。熙寧四年廢縣爲鎮，隸寧浦，元祐三年復〔二〕。樂山縣、嶺山縣、從化縣，開寶五年廢隸寧浦縣〔三〕。

〔一〕開寶五年廢巒州　「巒州」原作「蠻州」，據紀勝卷一一二横州「縣沿革」引國朝會要及九域志卷九横州、宋史卷九〇地理志六改。

〔二〕元祐三年復　「三年」原作「二年」，據紀勝卷一一二横州「縣沿革」引國朝會要及宋史卷九〇地理志六改。

〔三〕開寶五年廢隸寧浦縣　「開寶」原缺，據紀勝卷一一二横州「縣沿革」引國朝會要及九域志卷九横州、宋史卷九〇地理志六補。

化州。乾道三年九月十八日，廣南西路經略安撫、都鈐轄、提刑、轉運司言：「化州吴川縣管下西鄉，地廣民衆，去州遥遠，乞將吴川縣所隸西鄉别爲一縣，於古辯州石城地創置，以爲石城縣。」從之。

化州，唐辯州〔一〕，太平興國五年改。石龍縣，舊改爲羅州縣〔二〕，紹興元年依舊。石城縣，乾道三年九月十八日，析吴川縣地置。

〔一〕唐辯州　「辯」原作「辨」，據上文及九域志卷九化州、宋史卷九〇地理志六改。

〔二〕舊改爲羅州縣　「羅州」原作「羅川」，據紀勝卷一一六化州「縣沿革」引國朝會要及九域志卷九化州、宋史卷九〇地理志六改。

高州。景德元年廢隸竇州，三年復置。良德縣、保寧縣，開寶五年廢隸電白縣。茂名縣，五年廢潘州，以縣來隸，省南巴、潘水二縣入焉。信宜縣，舊名信義，七年省潭峨〔一〕、懷德、特亮三縣入焉，太平興國元年改今名，熙寧四年廢竇州，來隸。

〔一〕七年省潭峨　「七年」，方域七之二四、通考卷三二三輿地考九作「五年」，九域志卷一〇省廢州軍、輿地廣記卷三七高州作「六年」。

雷州。遂溪縣，開寶四年廢入海康縣，紹興十九年復。紹興十九年二月十一日〔一〕，詔復置雷州遂溪縣，從本路諸司之請也。

〔一〕紹興十九年二月十一日　「十九年」原作「二十二年」，據前文及繫年要録卷一五九紹興十九年二月甲子條、紀勝卷一一八雷州「縣沿革」引國朝會要、宋史卷九〇地理志六改。

白州。開寶五年廢隸廉州，七年復置。政和元年廢隸鬱林州，三年復。博白縣，五年廢白州，以縣隸廉州，省南昌、建寧、周羅三縣入焉，七年復來隸。

欽州。天聖元年四月二十八日，廣南西路轉運司言，相度欽州徙南賓寨建置，委得安便。從之。

〔鬱林州〕。鬱平縣、興德縣，開寶五年廢隸興業縣〔一〕。南流縣，七年廢党〔二〕、牢二州，以縣來隸，省六縣地入焉。博白縣，舊白州，紹興六年廢爲博白縣，來隸。

〔一〕開寶五年廢隸興業縣　「五年」原作「六年」，據紀勝卷一二一鬱林州「縣沿革」引國朝會要及九域志卷九鬱林州、輿地廣記卷三七鬱林州改。

〔二〕七年廢党　「七年」，紀勝卷一二一鬱林州「縣沿革」引國朝會要及輿地廣記卷三七鬱林州同，方域七之二一、紀勝卷一二一鬱林州「古跡」引國朝會要、九域志卷一〇省廢州軍、長編卷一三開寶五年五月乙丑條皆作「五年」。又通考卷三二三輿地考九「牢州」作五年，「黨州」作七年，黨、牢二州實同時被廢，五年、七年，未知孰是。

廉州。開寶五年移治長沙場，太平興國八年州廢，於海門鎮置太平軍〔一〕，咸平元年四月復爲廉州。

〔一〕於海門鎮置太平軍　「門」原作「内」，據紀勝卷一二〇廉州「州沿革」引國朝會要及寰宇記卷一六九太平軍、宋史卷九〇地理志六改。

瓊州。政和元年陞爲靖海軍。開寶四年平僞漢，以崖州三縣來隸〔一〕，兼提舉儋崖萬安等州水陸轉運事。瓊山縣，開寶四年於儋耳廢縣地復置〔二〕。文昌縣、澄邁縣，五年自崖州來隸。舍城縣，五年自崖州來隸，熙寧四年廢隸瓊山縣。

〔一〕開寶四年平僞漢以崖州三縣來隸　按宋平南漢，長編卷一二、宋史卷二太祖紀二均在開寶四年二月，而廢崖州，以文昌、澄邁、舍城三縣隸瓊州，九域志卷九瓊州、輿地廣記卷三七瓊州、紀勝卷一二四瓊州「縣沿革」引國朝會要、宋史卷九〇地理志六皆作「開寶五年」，長編卷一三開寶五年六月戊子條亦載，「徙崖州於振州，遂廢振州」。故「以崖州三縣來隸」前當脱「五年」。

〔二〕開寶四年於儋耳廢縣地復置　「耳」字原缺，據紀勝卷一二四瓊州「縣沿革」引國朝會要補。

鎮州。大觀元年建，仍爲龍門郡，下都督府，陞爲靖海軍，尋廢。

［萬安軍］。唐萬安州〔一〕，熙寧六年廢爲軍〔二〕，十年復。樂會縣，元隸瓊州，大觀三年割隸軍。

〔一〕唐萬安州　「萬」字原缺，據紀勝卷一二六萬安軍「軍沿革」引國朝會要及九域志卷九萬安軍補。

〔二〕熙寧六年廢爲軍　「六年」，紀勝卷一二六萬安軍「軍沿革」引國朝會要同，長編卷二四八繫於熙寧六年十一月，九域志卷九萬安軍、宋史卷九〇地理志六作「七年」。

瀧州。開陽郡，領四縣。開寶四年廢州〔一〕，省開陽、建水、鎮南三縣入瀧水縣。六年州廢〔二〕，以縣隸康州。

〔一〕開寶四年廢州　「四年」當「六年」之誤，具體請參見本門「康州」條校記。

〔二〕六年州廢　此句當爲衍文，具體請參見本門「康州」條校記。

勤州。富林郡，領一縣。開寶五年廢州，省富林縣入銅陵縣〔一〕，隸春州。

〔一〕省富林縣入銅陵縣　「銅」原作「桐」，據方域七之一五、二三宋史卷九〇地理志六改。

潘州。南潘郡，領三縣。開寶五年廢州，省南巴、潘水二縣入茂名縣，隸高州。

羅州。陵水郡，領五縣。開寶五年廢州，省廉江、零淥、幹水、南河四縣入吴川縣〔一〕，隸化州。

〔一〕省廉江零淥幹水南河四縣入吴川縣　按紀勝卷一一六化州「縣沿革」引國朝會要云：「省廉江、零淥、幹水三縣入吴川」。

富州。開江郡，領三縣。開寶五年廢州，省思勤、馬江二縣入龍平縣，隸昭州。元豐七年，以邕州延眾寨建。

澄州。賀川郡〔一〕，領四縣。開寶五年廢州，省止戈、賀水、無虞三縣入上林縣，隸邕州。〔二〕

〔一〕賀川郡　「川」原作「州」，據方域九之三〇、紀勝卷一〇六邕州「古跡」引國朝會要改。按通典卷一八四州郡一四、舊唐書卷四一地理志四、寰宇記卷一六五澄州、輿地廣記卷三七賓州等皆作「賀水郡」。會要作「賀川」，疑誤。

〔一〕按方域九之三〇亦有「澄州」條，文字相同，屬複文，故删。

巒州〔一〕。永定郡，領三縣。開寶五年廢州，省武靈、羅竹二縣入永定縣〔二〕，隸横州。

〔一〕巒州　「巒」原作「蠻」，據紀勝卷一一三横州「縣沿革」引國朝會要及九域志卷九横州、宋史卷九〇地理志六改。

〔二〕省武靈羅竹二縣入永定縣　「武靈羅竹」，紀勝卷一一三横州「古跡」引國朝會要同。按方域七之二〇、寰宇記卷一六六横州、輿地廣記卷三七横州、九域志卷一〇省廢州軍及紀勝卷一一三横州「縣沿革」引國朝會要皆作「武羅靈竹」。查通典卷一八四州郡一四、元和志卷三八巒州、舊唐書卷四一地理志四，巒州下轄三縣，即永定、武羅、靈竹。故會要誤「武羅靈竹」作「武靈羅竹」。

牢州。定川郡〔一〕，領三縣。開寶五年廢州〔二〕，省定川、宕川二縣入南流縣〔三〕，隸鬱林州。

〔一〕定川郡　「定川」原作「定州」，據紀勝卷一二一鬱林州「古跡」引國朝會要及通典卷一八四州郡一四、舊唐書卷四一地理志四、九域志卷一〇省廢州軍改。

〔二〕開寶五年廢州　「五年」，紀勝卷一二一鬱林州「古跡」引國朝會要及九域志卷一〇省廢州軍、長編卷一三開寶五年五月乙丑條、通考卷三二三輿地考九同。按方域七之二一、紀勝卷一二一鬱林州「縣沿革」引國朝會要及輿地廣記卷三七鬱林州皆作「七年」。又按通考卷三二三輿地考九「牢州」作「五年」，「黨州」作「七年」，黨、牢二州實同時被廢，五年、七年，未知孰是。

〔三〕省定川宕川二縣入南流縣　「定川」原作「定州」，「二」原作「三」，據紀勝卷一二一鬱林州「古跡」引國朝會要及九域志卷一〇省廢州軍、通考卷三二三輿地考九改。按紀勝卷一二一鬱林州「縣沿革」引國朝會要云：「開寶七年，廢黨、牢二州，以南流縣來隸，仍省牢之定川宕川容川、黨之容山懷義撫安善平，凡六縣並屬焉。」此言省牢州之三縣，加上黨州之四縣，共爲七縣，與下文六縣矛盾。又據通典卷一八四州郡一四、通考卷三二三輿地考九，牢州領縣三，即南流，定川、宕川，并無容川。「容川」當衍。

黨州。寧仁郡，領四縣。開寶五年廢州〔一〕，省容山、懷義、撫康、善牢四縣入鬱林州南流縣〔二〕。

〔一〕開寶五年廢州　「五年」一作「七年」，請參見本門「鬱林州」、「牢州」條校記。

〔二〕省容山懷義撫康善牢四縣入鬱林州南流縣　「容山、懷義、撫康、善牢」，九域志卷一〇省廢州軍、宋史卷九〇地理志六同。「容山」，輿地廣記卷三七鬱林州作「文山」；「撫康」，紀勝卷一二一鬱林州「縣沿革」引國朝會要作「撫安」；「善牢」，輿地廣記及紀勝卷一二一鬱林州「古跡」引國朝會要作「善勞」，紀勝卷一二一鬱林州「縣沿革」引國朝會要作「善平」。

繡州。常林郡，領三縣。開寶五年廢州，省常林、河林、羅繡三縣入容州普寧縣〔一〕。

〔一〕省常林河林羅繡三縣入容州普寧縣　「河林」當作「阿林」，會要或誤，請參見本門「容州」條校記。

禺州。温水郡，領三縣〔一〕。開寶五年廢州，省峩石、扶萊、羅辨三縣入容州北流縣〔二〕。

〔一〕領三縣　「三縣」，紀勝卷一〇四容州「古跡」引國朝會要及輿地廣記卷三六容州均言「省峩石、扶萊、羅辨三縣」入容州北流。然方域七之一七、紀勝卷一〇四容州「縣沿革」引國朝會要又載，省「峨石、扶萊、羅辨、陵城四縣」入北流，前後矛盾。按九域志卷一〇省廢州軍、通考卷三二三輿地考九、宋史卷九〇地理志六皆作「四縣」。當以「四縣」爲是。

〔二〕省峩石扶萊羅辨三縣入容州北流縣　「峩石、扶萊、羅辨三縣」，按前條校記，當作「峩石、扶萊、羅辨、陵城四縣」。

順州。順義郡，領四縣。開寶五年廢州〔一〕，省龍豪、温水、龍化、南河四縣入容州陸川縣。

〔一〕開寶五年廢州　「五年」，一作「七年」，請參見本門「容州」條校記。

嚴州〔一〕。修德郡，領二縣。開寶七年廢州，省歸化縣入來賓縣，隸象州。

〔一〕嚴州　「嚴」原作「巖」，據紀勝卷一〇五象州「縣沿革」引國朝會要及九域志卷一〇省廢州軍改。

春州。南陵郡，領三縣。開寶五年廢入恩州，六年復置〔二〕，仍省羅水、流南二縣入陽春縣。廢勤州，以銅陵縣來隸。大中祥符九年廢入新州，天禧四年復置。熙寧六年廢州，省銅陵入陽春縣，隸恩州。銅陵縣，熙寧六年廢州，以縣入陽春縣，隸恩州。〔二〕

〔一〕六年復置　「六年」原缺，據紀勝卷九八南恩州「古跡」引國朝會要及九域志卷一〇省廢州軍補。

〔二〕按方域七之三一亦有「春州」條，除「天禧」誤作「天僖」外，文字與紀勝卷九八南恩州「古跡」引國朝會要同，或書手摘自紀勝所引會要。

蒙州。蒙山郡，領三縣。太平興國二年，改正義縣爲蒙山縣，熙寧六年廢州〔一〕，以立山縣隸昭州，省東區、蒙山二縣入焉。立山縣，熙寧廢州，以縣隸昭州，省東區、蒙山二縣入焉。

〔一〕熙寧六年廢州　「六年」，紀勝卷一〇七昭州「古跡」引國朝會要同，九域志卷一〇省廢州軍、輿地廣記卷三六昭州、長編卷卷二三八熙寧五年九月、宋史卷九〇地理志六、紀勝卷一〇七昭州「州沿革」及「縣沿革」引國朝會要皆作「五年」。會要「蒙州」條誤。又按紀勝所引會要前後矛盾，或「州沿革」、「縣沿革」引自會要「昭州」條，「古跡」引自「蒙州」條，只是今輯稿「昭州」條有關蒙州部分已缺佚。

南儀州。唐義州連城郡〔一〕，領三縣。開寶四年，加「南」字，五年廢入竇州，六年復置，省連城、永業二縣入岑溪縣。太平興國二年改儀州〔二〕，熙寧四年廢入藤州。

天聖四年五月初八日，廣南西路轉運司言：「南儀州實在山險中，多有嵐瘴，前後官吏、軍民亡歿者衆，乞移於岑雄驛平坦之處建立。」從之。

〔一〕唐義州連城郡　「連城」原缺，據通典卷一八四州郡一四、舊唐書卷四一地理志四、九域志卷一〇省廢州軍、通考卷三二三輿地考九補。

〔二〕太平興國二年改儀州　此句亦見紀勝卷一〇九藤州「古跡」所引國朝會要。按前文載，唐義州，開寶四年加「南」字，即爲南義州，則太平興國时所改乃南儀州。南義州改名南儀州，寰宇記卷一六三南儀州、九域志卷一〇省廢州軍、長編卷一七開寶九年十月壬戌條、十朝綱要卷二升改廢置州府等皆有記載。故會要「儀州」前原脱「南」字。又「太平興國二年」，寰宇記、九域志作「太平興國初」，長編繫於開寶九年十月二十九日壬戌，是年十二月二十二日甲寅改元太平興國，十朝綱要亦繫於太平興國元年。按太宗於開寶九年十月二十一日甲寅即位，二十九日改官階、州縣名犯御諱者，符合規制，會要作「太平興國二年」，誤。

竇州。懷德郡，領四縣。開寶五年省潭峨〔一〕、懷德、特亮三縣入信義縣。太平興國元年，改信義縣爲信宜，熙寧四年廢入高州。

〔一〕開寶五年省潭峨　「五年」，又作「六年」或「七年」，請參見本門「高州」條校記。

振州。開寶五年改崖州，熙寧六年廢爲朱崖軍。

平州。崇寧四年以懷遠軍陞爲州，紹興四年廢。懷遠縣，崇寧四年建。

允州。舊安口隘，崇寧四年建。

從州。舊中古州，崇寧四年建爲格州，五年改。

庭州。大觀元年以宜州河池縣建。

孚州。大觀元年以地州建隆縣建〔一〕，宣和三年廢爲寨。歸仁縣，大觀元年建，宣和三年廢。

〔一〕大觀元年以地州建隆縣建 「地州」原作「池州」，據宋史卷九〇地理志六、廣西名勝志卷九右江土司改。

觀州。大觀元年建，紹興四年廢。

隆州。政和三年建〔一〕，宣和三年廢爲寨。興隆縣，政和三年建，宣和三年廢。

〔一〕政和三年建 「三年」，宋史卷九〇地理志六作「四年」。

兑州。政和三年建〔一〕，宣和三年廢爲寨。萬松縣，政和三年建，宣和三年廢。

〔一〕政和三年建 「三年」，宋史卷九〇地理志六作「四年」。

懷化州。元祐三年以邕州溪洞建。

吉陽軍。紹興六年廢爲寧遠縣，十三年復。

附：佚文

［京西路］

嘉定十二年，陞棗陽軍隸本路。（紀勝卷八二京西南路）

［信陽軍羅山縣］縣治在羅山之北九里。（紀勝卷八〇信陽軍「縣沿革」）

［淮南路］

熙寧五年，詔以揚、亳、宿、楚、海、泰、泗、滁、真、通十州爲東路，壽、廬、蘄、和、舒、濠、光、黄八州及無爲軍爲西路。（紀勝卷三七揚州「州沿革」）

［揚州泰興縣］乾德二年徙治柴墟鎮，宣和四年撥隸揚州，因守臣徐鑄之請也。紹興初年再屬泰州，十四年復隸揚州，而以柴墟鎮之延令村易之。二十九年盡數撥還。（紀勝卷三七揚州「縣沿革」）

[通州]天聖元年(改曰崇州),明道二年(復曰通州)。(紀勝卷四一通州「州沿革」)

[滁州來安縣]淳熙乙未復置爲縣。(紀勝卷四二滁州「縣沿革」)

[兩浙路]

[杭州昌化縣]太平興國四年更名昌化。(紀勝卷二臨安府「縣沿革」)

[蘇州]太平興國三年(改爲平江軍)。(紀勝卷五平江府「府沿革」)

[秀州]太平興國三年(錢氏納土,地歸版圖),政和七年(賜名嘉禾郡)。(紀勝卷三嘉興府「府沿革」)

[潤州丹陽縣]熙寧五年,廢延陵縣爲鎮,隸丹陽。(紀勝卷七鎮江府「縣沿革」)

[湖州]太平興國三年(錢氏納土,地歸版圖),景祐元年(改昭慶軍)。[歸安縣]太平興國七年,析烏程縣置歸安縣。[武康縣]太平興國四年,以杭州武康縣隸湖州。(紀勝卷四安吉州)

[明州昌國縣]熙寧六年,王安石割鄞縣三鄉創置。(紀勝卷一一慶元府「縣沿革」)

[江陰軍]淳化元年廢江陰軍,隸常州。淳化三年(復)。(紀勝卷九江陰軍「軍沿革」)

[台州天台縣]建隆元年復曰天台。[仙居縣]景德四年改爲仙居縣。(紀勝卷一二台

州「縣沿革」）

［嚴州］太平興國三年（錢氏納土，始歸版圖）。熙寧七年（隸兩浙西路）。（紀勝卷八嚴州「州沿革」）

［江南路］

紹興元年，以江洪瑞袁虔吉州、興國南康臨江南安軍爲江南西路，四年，撥南康軍依舊屬江南東路。（紀勝卷二六江南西路）

［信州沿山縣］開寶八年平江南，直隸京師，後來隸，有汭口鎮。［永豐縣］皇朝熙寧七年，以上饒縣永豐鎮升爲縣。（紀勝卷二一信州「縣沿革」）

［太平州］僞唐爲雄遠軍。開寶八年（改爲平南軍）。太平興國二年（陞爲太平州）。（紀勝卷一八太平州「州沿革」）

［南康軍建昌縣］太平興國七年自洪州來隸。［都昌縣］太平興國七年自江州來隸。（紀勝卷二五南康軍「縣沿革」）

［贛州興國縣］太平興國八年以瀲江鎮置縣。［會昌縣］太平興國八年以九州鎮置。（紀勝卷三二贛州「縣沿革」）

〔吉州吉水縣〕太平興國九年（置）。〔永豐縣〕至和元年，割吉水報恩鎮置永豐縣，紹興割縣雲蓋鄉置樂安縣，屬撫州。（紀勝卷三一吉州「縣沿革」）
〔袁州分宜縣〕雍熙元年，分宜春縣地置分宜縣。（紀勝卷二八袁州「縣沿革」）
〔撫州宜黄縣〕開寶元年，以宜黄場置宜黄縣。（紀勝卷二九撫州「縣沿革」）
〔筠州新昌縣〕太平興國七年，敕割高安、上高二縣，於古宜豐縣鹽步鎮立新昌縣。（紀勝卷二七瑞州「縣沿革」）
〔興國軍大冶縣〕太平興國二年來屬。〔通山縣〕太平興國二年，以羊山鎮爲縣，後改通山縣。太平興國三年自鄂州來隸。（紀勝卷三三興國軍「縣沿革」）
〔南安軍〕淳化元年（割虔州之南康、上猶兩縣來屬）。（紀勝卷三六南安軍「軍沿革」）
〔臨江軍〕淳化三年，新淦縣自吉州以縣來屬，新喻縣，亦以淳化三年自袁州以縣來屬。（紀勝卷三四臨江軍「軍沿革」）
〔建昌軍〕太平興國四年（改建武軍曰建昌軍）。〔南豐縣〕淳化二年自撫州來屬。（紀勝卷三五建昌軍）

［荆湖路］

［郴州桂東縣］太平興國元年，避太宗諱改爲桂東縣。［永興縣］熙寧六年改爲永興縣。［宜章縣］太平興國元年，避太宗舊名改爲宜章。（紀勝卷五七郴州「縣沿革」）

［衡州安仁縣］乾德三年，以安仁場爲安仁縣，咸平五年，析衡陽、衡山二縣地以益之。［酃縣］開禧、嘉定間置酃縣。（紀勝卷五五衡州「縣沿革」）

［道州寧遠縣］乾德二年改爲寧遠。（紀勝卷五八道州「縣沿革」）

［永州東安縣］雍熙元年置爲縣。（紀勝卷五六永州「縣沿革」）

［邵州新化縣］熙寧五年，以上梅山地置縣，徭人聽命，願爲王民。紹聖二年，縣遷於白沙，人以爲便。（紀勝卷五九寶慶府「縣沿革」）

［江陵府潛江縣］乾德三年，陞安遠鎮爲潛江縣。［石首縣］熙寧六年，省建寧縣入石首，元祐元年復建。（紀勝卷六四江陵府上「縣沿革」）

［鼎州桃源縣］乾德二年轉運使張永錫之請也。（紀勝卷六八常德府「縣沿革」）

［沅州黔陽縣］元豐三年陞爲黔陽縣。（紀勝卷七一沅州「縣沿革」）

［靖州通道縣］崇寧二年，以羅政縣改爲通道縣。（紀勝卷七二靖州「縣沿革」）

［成都府路］

［嘉州犍爲縣］乾德四年省玉津縣入。［龍遊縣］熙寧五年省平羌併入。［峨眉縣］乾德四年，併綏山、羅目二縣皆隸。［洪雅縣］淳化四年來屬嘉州。（紀勝卷一四六嘉定府「縣沿革」）

［茂州汶川縣］熙寧九年，即縣置威戎軍使。（紀勝卷一四九茂州「縣沿革」）

［威州］景祐三年，因屯田員外郎郭輔之奏。（紀勝卷一四八威州「州沿革」）

［仙井監］熙寧五年廢爲陵井監。隆興元年改爲隆州。（紀勝卷一五〇隆州「州沿革」）

［潼川府路］

［潼川府永泰縣］熙寧五年省爲鎮入鹽亭縣，十年復置，建中靖國初以犯哲宗陵名，改

安泰。（紀勝卷一五四潼川府「縣沿革」）

［果州流溪縣］皇朝熙寧六年，省流溪入南充縣爲流溪鎮。（紀勝卷一五六順慶府「縣沿革」）

［合州石照縣］乾德三年以翼祖嫌名，改爲石照。（紀勝卷一五九合州「縣沿革」）

［懷安軍］乾德五年，以簡州金水縣爲懷安軍，仍以漢州金堂縣隸軍。（紀勝卷一六四懷安軍「軍沿革」）

［富順監］乾德四年，以瀘州富義縣地置富義監。太平興國元年，改曰富順。治平元年置（富順縣），熙寧元年廢。（紀勝卷一六七富順監「監沿革」）

［利州路］

［蓬州良山縣］乾德三年，省宕渠縣來屬。［伏虞縣］熙寧五年，省良山縣來屬。（紀勝卷一八八蓬州「縣沿革」）

［大安軍］三泉縣，至道二年建爲大安軍，以興元府西縣來屬，三年軍廢，復爲縣，仍直隸京。（紀勝卷一九一大安軍「軍沿革」）

［夔州路］

［涪州］熙寧七年（省温山爲鎮）。（紀勝卷一七四涪州「州沿革」）

［重慶府］乾德四年（皇朝平蜀）。崇寧元年（更名恭州）。［江津縣］乾德五年廢萬壽、雍熙中廢南平二縣來隸。（紀勝卷一七五重慶府）

［萬州］開寶三年（割梁山縣隸梁山軍）。（紀勝卷一七七萬州「州沿革」）

［梁山軍梁山縣］熙寧五年又析忠州桂溪縣地益。（紀勝卷一七九梁山軍「縣沿革」）

［南平軍］熙寧七年，以恭州南川縣銅佛壩地置南平軍。元豐元年（復南川縣爲倚郭縣）。（紀勝卷一八〇南平軍「軍沿革」）

［大寧監大昌縣］開寶六年，以夔州大昌縣鹽泉所置監。端拱元年〔一〕，自夔州來隸大寧監。（紀勝卷一八一大寧監「縣沿革」）

〔一〕端拱元年　「元年」原作「二年」，據九域志卷八大寧監、紀勝卷一八一大寧監「監沿革」引國朝會要及宋史卷八九地理志五改。

〔福建路〕

〔建寧府甌寧縣〕治平三年，析建安、建陽、浦城三縣之地置甌寧縣，與建安分治郭下。熙寧二年省〔一〕，元祐四年復置。（紀勝卷一二九建寧府「縣沿革」）

〔一〕熙寧二年省 「二年」，九域志卷九建州、宋史卷八九地理志五均作「三年」。

〔汀州清流縣〕元符元年，析長汀及宣化縣地以爲清流縣。（紀勝卷一三二汀州「縣沿革」）

〔漳州長泰縣〕太平興國五年自泉州來屬。（紀勝卷一三一漳州「縣沿革」）

〔邵武軍光澤縣〕太平興國六年置光澤縣。（紀勝卷一三四邵武軍「縣沿革」）

〔興化軍〕太平興國四年（於泉州游洋、百丈鎮置太平軍，尋改爲興化軍）。〔興化縣〕太平興國四年，析莆田縣地置。（紀勝卷一三五興化軍）

［廣南東路］

［韶州仁化縣］開寶五年併入樂昌，咸平四年復分置。（紀勝卷九〇韶州「縣沿革」）

［廣南西路］

［邕州武緣縣］武化縣，距州凡兩程。（紀勝卷一〇六邕州「縣沿革」）

［象州來賓縣］故修德郡〔一〕，領二縣。以來賓縣屬象州。（紀勝卷一〇五象州「縣沿革」）

〔一〕故修德郡 「修」原作「條」，據方域七之二三、通典卷一八四州郡一四、寰宇記卷一六五象州改。

［昭州龍平縣］宣和六年，改龍平縣爲昭平縣。（紀勝卷一〇七昭州「縣沿革」）

［宜州］淳化元年，洛曹縣自柳州來隸，嘉祐七年廢隸龍水。熙寧八年以環州思恩縣來隸。（紀勝卷一二二宜州「州沿革」）

［化州石龍縣］開寶五年，併陵羅、龍化二縣入焉，太平興國五年改辯州爲化州，仍爲倚郭。（紀勝卷一一六化州「縣沿革」）

［雷州徐聞縣］乾道六年，知州戴之邵申云，紹興十九年知州王趯乞復置遂溪、徐聞兩縣，已蒙朝廷復置遂溪外，徐聞未復，乞將遂溪、海康縣八都撥作徐聞縣，仍將隸角場作縣治。本縣於乾道七年復置。（紀勝卷一一八雷州「縣沿革」）

［欽州］開寶五年，併欽江等三縣入靈山。（紀勝卷一一九欽州「古跡」）

［廉州合浦縣］開寶時，省封山、蔡龍、大廉三縣入合浦，太平興國八年，州廢爲太平軍，省合浦入石康，咸平元年，復置廉州及合浦縣。［石康縣］開寶五年，廢常樂州，省縣以博電、零淥、鹽場三縣地置石康縣來屬。（紀勝卷一二〇廉州「縣沿革」）

［貴州］鬱林舊名鬱平縣，開寶四年改鬱林。懷澤、義山、潮水三縣，開寶五年隸鬱林縣。（紀勝卷一一一貴州「州沿革」）

［賓州］開寶五年，州廢隸邕州，六年復置。皇朝開寶五年，廢澄州爲上林縣，隸邕州，端拱三年，以邕州上林縣來屬。（紀勝卷一一五賓州「州沿革」）

［萬安軍］紹興六年，又廢萬安軍爲萬寧縣，析萬寧縣爲陵水縣。［陵水縣］熙寧七年廢爲鎮，入萬寧縣，元豐三年復，紹興六年隸瓊州，十四年復來隸。（紀勝卷一二六萬安軍）

［昌化軍］熙寧六年（儋州詔賜名爲昌化軍）。紹興六年（廢軍爲宜倫縣，以縣隸瓊州）。

紹興十三年(復爲昌化軍)。[宜倫縣]太平興國元年改爲宜倫縣,避太宗御諱也。[昌化縣]熙寧六年省爲鎮,入宜倫縣,元豐三年復置。[感恩縣]熙寧六年廢爲鎮,隸宜倫縣,元豐四年復。(紀勝卷一二五昌化軍)

[庭州]四年廢庭州,縣仍屬宜州。(紀勝卷一二二宜州「古跡」)

[吉陽軍寧遠縣]熙寧六年,省吉陽、寧遠二縣爲鎮,至政和七年併吉陽、寧遠二縣地爲寧遠一縣,隸吉陽軍。紹興七年,廢吉陽軍爲寧遠縣,隸瓊州,十三年,復爲軍使,以知縣兼知,尋復差守臣。(紀勝卷一二七吉陽軍「縣沿革」)

州縣陞降廢置雜録

【題解】本門見方域七之二四至七之三二，大典卷一四一八九「地」字韻「地理」事目收録。方域七之二四緊接州縣陞降廢置門後，書手换行批「方域・州縣陞降廢置・雜録」，又紀勝卷一七八夔州路思州引有國朝會要雜録門，故可確定門名。本門末原有「南恩州」、「春州」兩條（方域七之三二），爲徐松抄手輯自大典卷三三一三春陽春縣，實出自紀勝，「南恩州」，今附入州縣陞降廢置門，「春州」條徑删。又方域九之三〇有「澄州」條，與方域七之三二「澄州」條文字相同，屬複文，亦删。

太祖建隆元年三月一日〔一〕，有司上言，請改天下郡縣名犯廟諱及御名者。從之。

〔一〕太祖建隆元年三月一日　按長編卷一繫於建隆元年三月六日乙巳。

建隆元年十月六日〔二〕，吏部格式司言：「准周廣順三年十月敕，應天下縣除赤、次赤、畿、次畿外，其餘三千户以上爲望，二千户以上爲緊，一千户以上爲上，五百户以上爲中，不滿五百户爲中下。據今年諸道州府申送到文帳，點檢元降敕命，户口不等，及淮南十五州只依十道圖地望收附〔二〕，秦、鳳、階、成〔三〕、瀛、莫、雄、霸等州未曾陞降地望。今欲據諸州見管主户重陞降地望，取四千户已上爲望，三千户以上爲緊，二千户已上爲上，一千户已上爲中，不滿千户爲中下。自今仍欲三年一度，别取諸道見管户口陞降。」詔從之。凡望縣五十，户二十八萬一千六百七；緊縣六十七，户二十二萬八千六百九十三；上縣八十九，户二十一萬八千二百八十；中縣一百一十五，户一十七萬九千三；中下縣一百一十，户五萬九千七百七十。總九十六萬七千三百五十三户，此國初版籍之數也。〔四〕

〔一〕建隆元年十月六日　「建隆元年」原作「乾德二年」，據輯稿職官一一之五八、七六、食貨六九之七七、職官分紀卷四二縣令、長編卷一建隆元年十月壬申條、玉海卷一八開寶較州縣數改。又按玉海作「五月」，輯稿職官兩條均作「十一月」，職官分紀、長編及輯稿食貨則繫於十月。當以「十月」爲是。

〔二〕及淮南十五州只依十道圖地望收附　「十五州」以下原缺，據輯稿食貨六九之七七補。

〔三〕成　原作「文」，據輯稿食貨六九之七七改。按文州屬利州路，秦、鳳、階及成州同屬秦鳳路。

〔四〕按本條原在「四年十月二十三日」後，今據時間先後改移於此。

四年十月二十三日〔一〕，詔應有防禦、團練、刺史州帶都督府額者，并停，仍爲上州。

〔一〕四年十月二十三日　長編卷四繫於乾德元年十一月十八日丙寅。按建隆四年十一月甲子改元乾德。

開寶九年七月二十二日，詔應新修先代帝王及五嶽四瀆祠廟，如有去縣鎮相近者，即仰移其縣鎮就廟爲理所。

十二月，史官較州縣之數，元年有州百一十一，縣六百三十八，户九十六萬七千三百五十三。至是，州二百九十七，縣千八十六，户二百五十萬八千九百六十。

太宗太平興國元年十月十一日，詔應官階、州縣名有與朕名下一字同宜改，與上一字同者仍舊。

太平興國三年四月二十二日，詔改嶺南道監州爲鵜州，尋廢。

雍熙三年三月十九日，王師北伐，田重進之兵圍飛狐，僞武定軍馬步軍都指揮使鄖州防禦使呂行德〔一〕、副都指揮使張繼從、馬軍都指揮使劉知進等舉城降。詔陞其縣爲飛狐軍。

〔一〕僞武定軍馬步軍都指揮使鄖州防禦使呂行德　「武定軍」，輯稿兵八之三、遼史卷一一聖宗紀二均同，長編卷二七雍熙三年三月丁亥條、太平治跡統類卷三太宗經制契丹均作「定武軍」。

淳化五年八月十九日，以席雞城寨爲清遠軍，以解州防禦使田紹斌知軍事。後陷，廢。

景德四年三月二十二日〔一〕，詔改鄂州、台州縣與陵邑同者。

〔一〕景德四年三月二十二日　按上下文體例，「景德」前似脱「真宗」二字。

大中祥符五年九月六日〔一〕，詔曰：「瀕河列郡，在常賦以攸同；屬邑分疆，或長津之是阻。爰念供租之際，非無涉險之勞。移隸官司，庶從民便。宜令京東、京西、河北、陝西轉運司與逐州軍長吏同相度沿河縣分鄉村，各於河南北就便管轄。」

〔一〕大中祥符五年九月六日 「九月」原作「七月」，據長編卷七八大中祥符五年九月辛未條、宋大詔令集卷一五九緣河縣分各於河南北就便管轄詔改。

十一月九日，詔州縣名與聖祖名同者避之。

天禧元年五月八日，詔改撫水州爲安化州，撫水縣爲歸仁縣，京水縣爲長寧縣。時曹克明破撫水蠻，其首領蒙承貴有請，故從改之。〔一〕

〔一〕按本條原在「天聖七年九月十六日」條後，所記乃真宗朝事，故據時間先後改移於此。

天聖七年九月十六日〔一〕，詔軍縣驛名與永定陵同者改之。

〔一〕天聖七年九月十六日 按上下文體例，「天聖」前似脱「仁宗」二字。

皇祐五年十二月二十二日，詔廣南西路安撫司以廉州隸容州、龔州隸邕州提舉。

神宗熙寧四年二月十八日，詔監單州酒稅、太常丞、集賢校理趙彦若歸館，管勾畫天下州府軍監縣鎮地圖。先是，中書差圖畫院待詔繪畫〔一〕，而詔差有記問朝臣一人稽考圖籍，庶不失真，故命彦若領之。

〔一〕中書差圖畫院待詔繪畫　「待」原作「侍」，據長編卷二二〇熙寧四年二月甲戌條改。

熙寧九年八月六日，三司使沈括言：「看詳天下州府軍監縣鎮圖，其間有未完具處，先曾別編次一本，稍加精詳，尚未了畢。欲乞再許於尚書職方暫借圖經、地圖等圖草〔一〕，躬親編修。」從之。

〔一〕地圖等圖草　「等圖」原缺，據玉海卷一四元祐職方圖補。

元豐四年十一月十八日〔一〕，西上閤門使、榮州刺史、知代州高遵裕言〔二〕：「已收復清遠軍并韋州監軍司〔三〕，清遠軍正當隘險，可以屯聚兵糧〔四〕，合依舊置軍，增修城壘。其韋州在横山之北，西人恃此爲扼，故立監軍司屯聚兵馬，防托興、靈等州。」從之。〔五〕

〔一〕元豐四年十一月十八日　「元豐」原作「熙寧」，據長編卷三一九元豐四年十一月庚子條改。按長編卷三一一載，元豐四年二月壬戌，西上閤門使、榮州刺史高遵裕知代州。又宋史卷一六神宗紀三載，元豐四年十月庚午，高遵裕復清遠軍。故從長編。

〔三〕知代州高遵裕言　「遵」原作「道」，據長編卷三一九元豐四年十一月庚子條改。

〔三〕已收復清遠軍并韋州監軍司　「韋州」原作「常州」，據後文改。

〔四〕可以屯聚兵糧　「糧」原作「種」，據長編卷三一九元豐四年十一月庚子條改。

〔五〕按本條原在「熙寧九年八月六日」條前，今據時間先後改移於此。

大觀元年十一月二十五日〔一〕，詔鎮州：「國家際天所覆，悉主悉臣，薄海之南，增置郡縣。凡前世羈縻而弗可隸屬者，莫不稽顙蹻蹶，順附王化，奄有夷峒殆千餘所，懷保丁民踰十萬計。錫多列壤〔二〕，中直黎山，控扼六州，爲一都會。顧惟形勝，實據上遊，俾升督府之雄，庸示節旄之寄，式昭文德，永載輿圖。可以靖海軍爲額。」

〔一〕大觀元年十一月二十五日　據上下文體例，「大觀」前似脱「徽宗」二字。按宋史卷二〇徽宗紀二繫於大觀元年閏十月十三日乙未。

〔二〕錫多列壤　「壤」原作「壞」，形近而訛，今改。

十一月二十七日，廣南西路經略安撫使王祖道奏：「知南丹州莫公佞就擒，已進築平、允、從州外，收文、地、蘭、那、安化、外、習、南丹八州之地〔一〕，併爲鎮庭孚觀州、延德軍，通八州軍。」

〔一〕收文地蘭那安化外習南丹八州之地　「收」原作「到」，據通考卷三三二四裔考八改。又「安化」，編年綱目備要卷二七大觀元年十二月、通考卷三三二四裔考八、宋史卷四九四蠻夷傳二皆作「安」，按輯稿蕃夷五之五至九記安化州，長編、通考、宋史等亦載廣西有安化州，故當以「安化」爲是。

三年正月二十四日，詔：「胡耳、西道蠻向慕納土〔一〕，幅員千里〔二〕，宜有以鎮撫其俗。可令王子武同王長孺度地之要，據其腹心，建置一州。仍令長孺知州事。」〔三〕

〔一〕西道蠻向慕納土　「向」原作「面」，據宋大詔令集卷一五九胡耳西道蠻向慕納土置州御筆改。

〔二〕幅員千里　「幅」原作「福」，據宋大詔令集卷一五九胡耳西道蠻向慕納土置州御筆改。

〔三〕按輯稿此詔與宋大詔令集卷一五九胡耳西道蠻向慕納土置州御筆文字差異較大。

政和元年七月二十六日，詳定九域圖志何志同奏：「地理志有赤，有畿，有望，有緊，又上、中、下之等，其法自唐始。後周因之，以三千户以上爲望，二千户以上爲緊，千户以上爲上，五百户以上爲中，不滿五百户爲下，亦各一時之制也。建隆初，從有司所請，遞增千户，不滿千户爲下，仍三年視諸道户口爲之陞降。逮今百五十餘年，其數倍於前矣〔一〕，而縣之第名仍舊。若齊州歷城户九千七百，今爲緊；臨邑萬七千户，乃爲中；杭州臨安户萬二千，今爲望；鹽官户二萬四千，乃爲上。乞命有司參酌舊制，量户口多寡之數，以爲諸縣陞降之法，使縣之第名常與户版相應。」從之。

〔一〕其數倍於前矣 「倍」原作「陪」，形近而訛，今改。

十二月二十三日，廣南西路轉運副使陳仲宜等奏：「據昌化軍狀，昨於大觀元年六月内，於海南黎母山心置一州，以鎮州爲名，及於沿海置一軍，以延德軍爲名。各將本軍元管下昌化、感恩兩縣撥隸上項州軍，卻於本軍界内創置通華、四達兩縣。出産貨物不多〔一〕，并深在黎洞中間，别無人旅往還。」奉聖旨，海南新置鎮州、延德軍縣寨並廢罷〔二〕，所有昨賜鎮州作靖海軍軍額，撥歸瓊州。

〔一〕出産貨物不多 「産」原作「差」，形近而訛，今改。

〔二〕延德軍縣寨并廢罷 「軍」原作「年」，據前文改。

五年四月四日，户部員外郎沈麟奏：「承詳定九域圖志所申，取到天下户口，付户部參酌升降，送圖志所看詳。契勘本所申請，稱自唐始至後周，縣以三千户以上爲望，二千户以上爲緊，一千户以上爲上，五百户以上爲中，不滿五百爲中下。國初增四千户以上爲望，三千户以上爲緊，二千户以上爲上，一千户以上爲中，不滿一千户爲中下。今來取索到提刑司審括到户數，比舊已增數倍〔一〕，難以依舊志編類。欲乞元係赤、畿、次赤、畿依舊外，今以下項户數爲則編類，所貴遵執成書〔二〕。一萬以上爲望，七千户以上爲緊，五千户以上爲上，三千户以上爲中，不滿三千户爲中下〔三〕，一千五百户以下爲下〔四〕。」從之。

〔一〕比舊已增數倍　「比」原作「彼」，「倍」原作「陪」。按輯稿食貨一二之一七有「比舊已增一倍」，一二五之一七有「比舊增添數倍」，故改。

〔二〕所貴遵執成書　「遵」原作「道」，形近而訛，今改。

〔三〕不滿三千户爲中下　「三千」原作「二千」，據前文及宋史全文卷一四政和五年四月癸卯條改。

〔四〕一千五百户以下爲下　「以下」原作「以上」，據宋史全文卷一四政和五年四月癸卯條改。

高宗紹興元年九月一日，詔：「今後遇有軍期，其全州許聽廣西經略安撫司節制，互相應援。」時主管廣西經略安撫司公事許中言：「桂州係置帥去處，北至本州略百餘里，地勢平坦。自界首至全州八九十里間，重岡復嶺，多有險阻，緩急可以措置把拓。如去春虜騎侵犯長沙，全州遣官告急，本路經略司即調發人馬前去應援。緣全州係屬湖南路〔一〕，於廣西經略司未有節制，若割隸廣西路，實爲經久利便。」故有是詔。

〔一〕緣全州係屬湖南路　「湖南路」原作「湖廣路」，據輯稿職官四一之一〇二及宋史卷八八地理志四改。

紹興四年二月五日，三省言：「廣南東西路宣諭使明槖奏〔一〕，乞廢罷平、觀二州，免支移應副之苦。」詔令廣西經略、轉運、提刑司，限一月相度廢罷，條具沿邊事宜及經久利害，結罪聞奏。

〔一〕廣南東西路宣諭使明槖奏 「明槖」原作「明索」，據繫年要録卷八〇紹興四年九月癸丑條、宋史卷四九五蠻夷傳三改。

九月七日，廣西轉運、提刑司言〔一〕：「平、觀二州困弊本路，有害無益，合行廢罷。乞依舊制，罷觀州爲高峰寨，平州爲王口寨。」詔依，其兩州知州改爲知寨，逐寨人兵令帥司斟酌存留。

〔一〕提刑司言 「言」字原缺，據方域一九之二四補。

紹興六年八月二十九日，廣南西路經略安撫、轉運、提刑司言：「乞依政和元年指揮，將白州依舊廢爲博白縣，隸鬱林州；龔州廢爲平南縣，隸潯州。逐縣各存縣令、縣尉外，增置主簿一員，管認賣鹽、收税、租賦等事。」從之。時臣僚言：「嶺外州軍多是僞漢建置，徒有虛名。如龔、潯、貴、白，每州户口不歸數千〔一〕，竭一州租税不能償官吏之費。白州距鬱林州纔八十里，龔州距潯州六十里。國朝以來，屢經廢併。政和六年，因白州放罷吏人盧暐僞作本縣人户姓名，妄稱情愿於租税額外每貫增添税錢五百足陌，米每碩加增三斗，贍給官吏，乞復爲州。龔州亦因平南縣梁政陳狀〔二〕，乞添納二税米錢各一分〔三〕，依舊爲州。本路帥司、監司不顧實利害，取降指揮，并復州額。前任廣西提點刑獄公事巡歷到白州，據博白縣百姓奏實等狀〔四〕，從初增添税錢等，即非人户情願。邊遠州軍，輸納不前，以致逃竄，乞依舊額。龔州人煙又不逮白州，並乞廢併，將兩州所增苗税悉行改正，依舊額均敷。」劄下本路監司，相度可行，故有是命。

〔一〕每州户口不歸數千　「歸」字顯誤，清本眉批「疑『滿』」，上古本改爲「過」。

〔二〕龔州亦因平南縣梁政陳狀　「梁政」原作「梁甚」，據方域七之一九及紀勝卷一〇二梅州「風俗形勝」引國朝會要改。

〔三〕乞添納二税米錢各一分　「一分」原作「二分」，據方域七之一九及紀勝卷一〇二梅州「風俗形勝」引國朝會要改。

〔四〕據博白縣百姓奏實等狀　「奏實」，上古本改作「秦實」，或是。

十月二十三日，萬安軍言：「本軍已廢作縣，今來即無撥隸瓊州之文，亦無萬安縣名額，省符内并不該載。」吏部勘當：「萬安軍承指揮隸瓊州，今來合以『萬安軍使兼知瓊州萬安縣』稱呼，其倉庫受納、支遣，係主簿本職，兼兵官係極邊，與黎人相接，難以廢罷。」詔倉庫、糧料院等印記，並依舊行使，廂、禁軍依舊就本軍勘請。仍仰瓊州通判每季詣軍取索，驅磨點檢。所有本軍陵水縣依舊隸瓊州。差縣令一員，兼主簿職事，存留水陸巡檢，兼尉司職事。餘從之。

紹興九年十一月三日，詔：「新復州軍，民户未全歸業，官吏猥衆，難以贍給。仰逐路監司相度，縣鎮有民户稀少去處，權行省併，以寬民力。限一月措置聞奏。」

紹興十三年九月五日，詔復瓊州寧遠縣爲吉陽軍，萬寧縣爲萬安軍，宜倫縣爲昌化軍，並免隸瓊州。今後止差軍使兼知倚郭縣事。

十四年三月十七日，詔階、成、西和、鳳州併屬利州路。

十月三日，詔：「昌化軍、萬安軍、吉陽軍依舊爲軍，差置守臣，其餘元管屬縣仍舊撥隸逐軍。合置官屬等，並依紹興五年未廢併以前事理施行。」

二十九年三月二十日，臣僚言：「切見兩淮民事稀簡，官曹猥多，乞令漕司省併閑慢窠闕，以寬民力。」詔令帥、漕臣同共審度〔一〕，其合省併員數申尚書省〔二〕。

〔一〕漕臣同共審度　「共」原作「其」，形近而訛，今改。
〔二〕其合省併員數申尚書省　「其」，上古本徑改作「具」，或是。

紹興二十九年七月三日，淮南路轉運判官孟處義言：「真州軍事推官一員，緣民事稀簡，可以省廢，併在城都酒務見係雙員，欲減一員。」吏部勘會，欲依所乞，將見任人令滿今任日省廢，其差下人依省罷法。詔依，其見任人如願省罷者聽。

紹興三十二年六月十八日，孝宗即位未改元。禮部侍郎黄中等言：「乞照國朝故事，天下山川、地名、人姓名及州、府、軍、監、縣、鎮官司及敕賜名額寺觀取旨，有犯御名者合易。」從之。

諸城修改移并

【題解】本門見方域二之二四至二五、八之一至九之二九、一九之四七至四九，大典卷八〇六三至八一〇七「城」字韻「城名」事目收録。方域八之一第八行「宋會要」下有整理者所批草書標目「修城」，下又楷書批「諸城修改移并上」，方域九之一「全唐文」下有整理者批「諸城修改移并下」，清本即以「諸城修改移并」爲門名，今從清本。本門輯自大典卷八〇六三至八一〇七，宋會要體例結構已被打散。由於輯稿内容散亂，故整理者眉批宋代路名，欲行校正，清本即據此分路編排，且將眉批路名録入正文。又輯稿及補編往往於「宋會要」下或頁眉處題寫「某城」，多屬明人稱呼，查今存大典卷八〇九一至八〇九三，實爲事目名，非會要原有。就輯文内容看，有屬地理性質的，如「綏德（州）城，在陝西鄜延路，熙寧二年廢綏州置」，與市鎮門相類，亦有先地理後編年者，但大多爲編年體。故大典或摘自會要不同門目。

今次整理，暫不變動門目，僅調整其内容。首先，删去複文。大典卷八〇六七「軍城」事目引有本門「政和元年正月二十六日」條，屬複文，已爲輯稿整理者删落，今見補編頁三二五。方域八之三三「古烏延城」實摘自鄜延路經略使副沈括、種諤之奏章，其全文見方域一九之四七至四九，題爲「請城山界」，屬複文無疑，今删。方域九之三〇「澄州」事目亦屬複文，參見本書州縣陞降廢置門「澄州」條校記，今删。

其次，處理事目名。事目名「某城」多爲大典編者所添，亦有摘自會要者。大典編者所添則删去，並出校記予以説明；摘自會要者須區别對待。如方域八之二五「震武城」云：「湟州震武城，政和六年以古骨龍城改。」同頁「安羌城」云：「宣和六年以溢機堡改。」前者事目名應删，後者則需補入正文文首，皆出注説明。

再次，本門先録地理部分，包括先地理後編年者，依市鎮門逐路州軍例重加編排，州軍名及路名缺失者，皆據市鎮、州縣升降廢置門增補。

最後，編年部分依時間順序重新編排，並置於地理之後。

此外，本門有六條見諸堡門，一條見諸寨門，一條見諸寨雜録門，今皆兩存。

〔東京開封府〕

清陽城〔一〕。宣和三年，以開封府中牟縣紂王城改作清陽城〔二〕。

〔一〕按原眉批「京畿路」。「清陽城」原爲事目名，今補入正文。本條原文當爲「中牟縣清陽城，宣和三年，以紂王城改」。又按本條原在方域八之一二。

〔二〕以開封府中牟縣紂王城改作清陽城　「清陽」，宋史卷八五地理志一作「青陽」。

[河北路]

[東路]

瀛州肅寧城〔一〕。雍熙中置，名平虜寨〔二〕。淳化二年改平虜城，景德二年改今名〔三〕。

〔一〕本條前原有事目名「肅寧縣城」。按嘉靖河間府志卷一沿革載，肅寧城原爲平虜砦，景德二年改，金更爲縣，元、明因之。故「肅寧縣城」爲大典編者所添，今删。又按本條原在方域八之一六。

〔二〕名平虜寨　「寨」上原衍「橋」字，據方域五之二八、玉海卷一七四景德肅寧城、通考卷三一六輿地考二、宋史卷八六地理志二删。按宋史卷二五九皇甫繼明傳、卷二八九范廷召傳均有「平虜橋寨」之記載，當考。

〔三〕景德二年改今名　「二年」，方域五之二八、宋史卷八六地理志二同，隆平集卷一郡縣、長編卷五八景德元年十二月甲辰條、玉海卷一七四景德肅寧城皆作「元年」。

〔陝西〕

〔鄜延路〕

綏德城〔一〕。在陝西鄜延路，熙寧二年廢綏州置。

咸平四年閏十二月十日〔二〕，命比部員外郎、直史館洪湛，侍禁、閤門祗候程順奇，乘傳按視城綏州利害以聞。初，帝與輔臣謀修此州，而群議不一。至是，詔中書、樞密院會議，而呂蒙正、王旦、王欽若以爲修之不便；李沆言修之便，然恐勞民；向敏中、周瑩、王繼英、馮拯、陳堯叟皆以修之便。帝以境土遐邈，未能周知其事，命湛等往視之。十九日，詔築綏州城。時程順奇使還，言於石、隰州沿邊相度建城，詢於吏民，其利有七而害有二。帝召宰臣於便殿，出湛等奏，曰：「利害昭然，卿等所見如何？」蒙正曰：「利多害少，乞行興修〔三〕。」故命築之。

五年正月十日，以西上閤門使孫全照爲石隰州兵馬鈐轄，屯綏州，經度修城事。二月十一日，詔曰：「昨議修復綏州，已興力役，詢於僉衆，猶或異同。因令知天雄軍、工部侍郎錢若水與并代州駐泊鈐轄陳興乘傳詳度之〔四〕，儻有所便利，即令施功，如其不然，可亟罷之〔五〕。」四月七日，若水言：「奉詔與陳興詳度重修綏州利害〔六〕，尋領兵過河，遍視荒廢城壘，用工計百餘萬，材植難致，又須廣屯田兵，百姓渡河運糧艱阻，久長計之，有害無利。所有防兵、役夫及所運糧，悉已停罷。」詔從之。一時言事者請城綏州，屯兵積穀，以遏党項。及邊臣互言利害，前後遣使數輩按視，不能決。時已大發丁夫，將興其役，帝以其地敻絶難守，特命錢若水馳往規度，事有不可，即罷其役。近臣有執前議者，帝曰：「太宗罄四海之力克平河東，近靈武失守，今如更城綏州，又須輦運芻糧，重費民力。河東久安，不可虚致困匱。」既而若水上言：「綏州頃爲内地，民賦登集，尚須旁郡轉餉。自賜趙保忠以來，人户凋殘，今復城之，即須廣屯戍兵，倍於往日，則芻糧之給，全仰於河東。其地隔黄河、大小鐵碣二山〔七〕，又城下有無定河，緩急用兵，輸送艱阻。且其地險，若修葺未備，蕃寇奔衝，即難於固守。況此州城邑焚毁，無尺椽片瓦，所過山林無巨木，不堪采用，徒爲煩擾，絶無所利。」若水即罷其役，後詣闕面陳其事〔八〕，帝嘉納之。

元豐七年正月十九日，陝西漕臣范純粹言：「綏德城當寇衝，請立軍，以六城砦隸焉〔九〕。」在州東北二百三十里。〔一〇〕

〔一〕綏德城　此三字原有，爲整理者删去，今據大典卷八〇八九「城」字韻城名事目引會要回補。本條前原有事目名「綏德州城」，按大明清類天文分野之書卷一三綏德州載，熙寧二年，廢綏州爲綏德城，元符改爲軍，金升綏德州，元、明因之。故「綏德州城」爲大典編者所添，今删。本條原文當爲「綏德城，熙寧二年廢綏州置」。又按原眉批「鄜延路」。本條原在方域八之三〇至三二。

〔二〕咸平四年閏十二月十日　按洪湛、程順奇被命按視城綏州利害，長編卷五〇繫於咸平四年十二月十日丁未；詔築綏州城，長編繫於是年閏十二月十九日丙戌。然輯稿記洪湛等按視在閏十二月十日，使還在是月十九日，汴京距綏州千餘里，實不可能。輯稿誤，當從長編。

〔三〕乞行興修　「興」原作「與」，形近而訛，今改。

〔四〕因令知天雄軍工部侍郎錢若水與并代州駐泊鈐轄陳興乘傳詳度之　「鈐轄」原缺，據宋大詔令集卷二一三遣錢若水詳度修復綏州詔及長編卷五一咸平五年二月丁丑條補。又「因」，宋大詔令集作「宜」。

〔五〕可亟罷之　「亟」原作「至」，據宋大詔令集卷二一三遣錢若水詳度修復綏州詔改。

〔六〕奉詔與陳興詳度重修綏州利害　「害」字原缺，據大典卷八〇八九「城」字韻城名事目引會要補。

〔七〕大小鐵碣二山　「碣」原作「鍻」，據太平治跡統類卷五真宗經制西夏、長編卷五一咸平五年四月辛未條及宋史卷二六六錢若水傳改。

〔八〕後詣闕面陳其事　「闕」原作「關」，「面」原作「西」，據長編卷五一咸平五年四月辛未條、宋史卷二六六錢若水傳改。

〔九〕以六城砦隸焉　「六」原作「七」，據方域五之四一、長編卷三四二元豐七年正月己未條改。

〔一〇〕按本條亦見玉海卷一七四熙寧綏德城，文字甚至小注皆同。

「綏德軍」銀川城〔一〕。在今神木縣〔二〕，崇寧五年以銀州改。

〔一〕按原眉批「永興軍路」。本條原文當爲「綏德軍　銀川城，崇寧五年以銀州改」。

按本條原在方域八之三二。

〔二〕在今神木縣　神木縣乃明代地名，此句疑大典按語，非會要文字。

［保安軍］金湯城〔一〕。舊金湯新寨，元符二年改。

〔一〕按本條前原有事目名「金湯古城」，爲大典編者所添，今删。又按原眉批「永興軍路」。本條原在方域八之三〇。

［環慶路］

慶州耳朵城〔一〕。大中祥符元年築。

〔一〕按本條前原有事目名「耳朵城」，今删。本條原在方域八之二七。

大順城〔一〕。慶曆二年，范仲淹於慶州柔遠寨東北四十里大順川建城，四月辛巳，詔城名大順。張載爲之記。

〔一〕大順城　原爲事目名，今移至正文文首。按大順城，隸慶州。本條原在方域八之二八。又按本條亦見玉海卷一七四慶曆大順城。

〔環州〕興平城〔一〕。舊灰家觜新寨，元符元年改今名。皇城副使兼閤門通事舍人种朴遷文思使〔二〕，以統制兵馬進築興平城、横山寨也。〔三〕

〔一〕本條前原有事目名「興平縣城」。按興平縣屬京兆府，正文興平城隸環州，非爲一城，「興平縣城」誤，今删。又按原眉批「永興軍路」。本條原在方域八之二八。

〔二〕皇城副使兼閤門通事舍人种朴遷文思使　「思」原作「恩」，據長編卷四九六元符元年三月戊辰條改。

〔三〕按本條後有「南牟會新城」條，今删，請見本門「南牟會新城」條校記。又有「甘州城」條，抬頭年號爲「泰定」，原眉批「泰定爲元朝年號，疑嘉定之誤」。上古本以爲確屬元朝事，年號非誤，是，今删。

〔涇原路〕

〔渭州〕籠竿城〔一〕。大中祥符七年修築。天禧元年五月二日，權涇原路駐泊都鈐轄郝榮等言，掘籠竿城壕，自上石門至鎮戎軍功畢。詔獎之，仍賚器帛，賜將士緡錢。

〔一〕籠竿城　按長編卷一三九載，慶曆三年正月辛卯，建籠竿城爲德順軍。按本條以下至「羊牧隆城」原在方域八之三二。

會州德威城〔一〕，在舊清水河，政和六年置。

〔一〕按會州，元符二年復，隸熙河路，崇寧三年改隸涇原路。本條前原有事目名「德威城」，今删。本條原在方域八之二二。

南牟會新城〔一〕。元符二年改爲西安州。

〔一〕南牟會新城　原爲事目名，今移入正文文首。按本條原在方域八之二七，眉批「復」，繼言「不寫」，下文八之二八至二九亦有「南牟會新城」條，原眉批「秦鳳路」，内容相同，今删去後一條。

［德順軍］王家城〔一〕。慶曆四年置，管石門堡，名王家城〔二〕。

〔一〕王家城　原爲事目名，今補於正文文首。按原眉批「涇原路」。

〔二〕管石門堡名王家城　按九域志卷三德順軍、宋史卷八七地理志三均言，水洛城，領王家城、石門堡。上古本疑大典疏誤，當是。

羊牧隆城〔一〕。天禧元年修築，在涇原路〔二〕。

〔一〕按羊牧隆城，隸德順軍，慶曆三年改爲隆德寨，見方域一八之四。又按眉批「涇原路」。

〔二〕在涇原路　當屬大典編者所添。

〔鎮戎軍〕平夏城〔一〕。舊石門城，紹聖四年改。大觀二年改爲懷德軍〔二〕。

紹聖四年九月二十七日，涇原路經略使章楶奏：「昨進築平夏城，首先與臣議論并應副軍興提舉官，并功效顯著，乞優賜推恩。」詔轉官、循資、減磨勘年、陞擢差遣有差。〔三〕

元符元年二月十四日，樞密院言：「近降指揮，令章楶、鍾傳等相度平夏城〔四〕，會合三路兵馬修築。今據章楶、鍾傳奏，候計置糧草及守城之具足備，或乘春草長茂，伺隙進築。乞且依已降朝旨，各於本路進築，候有間隙，即依朝旨施行。續據鍾傳申〔五〕，到渭州與章楶論議正原等處進築，無不合，但投來人通説天都一帶無草〔六〕，候計置有備〔七〕，同共進築。今涇原九羊谷〔八〕、熙河巔耳關，逐路自合先次興築，須於旬日之内了當。其没煙峽口至平夏城止二十里，熙河青南訥心去巔耳關不遠，斟酌機會，乘此修築，一面從長施行。仍仰章楶於新築三城寨增置糧草足備，可以興舉，即關報鍾傳，依所降朝旨，會合三路兵將進築没煙後峽〔九〕、正原等處。」詔令章楶、鍾傳遵依施行，如逐路利害不同，聽各具所見以聞。〔一〇〕

〔一〕本條前原有事目名「平夏城」，今删。按原眉批「涇原路」。本條原在方域八之二六。
〔二〕大觀二年改爲懷德軍　「軍」原作「郡」，據十朝綱要卷一五、通考卷三二二輿地考八、宋史卷八七地理志三改。
〔三〕按本條亦見方域一八之一一至一二，題作「靈平寨」，文字略有差異。又按「靈平寨」繫於元豐四年四月二十七日。
〔四〕鍾傳等相度平夏城　「平夏城」，方域一九之一五、長編卷四九四元符元年二月癸巳條均無，疑衍。

〔五〕續據鍾傳申　「申」原作「中」，據方域一九之一五、長編卷四九四元符元年二月癸巳條改。

〔六〕但投來人通説天都一帶無草　「但投來人通説」原無，「天都」上原衍「天都一帶無不合」，據長編卷四九四元符元年二月癸巳條補删。

〔七〕候計置有備　「候」前原衍「後」字，據方域一九之一五删。按長編卷四九四元符元年二月癸巳條作「俟」。

〔八〕今涇原九羊谷　「涇原」原作「經原」，據方域一九之一五、長編卷四九四元符元年二月癸巳條改。

〔九〕會合三路兵將進築没煙後峽　「合」原作「同」，據方域一九之一五、長編卷四九四元符元年二月癸巳條改。

〔一〇〕按本條亦見方域一九之一五至一六，事目名「新築三寨」。

懷遠城〔一〕。天聖十年，修赤蒿城堡，改今名，隸河州〔二〕。

〔一〕懷遠城　「懷遠」原作「寧遠」，據方域八之二七、長編卷一一一明道元年十月甲寅條改。「懷遠城」原爲事目名，今移入正文文首。本條原在方域八之二二。

〔二〕隸河州　此爲大典編者所添。按方域八之二七、長編卷一一一明道元年十月甲寅條、宋史卷八七地理志三皆載，懷遠城（赤蒿城）隸鎮戎軍。此處誤。

明道元年十月甲寅，鎮戎軍新修赤藁城，名爲懷遠城。〔一〕

〔一〕本條原在方域八之二七，事目名「懷遠城」。今删事目名并改移於此。按本條亦見方域八之二二，誤作「寧遠城」，文字與玉海卷一七四明道懷遠城同，或非會要文。

〔秦鳳路〕

〔秦州〕伏羌城〔一〕。建隆三年置〔二〕，管小寨十一，曰得勝、榆林、大像、菜園、採長、新舊水谷、欏林〔三〕、丙龍、石人鋪寨、駝項。熙寧三年，增置南城，改寨爲城。

熙寧三年二月二十八日，秦鳳路經略使李師中言，廢山丹、納迷、乾川三堡〔四〕，增收秦州伏羌寨爲城。從之。〔五〕

〔一〕伏羌城　原爲事目名，今移入正文文首。本條以下至「定西城」原在方域八之二二。

〔二〕建隆三年置　「三年」，輿地廣記卷一五秦州、九域志卷三秦州、玉海卷一七四熙寧綏德城皆作「二年」，輯稿或誤。

〔三〕欏林　「欏」原作「聖」，據九域志卷三秦州、宋史卷八七地理志三改。

〔四〕乾川三堡　「乾」字原缺，據方域二〇之一、宋史卷八七地理志三補。

〔五〕按本條亦見方域二〇之一，事目名「山丹堡」。

韓公城〔一〕。慶曆初，守臣韓琦以秦州東西城外有民居、軍營，恐資寇，元年十月己卯，詔增築外城，乃廣外城十一里〔二〕，與内城聯合爲一城。秦民德之，號韓公城。興功於元年十月三日，成於二年正月二十七日，廣四千一百步，高三丈五尺，計工三百萬。一云東西關城。

元豐七年二月三日，賜秦州度僧牒百一十五修城。

〔一〕韓公城　原爲事目名，今移入正文文首。

〔二〕乃廣外城十一里　「十一」，長編卷一三五慶曆二年正月辛未條作「十」。

〔通遠軍〕定西城〔一〕。元豐四年，於通遠軍北一百二十里置定西城。元豐五年，以定西城易置通遠軍，以汝遮堡爲定西城。

元豐六年閏六月十四〔二〕，熙河蘭會路制置使司上增築定西城、通西寨文武官功狀〔三〕。詔：「五等皆賜銀、絹：第一等四人，三百匹兩；第二等一人，二百；第三等六十六人，百五十；第四等十三人，百；第五等二十七人，七十。」〔四〕

〔一〕定西城　原爲事目名，今移入正文文首。原眉批「熙河路」。按長編卷二三三、二三九載，通遠軍，熙寧五年五月辛巳以古渭寨置，是年十月戊戌設熙河路，以通遠軍隸之。又按宋史卷八七地理志三載，秦鳳路轄秦、隴等五州及通遠軍，「其後割通遠軍屬熙河」。或熙寧五年五月建通遠軍時，屬秦鳳路，當年十月改隸新設之熙河路。本書市鎮門歸之於秦鳳路，今亦依此例附於秦鳳路下。

〔二〕元豐六年閏六月十四　「閏六月」原作「閏七月」，據方域一八之三〇、長編卷三三六元豐六年閏六月戊子條改。

〔三〕熙河蘭會路制置使司上增築定西城通西寨文武官功狀　「制置」原倒，「通西」原作「通四」，據方域一八之三〇、長編卷三三六元豐六年閏六月戊子條乙改。

〔四〕「兩第二等一人」以下原缺，據方域一八之三〇補。按「六十六人」，長編卷三三六元豐六年閏六月戊子條作「六十五人」。又按本條亦見方域一八之三〇，文字略有差異。

〔熙河路〕

〔熙州〕安羌城〔一〕。宣和六年以溢機堡改。

〔一〕安羌城　原爲事目名，今移入正文文首。按宋史卷八七地理志三熙州下載有安羌城，且言：「不知屬何州軍，姑附於此。」今從宋史亦附於熙州。本條原在方域八之二五。

〔河州〕定羌城〔一〕，熙寧七年置〔二〕，在河州境〔三〕。

〔一〕本條前原有事目名「定羌城」，今删。按原眉批「以下俱秦鳳路」。本條原在方域八之二二。

〔二〕熙寧七年置　「七年」，九域志卷三河州、宋史卷八七地理志三同，長編卷二四五熙寧六年五月丙午條、玉海卷一七四熙寧綏德城均作「六年」。

〔三〕在河州境　此爲大典編者所添，「河州」原當在「安羌城」前。

臨洮城〔一〕。大觀二年改爲洮州〔二〕。

〔一〕臨洮城　原爲事目名，今補入正文文首。按本條及下文「震武城」原在方域八之二五。

〔二〕大觀二年改爲洮州　「二年」原作「大年」，據長編紀事本末卷一四〇收復洮州積石軍、通考卷三二二輿地考八、宋史卷八七地理志三改。

湟州震武城〔一〕，政和六年以古骨龍城改。

〔一〕本條前原有事目名「震武城」，今删。

蕃市城〔一〕。紹聖四年正月二十四日，以知通遠軍康謂等修築畢工，賜銀絹有差。

〔一〕本條前原有事目名「蕃市城」，今删。按宋史卷二〇徽宗紀二有夏人攻「湟州北蕃市城」之記載，故蕃市城當隸湟州。又按原眉批「以下環慶路」。本條原在方域八之二七。

來賓城〔一〕。崇寧三年以乩當川置〔二〕。

〔一〕本條前原有事目名「來賓縣城」，今删。按宋史卷八七地理志三，來賓城屬湟州（樂州）。又來賓縣，宋屬象州，明屬柳州府。來賓城非來賓縣城。又按原眉批「秦鳳路」。本條原在方域八之二一。

〔二〕崇寧三年以乩當川置　「三年」，宋史卷八七地理志三同，輯稿兵九之五、長編紀事本末卷一三九收復湟州均作「二年」，且長編紀事本末略作考證，以爲賜名當在二年，三年「追言之」，或是。

〔河東路〕

震威城〔一〕，在府州〔二〕，舊鐵爐骨堆新寨，宣和六年改爲震威城。

〔一〕按眉批「河東路」。本條原在方域八之三三。

〔二〕在府州　此爲大典編者所添，「府州」原當在文首「震威城」前。

〔潼川府路〕

〔瀘州〕江縣樂共城〔一〕，元豐四年置〔二〕。

〔一〕江縣樂共城　按九域志卷七瀘州載，樂共城，在瀘州西南二百六十里，江安縣，在州西南一百一十五里，兩地相近。又明一統志卷七二瀘州載，樂共城，後併入江安縣。上古本以爲「江」下脱一「安」字，即「江安縣樂共城」，或是。本條前原有事目名「樂共城」，今删。按原眉批「潼川府路」。本條及下文「播川城」原在方域九之二六。

〔二〕元豐四年置　「四年」，宋史卷八九地理志五同，九域志卷七瀘州、長編卷三三一則作「五年」。

［夔州路］

［南平軍］播川城〔一〕。宣和三年以播州并播川縣改。

〔一〕本條前原有事目名「播川城」，今删。按原眉批「夔州路」。

雍熙三年八月六日〔一〕，河北營田使樊知古請修城木五百萬〔二〕、牛革三百萬。帝曰：「萬里長城豈在於此？自古匈奴、黄河世爲中國之患〔三〕，朕即位以來，疆埸無事則有河堤之役。近日邊烽稍警〔四〕，大河尋即安流，此蓋天意更迭垂戒，常令惕厲。然備豫不虞，古之善教，深溝高壘，亦王公設險之義。知古所請過當，重困吾民。」第詔有司量以官物給之。〔五〕

〔一〕雍熙三年八月六日　按輯稿食貨二之一、玉海卷一七七端拱河北營田、通考卷七田賦考七、宋史卷九五河渠志五、卷二七六樊知古傳皆載，端拱二年，以樊知古爲河北西路招置營田使，且宋史本傳隨後便記其奏請修城木及牛革事。故「雍熙」或「端拱」之誤。

〔二〕河北營田使樊知古請修城木五百萬　「五」字原缺，據宋史卷二七六樊知古傳補。

〔三〕黄河世爲中國之患　「世」，宋史卷二七六樊知古傳作「互」，按後文内容，當以「互」爲是。

〔四〕近日邊烽稍警　「烽」原作「蜂」，據宋史卷二七六樊知古傳改。

〔五〕本條原在方域八之一，屬「修城」事目，以下屬編年部分。

淳化五年四月四日，詔夏州舊城宜令廢毀，居民并遷於綏、銀等州，分以官地給之，長吏倍加存撫。先是，帝以夏州深在沙漠，本姦雄竊據之地，欲隳其城，遷民於綏、銀以來〔一〕。因問宰相夏州建置之始，吕蒙正等對曰：「昔赫連勃勃，後魏道武末僭稱大夏天王，自云徽赫與天連，又號其支庶爲鐵伐氏，云剛鋭如鐵，可以伐人。蒸土築城，號曰『統萬』，言其統領衆多也。自赫連築城已來，頗與關右爲患，今遷於内地，斯萬世之利也。」帝從之。〔二〕

〔一〕遷民於綏銀以來　此句疑有誤，長編卷三五淳化五年四月甲申條作「遷民於銀、綏間」。

〔二〕本條原在方域八之三二，屬「統萬城」事目。

咸平三年九月五日，詔并州舊城内人户等曰：「先皇帝親總鋭師，削平多壘。眷言編俗，咸與惟新，爰徙郡城，就安吉壤。如聞編户猶復陽曲重遷，非國家興利除害之意。其并州故城，委轉運司告諭人户，勿復居止。有見居者，給限半月〔一〕，令徙新城及平晋縣、祁溝等處并側近州縣鎮内，請占官地住居，見耕種城内者，許於故城外請係官田土住居耕種〔二〕。應故城内税物悉除之。」時參知政事向敏中等奏：「并州舊城，朝廷先已毁廢，其人户不合就彼居住，乞並令起移。」故有是詔。〔三〕

〔一〕給限半月　「給」上原衍「縣」字，據宋大詔令集卷一九八禁并州故城内居止耕種詔删。又「半月」，宋大詔令集作「百日」。
〔二〕許於故城外請係官田土住居耕種　「請」字原缺，據宋大詔令集卷一九八禁并州故城内居止耕種詔補。
〔三〕本條原在方域八之三四，屬「太原府城」事目，原眉批「河東路」。

咸平四年四月十八日，知益州雷有終、轉運使馬亮等言：「準詔商度毁本州羊馬城濠利害，竊以郡國城隍，其來久矣，蓋所以聚民居而防他盗也。本州頃歲李順之亂，賊自外攻〔一〕，即日而陷，此城池頽圮之咎也。去歲王均之叛〔二〕，姦由内作〔三〕，經年自固，此城池完葺之咎也。然而理亂之事，雖繫於人，亦關冥數，非可預測。況此城頃因蠻人來寇〔四〕，民受塗炭，至唐天成三年，節度使孟知祥遂謀創築。若緣均賊前事〔五〕，誠合去除，又慮異時寇盗外攻，復資爲備，欲請仍舊不毁。」從之。〔六〕

〔一〕賊自外攻　「自」原作「内」，據長編卷四八咸平四年四月己未條改。
〔二〕去歲王均之叛　「王均」原作「三由」，據長編卷四八咸平四年四月己未條改。
〔三〕姦由内作　「由」原作「申」，據長編卷四八咸平四年四月己未條改。
〔四〕況此城頃因蠻人來寇　「頃」原作「頎」，據長編卷四八咸平四年四月己未條改。
〔五〕若緣均賊前事　「均」，長編卷四八咸平四年四月己未條作「軍」。
〔六〕本條原在方域九之二五，屬「成都府城」事目，原眉批「成都府路」。

咸平四年八月七日，陝西轉運使劉綜請於浦洛河建城爲軍，帝曰：「頗有臣僚曾獻此議，且城郭既立，又須屯兵，屯兵不多，寇來不可悉戰，止閉壁自守，則軍城之立未見其長。」呂蒙正曰：「聖慮所及，深得理要，願罷其請。」從之。〔一〕

〔一〕本條原在方域八之一，屬「修城」事目。

咸平五年十月二十九日〔一〕，豐州言：「修城工畢，而城中乏水，欲增築護水城闉門〔二〕，就汲澗水。」帝曰：「豐州迂僻，不足爲邊隅扞蔽，故用首領王承美爲守將，令自庇一方。爾後總管司發軍戍守，非獨外分兵力，且又重勞河東饋輓。昨已爲葺城，今又欲再興版築，非所以惜費而愛民也。不若量留戍兵，扞部族之耕種，如寇至，即歸總管司，併力拒戰，足以張軍勢而免勞内地民力也。」〔三〕

〔一〕咸平五年十月二十九日　「咸平」原作「元和」，據長編卷五三咸平五年十月癸未條改。按原眉批「『元和』疑『元豐』之誤」，清本小注亦同，誤。文中所言之王承美，宋史卷二五三有傳，其在太宗、真宗時，先後任豐州團練使、防禦使，故從長編。

〔二〕欲增築護水城闉門　「護」原作「獲」，據長編卷五三咸平五年十月癸未條改。

〔三〕本條原在方域八之三四，屬「豐州古城」事目，原眉批「河東路」。

咸平六年六月六日，定州都總管司言：「定州蒲陰縣居中山、寧邊軍之間，當高陽關會兵之路，合再興葺。」帝曰：「言修此城量屯戍兵者甚衆，宜可其奏。」〔一〕

〔一〕本條原在方域八之一七，屬「蒲陰故城」事目。

景德元年四月二十九日，詔：「沿邊州軍役人修城隍，宜令官吏常切按視，飲食以時，均其勞逸，無過督責，致其逃亡。其北平寨築堤導河水灌才良淀者，宜罷之。」先是，帝以北邊工役煩重，漸及炎夏，慮使者不能優恤。又周懷政自北面來，帝閱地圖，以才良淀地極卑下，至夏秋自有積水，不必勞役，故有是詔。〔一〕

〔一〕本條原在方域八之一至二，屬「修城」事目，原眉批「河北路」。

景德元年九月二十四日，詔諭祁州軍民等：「朝廷已令修築蒲陰城爲祁州，去舊州百里許，將議遷焉，各宜知委。」先是，帝曰：「祁州城池不當要害，素不修完，將來戎人奔衝，已議更不固守。雖曾遣使密諭朝旨，候至時令入近便城寨，其城中人民未知，恐爲官司所誤。」故有是詔。又詔：「祁州葺蒲陰縣，徙居民廬舍，遷廨宇營壘，漸向冬寒，土功勞擾，所有官吏自來承受宣敕、公案、簿籍等，並且於舊州收管，候至來春修築畢日移置。其舊州内外百姓等，如情願往新州居止及欲徙於他州、只在舊處者，並聽。」先是，河北轉運司言，欲廣蒲陰縣城西北面各三里，以舊城墻爲子城，其舊城百姓並令於新城及草市内分布居止，所占蒲陰縣民税田，除許自占外，餘者蠲其租。舊州自來屯兵，不通漕運，令新城濱河路，易致軍食，甚便。故有是詔。監察御史裏行李京言：「近聞契丹築二城於西北，南接代郡，西交元昊，廣袤數百里，盡徙緣邊生户及豐州、麟州被虜人口居之，使絶歸漢之路，違先朝誓書，爲賊聲援，其蓄計不淺。況國家前年方修河北沿邊故蒲陰城，再盟之後，尋即罷役。請下河東安撫司，詰其因依，或因賀乾元節使人還，責以信誓，使罷修二城，以破未然之患。」從之。〔一〕

〔一〕按「監察御史裏行」至「絶歸漢之路違」原缺，據長編卷一四八慶曆四年四月乙未條補。本條原在方域八之一七至一八，屬「蒲陰故城」事目。

景德元年十月四日，知澶州張秉言，已調集丁壯修葺州城。帝以戎寇在境〔一〕，而内地遽有完葺，恐摇人心，命亟罷之。〔二〕

〔一〕帝以戎寇在境　「寇」原作「冠」，據長編卷五八景德元年十月甲申條改。
〔二〕本條原在方域八之一九，屬「澶州城」事目，原眉批「河北」。

二年三月十八日，詔河北諸州軍城敵樓、戰棚有隳損者，即葺之。慮兵罷而列郡廢怠故也〔一〕。

〔一〕慮兵罷而列郡廢怠故也　「兵」字原脱，據長編卷五九景德二年三月丙寅條補。

三年二月十五日〔一〕，詔：「聞貝州調民修城，頗亦勞苦，即罷之，第用州兵以漸給役。」

〔一〕三年二月十五日　按長編卷六二繫於景德三年二月二十六日己亥。

四年三月五日，詔近徙祁州，而頗爲迫隘，南關舊城令葺以裨益之。

四年十月一日，詔河北諸州軍增葺城池樓櫓之具，令轉運使、沿邊安撫都監分往檢校。〔一〕

〔一〕以上四條原在方域八之二，屬「修城」事目。

大中祥符八年正月十七日，詔徙棣州城於州之西北七十里陽信縣界八方寺〔一〕，即高阜居之。先是，河北運使李士衡言：「棣州河流高於郡城者丈餘，朝廷累年役兵修固，蓋念徙城重勞民力。而去冬已來，蹙淩冰下，尚有衝注，如解凍之後，河流迅奔，必有決溢之患。今請移州於陽信縣界，改築城邑，以今年捍隄軍士助役，則永久甚利。」詔可，仍命度支判官張續〔二〕、内侍押班周文質乘傳與士衡等同涖其事〔三〕。因降詔諭棣州官吏、僧道、百姓等，仍月給本州公用錢十萬，許造酒，每月三犒軍校，兩月一賜役夫錢。其居口民田，優給以直，常租及浮客食鹽錢悉蠲之，城中居民屋税免一年。

〔一〕大中祥符八年正月十七日詔徙棣州城於州之西北七十里陽信縣界八方寺 「大中祥符八年正月十七日詔徙」據旁批補。

〔二〕仍命度支判官張續 「張續」，長編卷八四大中祥符八年正月戊戌條作「張績」。

〔三〕内侍押班周文質乘傳與士衡等同涖其事 「侍」字原脱，據長編卷八四大中祥符八年正月戊戌條補。

大中祥符八年三月二十一日，棣州新城畢，以圖來上。舊城廣袤九里，今總十二里，郡民所居悉如舊而給之。其外創營宇廨舍。賜役夫緡錢，仍宴犒官吏、將士。帝以執役有死亡者，又遣使命僧爲水陸齋。〔一〕

〔一〕以上兩條原在方域八之一四，屬「棣州故城」事目，原眉批「河北路」。

真宗大中祥符九年三月二十五日〔一〕，秦州請築南市城〔二〕，從之。是城本曰南使，蕃語訛謂之南市。西南抵秦州百五十里，去渭州籠竿城八十里，秦、渭相接，控扼西戎之要也。

曹瑋請用秦、渭五州兵及近寨弓箭手守城而居焉〔三〕。異日戍兵代還，則別募勇士三千爲南市城弓箭手處之〔四〕。

〔一〕真宗大中祥符九年三月二十五日　按長編卷八六繫於大中祥符九年三月二日丙午。
〔二〕秦州請築南市城　「南市城」原倒作「城南市」，據後文及長編卷八六大中祥符九年三月丙午條乙正。
〔三〕渭五州兵及近寨弓箭手守城而居焉　「及」原作「泊」，據長編卷八六大中祥符九年三月丙午條改。
〔四〕則別募勇士三千爲南市城弓箭手處之　「募」原作「慕」，據長編卷八六大中祥符九年三月丙午條改。按本條原在方域八之二三，屬「南市城」事目。

天禧元年八月十六日，詔雄州李允則：「自今如城壘頹壞，壕塹堙塞〔一〕，即漸令修完，不得創有興修，及差役近上禁兵。」初，允則於本州大修門户墻塹，帝聞之，故有是詔。

〔一〕壕塹堙塞　「堙塞」原作「埡寨」。按輯稿食貨八之四九有「渠道堙塞」，方域一六之二九有「溝河堙塞」，故改。

天禧三年五月二十五日，河北沿邊安撫司言：「準詔規度雄州城北甕城〔一〕，其地甚廣，兼有準備材木，望令本州漸蓋舍屋，冀行旅往來，有所障蔽。」從之。〔二〕

〔一〕準詔規度雄州城北甕城　「甕」原作「擁」，據長編卷九三天禧三年五月辛巳條改。
〔二〕以上兩條原在方域八之一八，屬「雄縣城」事目。

仁宗天聖三年五月八日，廣南西路提點刑獄、轉運司言：「相度鄭天益請移懷遠軍城并古陽縣及都巡檢廨宇，就江口寨鎮江西岸起置，控扼安化等州處蠻人出入，久遠甚爲穩便。」初，帝慮勞百姓，令本路相度，及言省功便民，從之。〔一〕

〔一〕本條原在方域八之一，屬「懷遠城」事目，眉批「廣南西路，移後」。

天聖三年八月四日，河北轉運使言：「沿邊州軍霖潦之後，修浚城隍功料甚大，役兵不足，欲伺農隙差鄉村強壯共力營葺。」從之。〔一〕

〔一〕本條原在方域八之二，屬「修城」事目。

六年九月十四日，詔：「河北沿邊及近裏州軍城壁，令逐處總管、知州軍、同判、鈐轄、都監，如城池、敵樓、壕塹等摧損，亦并修之。」自通和已來，只修近邊州城，今并力修飾之。又詔天雄軍城壁并敵樓年深，候將來檢計修御河、漳河時，併城壕密令檢計，差夫修之。〔一〕

〔一〕本條原在方域八之二，屬「修城」事目。

明道元年十二月二十二日，河北轉運司言：「相度高陽關城壕開淘，別無妨礙。」詔自今

春秋但作渥城取土〔一〕，漸次開浚，不得張皇。〔二〕

〔一〕詔自今春秋但作渥城取土　「渥城」，清本眉批「疑增修城或掘土修城」。

〔二〕本條原在方域八之二，屬「修城」事目。

景祐四年五月十七日，廣南東路轉運司言：「廣州任中師奏，城壁摧塌，乞差人夫添修，欲依中師所請。」詔廣州更不差夫，只那合役兵士，先從摧塌及緊要處修整。〔一〕

〔一〕本條原在方域九之二七，屬「廣州府城」事目，原眉批「廣南東路」。

康定元年三月五日，詔：「陝府以西城池，令都轉運司相度，除近邊衝要之處即依前敕催督修築，自餘州郡止以役兵漸次興葺，無得差率人夫，致妨農務。」〔一〕

〔一〕本條原在方域八之二，屬「修城」事目。

康定元年四月十五日〔一〕，陝西安撫使韓琦等言：「慶、鄜、涇三州修城，有妨農種，復少兵士以代夫役。今請聽富民獻力，自顧人夫修築三萬功者，與太廟齋郎，五萬功與試監簿或同學究出身，七萬功與簿尉，八萬功與借職，十萬功與奉職。」從之。〔二〕

〔一〕康定元年四月十五日 「十五日」原作「十九日」，按長編卷一二七繫於康定元年四月十五日己亥，并注云：「會要康定元年四月十五日事，十五日己亥。」據改。

〔二〕本條原在方域八之二至三，屬「修城」事目。

康定二年九月三日，知澶州張觀言：「修城合用敵樓、戰棚，取今月二日興工。」詔緩其造作，毋得張皇搔擾，城制不得過三十尺。〔一〕

〔一〕本條原在方域八之一九，屬「澶州城」事目。

慶曆元年七月，詔：「河北、河東近經霖雨，恐城壁墊壞及甲鎧、弓弩損濕。其令轉運、安撫司點檢完葺，及所部有衰疾不任職者，選吏代之〔一〕。」

〔一〕選吏代之 「選」原作「遷」，據長編卷一三三慶曆元年七月改。按本條原在方域八之三，屬「修城」事目。

三年正月十九日〔一〕，以提點河北路刑獄王儀提舉本路修葺城池、器械，及置堡寨烽火、教閱軍陣、市馬等事。〔二〕

〔一〕三年正月十九日 按長編卷一三七繫於慶曆二年六月十九日庚寅。

〔二〕本條原在方域八之三，屬「修城」事目。

二十六日〔一〕，詔河北轉運、提點刑獄、安撫司提舉修完城壘。〔二〕

〔一〕二十六日　按長編卷一三九繫於慶曆三年正月二十六日乙未。
〔二〕本條原在方域八之三，屬「修城」事目。

慶曆四年八月十二日，知青州陳執中言：「奉詔權罷修州城，契丹雖遣使再盟，然未保其情虛實，恐未可遽罷防守之備。況秋稼大成，人心樂於集事，舊城比已興功剗削，高下可窺，若遂中止，它日不免重困於民。乞乘時完葺。」從之。〔一〕

〔一〕本條原在方域八之一四，屬「青州府城」事目，原眉批「京東東路」。

慶曆五年五月八日，資政殿學士、知曹州任中師請修廣州子城，仍請置巡海水軍兩指揮，從之。中師嘗知廣州，以州獨有子城而廢久不修，恐緩急有盜，不足以守禦也。〔一〕

〔一〕本條原在方域九之二七，屬「廣州府城」事目。

五年七月七日，步軍都虞候狄青言：「西事以來，極邊州軍並已完固，次邊不曾修葺，西賊直至涇川，人大驚逃，蓋爲城壁未完。今西賊納款，乞將次邊州軍因暇興修。」詔令陝西轉

運司相度施行。〔一〕

〔一〕本條原在方域八之三，屬「修城」事目。

慶曆七年二月二十三日，河北安撫司言：「瀛州修北關城甚是張皇，竊慮引惹生事，欲乞住修。」從之。

六月十九日，北京賈昌朝言：「勘會瀛州昨展州關城，已填塞大壕空歇不便。緣諸處緊占兵士，無應副功役。欲乞且令開撅，放水通流，候今秋河上諸處休閑兵士，即併手修築。」從之。〔一〕

〔一〕以上兩條原在方域八之一九，屬「瀛州城」事目，眉批「河北路」。按方域八之一九至二〇亦有「瀛州城」，文字相同，故删。

慶曆八年九月十四日，詔河北沿邊修城軍士月給特支錢。〔一〕

〔一〕本條原在方域八之三，屬「修城」事目。

皇祐元年三月二十四日，臣僚上言，江淮城壁缺落，乞特加修葺。詔以透賊謾説量葺之〔一〕。

〔一〕詔以透賊謾説量葺之　按「透」，清本眉批「疑『邊』」，或是。按本條原在方域八之三，屬「修城」事目。

皇祐四年十一月二十九日〔一〕，詔知廣州魏瓘、廣東轉運使元絳：「凡守禦之備，毋得苟且而爲之。若民不暫勞，則不能以久安。其廣州城池，當募蕃漢豪户及丁壯併力修完之。若無捍敵之計，但習水戰，寇至而鬭，非完策也。」時儂智高還據邕州，日采木造舟，而揚言復趨廣州故也。

〔一〕皇祐四年十一月二十九日　「十一月」原作「十月」，按長編卷一七三繫於皇祐四年十一月二十九日庚午，輯稿蕃夷五之六三亦作十一月，據補。

五年五月二十三日，詔諸路城池據衝要者即修築之，其餘以漸興工，毋或勞民。〔一〕

〔一〕以上兩條原在方域九之二七，屬「廣州府城」事目。

五年八月二十一日，詔益梓州、夔路轉運司漸修築諸州軍城池〔一〕，毋致動民。時言者以甲午年有蜀變，而諸州軍素無城郭之豫，宜備禦之。及興工，又賜役卒緡錢。〔二〕

〔一〕詔益梓州夔路轉運司漸修築諸州軍城池　按長編卷一七五皇祐五年八月戊午條「梓州」下無「夔」字，點校本校記以爲會要「州」字爲「利」之誤，即益梓州夔路當作益梓利夔路，或是。

〔二〕本條原在方域八之三，屬「修城」事目。

嘉祐二年七月十六日，詔辰州築外城，候工畢，人給鹽三斤。〔一〕

〔一〕本條原在方域九之一七，屬「辰州府城」事目，原眉批「荆湖北路」。

治平四年六月八日，神宗即位未改元。詔河北沿邊當職臣僚常切完城壁、樓櫓、器用。〔一〕

〔一〕本條原在方域八之三，屬「修城」事目。

神宗熙寧元年四月二十三日，龍圖閣直學士吕居簡言：「前知廣州，伏見本州昨經儂賊，後來朝廷累令修築外城，以無土難興修。本州子城東有舊古城一所見存，與今來城基址連接，欲乞通作一城。」詔令廣南東路經略安撫司疾速計度功料，如法修築。本路轉運使王靖乞降空名祠部一千道，付經略司出賣，雇召民夫。詔給祠部五百道。〔一〕

〔一〕按「本路轉運使王靖乞降……詔給祠部五百道」，即見下文「七月十一日」條，内容重複，當删。本條原在方域九之二七，屬「廣州府城」事目。

熙寧元年六月三日〔一〕，李師中言：「准詔勘會昨展置甘谷城所拘占湯谷内田地，係與不係心波等三家，仍令王韶、劉希奭與同蕃部首領標定界至，具詣實以聞。尋令王韶、劉希奭計會高遵裕，同往諸部族内體量。其間有蕃部摽撥卻入官地土數多，今耕種不足者，卻與元獻納内三分給還一分。其弓箭手亦不得執元額人數，只據合入官地土招人，卻揀選精鋭，退去孱弱。如此則不害邊計，稍塞弊源。」詔師中令韶〔二〕、希奭還詣蕃部所獻地土，體問蕃部逐户的實情願獻地數，有非元初情願者，并給還之。餘依所奏。

〔一〕熙寧元年六月三日　按長編卷二一二繫於熙寧三年六月三日壬戌。據内容，當以「三年」爲是。
〔二〕詔師中令韶　「師中」原作「帥中」，據前文改。

七月五日，詔秦州新築大甘谷口寨城，賜名甘谷城，置知城、監押守焉。〔一〕

〔一〕以上兩條原在方域八之二三至二四，屬「甘谷城」事目。

七月十一日，廣東經略轉運使王靖言：「廣州子城，見差官燒塼，候至今秋修砌。乞降空名祠部一千道，付經略司出賣，雇召民夫。」詔給祠部五百道。據吕居簡所言，人户於街衢見砌石段，仰權借修砌城腳，候官般到即給還之。〔一〕

〔一〕本條原在方域九之二七至二八，屬「廣州府城」事目。

熙寧元年八月十三日，秦鳳路走馬承受公事王有度言：「秦州修畢利城、擦珠堡〔一〕，役本州六縣義勇，乞與免諸般科配三年，權任今冬閱教一次。城下搬運糧草材植義勇及弓箭手、寨户沿路身死者，乞量支孝贈錢〔二〕。」詔義勇特與免二年科配，因搬運糧草及工役身死者，每一人孝贈錢二貫文〔三〕，弓箭手、寨户亦依此。〔四〕

〔一〕擦珠堡　「擦」，方域二〇之一作「擦」，長編紀事本末卷八三韓琦築甘谷城、宋史卷八七地理志三作「擦」。

〔二〕乞量支孝贈錢　「支」原作「友」，據方域二〇之一改。又「乞」原作「及」，形近而訛，今改。

〔三〕每一人孝贈錢二貫文　「孝」字原缺，據前文及方域二〇之一補。

〔四〕本條原在方域八之二三，屬「畢利城」事目。

熙寧元年八月十七日，瀛州言：「本州自地震摧塌城壁樓櫓，檢計人功、料物，乞朝廷指揮應副。」御批：「據所計材植、人兵、工匠數，亦不至浩瀚，其見役人實令分使不足。非久虜使入界，若拖延至日城壁尚未具，觀瞻誠亦不好。況河北災傷輕可及全無事州軍甚多，或且令盡刷見管廂兵，亦必大段有數。邊防重事，不可一日闕備，其所乞事件，朝廷且須與竭力應副。可並如所請指揮。」〔一〕

〔一〕本條原在方域八之一九至二〇，屬「瀛州城」事目。

十二月十三日，廣南東路轉運使王靖言〔一〕，修展廣州東子城修畢。〔二〕

〔一〕廣南東路轉運使王靖言　「東路」原倒，據方域九之二七乙正。

〔二〕本條原在方域九之二八，屬「廣州府城」事目。

二年二月八日，秦鳳路經略安撫使司言：「秦州甘谷城、通渭堡至古渭寨一帶弓箭手耕種堡子，已差官相度檢計功限修築次。」詔令孫永委差去將官相度，須量逐處地分所管人馬多少，遇事宜保聚老小，能容着得盡，方爲穩便。〔一〕

〔一〕本條原在方域八之二四，屬「甘谷城」事目。

熙寧二年十月九日，詔：「應河北州軍昨經地震，管勾修葺城壁、敵棚、樓櫓、倉庫、官舍功役官員，的有勤勞，逐州軍長吏已下各賜獎諭。令本路更切體量，昨經地震後，繕完城宇，救獲官物，内有盡心悉力、優有勞績者，仰與本州長吏同共的確保明聞奏。」〔一〕

〔一〕本條原在方域八之三至四，屬「修城」事目。

熙寧三年正月二十三日，詔：「諸州軍自來有於城上別作踏路、便門，可以踰城出入者，並令廢拆，不得存留。」續資治通鑑長編：神宗熙寧三年，賜滄瀛莫霸州、信安保安軍知州軍、通判并董役使臣等銀絹有差，以地震修城有勞也。秦鳳路經略使李師中請廢山丹、納迷、乾川三堡〔一〕，增修伏羌寨爲城。從之。〔二〕

〔一〕秦鳳路經略使李師中請廢山丹納述乾川三堡　「納迷」原作「納述」，據方域八之二三、二〇之一至二、二〇之七、兵二八之四、長編紀事本末卷八三韓琦築甘谷城改。按「山丹」，方域八之二三、二〇之一、二〇之七、兵二八之四、長編紀事本末卷八三韓琦築甘谷城皆同，方域二〇之二、宋史卷八七地理志三則作「丹山」，按輯稿多次言及「山丹堡」，當以「山丹」爲是。

〔二〕本條原在方域八之四，屬「修城」事目。

熙寧三年三月十八日〔一〕，詔羅兀城宜令趙卨相度〔二〕，如不可守，令棄毁訖奏。河東所報探西賊水軍，恐於石州渡河，令呂公弼過爲之備。撫寧失陷人，令經略司按實具數聞奏。羅兀城、賓草堡〔三〕，令轉運司更不得運糧草前去。〔四〕

〔一〕熙寧三年三月十八日　「三年」，方域二〇之一三亦同，長編卷二二一繫於熙寧四年三月十八日癸卯。

〔二〕詔羅兀城宜令趙卨相度　「羅兀城」，方域二〇之一三及宋史卷八七地理志三作「囉兀城」。

〔三〕賓草堡　「賓」原作「濱」，據方域二〇之一三及長編卷二二一熙寧四年三月癸卯條改。

〔四〕本條原在方域八之二七，屬「羅兀城」事目，原眉批「鄜延路」。按本條亦見方域二〇之一三，事目名爲「賓草堡」。

熙寧四年二月四日，環慶路經略司言，已修完邠州城壁樓櫓了當。御筆：「勘會昨以麟府城壘守具頹弛，曾指揮陝西諸路，令沿邊、次邊州軍城寨各用心整葺修完。今邠州首能奉法了當，可特旌賞之。」既而賜官吏銀絹有差〔一〕。

〔一〕既而賜官吏銀絹有差　「賜官吏銀絹有差」，長編卷二二四繫於熙寧四年六月壬申。按本條原在方域八之三〇，屬「故豳州城」事目，原眉批「環慶路邠州」。

五年八月十二日，提舉廣州修城張節愛言，創築廣州西城及修完舊城畢〔一〕。廣州舊無城，魏瓘知州事，始作子城。初，儂智高作亂，據邕州，率衆浮江而下，數日抵南海。知州仲簡嬰子城自守，其蕃漢數萬家悉委於賊，席卷而去。蓋其始謀，知廣之無城，可以鼓行剽掠無所忌。自是廣之人常譌言相驚曰「某寇且至」〔二〕，莫安其居。議者皆以爲土多蜆殼，不可城，知州程師孟以爲可，於是令經略、轉運、提點刑獄三司連書，并圖來上，朝廷遂可之。仍遣節愛董役，以八作都料自隨，蓋慮南方不便版築也。凡十月而畢，師孟等上言稱謝。降詔獎諭，賜師孟、轉運使向宗道各銀絹一百匹兩，提點刑獄陳倩、周之純、轉運判官盧大年各銀絹五十匹兩，部役勾當官仰安撫、轉運司勘會，保明聞奏。張節愛候至京日，取旨支賜。〔三〕

〔一〕創築廣州西城及修完舊城畢　「修」字原缺，據長編卷二三七熙寧五年八月戊子條補。

〔二〕自是廣之人常譌言相驚曰某寇且至 「譌」原作「僞」，據長編卷二三七熙寧五年八月戊子條改。
〔三〕本條原在方域九之二八，屬「廣州府城」事目。

七年七月二十八日，詔：「瀛州修城將欲畢工，可令軍器監丞一員〔一〕，將帶壕寨，計會本路監司一員，同按視驅磨，具依與不依元奏丈尺、工料，結罪保明聞奏。仍具有無未盡、未便利害。今後五路州軍修城並依此。」〔二〕

〔一〕可令軍器監丞一員 「軍器監」下原衍「監」字，據長編卷二五四熙寧七年七月癸亥條删。
〔二〕本條原在方域八之二六，屬「瀛州城」事目。

熙寧八年正月二十七日，詔：「冀州增築舊城，未幾已有摧塌，董役使臣重行責罰，不用赦原。河北興役處，依此約束。」〔一〕

〔一〕本條原在方域八之一七，屬「冀州城」事目，原眉批「河北路」。

熙寧八年九月十三日，詔：「河北諸州軍城壁見興修外，權住修展。令轉運司指揮逐處，據昨來檢計合修展城所用樓櫓，漸次計置材植，興造收閣，准備緩急安卓。仍限三日了畢，先具工料聞奏，每季具已修、未修數目申樞密院。」〔一〕

〔一〕本條原在方域八之四，屬「修城」事目。

熙寧九年二月十一日，賜錢五萬貫付廣東轉運司，修完轄下州軍城壕。〔一〕

〔一〕本條原在方域九之二八，屬「廣州府城」事目。

熙寧九年四月二十一日，詔福建轉運、常平司於年計及役剩等錢内支撥〔一〕，修築泉州外城。〔二〕

〔一〕常平司於年計及役剩等錢内支撥　「司」原作「倉」，據長編卷二七四熙寧九年四月丙午條改。

〔二〕本條原在方域九之二四，屬「泉州府城」事目。

熙寧九年五月十二日，詔茂州城令知成都府馮京相度，乘兵勢修築，仍差軍馬防托。如有侵占蕃部地，即買之。〔一〕

〔一〕本條原在方域九之二五，屬「茂州城」事目。

九年八月十八日，中書門下言：「福建路轉運副使徐億奏，准朝旨修沿海福泉漳州、興

化軍城壁，緣約用工料價錢萬數浩大，乞借民力興役，支與口食。」詔億量歲時豐凶、州軍緊慢，依條差夫修築。〔一〕

〔一〕本條原在方域八之四，屬「修城」事目。

熙寧九年十一月二十一日，詔賜河東路轉運司祠部一百道，付晉州修完城壁樓櫓支用，仍作二年出給。〔一〕

〔一〕本條原在方域八之三四，屬「晉州城」事目，原眉批「河東路」。

十年七月十一日〔一〕，河北西路提點刑獄丁執禮言：「竊考前代，凡制都邑，皆爲城郭，於周有掌固之官，若造都邑則治其固與其守法是也。蓋民之所聚，不可以無固與守。今之縣邑，往往故城尚存，然摧圮斷缺，不足爲固。況近歲以來，官司所積錢斛日多於前，富民巨賈，萃於廛市，城郭不修，甚非所以保民備寇之道也。以爲完之之術，不必費縣官之財，擇令之明者，使勸誘城内中上户出丁夫，以助工役，漸以治之。緣城成亦民之利，非彊其所不欲也。仍視邑之多盗者先加完築，次及餘處，庶使民有所保，而杜塞姦盗窺覬之心。」詔中書門下立法以聞。中書門下言：「看詳天下州縣城壁，除五路州軍城池自來不闕修完、可以守禦外，五路縣分及諸州縣城壁多不曾修葺，各有損壞，亦有無城郭處。緣逐處居民不少，若不漸令修完，竊慮緩急無以備盜。今欲令逐路監司相度，委知州、知縣檢視城壁合修去處，計會工料，於豐歲分明曉諭，勸諭在城中上等人户，各出丁夫修築。委轉運使勘會轄下五路，除沿邊外，擇居民繁多或路當衝要縣分，諸路即先自大郡城壁損壞去處[二]，各具三兩處奏乞修完。候降到朝旨，依下項：

一、委轉運司先體量合修城州縣知州、知縣人材，如可以倚辦集事[三]，即行差委。如不堪委，知州即具奏乞選差，知縣并許於本路官員内選擇對换，或別舉官。其被替人卻令赴銓院，依舊名次別與合入差遣，仍並不理爲遺闕。

一、令所委官躬親部領壕寨等打量檢計城壁合修去處州縣，並依舊城高下修築。其州縣元無城處，即以二丈爲城，底闊一丈五尺，上收五尺。如有舊城，只是損缺，既檢計補完。其州城低小去處，亦須增築，令及縣城丈尺分擘工料紐算，卻計合用人工、物料若干數目申，差官檢覆，委無虛計工料，即各令置簿抄録，依料次興修。

一、於豐歲勸誘在城上中等人户各出人夫，仍將合用工料，品量物力高下，均定逐户合出夫數，出榜曉示，及置簿拘管，從上輪番勾集工役，仍限三年了畢。如遇災傷年分，亦許依常平賑濟法，召闕食人民工役，支給錢米。

一、應合用修城動使枑木博子椽之類，并委轉運司勘會有處移那支撥〔四〕，其椽木亦許於係官無妨礙地内采斫充使。

一、应城門并檢計合用物料、人工，差官覆檢，支破官錢收買，應副使用。」從之。〔五〕

〔一〕十年七月十一日　按長編卷二八四繫於熙寧十年九月二十七日甲戌，且云：「執禮自館閣校勘出爲提點刑獄，是年七月也。」

〔二〕諸路即先自大郡城壁損壞去處　「損」原作「捐」，形近而訛，今改。

〔三〕如可以倚辦集事　「辦」原作「辯」，形近而訛，今改。

〔四〕并委轉運司勘會有處移那支撥　「支」原作「之」，按輯稿禮一之二二、職官四之三二、食貨一之三七等等皆作「支撥」，故改。

〔五〕本條原在方域八之四至六，屬「修城」事目。

元豐元年正月二十二日，賜度僧牒百道付京東路轉運司，撥還徐州築城、興置木岸等所借常平錢。〔一〕

〔一〕本條原在方域九之七，屬「徐州城」事目，原眉批「京東路，應移前」。

元豐元年閏正月七日，權發遣提點刑獄劉宗傑言：「邕州修城，不依宣撫司指揮尺丈，乞下經略司相度修築。」詔：「劉宗傑自案舉免罪外，干繫官并劾奏。委經略司相度所築城，如堪久遠守禦，即指揮速甃；若低怯難禦敵，別計工以聞。」〔一〕

〔一〕本條原在方域九之一二，屬「南寧府城」事目，原眉批「廣南西路」。

元豐二年正月十七日，詔：「諸路修城，於中等以上户均出役夫，夫出百錢。其役廣户狹處，以五年分五限，餘以三年分三限送官，官爲相度募人〔一〕，或量增役兵修築。如錢不足，預具數以聞。遇災傷及三分年，仍權住輸錢。」〔二〕

〔一〕官爲相度募人　「官」字原缺，據長編卷二九六元豐二年正月丁亥條補。

〔二〕本條原在方域八之六，屬「修城」事目。

元豐二年正月二十一日，詔荆湖南路轉運司罷置潭州樓櫓，其修城限五年，全、邵州限三年工畢。役兵不足，許募民夫。〔一〕

〔一〕本條原在方域九之一七，屬「長沙府城」事目。

元豐二年五月二日，定州安撫司言：「奉詔俟有機便修展保州關城。今涿州發兵夫修城，欲乘此於來春築保州城。」從之，止作幫築〔一〕。

〔一〕止作幫築 「幫築」，長編卷二九八元豐二年五月己巳條作「幫貼」。

元豐二年九月二十九日〔一〕，詔修定州城，以明年合起民夫及河北路兵二千兼州兵充役。〔二〕

〔一〕元豐二年九月二十九日 長編卷三〇〇繫於元豐二年十月一日丙申。

〔二〕以上兩條原在方域八之一二，屬「定州城」事目，原眉批「河北路」。

元豐二年十一月二十八日，賜廣州度僧牒三百濬城壕。〔一〕

〔一〕本條原在方域九之二八，屬「廣州府城」事目。

三年正月七日，廣南西路經略司言：「劉誼已奏修邕州城，乞免土丁今年教閱，以備來年差顧。」詔候修築日，被顧土丁與免教閱。〔一〕

〔一〕本條原在方域九之一二，屬「南寧府城」事目。

三年五月一日，詔潭、全、邵州民出修城夫錢減三之一〔一〕，潭州須歲稔興工，全、邵州以五年爲限。先是，詔潭州修城限五年，全、邵州限三年工畢，役兵不足，許募民夫。至是復展期限。〔二〕

〔一〕詔潭全邵州民出修城夫錢減三之一　「潭」下原衍「州」字，據長編卷三〇四元豐三年五月癸亥條删。又「三之一」，長編作「二之一」。

〔二〕本條原在方域九之一七，屬「長沙府城」事目。

元豐三年六月九日，詔權知賓州、殿中丞吴潛權發遣提舉廣東路常平等事。以潛上書乞修城壘，上從其請，故有是命。〔一〕

〔一〕本條原在方域九之二八，屬「廣州府城」事目。

元豐三年六月十二日，詔定州路安撫司給封樁紬絹三萬修保州城。

元豐四年四月二十二日，建雄軍節度使、知定州韓絳修保州城畢，賜詔獎諭。〔一〕

〔一〕以上兩條原在方域八之一二，屬「定州城」事目。

元豐四年九月十三日，熙河路都大經制司言：「九月乙酉收復蘭州〔一〕。蘭州古城東西約六百餘步，南北約三百餘步。大兵自西使新城約百五十里將至金城〔二〕，有天澗五六重〔三〕，僅通人馬。自夏賊敗衄之後，所至部族皆降附，今招納已多，若不築城，無以固降羌之心。見築蘭州城及通過堡，已遣前軍副將苗履、中軍副將王文郁都大主管修築，前軍將李浩專提舉。」從之。〔四〕

〔一〕九月乙酉收復蘭州 「九月乙酉」原缺，據長編卷三一六元豐四年九月丙申條補。

〔二〕大兵自西使新城約百五十里將至金城 前一「城」字原缺，據長編卷三一六元豐四年九月丙申條補。

〔三〕有天澗五六重 「重」原作「里」，據長編卷三一六元豐四年九月丙申條改。

〔四〕本條原在方域八之二五，屬「蘭泉廢城」事目，原眉批「熙河路」。

元豐四年十一月初九日，上批付盧秉曰：「張大寧奏，乞城蕭關故城，以爲根蔕。成效已見於熙河〔一〕，自城蘭州及展置戍壘之後，羌人相繼降附者已數萬帳，迨今效順，接跡不絕，卿其早圖之。」〔二〕

〔一〕成效已見於熙河 「成」原作「或」，「見」下原衍「力」字，據長編卷三一九元豐四年十一月辛卯條改刪。

〔二〕本條原在方域八之二六，屬「蕭關縣廢城」事目，原眉批「熙河路」。

元豐五年五月二十六日，鄜延路經略使沈括、副使种諤言：「准朝旨，條具制賊方略，仍畫一具所乞城山界事。今者涇原方議進討，賊未必敢舍巢穴而固山界〔一〕，本路正當可爲之時，今具大意：臣等歷觀前世戎狄與中國限隔者，利害全在沙幕。若彼率眾度幕入寇，則彼先困；我度幕往攻，則我先困。然而西戎常能爲邊患者，以幕南有山界之粟可食，有山界之民可使，有山界之水草險固可守。我師度幕而北，則須贏糧載水，野次窮幕，力疲糧窘，利於速戰。不幸堅城未拔，大河未渡，食盡而退，必爲所乘，此勢之必然也。所以興、靈之民常宴然高枕，而我沿邊城寨未嘗解嚴者，地利使然也。今若能使幕南無粟可食，無民可使，無水草險固可守，彼若贏糧疲師，絕幕而南，頓兵沙磧，仰攻山界之堅城，此自可以開關延敵，以逸待勞，去則勿追，擊則惜力〔二〕，治約之勢在我〔三〕，而委敵以空野堅城之不利。又山界既歸於我，則所出之粟可以養精兵數萬，得虜之牧地可以蕃息戰馬，鹽池可以來四方之商旅，鐵冶可以益兵器，置錢監以省山南之漕運。彼之所亡者如此，我之所得者如此，而又絕和市，罷歲賜，驅河南之民聚食於河外，彼將何以自贍？更使之賂契丹、結董氈，乃所以交困之也。山界既城，則下瞰靈武，不過數程，縱使堅守，必有時而懈。沿邊修戰備，積軍食，明斥堠，待其弛備，發洮河之舟以塞大河〔四〕，下橫山之卒，擣其不意，此一舉可覆也。兼梁氏與萌訛首爲悖亂，使一國之民肝腦塗地，彼寧不猜怨？獨以兵威劫束，勢不得動耳。急之則併力，緩之則自相圖，此曹操所以破袁紹也。」又言：「昨條具制賊方略，非謂展拓邊面而已，蓋欲窮困賊勢，窺其腹心，須當盡據山界。若占據山界不盡，則邊面之患猶在，沙幕尚爲彼用。若占盡山界，則幕南更無點集之地，彼若入寇，須自幕北成軍而來，非大軍不可。如此，當先擇嶮要之地，立堅城，宿重兵，以爲永計〔五〕。今按視塞北，古烏延城正據山界北垠，舊依山作壘，可屯士馬，東望夏州且八十里，西望宥州不過四十里，下瞰平夏，最當要衝，土地膏腴，依山爲城，形勢險固。欲乞移宥州於此〔六〕。舊宥州地平難守，兼在沙磧，土無所出。先於華池、油平築堡，以接兵勢，川路稍寬，可通車運，聚積糧草器具，事事有備，併力烏延。先補山城，山城畢，乃築平城。此地膏美，去鹽池不遠，其北即是牧地，他日當爲一都會，鎮壓山界，屏蔽鄜延。其銀、夏州亦可置鹽監〔七〕、鐵冶、錢監、馬牧，因嶮控扼，候烏延功畢，漸次計置。仍乞將塞門寨以北石堡、背水、油平、羅幃、鹽池一帶爲中路，隸宥州；米脂、浮圖、葭蘆、義合、吴堡、銀州一帶爲東路，隸綏德；以金湯〔八〕、長城嶺、德靖、順寧寨一帶爲西路，隸保安軍。除本路九將外，更增置四將，以新招土兵分隸沿邊八將，駐劄邊面，次邊三將駐於金明、青澗城、延州，近裏兩將在鄜州、河中府。其沿邊八州榷貨客鹽自賣交鈔，本爲禁止青、白鹽立法，將來青、白鹽池既歸我，八州軍自可不食解鹽。乞以鹽州隸本路，就收鹽課應副沿邊，兼糴買糧草。除新克復州軍各係創增課額外，舊來八州亦減得地里，增饒錢貫萬數不少。所有合計備事，除本路及轉運司可以那移外，乞朝廷應副錢萬緡、廂軍萬五千人、工匠千人、遞馬百匹，乞於近裏州軍應副生熟鐵五萬觔、牛馬皮萬張、車二千乘〔九〕，本司及轉運司備義勇、保甲萬人應副，以代禁軍有事役者。」又言：「朝廷若定議城守山界，即乞趁涇原兵馬牽制及本路屢捷之後，乘勢興修。若遲留月日，即恐西賊有謀，費力平蕩。」又稱：「將來興修烏延畢，當復夏州，則東西相望〔一〇〕，控扼山口，其中路以東城寨，盡在腹内，來則制其衝，去則斷其後。」詔：「沈括所奏，乞盡城横山，占據地利，北瞰平夏，使虜不得絶磧爲患，朝廷以舉動計大，未知利害之詳，遣給事中徐禧、内侍省押班李舜舉往鄜延路審議，可深講經久所以保據利害以聞。」〔一一〕

〔一〕賊未必敢舍巢穴而固山界　「未必」，長編卷三二六元豐五年五月丙午條作「必未」，又「固山界」，長編作「因出山界」。按上下文内容，或當從長編。

〔二〕去則勿追擊則惜力　「勿」字原缺，「擊」下原衍「來」字，據太平治跡統類卷一五徐禧等築永樂城、長編卷三二六元豐五年五月丙午條補删。

〔三〕治約之勢在我　「約」原作「内」，據太平治跡統類卷一五徐禧等築永樂城、長編卷三二六元豐五年五月丙午條改。

〔四〕發洮河之舟以塞大河　「發」原作「後」，據太平治跡統類卷一五徐禧等築永樂城、長編卷三二六元豐五年五月丙午條改。

〔五〕以爲永計　「永」原作「家」，據太平治跡統類卷一五徐禧等築永樂城、長編卷三二六元豐五年五月丙午條改。

〔六〕欲乞移宥州於此　「此」字原缺，據編年綱目備要卷二一、太平治跡統類卷一五徐禧等築永樂城補。

〔七〕夏州亦可置鹽監　「亦」原作「及」，據太平治跡統類卷一五徐禧等築永樂城改。按長編卷三二六元豐五年五月丙午條「可」上無「亦」字。

〔八〕以金湯　「湯」原作「瑒」，據太平治跡統類卷一五徐禧等築永樂城、長編卷三二六元豐五年五月丙午條改。

〔九〕車二千乘　「千」原作「十」，據太平治跡統類卷一五徐禧等築永樂城、長編卷三二六元豐五年五月丙午條改。

〔一〇〕則東西相望　「望」字原缺，據長編卷三二六元豐五年五月丙午條補。

〔一一〕本條原在方域一九之四七至四九「諸寨雜録」下，屬「請城山界」事目，因其亦輯自大典卷八一〇七「城」字韻城名事目，今移於此。

五年七月二十三日，詔：「鄜延路見修六寨，其長城嶺寨以西，接連環慶路金湯、白豹，已指揮環慶路差二萬人并邊照應〔一〕。若别無興作，即是虚勒軍馬〔二〕，令徐禧、沈括計議當進築城寨處，與曾布議定以聞。」〔三〕

〔一〕已指揮環慶路差二萬人并邊照應　「二萬」，方域一九之八同，長編卷三二八元豐五年七月壬寅條作「三萬」。

〔二〕即是虚勒軍馬　「勒」，方域一九之八、二〇之二同，長編卷三二八元豐五年七月壬寅條作「勞」。

〔三〕本條原在方域八之六　屬「修城」事目。

八月二十五日，環慶路經略使曾布言：「洛原故城可以建一城，白豹和市可以建一寨，宫馬川可以建一堡〔一〕。」從之，令李察應副，候鄜延路兵勢相接〔二〕，方興板築。〔三〕

〔一〕宫馬川可以建一堡　「宫馬川」，方域一九之八、二〇之二同，長編卷三二九元豐五年八月乙亥條作「官馬川」。
〔二〕候鄜延路兵勢相接　「候」原作「侯」，據方域一九之八、長編卷三二九元豐五年八月乙亥條改。
〔三〕本條原在方域八之六，屬「修城」事目。

十一月九日，鄜延路經略司言：「塞門山城逼山受敵，有古城基并古壕垠〔一〕，權本路第三將米贇和募禁兵興築，凡七日工畢。」詔米贇減磨勘二年〔二〕。

〔一〕有古城基并古壕垠　「并」原作「井」，據長編卷三三一元豐五年十一月丙戌條改。
〔二〕詔米贇減磨勘二年　「二年」，長編卷三三一元豐五年十一月丙戌條作「三年」。按本條原在方域八之六，屬「修城」事目。

元豐六年五月二十日，詔：「蘭州展築北城，其南城若依舊，則城圍太廣，難於守禦，若平居多置守兵，又耗蠹糧食。候展築北城將畢，即廢南城。」〔一〕

〔一〕本條原在方域八之二五，屬「蘭泉廢城」事目。

元豐六年閏六月十三日，權發遣陝府西路轉運副使公事范純粹言：「見修治延州城，許令用軍須金帛、錢糧，如不足，以朝廷所賜入便錢支用。其他城砦雖被旨修治〔一〕，若不依延

州已得指揮，即無由辦集，欲望朝廷詳酌。」從之。〔二〕

〔一〕其他城砦雖被旨修治　「砦」原作「若」，據長編卷三三六元豐六年閏六月丁亥條改。

〔二〕本條原在方域八之三〇，屬「延安故城」事目，原眉批「永興軍路」。

六年九月十二日，河東經略司言：「本路有當修城壁，工料浩大，轉運司錢穀有限，必難應副。乞賜度僧牒五百〔一〕，分與沿邊州軍，和顧民夫修繕。其次邊及近裏州軍，乞令轉運司就農隙度工料發民夫。」從之。〔二〕

〔一〕乞賜度僧牒五百　「五百」原作「五分」，據長編卷三三九元豐六年九月甲寅條改。

〔二〕本條原在方域八之六至七，屬「修城」事目。

元豐六年十月十三日，京東轉運使吴居厚言：「准詔支鹽息錢三萬緡修青州城，乞不用六年鹽息錢，止以登、萊、濰、密州鹽場支不盡腳錢應副〔一〕。」從之。〔二〕

〔一〕止以登萊濰密州鹽場支不盡腳錢應副　「登萊濰密州鹽場」原缺，據長編卷三四〇元豐六年十月乙酉條補。

〔二〕本條原在方域八之一四至一五，屬「青州府城」事目，原眉批「京東東路」。

元豐六年十二月十四日，大名府路安撫使司言：「博州軍資庫有熙寧元年河北安撫使

滕甫、吴充用空名敕告召人進納見錢九千九百四十五緡〔一〕，乞以修治本路州府城櫓。」從之。〔二〕

〔一〕吴充用空名敕告召人進納見錢九千九百四十五緡　「九千九百四十五」，長編卷三四一元豐六年十二月甲申條作「九千九百四十」。

〔二〕本條原在方域八之一九，屬「大名府城」事目，原眉批「河北路」。

七年正月二十六日，賜陝西轉運司度僧牒二百修延州城。〔一〕

〔一〕本條原在方域八之三〇，屬「延安故城」事目。

紹聖三年五月六日，權熙河蘭岷路經略司公事遊師雄言：「東關、質孤、勝如堡、定遠城一帶，舊管認巡檢地分，除東關、質孤堡北隔大河外，并係占穩地形，可以探望賊馬。又定遠城、熨斗平堡通四道諸寨巡綽地分，皆在口鋪之外，並係自後巡馬所到，乞並管認爲界。」詔從之，仍令經略司差人巡綽卓望，令西人習知此處爲界。〔一〕

〔一〕本條原在方域八之二八，屬「定遠故城」事目，原眉批「秦鳳路」。按本條亦見方域二〇之三，屬「東關堡」事目。

元符二年四月二十五日，環慶路經略安撫使司言：「新築定邊城，川原厚遠，土地衍沃，西夏昔日於此貯糧。今投來蕃部日衆，可以就給土田，使之種植。本路舊蕃弓箭手，散處城寨，分隸諸將，今歸附之人乞更不分隸，别置總領蕃兵及同總領以領之。」從之。〔一〕

〔一〕本條原在方域八之二七，屬「定邊城」事目。

元符二年五月十四日，胡宗回言，築白豹城寨畢工，詔入役漢蕃兵人各賜銀有差。〔一〕

〔一〕本條原在方域八之二八，屬「白豹城」事目。

元符二年五月二十七日，環慶路言進築駱駝巷城畢工，詔賜工役兵民錢有差。〔一〕

〔一〕本條原在方域八之二七至二八，屬「駱駝巷城」事目。

六月二十七日，詔：「進築環慶路白豹城畢工，東上閤門使、戎州團練使、本路都鈐轄張存爲四方館使〔一〕，充副總管；左藏庫使、都監种朴爲皇城使，權鈐轄；降授宫苑使、權都監張誠復皇城使、遥郡團練使，爲都監。各賜金帛有差。」〔二〕

〔一〕本路都鈐轄張存爲四方館使　「都」字原缺，據長編卷五一一元符二年六月戊戌條補。

〔一〕本條原在方域八之二八，屬「白豹城」事目。

元符三年十一月十日，中書省、尚書省送到工部狀：「臣僚劄子奏，竊見元符元年十二月二十三日朝旨，將陝西諸路并依涇原路申請，不得於近城腳下取土。臣竊謂固護城壁，何獨陝西，欲乞天下應有城壘去處，並依涇原路申請施行〔一〕。摭成坑陷者，限半月令有司填壘，豫爲緩急之備。工部勘當，欲依本司所申，如違，其所主修造官科杖八十罪〔二〕。當職都監、監押有失檢察，減罪二等。」從之。續資治通鑑長編元符二年閏九月庚午，承議郎、知昌州文軺〔三〕，奉議郎、通判泗州沈銜，宣德郎、持服人王高，淮南節度推官、知達州新寧縣張湜，各特衝替。奉議郎楊阜依衝替人例，王高候服闋日准此。以訴理所言軺等進狀語涉譏訕故也。辛未，知大名府韓忠彥奏，乞顧募饑流民修城。從之。〔四〕

〔一〕並依涇原路申請施行　「申」原作「中」，據前文改。

〔二〕其所主修造官科杖八十罪　「杖」原作「丈」，據長編卷五〇四元符元年十二月丁酉條改。

〔三〕承議郎知昌州文軺　「昌州」原作「吕州」，據長編卷五一六元符二年閏九月庚午條改。

〔四〕本條原在方域八之七，屬「修城」事目。

徽宗建中靖國元年正月六日，工部看詳：「定州路安撫使司狀，今相度到定州不依式修過樓子，欲將舊來法制施行。所有馬面相去五十餘步去處，委是稍稀，如因今有摧塌，即將稍稀去處依元豐城隍制度添置。本路及其餘州軍，并乞依此施行。」從之。

崇寧五年十月十日〔一〕，詔降元豐城隍制度法式，京畿轉運司如增修諸輔，遵以從事。〔二〕

〔一〕崇寧五年十月十日　「十月」下原衍「月」字，據上下文删。

〔二〕以上兩條原在方域八之一二，屬「定州城」事目。

大觀二年五月四日，樞密院劄子：「臣僚言，諸州壯城兵士，州軍多巧作名目影占，差充他役，不得專任修葺城壁。欲乞責在知、通，如任滿或非次替移，令遞相交割。若有損壞去處，令新任官不得隱庇，具實申樞密院相度〔一〕。若城壁大段損圮，取旨黜責。所貴知、通任責，提轄兵官免有他役之獘，因致損壞誤事及枉費官錢。」從之。〔二〕

〔一〕具實申樞密院相度　「申」原作「中」，形近而訛，今改。

〔二〕本條原在方域八之七，屬「修城」事目。

二年五月二十六日，河東路提點刑獄司狀：「承都省批下承議郎趙希孟劄子：『竊見備城之具，以篾籬爲先。河東素不産竹，止以軟木條子爲之，不經歲月，便成麋爛，難禦矢石。今欲乞於懷州、河南府等處根括係官竹園，分作二年，間歲洗斫，令遞鋪般運，於澤州置場，專委知、通、職官管勾。先沿邊，次次邊，挨排撥送逐州作院造作篦籬使用。如更不足，即乞行下江南、兩浙出産去處根括係官竹，或收買，逐旋官船附帶至都下，卻令遞鋪搬送澤州置場處。』送工部行下河東路提刑司。本司今相度，所用防城篦籬，若依趙希孟起請〔一〕，經久委是利便。」從之。〔二〕

〔一〕若依趙希孟起請　「請」原作「清」，形近而訛，今改。

〔二〕本條原在方域八之七至八，屬「修城」事目。

政和元年正月二十六日，京東路轉運使奏：「准樞密院劄子〔一〕，臣僚上言：『勘會京東路軍州城壁内外空閑地段，多是違法人户請佃，并不曾栽植寸木〔二〕。每至修補城壁，即須支破官錢，收買木植，又從而掻擾人户，積歲所費，蠹耗公私不輕。今相度，欲乞逐州委自兵官一員，於内外城腳下栽種槐、榆、柳、棗，以備修補城隍之用，貴免侵損公私，即不得非時以剥破爲名，應副他用。依河北濠城司栽種，比較青活死損法賞罰。所有其餘路分軍州，應無居止、不係占射地段，似此可以栽種去處，仍乞依此施行。』大觀四年十二月二十七日，送京東轉運司相度保明。本司今相度，委是利便。」從之。〔三〕

〔一〕准樞密院劄子　「准」原作「淮」，據補編頁三一五改。

〔二〕并不曾栽植寸木　「栽」原作「裁」，據後文改。

〔三〕本條原在方域八之一一，眉批「京東路」。按清本移於「修城」事目大觀二年五月二十六日條後。

政和元年正月二十九日，梓夔路鈐轄司奏：「准樞密院劄子，臣僚上言：『伏見南平軍、溱州因今歲大雨淋注，城壁、馬面、踏道、敵樓、棚屋摧塌側亞，内南平軍八處，溱州一十餘處，丈尺不等。逐州軍見今催督官兵并工修補施行。次契勘夔路邊壘，土脈不堪及霖雨，所以久來盡用板屋庇護城身，或因風日吹曝，便致疏漏。兼板簷短促，往往淋瀝城身，致夏雨頻併之時，多有墊壞。欲乞今後應守禦地分敵樓、棚屋，悉令添換長板出簷滴水，不得衝注城身，及厚用灰泥固護。每歲春時，州軍檢舉，添灰泥飾，庶得城壁完密，不失守拒之備。』詔委本路鈐轄司相度聞奏。今劄付梓夔路鈐轄司准此。本司勘會，夔州路諸州軍城壁内有木板遮蓋去處，本司今相度，欲依臣僚上言，用長板遮蓋，出簷滴水。每歲以冬時點檢，添灰泥飾，所貴時月灰泥堅固，委是穩便。」從之。〔一〕

〔一〕本條原在方域九之二六，屬「栢木州古城」事目，原眉批「梓夔路」。按紀勝卷一八〇南平軍「古跡」載：「故老相傳溱州舊城，考之非也。溱州舊治乃榮懿，此城或夷獠據此土日所築亦不可知，夷人呼爲栢木州。」

政和四年十月二十二日，通議大夫、充徽猷閣待制、高陽關路安撫使吴玠奏：「準政和三年七月八日御前劄子，相度到滄州淤澱城壕，分作三重置立中墠，面闊丈尺，依圖開展。臣充提舉，滄州守臣充管勾。又準今年六月十八日御前劄子，候工畢，其管勾部役官吏等，可第其功力優劣來上，當行賞激。臣契勘滄州城濠自今年二月二十九日興工，至八月二十六日了畢，所有一行官吏等實有勞績。」數内提舉官吴玠〔一〕，管勾行遣文字及往來點檢催促、宣義郎、管勾高陽關路安撫司機宜文字王競，管勾行遣文字及專一管勾事務、朝請郎、高陽關路安撫都總管司勾當公事梁康祖，朝奉大夫、權通判信安軍、權管勾滄州似〔二〕，詔各特與轉一官。其梁康祖告令所屬收掌，候服闋日給。〔三〕

〔一〕數内提舉官吴玠　「吴玠」原作「吴价」，據前文及宋史卷九三河渠志三、卷一九三兵志七改。

〔二〕權管勾滄州似　上古本疑「似」上脱姓氏，當是。

〔三〕本條原在方域八之二〇，屬「滄州城」事目，原眉批「河北」。

政和六年六月十八日，陝西、河東路宣撫使司奏：「遵奉聖訓，措置修復湟州古骨龍、會州清水城，並畢工。今先次條具到漕運應副等官，伏望優與推恩。」都統制官劉法已降制外，統制何權、趙隆，同統制辛叔詹等，奉御筆：「何權轉拱衛大夫、遥郡防禦使，趙隆、辛叔詹二人並换正任防禦使。統兵修築清水河城官、統制劉仲武除觀察使，辛叔獻轉遥郡防禦使，中侍大夫、隨軍走馬承受鄧珪、劉彦遵、王端、李君諒各轉一官，經略使趙遹、馬防、張莊、姚古、李譓各轉一官。内有止法，回授親屬。應副錢糧孫竢轉兩官，程唐轉兩官，内一官除直龍圖閣。應副熙河路劉韐、張仲英，已殁故〔一〕。轉兩官，劉韐一官除直龍圖閣，張仲英回授白身親屬。蓋侁、郭充迪、張深各轉兩官，内一官除直秘閣。高衛、席貢除直龍圖閣。軍前

照管張大鈞轉兩官，內一官轉遥郡刺史。修築照管趙遇敘兩官，應副本司官任諒、張構、梁兢各轉一官。」〔二〕

〔一〕已殁故　原爲正文，今據前後文改作小字注。

〔二〕本條原在方域八之二四至二五，屬「清水城」事目。

政和七年六月十五日，詔：「洪州在江南爲一都會，訪聞外城門啟閉無時，深慮鍵閉不嚴，透漏私商姦細，浸久生患。仰本州常切指揮兵官，遇夜分詣逐門檢視，封鎖飛申，間遣曹掾官覆視。稍有違慢，守門人等並行決配，當職官衝替。」〔一〕

〔一〕本條原在方域九之一四，屬「南昌府城」事目，原眉批「江南西路」。

宣和元年正月二十七日，降授朝散大夫、充徽猷閣待制、永興軍路安撫使董正封奏：「臣勘會見今修完永興軍城壁樓櫓損壞之處，元料計六十二萬九千六百四十三工，除五萬九千已役外，有五十七萬六百四十三工，本軍雖有壯城兵士，差往西京修城等差使占破外，見管八十四人，顯見積以歲月，修完未了。除本司已有見管修城錢數外，欲望支降度牒四百道，承此和顧人修造，不惟城壁計日可了，兼可以存養闕食人户。」詔依所乞，特支二

百道。〔一〕

〔一〕本條原在方域九之二二至二三，屬「永州府城」事目。按原眉批「此乃永州府志，注乃會要也」。即此目正文實出自明洪武永州府志，僅小注引會要。今删去正文，僅留小注，并改爲大字。又按内容所記乃修永興軍城事，永興軍即京兆府，卻繫於永州，實誤。又按清本正文僅載「永州府城，咸淳中修」，其下附注吴之道永州内譙外城記。

宣和三年閏五月八日，江浙淮南等路宣撫司奏：「江浙被賊六州〔一〕，睦、歙、杭、衢、婺、處曾經焚劫，秀、越二州經賊圍閉。臣勘會秀、越二州昨因兇賊初犯睦、杭州之後，逐州補充城壁，粗可守禦。歙州元無城壁，睦州係就舊基，並合創築城池。雖目今事力未完，緣逐州首被賊擾，居民若無城壁，無緣安居，須著先次築城。杭州城基四十餘里，地步太寬，若全修舊城，不惟目前費功，異日亦難守禦。如未修城，民户未盡安樂，不免就其形勢減縮，因舊日修完，如此省功，民情樂爲。已行下歙、睦州〔二〕、杭州，依此修築外，有衢、婺、處州，臣聞皆有舊城，内婺州城内官私舍屋全不經焚燒，衢、處城郭被燒至多，其城各可以因舊增葺。臣聞完城壁、濬池壕、備賊寇，州郡之常事，但東南久不用兵，官司懈弛，是致一日賊發，人不安居。今措置，江浙不以曾未修築城池，如自來未曾招置壯城人兵去處，帥府以三百人、節鎮以二百人、支郡以一百人爲額，專一修濬城池，不得别兼他役，庶幾日久不致頹圮。」詔杭州、江寧府城壁並因舊修完，不得減縮，餘依宣撫司措置到事理施行。〔三〕

〔一〕江浙被賊六州 「江浙」原倒。按後文六州之歙州隸江東路。據前後文乙正。
〔二〕睦州 「州」字疑衍。
〔三〕本條原在方域八之八，屬「修城」事目。

二十九日，中書省言：「勘會諸路州軍城壁，除已修築去處外，其餘路分應合修完城壁內，有不置壯城州軍，未有該載，逐旋申請不一。」詔無壯城州軍，即剗刷本處廂軍工役，仍量度緊慢，逐旋修築，合用錢物並令轉運司剗刷那融應副。合置壯城闕額去處，委當職官限一月招填足額。〔一〕

〔一〕本條原在方域八之八至九，屬「修城」事目。

十一月二十八日，朝散郎〔一〕、直祕閣沈思奏：「前日鼠寇竊發，十百爲群〔二〕，輒敢侵犯郡邑者，獨以城郭不完。而城郭之所以不完者，以州郡壯城兵卒雖有條禁，不給他役，然皆玩習故常，恬不知畏。工匠役使，冗占殆盡，坐視城郭隳圮，不復繕完。臣愚以謂，諸路州郡量大小，宜皆置壯城兵，仍責守貳〔三〕、兵官旬月檢察，修完城壁。欲望申明舊法。」詔申明行下，今後諸路州軍修完城壁了畢，如功力就大，依元豐法遣工部郎官前去覆按。〔四〕

〔一〕朝散郎 「郎」字原缺，據宋史卷一六八職官志八補。

〔二〕十百爲群　「群」原作「郡」，形近而訛，今改。

〔三〕仍責守貳　「貳」原作「二」，按「守貳」指知州、通判，無「守二」之説，故改。

〔四〕本條原在方域八之九，屬「修城」事目。

宣和三年十二月十三日，朝請大夫、秘閣修撰、知密州李延熙奏：「遵御筆，以城壁壕塹湮廢歲久，委臣躬親檢計，責立近限，剗刷人兵，併工修完。臣恭依處分，措置督促，不踰兩月，並已畢工，具圖狀奏聞。」奉聖旨，令本路漕臣前去覈實，同李延熙具元修完工力，等第保明聞奏。漕臣王子獻將元監修官工力等第申奏。御筆：「李延熙可令學士院降詔獎諭，監修官第一等通判趙士源特轉一官，第二等兵馬鈐轄任藻等減三年磨勘，第三等士曹朱端夫等減二年磨勘；行遣人吏第一等支錢十貫，第二等支錢七貫。」〔一〕

〔一〕本條原在方域八之二五，屬「膠州城」事目，原眉批「京東東路」。

宣和六年三月二十九日，湖南安撫司奏：「契勘潭州城壁興築年深，例皆摧損，申畫朝旨，給降空名度牒一百道應副修完。子城、外城並依元料畢工，門樓屋各依法式創新起造，及城東西水窗並用大石甃砌，各得堅完了畢。」詔曾孝序特除龍圖閣直學士，候今任滿日令再任。其提點修城部役等官，令轉運司覈實其工力等第，保明奏聞。〔一〕

〔一〕本條原在方域九之一七，屬「長沙府城」事目。

靖康元年三月二十二日，臣僚言：「聞京畿諸縣及汝州、蔡州、順昌、河中、鳳翔等處見修城壁，工役浩大。汝州用六十四萬八千工，差科率斂，尤爲煩擾。方春東作，衆務畢舉，驅民捨業，從事工役，既違天時，又虜已渡河，河南非受敵之所。近調兵運糧，民力凋弊，若又大興工役，勞費已甚。欲乞速降指揮，除與河東、河北接連要害之地，其京畿縣，汝、蔡、順昌等處權罷，庶幾可以息日前之急〔一〕。」詔除河東、河北并滑、濬州外，并權罷，候農隙日取旨。〔二〕

〔一〕庶幾可以息日前之急　「日」，清本眉批「疑『目』」。
〔二〕本條原在方域八之九，屬「修城」事目。

五月十日，詔河北、京東路州軍城壁合行修治，仰逐路帥守多方計度，速行修繕，安置樓櫓。其縣鎮民間自願出力修築者聽。令佐、監司，官爲部率，毋得搔擾。委有功績，仰帥臣、監司保明以聞。〔一〕

〔一〕本條原在方域八之九至一〇，屬「修城」事目。

高宗建炎元年八月十四日，資政殿學士、知宣州呂好問言：「朝廷見欲迎奉宗廟及元祐太后前往江寧府，宣州密邇，實爲屏翰。今欲相度修治城池，先於本州剗刷廂軍，拘收雜役，或不足，即下所隸諸縣量行雇夫使用。乞支降見錢十數萬貫，兼鹽鈔、度牒等，仍下轉運司多方應副，庶幾製造守禦之物及雇夫錢物並從官給，不困民力。」詔於真州措置司支撥鹽鈔五萬貫，餘依所乞。〔一〕

〔一〕本條原在方域九之一一，屬「宣州」事目，原眉批「江南東路」。

建炎二年十月，詔令揚州先次開撩城濠及措置增修城壁，其教習軍兵，令揚州依法施行。〔一〕

〔一〕本條原在方域九之一，屬「揚州府古城」事目，原眉批「淮南東路」。

紹興元年四月二十八日，詔廣東路轉運司疾速那撥修城錢五千貫，付廣州專充修城使用。以府臣趙存誠有請也。〔一〕

〔一〕本條原在方域九之二八至二九，屬「廣州府城」事目。

紹興元年七月十三日，知婺州傅崧卿言：「本州城壁自來庳狹，春夏霖雨，倒塌幾半。欲措置興修，別無錢物可以那融。若只用壯城兵士，則工力不足，空費歲月。欲於農隙之時，起七縣人夫併工修築，一月可了。乞降錢三五萬貫。」詔禮部給兩浙東路空名度牒三百道，充修城使用。〔一〕

〔一〕本條原在方域八之三五，屬「金華府城」事目，原眉批「兩浙東西路」。

紹興元年十一月十八日，康州奏：「據本州居人通直郎伍士偕等狀，本州係是主上昨來潛藩。竊見肇慶府元係端州，道君皇帝即位推恩，展拓城壁，朝廷降錢二十四萬貫。今來軍興之際，不敢過有耗費，只乞支度牒四十道，付轉運司，應副建雙門一座，以揭府牌，及量修城壁等。」詔令禮部修寫廣南東路空名度牒三十道，應付支用。〔一〕

〔一〕本條原在方域九之二九，屬「肇慶府城」事目，原眉批「廣南東路」。

紹興二年正月二十七日，知臨安府宋輝言〔一〕：「車駕駐蹕本府，城壁理宜嚴固。昨緣雨雪，推倒過州城三百七十九丈，工力稍大，本府闕人修築。據壕寨官申〔二〕，元發到人兵二百九人，欲乞候修內司打併了當，退下湖、秀等五州役兵，盡數撥差，併工修築。」從之。

〔一〕知臨安府宋輝言　「宋輝」，繫年要録、輯稿等又作「宋煇」。

〔二〕據壕寨官申　「寨」原作「塞」，輯稿食貨七之五六、方域二之二一等皆載有「壕寨官」，據改。

紹興二年十月十四日，中書門下省言：「新差權發遣江南西路轉運判官陳槖奏：『東南諸州自宣和以來，皆常稟命於朝〔一〕，繕治城壁。歷時既久，寖或頹圮，守臣趣過目前，漫不加省。乞戒勑諸路郡守，遇有頹闕，課壯城兵卒以時繕修，庶幾用力不勞而垂利永久，亦沮銷姦宄之一端。』」詔劄與諸司、帥司照會。

〔一〕皆常稟命於朝　「朝」原作「廟」，紀勝卷一八四利州「官吏」、宋史卷三七三洪皓傳等皆有「稟命於朝」云云，故改。

紹興三年正月六日，權知臨安府梁汝嘉言：「被旨令措置朝天門一所〔一〕，不用門樓，除置門外，有本門墻角至河亦合修築城墻，更置角門一所。」詔依所乞，即不得別有增添，卻致繁費。〔二〕

〔一〕被旨令措置朝天門一所　「朝天門」原作「朝大門」，按輯稿刑法二之一一〇、淳祐臨安志卷五城社等皆載臨安府有「朝天門」，未見「朝大門」，故改。

〔二〕以上三條原在方域二之二四，屬「杭州府城」事目。

紹興三年五月六日，左司諫唐煇言〔一〕：「潭州雖係帥府，城中凋殘，自折彦質到任，大爲修城之計，科敷十二縣應副物料，其數甚廣。守臣繕治城壁，固所當先，然不可不以其時而奪民之力。方農事興作，耕者尚少，又使之往來般運，瘡痍未平，復又科斂。乞今且治闕壞，使足以守，如欲興築，當俟農隙。其有科斂，乞賜約束。」詔檢會已劄下事理并今來臣僚上言，劄與折彦質照會施行。彦質言：「本州殘破之後，官司倉庫焚爇殆盡，樓櫓摧塌，器具皆無，城圍汗漫，難以守禦。乞從臣斟酌，將空閑處裁截三分之一。都省勘會裁截一節，仰提刑、轉運、安撫司同共審度保奏。臣契勘所乞錢物修葺，非爲目下便要興工，緣材植、竹木、磚灰所用浩瀚，若不逐旋收拾，將來農隙趁時下手，卻致搔擾民間。又告敕、度牒亦非臨期可變轉之物，今來已是六月，去其時不遠，望特降處分施行〔二〕。」詔令禮部給降荆湖南路空名度牒二百道〔三〕，專充修城支使。〔四〕

〔一〕左司諫唐煇言　「諫」字原缺，按繫年要録卷六五紹興三年五月乙卯條有「左司諫唐煇」云云，據補。

〔二〕望特降處分施行　「特」原作「將」，按輯稿職官一之三六、食貨六三之一〇、刑法二之九一等皆有「望特降處分」云云，故改。

〔三〕詔令禮部給降荆湖南路空名度牒二百道　按賜度牒二百道，繫年要録卷六六繫於紹興三年六月三十日癸丑。

〔四〕本條原在方域九之一七至一八，屬「長沙府城」事目。

紹興三年七月十五日，汀州言，乞將蓮城堡創置一縣。詔依，以蓮城縣爲名。〔一〕

〔一〕本條原在方域九之二四，屬「蓮城縣城」事目。按本條亦見方域七之一一、二〇之八，其中二〇之八屬「蓮城堡」事目。

十月二十九日，本路提刑、轉運、安撫司保奏到：「委都監及壕寨司官打量城身周迴二十二里九步，西臨大江，東南兩壁，并依山勢，不可裁損，唯有北壁地皆荒閑，南北相去遥遠。今相度，欲就北壁裁損〔一〕，於朝宗、渌波兩門之間截去城地三分之一共七里半外，所有新城圍計一十四里一百八十九步。將來興工，須抛下六縣，科率百姓，誠爲可憫。比勘會本州有鑄錢監兵士稍多，每日坐食，無所營爲，乞令不計工程，逐旋修補，磨以歲月，自見功效。即不得下諸縣科夫，及所用止於所降錢内取足，亦不得妄有敷率，庶幾公私兩便。」詔從之。〔二〕

〔一〕欲就北壁裁損 「裁」原作「截」，據前文改。

〔二〕本條原在方域九之一八至一九，屬「長沙府城」事目。

紹興三年十二月八日，尚書省劄子：「勘會壽春府密鄰賊境，城壁不修。」詔令孫暉依都督行府已行事理，疾速相視，於壽春縣修築。仍約度周圍丈尺、合用若干工料，具狀入急遞

申尚書省。〔一〕

〔一〕本條原在方域九之七，屬「壽州城」事目，原眉批「淮南西路」。

紹興六年三月一日，尚書省言：「諸州城壁往往倒塌，不即補治，及將壯城人兵違法他役，有乞修去處，增添高闊，徒費工力，不能就緒。」詔令逐路帥司督責所屬州軍，如有損壞，用功不多，仰一面計置，用壯城人兵修治，不得科擾。若倒塌稍多，不能自行整葺，即審度實用工料，開具見管壯城人數供申，不得隱落，虛樁大計。或城大難以因舊，亦仰隨宜減蹙，務要省便。仍將合減蹙去處丈尺畫圖，及今後具所管城壁有無損壞事狀，並申尚書省。〔一〕

〔一〕本條原在方域八之一〇，屬「修城」事目。

紹興七年十二月二十七日〔二〕，宰執進呈知泗州劉綱乞調滁州千夫修城，既得旨施行，而言者以爲非。上曰：「百姓誠不可勞，但邊城利害至重，天下之事，亦權輕重大小而爲之。朕愛民力，一毫不敢動，唯此役爲不得已也。」宰臣趙鼎奏曰：「前日得旨，已令優支錢米。」御史中丞常同言：「近嘗論泗州修城有妨農時，竊緣正當春雨隳壞，枉費人力。今耕種將興，淮南新開荒廢之田有幾，而頃起夫役三千人，令自備器用，其擾甚大。乞早降指揮住罷，

如欲修繕，須俟農隙。」詔令泗州更切相度〔二〕，如委是有妨農作，即行放散。〔三〕

〔一〕紹興七年十二月二十七日　「紹興七年十二月」原缺。按繫年要録卷一一七、兩朝聖政卷二二、中興紀事本末卷四二皆繫於紹興七年十二月二十七日甲申，據補。

〔二〕詔令泗州更切相度　「泗州」原作「泗川」，據前文改。

〔三〕本條原在方域九之七，屬「壽州城」事目。

紹興十二年十月三日，臣僚言：「大駕南巡，閱歲滋久，城壁剥蝕，日就摧毁。昨見開河之役，悉於旁近州軍量起官兵。臨安府昨被指揮置庫，因易收其贏餘〔一〕，以備修城之舉，亦幾年矣。乞斷而行之，專委近臣爲之提綱，假以歲月，無不成者。詔令臨安府措置，申尚書省，候農隙和買磚石，用壯城兵相兼人夫修築〔二〕，即不礙官私舍屋，委是經久利便。」從之。

〔一〕因易收其贏餘　「因」，清本眉批「疑『固』」。

〔二〕用壯城兵相兼人夫修築　「壯」下原衍「壯」字，據上下文删。

紹興十三年五月九日，知臨安府盧知原言：「本府周迴城壁久不修治，頹損至多。今日錢湖門南沖天觀等並係相近禁衛去處，未敢擅便前去相視。」詔令計會中軍、皇城司、殿前司前去檢計修葺。〔一〕

〔一〕以上兩條原在方域二之二四至二五，屬「杭州府城」事目。

紹興十六年十一月二十二日，知饒州張杓言：「本州與江、池接境，密邇淮甸，城壁頹毀，委官檢計，得合修築去處計四百六十六丈，人工、物料共用錢米八萬九千六百餘貫碩，乞應副修治。」詔令所屬給降空名進義校尉綾紙五道、助教敕四道，并充修城支使。臣僚言：「饒州城壁係一面邊大溪，每至春月，必爲大水所浸，以是前後屢修屢壞。加以官吏因緣作過，六縣之民，困於此役，愁歎之聲不可聞。今張杓所乞錢物，已蒙朝廷支降，竊恐上件綾紙并敕所得錢數無多，本州不過只是應副。」從之。〔一〕

〔一〕本條原在方域九之一六，屬「饒州府城」事目，原眉批「江南西路」。

紹興二十七年六月十一日，權發遣邕州田經言：「邕州左、右兩江，并是歸明羈縻州洞居止，外通交趾諸蕃。自來於溪洞内置五寨鎮，彈壓洞民。每寨有都同巡檢、知寨、都監、主簿及兵級三四伯人，請受全藉知寨主管博易場及溪洞苗米税賦等應副支給，及修葺城塹。每官到罷，各有酬賞，惟知寨更添減年，最爲親民要職。近來多是士人及待闕官時暫權攝〔一〕，既不應賞格，無所顧藉，與溪洞官典通同交易。是致財賦匱乏，支遣不繼，兵級逃遁，十存二三，城壍傾頹〔二〕，殆將過半。乞行下本路帥司，今後知寨不許差人權攝，須踏逐有材武廉謹人奏辟正任，申朝廷差注，任滿候正官交替，方得離任。有事故者，以次官兼權。寨中所管税賦，仰本江都巡檢互相關防，庶可招填士兵，修葺城壍，以寔邊面。」從之。〔三〕

〔一〕近來多是士人及待闕官時暫權攝　「士」原作「七」，據方域一九之二五改。
〔二〕城壍傾頹　「壍」原作「暫」，據方域一九之二五改。
〔三〕本條原在方域九之二二，屬「南寧府城」事目。

紹興三十一年四月九日，知臨安府趙子潚言：「駐蹕之地，所係甚重，比年以來，城壁摧倒。嘗委官檢視，凡一百四十一段，共一千八百餘丈，約用物料、工役錢二十七萬貫〔一〕，米七千斛。本府財賦有限，今歲排辦明堂，别無寬餘。乞支降錢米，仍於三司各差三百人，分頭修築。」詔依奏，如所差三司人數役使不足，計於附近州軍壯城〔二〕、牢城人内貼差，合用錢米，令户部逐旋支給。

〔一〕工役錢二十七萬貫　「萬」字原缺，據前後文補。
〔二〕計於附近州軍壯城　「計」或當作「許」。

紹興三十二年十一月十三日，孝宗即位未改元。詔尚書户部侍郎兼權知臨安府趙子潚轉一

官，以修臨安府城畢工推恩也。〔一〕

〔一〕以上兩條原在方域二之二五，屬「杭州府城」事目。

孝宗隆興元年，詔修真州六合城，以九月二十二日興役。十一月九日畢，北城創立，餘增修。〔一〕

〔一〕本條原在方域九之四，屬「六合縣城」事目，原眉批「淮南東路」。

隆興元年十二月十八日，權發遣臨安府陳輝言：「本府車駕駐蹕之地，其周回禁城因春雨連綿，舊城多圮，自德壽宮東及錢湖門北至景靈宮寺等，計三百三十五丈，自今年三月二十一日興役，至十月二十七日畢。」詔本府實具修城官上尚書省，第賞之。〔一〕

〔一〕本條原在方域二之二五，屬「杭州府城」事目。

隆興二年正月二十一日，江淮都督府參議官馮方言：「廬州城圍約二十里，今欲捺壩以留焦湖落水。」上曰：「城未須築，堰櫃水捺壩爲先。」〔一〕

〔一〕本條原在方域九之九，屬「廬州」事目，原眉批「淮南西路」。

乾道元年九月二十八日，端明殿學士、知建康府汪澈言：「建康當舟車之會，控扼之衝，其中宮闕之嚴，官府之重，而城池頹塞，久而弗治，私竊惑焉。嘗計工，頗浩瀚〔一〕，其摧損一百三十處，量計一千七百餘丈，約用錢二十萬貫。已於五、六月以來興工補築，不出年歲，可以究竟。其他如鵲台、女頭等，續次措置。」從之。〔二〕

〔一〕頗浩瀚　「瀚」原作「澣」，形近而訛，今改。

〔二〕本條原在方域九之一三，屬「建康府城」事目，原眉批「江南東路」。

乾道二年八月，主管步軍司陳敏復請別浚城濠，於舊壕填築羊馬墻，更增城五尺。從之。〔一〕

〔一〕按宋史卷四〇二陳敏傳載，乾道元年，召除主管侍衛步軍司公事，居歲余，敏抗章曰：「久任周廬，無以効鷹犬，……臣乞以故部之兵，再戍高郵。」仍請更築其城。遂升敏爲都統制兼知高郵軍。嘉靖惟揚志卷一〇軍政志亦言，高郵城，乾道間陳敏重修。故本條陳敏別浚之城濠或爲高郵城。

三年正月二十四日，詔給寶藏南庫銀八千兩〔一〕，修六合城。先是，淮東總領所當辦修城工費二萬七千緡，免之。〔二〕

〔一〕詔給寶藏南庫銀八千兩　按「寶」當「左」或「内」之誤。
〔二〕以上兩條原在方域九之四，屬「六合縣城」事目。

乾道三年五月二十三日，詔修揚州城。先是，主管殿前司公事王琪言：「揚州爲淮東重城，地面狹隘，壕塹水淺，四外平陸地無險，乞貼築城壁，開掘舊壕。」從之。其後琪奏修城磚灰，葉顒因言：「揚州修城，工役甚大，議者以爲恐勞動兵衆，未甚有益，且致敵人言。」上曰：「内地修城，何預邊頭？且誓書所不載。萬一今冬有警，悔又無及。朝廷作事，安能盡卹浮議，不至張皇可也。」〔一〕

〔一〕本條原在方域九之一，屬「揚州府古城」事目。

閏七月十九日，殿前司言，與鎮江軍分南北興修揚州城，恐不均平。上語輔臣，北邊乃受敵處。蔣芾因奏，不如令東西分。從之。凡十月畢工。〔一〕

〔一〕本條原在方域九之二「揚州府古城」（乾道五年）五月四日條後，按輯稿兵二九之一八亦載其事，繫於乾道三年，且乾道中有閏七月者，也僅乾道三年，故今改移於此。

乾道三年十二月十五日，詔修真州城。先是，上語輔臣，揚州城已畢工。陳俊卿因言：

「張郯乞城真州，似可從。」魏杞曰：「若免上供諸色錢，或朝廷捐一二三萬緡佐之，自可辦。」上曰善，至是詔修之。凡十月畢工，費緡錢十萬，米一萬三千碩。

乾道四年三月十五日，户部言：「權發遣真州張郯措置修築城壁合用竹木，乞下所過税場審驗通放，法難以行。」詔特從之。〔一〕

〔一〕以上兩條原在方域九之六，屬「儀真縣城」事目。

四年四月五日，詔揚州、六合修城塹，凡材木、磚灰、木腳等錢，自浙西往者，官盡給其價。上因曰：「工役如此，苟錢不給，恐州郡科斂。」蔣芾曰：「陛下念及此，天下幸甚。」及有司程費以聞，上又慮外府或闕，不時給，命以内庫錢八萬緡償之。

九月一日，詔揚州、和州、六合縣修城等，入役官兵慮有病患，令逐處守令同統兵官，專差職醫診視，官給湯藥。〔一〕

〔一〕按方域九之一「揚州府古城」事目載：「（乾道）四年九月，詔揚州修城，入役官兵慮有病患，令逐處守令同統兵官專差職醫診視，官給湯藥。」所記乃同一事，姑附於此。

十三日，馬軍司言：「修築和州城壁，或遇陰雨，其工役官兵雖住修築土工畢數，卻并手

運致材植及措置石段橛䔷、收積瓦滓之類，即無停歇。欲望下所屬，將本司修城官兵合破食錢，如遇天雨，亦乞全支。」從之。〔一〕

〔一〕按本條所記乃和州事，方域九之八「和州」事目載，詔修和州城在乾道五年，此繫於四年，或誤。

五年二月一日，權主管侍衛步軍司王宏言：「先被旨於六合城外挑掘遠壕及展北城。竊詳工料浩大，卒難就緒。今措置，不若取遠壕土止於壕裏堆積，可高二丈。如此則無摧壞增徙之勞，緩急虜騎奔衝，前有壕水，後有積土，足可禦敵。」從之。〔一〕

〔一〕以上四條原在方域九之四，屬「六合縣城」事目。

四月二日〔一〕，知揚州、主管淮南東路安撫司公事莫濛言：「揚州城壁，當時兩軍計料，止於壕外取掘乾土，添築砲台，不曾計料開深壕河。大觀中重修揚州圖經，本州城壕深一丈至一丈五尺，闊十三丈，至有十八丈之所。本州近稍闕雨，濠内極深不過二三尺，至有淺涸可以通人往來。竊詳固守之利，莫如高城深池，今城雖高而池不深，竊恐冬深水涸，人可平涉，緩急之際，深所未便。欲望令殿前司并鎮江府都統制司重别計料，以水面爲則通展，務令深闊，緩急可以備禦。」從之。〔二〕

〔一〕四月二日　按輯稿選舉三四之二〇載，乾道三年六月十八日，莫濛除直徽猷閣、知揚州，職官六〇之三四載，乾道五年七月五日，知揚州莫濛「令再任」。又按上文繫於四年，下文「五月四日」條，輯稿兵二九之二一繫於五年，故「四月」前或脱「五年」。

〔二〕本條原在方域九之二，屬「揚州府古城」事目。

乾道五年四月二十四日，知襄陽府司馬倬言：「申獲敕旨，再貼築府城，用磚内外包裹，及增置樓櫓、守城器具，合用工物浩瀚。」詔給錢五萬貫，禮部給度牒百道，仍就襄陽府樁管米支給萬碩。〔一〕

〔一〕本條原在方域九之一九，屬「襄陽府城」事目，原眉批「京西南路」。

五月四日〔一〕，權主管殿前司公事王逵言：「揚州城壁周圍十七里一百七十二步，計三千一百四十六丈。昨申朝廷，於沿城裏周圍作卧牛勢貼展。近莫濛陳訴，壕河淺狹，已有旨令兩司屯戍官兵開掘深闊。看詳揚州城圍闊遠，處處受敵，四向平陸，別無山林險阻，萬一有警，提出精鋭，占利迎遏，難坐守城池以俟攻擊。其城身外表磚瓦元不曾相驗修築，慮其間不無損缺之處，難以守禦。欲再加相驗，別參酌工數奏聞施行。」從之。〔二〕

〔一〕五月四日　按輯稿兵二九之二一繫於乾道五年四月四日。

〔二〕本條原在方域九之一至二，屬「揚州府古城」事目。

乾道五年十二月十五日〔一〕，權發遣和州、主管淮南西路安撫司公事胡昉言：「見於千秋澗取土燒磚，甃砌澗上城及捺黄墊、斗米河關隘埧堰等事，欲望於内府假會子一十萬貫，及乞下淮西總領所支米五萬碩，付本司相兼支用。」從之。是歲，詔修和州城，來年三月畢工。馬軍司言樓堞雄壯，實堪備禦，詔部役官張遇等優推賞。〔二〕

〔一〕乾道五年十二月十五日　「五年」原作「三年」。按宋史卷三四孝宗紀二載，乾道五年三月丁巳朔，「詔趣修廬、和二州城」，本門「廬州城」即繫於「乾道五年十二月二十九日」。又按本條後文言「來年三月畢工」，且有「馬軍司言樓堞雄壯，實堪備禦」云云，而馬軍司所言即見下文「乾道六年十二月」條。故「三年」實「五年」之誤，據改。

〔二〕本條原在方域九之八，屬「和州」事目，原眉批「淮南西路」。

乾道五年十二月二十九日，詔修廬州城。明年三月二十二日興工，四月畢，修築軍士第賞有差。是歲，詔修楚州城，役兵萬人，爲日六十，錢六萬緡，米萬五千碩。八年十一月，復給錢二萬緡增修。

乾道六年正月二十四日，侍衛親軍馬軍都指揮使、奉國軍承宣使、淮南西路安撫使郭振言：「廬州城圍並已修築整備，合用防城笓籬牌、抱座掛塔器具等，用錢浩瀚，伏望支降度牒

百道，相兼計置。」從之。〔一〕

〔一〕以上兩條原在方域九之九，屬「廬州」事目。

乾道六年十二月，主管侍衛馬軍司公事李舜舉言：「被旨差撥官兵創修和州城壁，今已畢工，其城壁表裏各用磚灰五層包砌，糯粥調灰鋪砌城面，兼樓櫓城門，委皆雄壯，經久堅固，寔堪備禦。部役官張遇等三人悉心措置，寔有勞效，欲望優與推賞，所貴有以激勸。」從之。〔一〕

〔一〕本條原在方域九之八，屬「和州」事目。

乾道七年八月十九日，荆南駐劄御前諸軍都統制秦琪、權京西轉運判官兼權知襄陽府張楝言：「襄陽府城樓櫓雉堞，委皆壯觀，止其中砲台、慢道稀少，緩急敵人併力攻城，緣道遠援兵難以策應。今欲增築砲台四座，慢道十一條。及城東、南、西壁舊皆直門，若敵人併兵攻燒，無以遮護。今欲於逐門外各築甕城一座，緩急軍馬易以出入，可以禦敵。子城西角除女頭、鵲台、護險墻、荷葉渠外，止有戰道六尺至七尺，狹隘，容人不多。今欲增高接築，自裏增貼，與已築城面普高三丈三尺，面闊二丈二尺。自西北角抵江岸止二十餘步，以漸頭東至北角去江岸三百三十餘步，地步廣闊，敵人可以屯泊。相度欲移北壁工役於西北角抵江岸二十二步，東北角抵江岸三百三十步，與兩城角團樓相接，創築鷹翅、鑰匙頭城二座。東壁創築馬面子五座，上安戰棚各十四間，就裏築砲台一座，慢道二條，開城門一座。西壁亦開城門一座，上安戰棚各十四間，慢道一條，城上接團樓，各置閘門一座，外壁用磚包砌，可以照應樊城，互相策應，及兩鷹翅城門亦可引拽軍馬，出奇應變。兼樊城東西已有鷹翅城，襄陽城北若不依此修築固護〔一〕，則諸軍車戰馬船無所繫泊，并一帶居民盡成委棄。况襄陽城中地形甚高，而漢江至秋冬水落，其流甚低，城中井泉甚少，常患乏水。今若修築鷹翅城直接江南，則與大江移入城中無異。且本府北門正與樊城相直，兩城屹立，中據大江，敵人無路可犯，實爲大利。伏望速賜處分。」詔鷹翅城别聽旨，餘從之。〔二〕

〔一〕襄陽城北若不依此修築固護　「修」原作「條」，形近而訛，今改。

〔二〕本條原在方域九之一九至二〇，屬「襄陽府城」事目。

乾道八年十二月八日，武節郎、馬軍司左軍統制田世卿言：「和州在淮西，捍蔽長江，爲要害之地。竊見朝廷費數百萬緡堅築城壁，其勢甚壯，然沿城一帶周匝八九里，壕塹尚多未鑿，是有金城以爲之裏而未有湯池以爲之表也。欲望專命臣當農隙之時，開濬壕塹，責以成效，則和州城池皆有表裏。」詔守臣胡與可措置開濬，仍相視東北角嶽廟下地形高阜之處開

掘便宜，具申樞密院。〔一〕

〔一〕本條原在方域九之八，屬「和州」事目。

乾道九年六月十一日，建康府駐劄御前諸軍都統制郭剛言：「廬州城壁每年差撥一軍五千人，欲望睿旨於諸軍共差一千人前往，專一修治未備城池。每及一年，依此差人交替。」從之。〔一〕

〔一〕本條原在方域九之九，屬「廬州」事目。按本條郭剛奏章節略太甚，輯稿兵五之三〇則較完整。

淳熙元年八月二十七日，詔揚州屯戍統制官自今兼提督修城，遇有城壁損缺，與同提兵官措置，疾速修整，依例交替。從樞密院請也。〔一〕

〔一〕本條原在方域九之二，屬「揚州府古城」事目。

淳熙三年十月五日，詔諸路帥司行下所部州軍，專令守臣分委在城都監等，各認定地分，常切照管城壁，遇有損動開裂，隨即修治。守臣以時躬親點檢，歲終具已修補圓備帳狀申本路安撫司。若守臣去替，即令新官依此施行。〔一〕

〔一〕本條原在方域八之一〇，屬「修城」事目。

淳熙四年九月十二日，知建康府劉珙言：「本府修砌城面畢工，已將城外分四隅。城南門自甕城分中以東至上水門，委本府兵馬鈐轄；城中以西至二水亭，委親兵統領；城西門自賞心亭以北至北門，委正將；城北門分中以東至上水門，委副將，躬親往來巡視。如稍有損裂去處，即時申府修補。」從之。〔一〕

〔一〕本條原在方域九之一三，屬「建康府城」事目。

淳熙十一年八月二日，平江府言：「本府城壁年深頹圮，見那撥官錢，計置物料，差撥壯城軍兵及雇募匠人，興工修砌子城。所有外城，未敢擅便，乞劄下照會修築施行」從之。〔一〕

〔一〕本條原在方域八之三六，屬「平江府」事目，原眉批「浙東西路」。

淳熙十四年五月二十四日，詔：「尚書省給降度牒二十道，付湖北安撫司，充靖州修城支用，候農隙日興工。仍先次計料，開具奏聞。」從知靖州薛世青之請也。〔一〕

〔一〕本條原在方域九之一七，屬「靖州城」事目，原眉批「荊湖北路」。

紹熙二年正月二十五日，上謂：「葉翥昨言廬州不可守，修城亦無用。」葛邲奏曰：「廬州非不可守，若有三萬人即可守，而城池亦不可以時葺〔一〕。」胡晋臣奏曰：「不可因其難守，便廢邊防。」上曰：「極是，若遇事遽以勞擾輒廢，即是導人以苟且，恐不可。」慶元元年，暑雨暴漲，衝突城壁。帥王知新因命整治，并疏暗渠，浚長壕，修甕城，視舊加倍。壁壘崇堅，樓櫓相望，稱雄淮右。復請於朝，歲遣金陵戍卒三千，以時繕治，號防城軍。又奏：「郭振修築以古城中分爲二，於市河之南别築斗梁城，横截舊城之半，而阻絶市河於斗梁之外。舊北城約七里，不復加葺。曾不知郡當西淮要衝，市河通徹巢湖，可以漕運〔二〕，又有居巢、歷陽、射胡關相爲掎角。乞行築修，且乞開浚城外長河三道，以增城壕之深，以壯形勢。」開禧二年，帥田琳略加增修。是冬，虜果入寇，藉以捍禦。然事力未備，規摹未壯。嘉定四年，夏潦浸淫，城壁多圮。先是，朝廷以本州强勇軍多减省，防城軍止差千人，帥李大東復請增爲二千。於是新城、古城悉加修築，數月而就，并疏三壕，合雞鳴山水入於市河，金湯益固，比險方漢云。古城凡九十三處，羊馬墻八百八十四丈，水埧九處九十二丈，卧牛一十五處五百二十六丈。又增修古城一帶女頭，與内城相爲雄長云。〔三〕

〔一〕而城池亦不可以時葺　據文意，「可以」下疑脱「不」字。

〔二〕可以漕運　「漕」原作「遭」，形近而訛，今改。

〔三〕本條原在方域九之九至一〇，屬「廬州」事目。按「慶元元年」以下文字似大典摘自他書而漏標書名。

紹熙二年六月十一日〔一〕，宰執進呈趙汝愚條具到福州催科二稅及修城利害，上曰：「州郡城壁不比邊州，既於百姓不便，具緩修築〔二〕，亦無害。」

〔一〕紹熙二年六月十一日「紹熙」原作「紹興」，據下文改。

〔二〕具緩修築「具」，清本眉批「疑『且』」，上古本徑改作「其」。

紹熙二年十月二日，知福州趙汝愚言：「竊惟本州民物浩繁，垣高五六尺，姦民出入無度，委是非便。今已措置磚石，欲只用舊基稍增一二尺，甃以磚石，而所費工役不多，易以可辦。」從之。〔一〕

〔一〕以上兩條原在方域九之二四，屬「福州府城」事目，原眉批「福建路」。

紹熙二年十月三日，權知廉州沈杞言：「本州城壁係邊海去處，每年夏秋間，颶風不時發作，其城上屋宇間有損動。乞令本路經略司行下本州守臣、兵官，常椿物件，自今後城壁屋宇遇颶風發作，隨有損處，即便修葺，不得積有損壞。」從之。〔一〕

〔一〕本條原在方域九之二九，屬「廉州府城」事目，原眉批「廣南西路」。

紹熙二年十二月三十日，詔知贛州高夔特減三年磨勘，以修築本縣城壁有勞故也。〔一〕

〔一〕本條原在方域九之一五，屬「贛州府城」事目，原眉批「江南西路」。

紹熙三年三月十二日，詔於鄂州大軍庫樁管會子内支撥一萬貫〔一〕，付荊門軍專充修治城壁使用。從知軍陸九淵所乞故也。〔二〕

〔一〕詔於鄂州大軍庫樁管會子内支撥一萬貫　「内」原作「同」，形近而訛，今改。

〔二〕本條原在方域九之二一，屬「荊門州城」事目，原眉批「荊湖北路」。

紹熙三年十月七日，詔禮部給降度牒一百道付潭州，充修城使用，委漕臣豐誼提督收支，不許一毫擾民。以帥臣周必大奏請故也。〔一〕

〔一〕本條原在方域九之一九，屬「長沙府城」事目。

紹熙三年十月二十六日，步軍司言：「六合縣北大城修築包砌，將已圓備，見將創造到萬人敵、馬面子、團敵、通過樓共二十二座，接續卓立，以爲扞〔一〕。」

〔一〕以爲扞　「扞」下疑脱「禦」或「蔽」。按本條原在方域九之四至五，屬「六合縣城」事目。

慶元元年二月七日，樞密院進呈湖北總領所申，郢州修城壁已圓備。余端禮等奏，乞降指揮常切檢點，無令損壞。上曰：「隨壞隨修，不至臨時多有費用。」〔一〕

〔一〕本條原在方域八之三三，屬「郢城」事目，原眉批「荆湖路」。按本條筆跡潦草，與前後皆不同，疑後人添入。

慶元元年二月二十七日，四川安撫制置司言：「敘州申，本州城壁管城門七座，除安詔、來遠兩門計城身二百七十二丈，見行隨宜計備材植修葺外，餘荔枝、甘泉、朝天、奉息、蓮華五門，計城身九百四十二丈五尺，本州雖以申明，未準支降錢糧修築。本司照得潼川運判張澈奏，任内有趲積到錢二十餘萬緡，撥一十萬緡糴廣惠倉米，一十萬緡樁充備邊之用。無乞朝廷特賜行下潼川運司〔一〕，於上件樁備邊錢内支撥錢引二萬貫，應副敘州修築施行。」詔令支撥錢引一萬貫，仍委丁逢措置修築，候畢工日，具已修築次第申尚書省。〔二〕

〔一〕無乞朝廷特賜行下潼川運司　「無」，清本眉批「疑『欲』」，上古本徑改作「伏」。

〔二〕本條原在方域九之二五至二六，屬「敘州山城」事目，原眉批「潼川府路」。

慶元五年六月十六日，樞密言：「修治揚州城壁，其諸州起發磚灰，恐有計囑弊倖。」詔令殿前司，將來興工，磚坯仰督責合干人，務要堅實。仍於磚側模印殿司某軍燒造〔一〕，其受納去處，委官點校交納，以備不測取摘，前去看驗。其餘應干物件，津運到日，仰安撫司子細交納，如法安頓，具已收名件申樞密院〔二〕，毋致欺弊，失陷官物。仍令提督官常切覺察。〔三〕

〔一〕仍於磚側模印殿司某軍燒造　「殿」原作「關」，據前文改。
〔二〕具已收名件申樞密院　「密」原作「察」，據前文改。
〔三〕本條原在方域九之二，屬「揚州府古城」事目。

慶元五年八月一日，樞密院進呈知潭州王藺申，築城圓備。余端禮等奏：「此役甚大，所費不盡出朝廷，本州措置爲多，王藺合少旌其勞。」上曰：「降詔獎諭，事體稍輕，宜與進官一等。」端禮等曰：「陛下處分，甚得輕重之體。」〔一〕

〔一〕本條原在方域九之一九，屬「長沙府城」事目。

慶元五年八月三日，詔：「殿前司見差揚州修城官兵二千人〔一〕，并令鎮江都統制司更就差武鋒軍一千人，并權聽安撫郭杲節制，措置修補城壁，卓立樓櫓，修治女墻等，以爲經久之計。將見在錢米物料等，依所奏事理據數分給兩司，令郭杲先次計料以聞。仍仰閻世雄往來照管，務要協力催督，早得辦集。候一切圓備，別聽指揮，卻令殿前司、鎮江都統制司依

舊分定管認，各先具知稟聞奏。」從帥臣郭杲之請也。〔二〕

〔一〕殿前司見差揚州修城官兵二千人 「殿」原作「闕」，據上文改。下同。

〔二〕本條原在方域九之二至三，屬「揚州府古城」事目。

嘉泰三年七月六日，臣僚言：「六合縣自修城以來，用戍兵守把，因遂創收門頭錢。本縣十二門，軍中各日立定額送納，隨軍庫公用。凡經從城門者，皆令出資金，然後得行。至有隨其貨物多寡，戍兵以意取覓，公納之外，餘則分霑。大抵利之所在，官立嚴禁，尚且抵冒刑憲，況公許之乞取，則事體可知。若曰營寨去處量有所收，猶是百姓不應入營寨。今六合之城郭乃郡縣之城郭也，人民商旅所當經行，豈應出入有門頭錢耶？乞降黄榜下六合縣蠲除，令本處大字備録黄榜十二門，使往來通知。仍劄下盱眙軍照會，庶絶天長他日之患。」從之。〔一〕

〔一〕本條原在方域九之五，屬「六合縣城」事目。

府州

【題解】本門見方域二一之一至八，大典卷一一〇〇三「府」字韻「府州」事目收録。整理者於方域二一之一「宋會要」下楷書批「府州」，天頭又楷書批「邊州：府州、豐州、西涼」。本門起太祖建隆元年正月，迄徽宗政和五年三月十日。

折氏世爲雲中大族。唐有折宗本者，補振武緣河五鎮都知兵馬使。宗本子嗣倫，麟州刺史。嗣倫子從阮，自晉、漢以來獨據府州，控扼西北，中朝賴之。仕周至静難軍節度兼侍中。從阮子德扆，嗣知州事。世宗建府州爲永安軍〔一〕，以德扆爲節度，亦嘗入朝，後遣赴鎮。其地險絶，實捍西戎。後朝廷疑其彊盛，别置軍馬一司以視其舉動，而後力弱，非初置折氏居河西之本意也。

〔一〕世宗建府州爲永安軍　「永安」原作「永平」，據舊五代史卷一一四周世宗紀、通鑑卷二九二顯德元年五月辛丑條及宋史卷二五三折德扆傳改。

太祖建隆元年正月，加德扆檢校太師。

六月〔一〕，德扆破河東沙谷寨，斬首五百級。

〔一〕六月　按宋史卷一太祖紀一作「六月甲午」，長編卷一繫於建隆元年五月，并注云「實録在六月甲午」。

二年，德扆來朝，復遣赴鎮。

乾德元年冬，德扆敗太原軍數千於城下，生擒僞將楊璘，詔褒之。

二年八月，德扆赴行在，假詔差弟禮賓副使德源押賜茶藥，仍遣醫官一人往彼。

九月，德扆卒，詔贈侍中，以其子衙内都指揮使御勳爲起復雲麾將軍、汾州團練使，權知府州事。

三年，加御勳府州防禦使。

開寶二年二月〔一〕，太祖親征太原，御勳不俟詔朝行在，帝嘉其意，即以御勳爲永安軍節度觀察留後。及還，厚賜遣之。

〔一〕開寶二年二月　「二年」原作「三年」，據長編卷一〇開寶二年五月癸卯條改。按太祖詔親征北漢，長編卷一〇及宋史卷二太祖紀二等皆載在開寶二年二月。「三年」誤。

四年十月，以郊祀來朝，禮畢遣還鎮〔一〕。

〔一〕禮畢遣還鎮　「禮」字原缺，據宋史卷二五三折御勳傳補。

九年，郊祀西洛，復來朝。未幾，改鎮花海〔一〕。是年，以府州馬步軍都指揮使折御卿爲閑廄副使、知府州。御卿即御勳之弟。

〔一〕改鎮花海　按長編卷一七開寶九年七月丙子條作「泰寧軍留後」，宋史卷二五三折御勳傳作「泰寧軍節度使」。按泰寧軍，唐時曾名「兖海」，或「花海」乃「兖海」之誤。

太宗太平興國四年三月，太宗征河東，詔御卿與監軍尹憲領屯兵同攻嵐州。又破岢嵐軍〔一〕，殺戮甚衆，并擒僞軍使折令圖以獻。又破嵐州〔二〕，殺僞憲州刺史霍翊〔三〕，擒僞將夔州節度使馬延忠等七人以獻〔四〕，御卿以功遷崇儀使。

〔一〕又破岢嵐軍　「岢」原作「苛」，據長編卷二〇太平興國四年四月乙卯條及宋史卷二五三折御卿傳改。

〔二〕又破嵐州　「破」原作「以」，據輯稿兵七之三五及長編卷二〇太平興國四年四月戊辰條改。又按宋史卷四太宗紀一作「克」，卷二五三折御卿傳作「下」。

〔三〕殺僞憲州刺史霍翊　「殺」字原缺，據輯稿兵七之三五、長編卷二〇太平興國四年四月戊辰條、宋史卷四太宗紀一、卷二五三折御卿傳補。

〔四〕擒僞將夔州節度使馬延忠等七人以獻　「馬延忠」原作「馬延中」，據輯稿兵七之三五、長編卷二〇太平興國四年四月戊辰條、宋史卷二五三折御卿傳改。

六年，府州外浪族首領來都等來貢馬。

雍熙二年六月，府州女乜族首領來母崖男杜正等内附〔一〕，命遷居茗乜族中〔二〕。

〔一〕府州女乜族首領來母崖男杜正等内附　「杜正」，宋史卷四九一党項傳作「社正」。

〔二〕命遷居茗乜族中　「茗乜」原作「茗也」，據宋史卷四九一党項傳改。

九月，以崇儀使折御卿領成州刺史。

端拱元年，以六宅使、誠州團練使、知府州折御卿爲府州團練使，兼麟府濁倫寨巡檢使。

淳化三年二月，遷御卿府州觀察使。

四年四月〔一〕，御卿上言，銀、夏州管内蕃漢户八千帳族悉來歸附，録其馬牛羊萬計。

〔一〕四年四月　「四年」，長編卷三六、宋史卷四九一党項傳作「五年」，輯稿或誤。

五年五月，制授御卿永安軍節度，充麟州兵馬都總管、夏銀府綏都巡檢使。御卿世有功於朝廷，尤能鳌肅部伍〔一〕，西蕃頗憚之，故有是寵。

〔一〕尤能鳌肅部伍　「鳌」，清本眉批「疑『整』」。

至道元年正月，府州言：「契丹萬餘衆入寇，節度使折御卿率兵擊敗於子河汊，斬首五百級〔一〕，獲馬千匹，虜將號突厥太尉、司徒、舍利死者二十餘人，生擒吐渾首領一人，大將韓德威僅以身免〔二〕。」帝召使者於便殿問狀，謂左右曰：「此戎小醜，輕進易退。朕常誡邊將不與争鋒，待其深入，則分奇兵以斷其歸路，因擊殺之，必無遺類也，今果如其言。」左右皆呼萬歲。厚賜其使，因遣内侍楊守斌往府州畫地圖來上，因遣問御卿：「向者戎人從何而至〔三〕？」御卿曰：「虜由山峽間細逕而入，意臣出巡，謀入剽掠。臣先諜知之，預遣内屬戎人邀其歸路，因縱兵疾擊，虜敗走，塵起迷失本路，人馬墜崖谷死者相枕籍，不知其數。皆聖靈所及，非臣之功。」帝甚嘉之。

〔一〕斬首五百級　「五百」，宋史卷二五三折御卿傳作「五千」。

〔二〕大將韓德威僅以身免　「韓德威」原作「韓德盛」，據輯稿兵二七之四、長編卷三七至道元年正月甲子條、宋史卷五太宗紀二、卷二五三折御卿傳改。

〔三〕向者戎人從何而至　「至」原作「土」，據宋史卷二五三折御卿傳改。

十二月，御卿卒，詔贈侍中，以其子惟正爲洛苑使，知州事。御卿被病，虜諜知之，韓德威爲李繼遷所誘，復率衆入寇，以報子河汊之役。御卿輿疾而行，德威聞其至，頓兵不敢進。會疾甚，其母遣親信召御卿歸就醫藥，御卿曰：「家世受國恩，虜寇未滅，御卿之罪也。今臨敵，安可棄士卒自便，死於軍中，是其分也。」翌日而卒。

二年三月，入内副都知宋思恭上言：「得府州管界五族大首領折突厥移狀，稱父折文御授官告，補充五族大首領。今文御已死，府州以突厥移承父勾當，乞賜真命。」詔折突厥移授安遠大將軍，依舊充府州管界五族大首領。

六月，府州勒浪族副首領遇兀等百九十三人歸附，貢馬七匹。遇兀舊隸契丹，淳化初，遷族帳於府州界，東至河百五十里，南至府州三十里，至是始來貢。帝召見慰勞，賜錦袍銀帶。遇兀言：「部族多良馬，今始來朝，所貢未備。」帝曰：「吾嘉爾忠順之節，慕化來歸，固不以多馬爲意也。」

七月，以李繼隆出討賊遷〔一〕，賜麟府州兀泥族大首領突厥羅〔二〕、女女殺族大首領越都〔三〕、女女夢勒族大首領越移、女女忙族大首領越置、女女籰兒族大首領党移〔四〕、没兒族大首領莫末移、路也族大首領移〔五〕、細也族大首領慶元、洛才族大首領羅保〔六〕、細母族大首領雜保也凡十族敕書〔七〕，招懷之。

〔一〕以李繼隆出討賊還　「隆」字原缺，據宋史卷四九一党項傳補。
〔二〕賜麟府州兀泥族大首領突厥羅　「兀泥」，宋史卷四九一党項傳作「兀泥巾」，是卷又載，「兀泥大首領泥中佶移」，「其長子突厥羅」。故從會要。
〔三〕女女殺族大首領越都　「女女」原作「安女」，據後文及宋史卷四九一党項傳改。
〔四〕女女籰兒族大首領党移　「女女」下原衍「兒」字，據前後文及宋史卷四九一党項傳删。
〔五〕路乜族大首領移　「移」前有脱文，宋史卷四九一党項傳作「越移」。按「越移」與前文女女夢勒族大首領同名，或有誤。
〔六〕洛才族大首領羅保　「洛才」，宋史卷四九一党項傳作「路才」。
〔七〕細母族大首領雜保乜凡十族敕書　「乜」原作「也」，據宋史卷四九一党項傳改。按「雜保乜」，宋史卷四九一党項傳作「羅保保乜」。

三年八月，詔府州折惟正歸朝〔一〕，以其弟内園使惟昌代知州事，兼麟府濁輪寨都巡檢使。惟正少有狂易病，不可治州事，故命之。

〔一〕詔府州折惟正歸朝　「朝」原作「明」，據宋史卷二五三折御卿傳改。

十一月，知府州折惟昌等奏：「臣父嘗奉詔，歸投蕃部中有懷二者，便令剪除，未敢遵奉施行。」詔如有蕃部委實違背者，依蕃法例行遣。

真宗咸平二年八月，河西蕃族叛戎黄女族長蒙異保及府州叛去熟户啜訛引繼遷之衆寇麟州萬户谷，進至松花寨，知府州折惟昌與從叔同巡檢使海超、弟供奉官惟信率兵赴戰於城。會惟昌矢中臂墜馬〔一〕，官軍小衄，海超、惟信没焉。奏至，即日遣内侍勞問，賜金丹、法酒、錦袍、金帶、名馬、器幣。

〔一〕會惟昌矢中臂墜馬　「矢」原作「午」，「臂」原作「背」，據長編卷四五咸平二年九月、宋史卷二五三折御卿傳改。

九月，繼遷之黨萬保移埋没入寇府州之埋井峰〔一〕，惟昌與洛苑使宋思恭、西京左藏庫副使劉文質赴之，戰於横陽川，斬獲甚衆，奪牛馬、橐駝、弓矢。

〔一〕繼遷之黨萬保移埋没入寇府州之埋井峰　「峰」原作「寨」，據長編卷四五咸平二年九月、宋史卷二五三折御卿傳改。又「萬保移埋没」，長編同，宋史作「萬私保移埋」。

十二月〔一〕，惟昌又與宋思恭、劉文質發兵渡河，破契丹界言泥族拔黄太尉寨〔二〕，焚器甲、車帳數萬計，斬千餘級，獲所虜生口三百餘。詔書獎之。

〔一〕十二月　「十二」原作「十一」，輯稿蕃夷一之二三至二四、通考卷三四六四裔考二三、宋史卷六真宗紀一皆繫於十二月，故改。

〔二〕破契丹界言泥族拔黄太尉寨　「族」字原缺，「拔」原作「抜」，據輯稿蕃夷七之一五、通考卷三三四四裔考一一、宋史卷二五三折御卿傳補改。

六年五月，唐龍鎮上言，鎮有貿易於府州者，爲州人邀殺，盡奪貨畜〔一〕。乃詔府州自今許令互市，切加存撫〔二〕。

〔一〕盡奪貨畜　「貨」，長編卷五四咸平六年五月庚子條作「貲」，宋史卷四九一党項傳作「資」，當從長編。

〔二〕切加存撫　「切」原作「竊」，據宋史卷四九一党項傳改。按長編卷五四咸平六年五月庚子條作「常」。

八月，府州八族都校明義等言，屢於麟州屈野川擊遷賊，及緣邊立大栅防遏，皆有克獲。詔獎賚之，仍令府州常以勁兵援助，勿失機便。

是月，賜内園使折惟正祖母路氏詔書、茶藥。時惟正請告，詣府州省覲，帝聞路氏常訓子孫以忠孝之事，故勞賜之。

景德元年二月，惟昌上言：「臣與鈐轄張志言、宋思恭率兵入蕃界〔一〕，破賊寨，獲人口、牛馬、橐駝、衣甲、旗鼓四萬餘，又護芻糧至麟州〔二〕。」詔賜錦袍、金帶，敕書獎諭。

〔一〕宋思恭率兵入蕃界　「思」字原缺，據方域二一之四及宋史卷二五三折御卿傳補。

〔二〕又護芻糧至麟州　「護」原作「獲」，據宋史卷二五三折御卿傳改。

閏九月，北界破大狼水寨，斬首俘獲甚衆。〔一〕

〔一〕按長編卷五八景德元年十月甲申條載，知府州折惟昌奏，奉詔率所部兵，自火山軍入契丹朔州界，前鋒破大狼水寨，殺戮甚衆，……時契丹方圍岢嵐軍，聞敗，即遁去。輯稿蕃夷一之二八、宋史卷二五三折御卿傳等均有此記載，本條或誤。

是月，詔府州自今勿擅發兵入唐龍鎮管內剽掠，如蕃漢人亡逃在彼，須追究者以聞，當令遣還。

二年八月，詔：「府州蕃漢雜處，號爲難治，宜令審官院、銓司慎擇通判〔一〕、州録事參軍。」

〔一〕銓司慎擇通判　「判」字原缺，據長編卷六一景德二年八月庚子條補。

三年正月，詔以文思使、知府州折惟昌爲興州刺史，依舊知州事。

是年，惟昌上言：「兀泥族大首領名崖從父盛佶族爲趙德明白池軍主〔二〕，密遣使諭名崖〔三〕，云德明雖外託修貢，然點閲兵馬尤急，慮劫掠山界，名崖以告。」帝嘉之，降詔撫諭，就賜名崖錦袍、銀帶。

〔一〕兀泥族大首領名崖從父盛佶族爲趙德明白池軍主　「佶」原作「佑」，據長編卷六三景德三年五月辛亥條、宋史卷四九一党項傳改。

〔二〕密遣使諭名崖　「崖」字原缺，據前後文及長編卷六三景德三年五月辛亥條、宋史卷四九一党項傳補。

大中祥符二年春，惟昌表求赴闕，許之。六月，惟昌率所部首領名崖等四十七人來朝，貢名馬。帝親加勞問，宴賜甚厚，命中使館伴，內侍副都知竇神寶檢校之。及還，賜內府物，遣內侍宴餞於苑中。惟昌又上言：「先臣御卿蒙賜旗三十竿以壯戎容，歲久故暗，望別給賜。」從之。

七年五月，惟昌卒，其母千乘郡太夫人梁氏乞令次子供奉官、閤門祗候惟忠繼知州事。詔可，即以惟忠爲六宅使、知府州。命入內供奉官張文質馳往護葬〔一〕，所須官給。又錄二子繼芳、繼麟，並爲奉職；弟借職惟崇爲殿直，姪繼猷、繼符并借職。

〔一〕命入內供奉官張文質馳往護葬　「護」原作「獲」，據長編卷八二大中祥符七年五月丙午條改。

天禧元年七月，詔府州置納質院。

仁宗天聖五年五月十一日，管勾麟府路軍馬王應昌言：「麟州界外西賊以冰合渡河〔一〕，入嵐州劫掠，竊慮異日或深入爲寇。乞下并代總管司，令每至河凌合時，差兵屯戍巡托〔二〕，以遏姦謀。」從之。

〔一〕麟州界外西賊以冰合渡河　「冰」原作「水」，形近而訛，今改。

〔二〕差兵屯戍巡托　「差」原作「羌」，形近而訛，今改。

慶曆元年八月，麟州言，元昊攻圍州城逾月。麟、府皆在河外，因山險〔一〕。初，轉運使文洎以麟州餉道回遠，軍食不足，乃按唐張説嘗領并州兵萬人出合河關，掩擊党項於銀城，大破之，遂奏置麟州。此爲河外之直道，自折德扆世有府谷，即大河通保德，舟楫郵商，以便府人，遂爲麟之別路。故河關路廢而弗治，洎將復之而卒。其後子彦博爲副使〔二〕，遂通道銀城。而州有積粟可守，故元昊知城中有備，解圍而去。復兵攻府州，城中官軍六千一百餘人，居民亦習兵善戰。城東南各有水門，崖壁峭絶，下臨大河。崖腹有微徑，賊攀緣石壁，魚貫而前。城上矢石亂下，賊死傷殆盡。轉攻城北〔三〕，而士卒力戰，傷者一千餘人，賊乃引退。

〔一〕因山險　按長編卷一三三慶曆元年八月戊子條、太平治跡統類卷七康定元昊擾邊均言「因山爲城，最爲險固」，輯稿或有脱漏。

〔二〕其後子彦博爲副使　「彦博」原作「産恃」，據東都事略卷六七文彦博傳、長編卷一三三慶曆元年八月戊子條改。

〔三〕轉攻城北　「轉」字原缺，「北」原作「化」，據長編卷一三三慶曆元年八月戊子條、宋史卷二五三折繼閔傳補改。

十二月，管勾麟府路軍馬張亢言：「府州城外并無蕃漢居人，盡爲賊境，戍守之人辛勤效命，乞量支乾糧錢，少以慰勞。」從之，候路通即罷。

四年四月八日，帝謂宰臣曰〔一〕：「麟州糧草勞民饋運，人多上言乞廢此郡，其利安在？」章得象等對曰：「麟州四面蕃漢人户爲元昊所掠，今無耕民，河東之民困於遠饋。欲遷麟州於府州近處，其舊州改爲城寨，以減遠饋之費。」帝曰：「麟州不可便廢，但量留守兵，其餘軍馬退於府州近處，别置一城以駐之。」宰臣已下稱：「如聖諭，則於邊事爲便。」

〔一〕帝謂宰臣曰　「曰」下原衍「曰」字，據前後文删。

十一月〔一〕，麟、府州民吏、僧道等詣闕，請益兵以禦西賊。召對於便殿，賜茶、綵以慰遣之，僧道仍賜紫衣〔二〕、師號。

〔一〕十一月　按長編卷一三四繫於慶曆元年十一月戊申。

〔二〕僧道仍賜紫衣　「仍」原作「乃」，據長編卷一三四慶曆元年十一月戊申條改。

嘉祐元年十二月，以如京使〔一〕、知府州折繼祖領康州刺史，仍賜錢五十萬。以繼祖改葬其父而請借月俸，因以推恩也。

〔一〕以如京使　「如」字原缺，據長編卷一八四嘉祐元年十二月己未條補。

二年二月二十七日，龐籍言：「麟州屈野河西地土爲西人侵耕，非蹂踐苗稼則無由止絶。然賊馬必卻來漢界鈔盜，常須添兵禦敵。至時人户驚擾，守邊將佐各加罪責，乞降指揮。」從之。

四年十二月，知麟州王慶民上麟、府二州圖。

五年九月，遣中使齎詔撫諭知府州、如京使、康州刺史折繼祖。初，繼祖欲解去州事，下知并州梁適體量，而言：「折氏累世承襲知府州，本族僅三百餘口，其部緣邊蕃族甚衆。凡犒勞皆以俸錢，而所用不給，於蕃部借牛耕蒔閑田，以收獲之利歲贍公費。且朝廷俾之承襲，即與内地知州不同。比年監司一以條約繩之，尤爲煩密，以致内不自安，遂欲解去。乞密加撫存之。」故有是詔〔一〕。

〔一〕故有是詔　「詔」原作「治」，據長編卷一九二嘉祐五年九月庚子條改。

神宗熙寧三年六月，河東安撫使馮京言：「見麟〔二〕、府、豐州所管蕃漢義軍人馬，最處戰地，所用衣甲〔三〕，例合自備，然皆貧窶。三州所管七千四百餘人，馬一千四百餘疋，今乞官爲借支五分衣甲，送管轄城寨，每有事宜，將官分給，所貴可以應敵。」從之。

〔一〕見麟 「見」上疑脱「竊」字。
〔二〕所用衣甲 「所」原作「听」，形近而訛，今改。

四年十月，録故西作坊使、解州防禦使〔一〕、知府州折繼祖男□□□□□殿直克静各轉一資，孫可致、可□□□□□。繼祖嘗有□□□□□府州，繼祖請受其兄之子□□□□□之〔二〕，而有是命。

〔一〕録故西作坊使解州防禦使 「作坊使解」原缺，據長編卷二二六熙寧四年九月甲午條補。
〔二〕繼祖請受其兄之子□□□□□之 按長編卷二二六熙寧四年九月甲午條「兄之子」下有「克柔朝廷從」數字。

元豐元年二月七日，文思使、知府州折克柔領忠州刺史。以河東路經略使韓絳言，克柔承襲已及六年，乞依折繼祖例優與遷官故也。

六月三日，河東經略使韓絳言：「麟州銀城寨熟户蕃部命子元入西界刺事〔一〕，爲戎人所獲，其子莽乜已補十將。今子元逃歸〔二〕，乞與近上名目，免追奪莽乜恩命。」詔補子元十將〔三〕，莽乜免追奪。

〔一〕麟州銀城寨熟户蕃部命子元入西界刺事 「銀城」原作「銀戍」，據長編卷二九〇元豐元年六月乙巳條、宋史卷八六地理志二改。

〔二〕令子元逃歸　「子元」原缺，據前文及長編卷二九〇元豐元年六月乙巳條補。
〔三〕詔補子元十將　「補子」原缺，據長編卷二九〇元豐元年六月乙巳條補。

四年七月二十三日，詔麟府都巡檢使、知府州折克行點兵三千，選擇有官子孫部押，隸張世矩等。以高遵一奏乞克行領蕃兵別爲一軍，而朝廷以克行守郡不可行故也。

哲宗元符二年三月十七日，河東路經略司言：「知府州折克行捉到西界僞鈐轄令王皆保〔一〕，乃先歸順人供奉官移昇親兄。雖係鬬敵擒獲，緣正當誘脅招納之際〔二〕，乞令其弟移昇等保管，令王皆保止於府州居住，存撫北界首領，使圖歸順。」從之。

〔一〕知府州折克行捉到西界僞鈐轄令王皆保　「令」上原衍「路」字，據長編卷五〇七元符二年三月庚申條删。
〔二〕緣正當誘脅招納之際　「正」原作「王」，據長編卷五〇七元符二年三月庚申條改。

徽宗政和五年三月十日，太原府路都監、知府州折可大奏：「伏覩皇太子受册禮成，伏聞凡宫闈大慶，雖郡邑小臣於法不許稱賀。臣家亦嘗貢方物，或遣母妻入覲，蓋祖宗眷遇特厚。今欲乞將己俸進馬二十疋，庶效臣子之恭。臣已將馬價錢赴州軍資庫送納訖，切恐有司不知有此體例，不爲收接，伏望許令投進。」詔依所乞。

豐州

【題解】本門見方域二一之九至一三，大典卷三四三一「豐」字韻「豐州」事目收録。整理者於方域二一之九「宋會要」下楷書批「豐州」。按本門記事起太祖開寶二年，迄哲宗紹聖元年正月十八日。

豐州本河西藏才族都首領王甲居之〔一〕，契丹補左千牛衛將軍。太祖開寶二年，率衆歸順，又命其子承美爲豐州衙内指揮使。

〔一〕豐州本河西藏才族都首領王甲居之 「甲」字原缺，據長編卷一〇開寶二年十月戊戌條及編年綱目備要卷二開寶二年十月補。按長編是條注引會要亦作「王甲」。

四年七月，命承美爲天德軍蕃漢都指揮使，知豐州事，以其父卒也。

五年，授承美豐州刺史〔二〕。承美遣軍校詣闕上言，願誘退渾、突厥内附，有詔褒諭之。

〔一〕五年授承美豐州刺史　按長編卷一二開寶四年七月庚申條注云：「除刺史在十二月癸丑，今并書。」與會要不同。

太宗太平興國五年閏三月〔一〕，承美上言：「每奉詔勾招市馬，今年已招勾千七百餘疋赴闕，昨爲契丹移文當州，蕃漢不得於中國進賣。臣以本界屬中朝，不當得止，契丹即發兵打劫當州西關以西蕃部三百餘帳。」

〔一〕太宗太平興國五年閏三月　按長編卷二一繫於太平興國五年九月丙寅。

七年二月，豐州大首領黄羅並弟乙蚌等以良馬來貢〔一〕。是月，詔賜承美錦袍、銀帶，以其屢貢奉也。

〔一〕豐州大首領黄羅並弟乙蚌等以良馬來貢　「並」原作「外」，「蚌」原作「蚪」，據輯稿蕃夷七之一一、長編卷二三太平興國七年二月庚午條、宋史卷四九一党項傳改。按「乙蚌」，輯稿蕃夷及宋史作「乞蚌」。

閏十二月，承美遣其弟承乂上言：「契丹日利、月益、没細、兀瑶等十一族七萬餘帳内附。斬首二千餘級〔一〕，獲僞天德軍節度使韋太及生口〔二〕、羊馬萬計，以俘馘來獻。」賜承乂錦袍、金帶，絹百疋。

〔一〕斬首二千餘級　此句前當有脱漏，按長編卷二三太平興國七年閏十二月庚寅條「斬首」前有「又與契丹戰」。

〔二〕獲僞天德軍節度使韋太及生口　「韋」字原缺，據長編卷二三太平興國七年閏十二月庚寅條及宋史卷二五三王承美傳補。按「韋太」，宋史卷四太宗紀一作「蕭太」。

八年三月，承美上言，破契丹萬餘衆，斬首一千級，追奔逐北百餘里，至青塚，降者三千帳，獲鎧甲數萬，羊馬萬計。

四月，詔以承美爲本州團練使，又以本州没細都大首領越移爲檢校太傅、懷化大將軍，瓦瑶爲檢校太保〔一〕、歸德大將軍，耶保移邈二族首領弗香克浪買、乞黨族首領歲移，并爲歸德郎將，賞功也。

〔一〕瓦瑶爲檢校太保　「瓦」原作「兀」，據長編卷二四太平興國八年四月壬寅條及宋史卷二五三王承美傳改。

淳化元年七月，藏才三族都判啜尾卒〔一〕，其子啜香因過曰來請命，詔以父官授之〔二〕。

〔一〕藏才三族都判啜尾卒　「族」原作「都」，據宋史卷四九一党項傳改。按下文有藏才東、中、西族，當合稱藏才三族。

〔二〕詔以父官授之　「官」原作「棺」，按輯稿蕃夷四之七五有「詔授以來父官」，故改。

二年十二月〔一〕，承美來朝，詔遣復還本任。

〔一〕二年十二月　「月」原作「日」，形近而訛，今改。按宋史卷二五三王承美傳作「淳化二年冬」。

四年正月，藏才西族大首領羅妹等十八人來朝，貢馬十八疋。

五年四月，藏才東族首領歲羅啜先遣其子弟朝貢〔一〕。

〔一〕藏才東族首領歲羅啜先遣其子弟朝貢　「歲羅啜先」，宋史卷四九一党項傳作「歲羅啜克」。

至道二年四月，豐州河北藏才東族蕃部首領啜啫、都判連埋伊也、香埋也、啜克泥等各遣蕃部弟及男詣闕進奉。

真宗咸平二年十一月，豐州河北藏才八族大首領皆賞羅等以名馬來貢〔一〕。

〔一〕豐州河北藏才八族大首領皆賞羅等以名馬來貢　「八」字原缺，「族」下原衍「以」字，據輯稿蕃夷七之一四、宋史卷四九一党項傳補刪。

五年六月二日，賜豐州團練使王承美銀器百兩、絹百疋、茶三百觔。承美自內屬，止依蕃官例給俸，至是麟府總管言其貧〔一〕，故有是賜。

〔一〕至是麟府總管言其貧　「貧」原作「貪」，據長編卷五二咸平五年六月丁卯條改。

八日，以河北黑山北莊郎族寧遠將軍龍移爲安遠大將軍，昧克爲懷化將軍。

六年正月，詔賜豐州龍移、昧乞族〔一〕。真宗累覩邊奏，云還賊屢爲龍移、昧乞所敗，此族在黃河北，數萬帳，東接契丹，北接達靼，南至河，西與大梁〔二〕、小梁相連，或號莊郎、昧克，并語訛爾。常以馬附藏才入貢。是歲，令有司差豐州推官張仁珪及藏才族蕃官乙啜訪其事〔三〕，因詔奬慰之。

〔一〕昧乞族　「昧乞」，長編卷五四咸平六年正月丙午條、宋史卷四九一党項傳均作「昧克」。
〔二〕西與大梁　「西」字原缺，據長編卷五四咸平六年正月丙午條補。
〔三〕令有司差豐州推官張仁珪及藏才族蕃官乙啜訪其事　「藏才」原缺，據長編卷五四咸平六年正月丙午條補。

□月〔一〕，麟府路宋思恭上言：「王承美乞益屯兵，望依所奏，仍於三班選官充豐州監押。」帝曰：「是州本州補置土人以爲扞禦，今更益兵置官，即與内地無異，河東之人，供饋勞止，不可從也。」

〔一〕□月　月份原缺，清本作「八月」，不知何據。

景德元年四月，承美表請朝覲，從之。承美自帝踐阼，未嘗入朝故也。

八月〔一〕，以承美爲本州防禦使。承美守邊歲久，故擢之。

〔一〕八月　按長編卷五六繫於景德元年六月乙丑。

大中祥符二年正月，詔豐州防禦使王承美月别給錢五萬。自承美奉土内屬，以蕃官例賜祿，至是特給焉。

四年正月，豐州北藏才西族、中族首領奴移、横全等遣其子羅兒、埋保來貢馬。

五月〔一〕，豐州王承美請於州城内置文宣王廟，從之。

〔一〕五月　「月」原作「年」，據長編卷七五大中祥符四年五月癸巳條改。

五年十一月，麟府路上言，承美被疾。詔遣中使押翰林醫官往視之，日具增減之狀附驛以聞。

十二月，詔以承美子文玉爲防禦，代知州事，又贈承美恩州觀察使，録其子文寶爲奉職，孫德鈞爲借職，仍諭其妻折氏入謁禁中。

八年二月，以左侍禁王文恭爲供奉官。文恭，承美之嫡長子，從仕離家十餘年。承美卒，時文恭監軍沂州。初，承美奏文恭之子懷玉爲子，改名文玉，奏補殿直，常以自隨。及是藏才族首領上言，文玉曉軍政，請以承襲，蕃漢定議，故從其請。既而文恭表訴〔一〕，特詔遷秩。

〔一〕既而文恭表訴　「訴」原作「訢」，據長編卷七九大中祥符五年十二月甲戌條改。

九月，賜知豐州王文玉錢帛、米麪、羊酒等，以承美葬故也。

天禧四年三月，以西頭供奉官、知豐州、勾當蕃漢事王文玉爲内殿崇班。文玉知州事八年，特遷。

仁宗天聖二年二月，麟府路上言：「内殿承制、知豐州王文玉卒，得其母樂安郡太君折氏并職員蕃部衆狀〔一〕，乞以文玉長子餘慶勾當。」詔鈐轄高繼忠與府州折惟忠密切體量，如王餘慶若未經歷，即於文玉本家長成子弟中定名以聞。既而蕃官王遵等乞差殿直王懷信知州事。

〔一〕得其母樂安郡太君折氏并職員蕃部衆狀　「樂安郡」下原衍「君」字，據宋史卷一七〇職官志一〇删。

八月二十二日，河東轉運使周好問與高忠等上言：「得折氏狀，文玉初卒，衆情舉王餘慶承父任。後承美孫天門關巡轄馬遞鋪、殿直王懷信擅離本任，到州造酒，與教練使王勳聚會，及於王遵家管設蕃漢〔一〕，殺犬立誓，求於食禄兒男之内保舉一人。今有三班奉職、晋州監鹽懷鈞兒〔二〕，文玉父婆當房親弟文誘男，堪充知州，所有孫男餘慶，乞與一班行、豐州監押。又據文玉遺表，稱長男餘慶素習武藝，稍諳道理，欲乞起復官資，依例差知本州。其第三男餘勝、第四男餘應，乞於三班安排；第二男餘懿，昨蒙補充齋郎〔三〕，不諳文墨，亦望改授班行。」詔王懷鈞轉右班殿直〔四〕，差知豐州，餘慶授三班借職。仍除合得請受外，每月特增錢三貫文。

〔一〕及於王遵家管設蕃漢　「設」原作「役」。按「管設」，長編卷三八五元祐元年八月丁酉條有「遇旦望以酒食管設使臣」云云，有設宴犒賞之意。又卷一〇二天聖二年八月丁丑條載王懷信「犒設首領」。故改。

〔二〕晋州監鹽懷鈞兒　「鈞」原作「鉤」，據後文及長編卷一〇二天聖二年八月丁丑條改。又「兒」字疑衍。

〔三〕昨蒙補充齋郎　「齋」原作「齊」，據宋史卷一六九職官志九改。

〔四〕詔王懷鈞轉右班殿直　「詔」原作「治」，形近而訛，今改。

三年八月，右班殿直王懷信上言：「兄知豐州文玉昨身亡之時，蕃官首領舉臣繼領州事，爲府州折惟忠抑逼蕃官，改差臣弟懷鈞。竊緣懷鈞未甚歷事〔一〕，不知蕃漢人情，勾當八月之中，走卻蕃漢七户，藏才族不來進奉。深慮蕃情不順，望差官體量。」詔河東轉運使親往體量，具詣實因依、有無不便件析以聞。

〔一〕竊緣懷鈞未甚歷事　「鈞」原作「鉤」，據前文改。

康定二年八月，詔以豐州危急，發涇原路三萬人入界牽制〔一〕，而陝西都總管陳執中言，豐州城壘極爲隘陋，亦無儲峙，民居不及面西面中等一寨〔二〕，西賊攻圍者，恐設詭計以誘西路兵馬。即詔本司更不令涇原路出兵〔三〕。

〔一〕發涇原路三萬人入界牽制　「涇」原作「經」，「原」字原缺，據宋史卷八七地理志三改補。

〔二〕民居不及面西面中等一寨　「及」下「面」字疑衍。

〔三〕即詔本司更不令涇原路出兵　「涇」原作「經」，據宋史卷八七地理志三改。

慶曆六年十月一日，河東經略安撫使、知并州鄭戩言：「相度没寧浪等四處並在故豐州南〔一〕，深在府州腹裏，西人若以此爲界，麟、府必難守禦。乞且依舊封疆，去横陽河界〔二〕。」詔以鄭戩所奏畫，一面令張子奭，候到彼，與西人商議，詳誓詔内元初除去「諸處」二字，麟、府、豐州地界自合依舊全屬漢界，别無分定。如西人堅意不肯，即將横陽河外昨因西人侵占耕種住坐處漢地三四十里定爲禁地，兩界各不居占。如更不肯，即説與西人，假如元初不曾除去「諸處」二字，只用所進誓書見今蕃官住坐中爲界，亦只可將横陽河外三四十里地中心爲界。再三商議不行，即依鄭戩所請，以橫陽河爲界〔三〕，此外更不得別許近南立界。近降附張子奭事節内，豐州地界立作禁地一節更不施行。以上國朝會要。

〔一〕相度没寧浪等四處并在故豐州南　「没寧浪」原作「沙寧浪」，據長編卷一五九慶曆六年十月丁未條及文恭集卷三六鄭戩墓志銘改。

〔二〕去橫陽河界　此句疑誤，按後文及長編卷一五九慶曆六年十月丁未條作「以橫陽河爲界」，當是。

〔三〕以橫陽河爲界　「爲」字原缺，據長編卷一五九慶曆六年十月丁未條補。

神宗熙寧三年六月，河東安撫使馮京言〔一〕：「麟、府、豐州蕃漢義軍皆貧窶，乞官爲借支伍分衣甲。」從之。詳見府州。

〔一〕河東安撫使馮京言　「馮京」原作「馮諒」，據方域二一之七改。按長編卷二一〇熙寧三年四月戊辰，詔知太原府、端明殿學士兼翰林侍讀學士馮京爲翰林學士兼端明殿學士、知開封府。又卷二一二熙寧三年六月丁丑，詔「御史中丞馮京」云云。故三年六月，河東帥或已非馮京矣。

元豐元年九月十九日，内殿承制王餘應乞敘歸明，繼襲主管豐州。詔以爲麟州都監，候滿二年差知豐州。

哲宗紹聖元年正月十八日，樞密院言：「河東經略司奏，知豐州、崇儀使張世永，權府州靖化等寨巡防、内殿承制張世京，府州百勝寨主、右班殿直張操，私離州寨，聚會遷葬。」詔世永、操係遷葬，各追一官，世京非應差出官，令河東路經略司具事因以聞。以上續國朝會要。

西涼府

【題解】本門見方域二一之一四至二三，大典卷六六二五「涼」字韻「西涼府」事目收録。整理者於方域二一之一四「宋會要」下楷書批「西涼府」。按本門記事起太祖乾德四年，迄仁宗天聖四年正月。

西涼州也。自唐末陷河西之地，雖爲吐蕃所隔，然其地亦自置牧守，或請命於中朝。天成中，權知西涼府留後孫超遣大將拓拔承誨來貢〔一〕，明宗召見，承誨云：「涼州者，東距靈武千里，西北至甘州五百里，舊有鄆人二千五百爲戍兵。及黄巢之亂，遂爲阻絶。超及城中漢户百餘，皆戍兵之子孫也。其城今方幅數里，中有縣令、判官、都押衙、都知兵馬使，衣服、言語略如漢人。」即授超涼州刺史，充河西軍節度留後。乾祐初〔二〕，超卒，州人推其土人折逋嘉施權知留後〔三〕，遣使來貢，即以嘉施代超爲留後。涼州郭外數十里，尚有漢民陷没者耕作，餘皆吐蕃。其州帥失情，則衆皆嘯聚。城内有七級木浮圖，其帥急登之，紿其衆曰：「爾若迫我，我即自焚於此矣。」衆惜浮圖，乃盟而捨之。周廣順二年，始以申師厚爲河西節度使。師厚初至涼州，奏請授吐蕃首領折逋支等官〔四〕，并從之。顯德中，師厚爲其所迫〔五〕，擅還朝廷，貶，涼州亦不復命帥〔六〕。今即吐蕃之別種也。

〔一〕權知西涼府留後孫超遣大將拓拔承誨來貢　「拓拔承誨」，舊五代史卷一三八吐蕃傳作「拓拔承謙」。

〔二〕乾祐初　「乾祐」原缺，據通考卷三三五四裔考一二、宋史卷四九二吐蕃傳補。

〔三〕州人推其土人折逋嘉施權知留後　「折逋嘉施」原作「折滿嘉施」，據舊五代史卷一三八吐蕃傳、通考卷三三五四裔考一二、宋史卷四九二吐蕃傳改。

〔四〕奏請授吐蕃首領折逋支等官　「折逋支」原作「折逋反」，據五代會要卷三〇吐蕃、通考卷三三五四裔考一二、宋史卷四九二吐蕃傳改。

〔五〕師厚爲其所迫　「師厚」原作「師後」，據前文及宋史卷四九二吐蕃傳改。

〔六〕涼州亦不復命帥　「帥」原作「師」，據宋史卷四九二吐蕃傳改。

太祖乾德四年，知西涼府折逋葛支上言〔一〕：「有回鶻二百餘人、漢僧六十餘人自朔方路來〔二〕，爲部落劫略。僧云欲往天竺取經，并送達甘州訖。」詔書褒答之。

〔一〕知西涼府折逋葛支上言　「西」字原缺，據宋史卷四九二吐蕃傳補。

〔二〕漢僧六十餘人自朔方路來　「路」字原缺，據通考卷三三五四裔考一二、宋史卷四九二吐蕃傳補。

開寶六年，涼州令步奏官僧吝氈聲、逋勝拉蠲二人求通道於涇州，以申朝貢。詔涇州令牙將至涼州慰撫之。

太宗淳化二年，權知西涼州、左厢押蕃落副使折逋阿喻丹來貢。先是，殿直丁惟清往涼州市馬，惟清至而境大豐稔，因爲其所留。靈州命蕃落軍使崔仁遇往迎惟清〔一〕。又吐蕃賣馬還過靈州〔二〕，爲党項所略，表訴其事，因請留惟清至來年同入朝〔三〕。詔答之。

〔一〕靈州命蕃落軍使崔仁遇往迎惟清　「崔仁遇」原作「催仁遇」，據宋史卷四九二吐蕃傳改。
〔二〕又吐蕃賣馬還過靈州　「還」下原衍「回」字，據宋史卷四九二吐蕃傳删。
〔三〕因請留惟清至來年同入朝　「請留」原缺，據宋史卷四九二吐蕃傳補。

四年閏十二月，以西涼府都總管、權知軍府事俞龍波爲保順郎將，以阿喻丹死，奏乞真命也。

五年，知西涼府〔一〕、左厢押蕃落副使折逋俞龍波來貢馬。

〔一〕知西涼府　「知」字原缺，據宋史卷四九二吐蕃傳補。

至道元年正月，涼州吐蕃當尊以良馬來貢，引對慰勞〔一〕，加賜當尊虎皮一，歡呼致謝。

〔一〕引對慰勞　「慰」原作「尉」，據宋史卷四九二吐蕃傳改。

二年七月，折逋俞龍波上言，蕃部頻爲繼遷侵略，乃與吐蕃都總管没臨拽于會六谷蕃衆來朝〔一〕，且獻名馬。詔厚賜之。是年，凉州復來請帥，詔以殿直丁惟清領州事，仍賜牌印。

〔一〕乃與吐蕃都總管没臨拽于會六谷蕃衆來朝　「没臨拽于」原作「後臨拽于」，據通考卷三三五四裔考一二改。按宋史卷四九二吐蕃傳作「没嘏拽于」。

真宗咸平元年十一月一日，河西軍左廂副使、歸德將軍折逋遊龍鉢來朝〔一〕，獻馬二千疋。遊龍鉢四世受朝命爲酋，雖貢方物，未常自行，今始來朝。河西即古凉州，東至故原州千五百里，南至雪山、吐谷渾、蘭州界三百五十里〔二〕，西至甘州同城界六百里〔三〕，北至部落三百里。周回平川二千里。舊領姑臧、神烏、蕃禾、昌松、嘉麟五縣〔四〕，户二萬五千六百九十三，口十二萬八千一百九十二，今有漢民三百户。城周迴五十里，如鳳形，相傳李軌舊治也〔五〕。皆龍鉢自述云。六日，詔以龍鉢爲安遠大將軍。遊龍鉢詣崇政殿謝恩，因言本土造浮圖乏黄金、五彩裝飾，令各賜之。

〔一〕歸德將軍折逋遊龍鉢來朝　「將軍」原缺，據宋史卷四九二吐蕃傳補。

〔二〕蘭州界三百五十里　「蘭州」上原衍「蕭」字，據通考卷三三五四裔考一二、宋史卷四九二吐蕃傳删。

〔三〕西至甘州同城界六百里「同城」原作「固城」，據長編卷四三咸平元年十一月丙辰條、通考卷三三五四裔考一二、宋史卷四九二吐蕃傳改。

〔四〕舊領姑臧神烏蕃禾昌松嘉麟五縣　「姑臧」原作「姑藏」，「神烏」原作「神島」，「蕃禾」原作「蕃和」，據通典卷一七四州郡四、長編卷四三咸平元年十一月丙辰條改。

〔五〕相傳李軌舊治也　「李軌」原作「李範」，據長編卷四三咸平元年十一月丙辰條、通考卷三三五四裔考一二、宋史卷四九二吐蕃傳改。

三年十月，授西涼府六谷大首領折逋遊龍鉢等將軍、郎將、司戈。〔一〕

〔一〕按咸平元年十一月，遊龍鉢已爲安遠大將軍，長編卷四七咸平三年十月丙辰條注云「此必官其子弟也」，且言「實録、會要皆如此，疑有脱誤」。

四年十月，以西涼府六谷都首領潘羅支爲鹽州防禦使〔一〕，兼靈州西面都巡檢使。先是，知鎮戎軍李繼和上言，潘羅支願戮力討繼遷，請授以刺史，仍賜廩給。又經略使張齊賢請封六谷王〔二〕，兼招討使、靈州西面都巡檢使，俟其立功則授節鉞。詔宰臣議其事，咸曰：「潘羅支已爲酋帥，儻授刺史則名品太輕；未付節旄而先極王爵，則典制非順。招討使號不可假於外夷，請授防禦使，俾兼都巡檢之職。」從之。命殿直、閤門祗候李振辭假崇儀使，爲加恩官告使，殿直金會假崇儀副使副之〔三〕。

〔一〕以西凉府六谷都首領潘羅支爲鹽州防禦使　「都」原作「大」，據長編卷四九咸平四年十月乙卯條、通考卷三三五四裔考一二、宋史卷四九二吐蕃傳改。

〔二〕又經略使張齊賢請封六谷王　「張齊賢」原作「張濟賢」，據長編卷四九咸平四年十月乙卯條、宋史卷四九二吐蕃傳改。

〔三〕殿直金會假崇儀副使副之　「崇」原作「從」，據前文改。

十一月〔一〕，以西凉府六谷左厢副使折逋遊龍鉢領宥州刺史，又以其督六族首領褚下箕等三人并爲懷化將軍。時西凉使又言，六谷分左右厢，遊龍鉢爲左厢副使，崔悉波爲右厢副使，朝廷所降符命，龍鉢專掌之〔二〕，庶事與首領潘羅支同共裁制。朝廷方務綏懷，故有是命。

〔一〕十一月　按長編卷四九繫於咸平四年十月己未。

〔二〕龍鉢專掌之　「專」原作「惠」，據長編卷四九咸平四年十月己未條改。

十二月，以如京副使宋沆爲西凉府安撫蕃落使〔一〕，太常丞、直集賢院梅詢副之。沆等未行，帝謂宰臣曰：「朕看盟會圖，頗記吐蕃多反覆狼子野心之事〔二〕。今已議令王超等領

甲馬援靈州〔三〕，若難爲追襲，即靈州便可制置，沆等不須遣，止走一使以會兵告之。」〔四〕

〔一〕以如京副使宋沆爲西涼府安撫蕃落使　「西涼」原作「西京」，「撫」原作「於」，據長編卷五〇咸平四年十二月癸丑條改。

〔二〕頗記吐蕃多反覆狼子野心之事　「記」原作「照」，據長編卷五〇咸平四年閏十二月甲午條、宋史卷四九二吐蕃傳改。

〔三〕今已議令王超等領甲馬援靈州　「王超」原作「王起」，據長編卷五〇咸平四年閏十二月甲午條、宋史卷四九二吐蕃傳改。

〔四〕按「沆等未行」以下，長編卷五〇繫於閏十二月甲午。

閏十二月，鎮戎軍李繼和上言：「得潘羅支書，見發兵討遷賊，部下李萬山願得王師援助。」詔繼和諭羅支，朝廷有出師之期，當即詔報，宜整旅以俟。

五年十月，潘羅支遣使上言：「李繼遷送鐵箭誘臣部族〔一〕，已戮一人，縶一人，以聽朝旨。」詔褒之，所縶戎人聽自處置。

〔一〕李繼遷送鐵箭誘臣部族　「族」原作「旅」，據長編卷五三咸平五年十月丙寅條、宋史卷四九二吐蕃傳改。

十一月，潘羅支貢馬五千疋〔一〕，詔厚給其直〔二〕，別賜綵百疋，茶百斤，仍宴其部族。

〔一〕潘羅支貢馬五千疋　「五」字原缺，據長編卷五三咸平五年十一月甲午條、通考卷三三五四裔考一二、宋史卷四九二吐蕃傳補。

〔二〕詔厚給其直　「厚」原作「第」，據長編卷五三咸平五年十一月甲午條、通考卷三三五四裔考一二、宋史卷四九二吐蕃傳改。

十二月，西涼府與咩逋族各遣使來貢。帝曰：「靈州河外賀蘭山側有小涼〔一〕、大涼，部族甚盛，舊與賊遷修好，朕虞其合勢爲患。近累得邊奏，知與繼遷有隙，迭相攻掠。今西涼、咩逋使來，可召問其委曲，因其歸，俾賫詔招諭，令助討遷賊，俟立功則重賞之。」

〔一〕靈州河外賀蘭山側有小涼　「側」原作「則」，據長編卷五三咸平五年十二月己巳條改。

六年正月，涇原總管陳興上言：「潘羅支差咩逋族蕃官成逋馳騎至鎮戎軍，乞會合天兵同討李繼遷。本軍遣人部送赴本司〔一〕，在道防禦過嚴，至安國鎮，成逋奔竄，墜谷而死，其防送使臣尋梟首級以至。」帝覽奏，傷悼久之，謂曰：「成逋乃咩逋族泥埋之子，兩曾詣闕，皆召對與語，厚加恩渥。蓋念此人父子忠勤，累與遷賊鬬敵。泥埋二子，長即成逋，次曰屈子。如聞彼方之人皆畏成逋〔二〕，蓋有材力而負智勇故也。鎮戎軍防備太察，遂致奔逸，及其死也，忍又梟其首級。」即遣使臣乘傳按鞠，仍令渭州以禮葬之。

〔一〕本軍遣人部送赴本司　按長編卷五四咸平六年正月庚戌條載：「本軍疑其無文牒，遂護送部署司。」宋史卷四九二吐蕃傳亦言：「邊臣疑成逋詐，護送部署司。」故「本軍」下疑有脱文。

〔二〕如聞彼方之人皆畏成逋　「聞」字原缺，據長編卷五四咸平六年正月庚戌條補。

二月，以潘羅支爲朔方軍節度使，充靈州西面都巡檢使〔一〕。先是，羅支遣蕃官吴福聖臈進奉到闕，賫蕃書奏狀，且云：「潘羅支感朝廷恩信，憤繼遷倔彊，結集人馬，與之格鬭，累奪到蕃人。繼遷因此數放回陷陣蕃人，今悉收繫，以聽朝旨。」又言：「繼遷鐵箭令羅支附，稱已納朝廷，未知虚實。羅支見集騎兵六萬，乞會王師，收復靈州。願改一官，量給衣甲。」帝召其使詢之，又與宰臣參議，帝曰：「賊遷未平，常慮西脅諸蕃，益煩禦備。只如契丹僞封繼遷西平王，雖戎狄之命不足此數〔二〕，然便授之王爵，今來朝廷授潘羅支亦空名耳。」遂有是命。仍賜人馬鎧甲，以吴福聖臈爲安遠將軍，收繫之人只委羅支便宜從之。

〔一〕充靈州西面都巡檢使　「面」原作「南」，據通考卷三三五四裔考一二、宋史卷七真宗紀二、卷四九二吐蕃傳改。按長編卷五四咸平六年二月庚辰條作「四面」。

〔二〕雖戎狄之命不足此數　「此」，輯稿旁批改作「比」，清本作「比」。按長編卷五四咸平六年二月己卯條作「此」，故不取。

三月，以咩逋族首領、錦州團練使泥埋爲鄯州防禦使〔一〕，充靈州河外五鎮都巡檢使。帝謂近臣曰：「泥埋與潘羅支自來同力討賊，部族居止密爾河外，又遣男成逋遠告事宜，墜谷而死，可特與轉改，委以河外都巡檢之任，庶與羅支掎角宣力也。」

〔一〕錦州團練使泥埋爲鄯州防禦使　「鄯州」原作「錦州」，據長編卷五四咸平六年三月壬辰條、宋史卷四九一党項傳改。

四月十四日，潘羅支遣使鐸論來貢，且言六谷聚兵，願會王師擊繼遷。詔所請會兵，如至烏白池、鹽州已來，即爲進師。羅支屢請王師助擊賊，時議以西涼去渭州限河路遠，不可預約師期，第詔令常爲之備，俟賊侵軼，即命邊兵掎角。至是，復有此奏，帝曰：「繼遷常在地斤三山已東〔二〕，每來寇邊，官軍才出則遠遁〔三〕。使六谷部族近塞捍禦〔三〕，與官軍合勢，亦國家之利。苟以爲難，必不敢復有陳請，且不失其懽心也。」

〔一〕繼遷常在地斤三山已東　「地斤三山」原作「地近三山」，據東都事略卷一二九附録七、宋史卷四九二吐蕃傳改。按長編卷五四咸平六年四月癸酉條作「地巾三山」。

〔二〕官軍才出則遠遁　「則」原作「到」，據長編卷五四咸平六年四月癸酉條、通考卷三三五四裔考一二及宋史卷四九二吐蕃傳改。

〔三〕使六谷部族近塞捍禦　「使」原作「或」，「塞」原作「寨」，據長編卷五四咸平六年四月癸酉條、通考卷三三五四裔考一二及宋史卷四九二吐蕃傳改。

二十四日，以西涼府廝邦族首領兀佐、馬家族首領渴東、周家族首領廝鄰吡、的流族首領箇羅、趙家族首領阿斯鐸嗟廝波、日姜族首領鐸論，并爲懷化郎將〔一〕，從潘羅支之請也。

〔一〕并爲懷化郎將　「懷化郎將」，長編卷五四咸平六年四月癸酉條同，通考卷三三五四裔考一二及宋史卷四九二吐蕃傳作「懷化將軍」。

八月，西涼府者龍族都首領遣使貢名馬十七疋。帝以其常與潘羅支協力抗賊，命優待之。

十一月〔一〕，繼遷攻西蕃，入西涼府，知州丁惟清陷没。潘羅支僞降，未幾，集六谷諸豪及者龍族合擊〔二〕，繼遷大敗，中流矢死。

〔一〕十一月　按長編卷五五繫於咸平六年十二月甲子。

〔二〕集六谷諸豪及者龍族合擊　「六谷」原作「六合」，據上下文及宋史卷四九二吐蕃傳改。

景德元年二月〔一〕，遣使廝陁完、押衙鄭延美以六谷蕃馬三千疋來貢，且獻捷。廝陁完即潘羅支之甥也。潘羅支又言洪元寺壞〔二〕，乞給工匠及賜金碧絹綵修繕之。詔以尚方工匠難以遠去，餘從其請。

〔一〕景德元年二月　「二月」原作「正月」，據長編卷五六景德元年二月戊午條、通考卷三三五四裔考一二及宋史卷四九二吐蕃傳改。

〔二〕潘羅支又言洪元寺壞　「洪元寺」，通考卷三三五四裔考一二及宋史卷四九二吐蕃傳均作「洪元大雲寺」。

三月，潘羅支上言，本道番族首領閻藏請賜虎皮翻披，從之。西蕃之俗，凡受賜者〔一〕，族人推奉，故有是請。

〔一〕凡受賜者　「凡受」原倒，據前言「請賜」，後則「受賜」。故乙正。

六月，又遣其兄邦逋支入奏，且言去年十一月二十六日與蕃賊李繼遷戰，大勝之，然被劫卻牌印、官告、衣服、器械，今以良馬修貢，乞再頒賜。且欲更率部族及回鶻精兵直抵賀蘭山，討除殘孽〔一〕，願發大軍援助〔二〕。賜詔曰：「卿忠順朝廷，保庇部族，誓戮兇狂之黨，益堅臣子之心。遠率種人，同拒遷賊，戰鬬斯久，殺獲頗多。每念爾誠，不忘朕意。所乞會合大兵〔三〕，掩殺遷賊，朝廷近知繼遷已死，未經殯葬，所以未欲討除。今卿等既領師徒，遠平讎敵，免爲後患，甚是良圖。所乞會兵，即緣地里稍遥，月日未定。今朝議候卿等才集諸族人馬起離西涼〔四〕，即差心腹人走馬齎文字〔五〕，來報涇原鎮戎軍總管司。已令至時不候朝旨，率兵前進，至鹹泊、蕭關〔六〕、天都山已來，牽制賊徒，伏截道路，賊界定須兩面救應。如此邀擊，必可成功。彼中諸事，更竊審詳，佇静邊陲，永保富貴。」時朝廷所賜潘羅支牌印、告敕、國信物悉爲繼遷所劫去，至是羅支貢馬，請别給賜，從之。

〔一〕討除殘孽　「討」原作「計」，據宋史卷四九二吐蕃傳改。

〔二〕願發大軍援助　「助」字原缺，據通考卷三三五四裔考一二及宋史卷四九二吐蕃傳補。

〔三〕所乞會合大兵　按此句上疑有脱文，宋大詔令集卷二四〇賜潘羅支詔於「不忘朕意」下又言：「此外卿所奏，欲取七月共回鶻并六谷蕃部，宜往賀蘭山，掩殺賊衆。乞大兵來靈州會合，管殺遷賊者。」

〔四〕今朝議候卿等才集諸族人馬起離西涼　「朝」字原缺，據宋大詔令集卷二四〇賜潘羅支詔補。

〔五〕即差心腹人走馬齎文字　「齎文字」原缺，據宋大詔令集卷二四〇賜潘羅支詔補。

〔六〕蕭關　「蕭關」前原衍「兩」字，據宋大詔令集卷二四〇賜潘羅支詔、宋史卷八七地理志三删。

十月十七日，詔故西涼府六谷都大首領、朔方軍節度、靈州管内觀察處置營田押蕃落等使〔一〕、靈州西面緣邊都大巡檢潘羅支〔二〕，可追封武威郡王，遣使賻卹其家。以其弟厮鐸督爲鹽州防禦使，兼靈州西面緣邊都大巡檢使。時押賜羅支國信使臣焦贊上言：「昨離渭州，至龕谷懶家族，問得都首領尊氈磨壁余龍及諸路族首領便囑等言〔三〕，去歲六月中〔四〕，李繼遷攻者龍族，羅支率隨身百騎赴之，議併兵攻討繼遷〔五〕，而族帳養迷般囑與日逋吉羅丹者〔六〕，先自繼遷所亡歸者龍族，因率其屬殺羅支於其帳。者龍凡十三族，而六族附養迷般囑及日逋吉羅丹。西凉府既聞羅支被害，遂率龕谷、蘭州、宗哥、覓諾諸族來攻者龍六族，六族悉投竄山谷。臣先奉詔，令沿路安撫諸族蕃部，其者龍六族已諭旨安集。兼西凉府六谷首領議立羅支之弟廝鐸督〔七〕，言廝鐸督剛决平恕，每會酋豪，設觴豆飲食必先卑者，犯令雖至親不貸，凡再率衆攻繼遷部族，虜獲甚衆，頗有威名，爲一境所伏。」帝以遷賊未平，藉西凉爲腹背，故奏入有襃贈之命，而以羅支舊秩授之。

〔一〕靈州管内觀察處置營田押蕃落等使　「觀察」下原衍「使」字，據上下文及宋大詔令集卷二四〇潘羅支追封武威郡王制删。

〔二〕靈州西面緣邊都大巡檢潘羅支　「潘羅支」原作「蕃羅支」，據上文及宋大詔令集卷二四〇潘羅支追封武威郡王制改。

〔三〕問得都首領尊氈磨壁余龍及諸路族首領便囑等言　「氈磨壁余龍」原缺，據宋史卷四九二吐蕃傳補。

〔四〕去歲六月中　按長編卷五六景德元年六月丁丑條、通考卷三三五四裔考一二及宋史卷四九二吐蕃傳皆繫於景德元年六月，此言「去歲六月」，長編注云「誤」，且言「當云是歲六月」，或是。

〔五〕議併兵攻討繼遷　「議」原作「儀」，據長編卷五六景德元年六月丁丑條、通考卷三三五四裔考一二及宋史卷四九二吐蕃傳改。

〔六〕而族帳養迷般囑與日逋吉羅丹者　「養迷般囑」，長編卷五六景德元年六月丁丑條、通考卷三三五四裔考一二及宋史卷四九二吐蕃傳皆作「迷般囑」，輯稿或誤。

〔七〕兼西涼府六谷首領議立羅支之弟厮鐸督　「六谷」原作「六合」，據上下文及宋史卷四九二吐蕃傳改。

二十三日，以厮鐸督爲金紫光禄大夫、檢校太保、靈州刺史，充朔方軍節度、靈州管内觀察處置營田押蕃落使，兼靈州西面緣邊都大巡檢使、西涼府六谷都大首領，封西平郡開國侯，食邑千户。帝以遷賊未平，藉西涼腹背攻制，遂以羅支舊秩悉授之。

其年，涇原路言隴山縣王、貍、延三族歸順。

二年二月，厮鐸督遣外甥呵昔與涼州教練使賈人義以名馬來貢〔一〕，並具與趙德明戰鬭所獲人馬之數來上。帝召見慰諭，優加賜與。又言蕃帳周斯那支有智勇，久參謀議，請授以六谷都巡檢使。帝以嘉獎之，詔從其請，賜茶綵。

〔一〕厮鐸督遣外甥呵昔與涼州教練使賈人義以名馬來貢　「甥」原作「生」，據長編卷五九景德二年二月丙戌條、宋史卷四九二吐蕃傳改。

三月二十四日，西涼蕃部樣丹族求市弓矢歸蕃〔一〕。有司舊例，弓矢兵器不入外國，帝以其宣力西陲，委之捍寇，特令渭州給賜，仍别賜其酋厮鐸督。

〔一〕西涼蕃部樣丹族求市弓矢歸蕃　「族」字原缺，據宋史卷四九二吐蕃傳補。

二十五日，以潘羅支子潘失吉爲歸德將軍，仍賜銀綵。者龍七族悉補其首領，月給千錢。時廝鐸督又貢馬，求易金綵修洪元佛寺。詔如所求賜之，還其馬直。四年，廝鐸督又遣使獻馬。

二年四月，西涼府蕃部州斯那支爲六谷都巡檢使〔一〕，賜茶綵。那支有智勇，戎人畏之，廝鐸督言其久參謀，乞授此職故也。

〔一〕西涼府蕃部州斯那支爲六谷都巡檢使　「州斯那支」，上文（景德）二年二月作「周斯那支」。

三年正月，詔以西涼者龍族合窮波等七人〔二〕、渭州黨宗族業羅，並爲檢校太子賓客，本族首領；又以廝羅督姨弟禿几筵廝哥爲安化郎將。

〔二〕詔以西涼者龍族合窮波等七人　「合窮波」原作「舍窮波」，據長編卷六二景德三年正月、宋史卷四九二吐蕃傳改。

五月，西涼府龕谷懶家、宗家、者龍、當宗、章迷等十族朝見，進馬，犒以酒食，賜與有差。

是月，廝鐸督遣安化郎將路黎奴來貢。黎奴病於館，特遣尚醫視療。及卒，帝憐之，厚加贈給。時鐸督又遣人上言部落多疾，乞賜蕃物白龍腦、犀角、硫黄、安息香、白紫石英之類凡七十六種〔一〕，并求弓矢，皆可之。藥同而名異者，令譯人辨之而給，來者感悦而去。

〔一〕白紫石英之類凡七十六種　「白」字原缺，據長編卷六三景德三年五月癸亥條、宋史卷四九二吐蕃傳補。

是月，詔加廝鐸督檢校太傅。又以廝鐸督蕃部馬咸山渴龍刑家納迷水馬波乞當、龕谷懶家、小龕谷章家心山王家者龍諸族及李波逋等四十九人并爲檢校太子賓客，兼監察御史，充本族首領並郎將。

六月，廝鐸督遣蕃部波機進馬，因上言積官俸半年未請，乞就京給賜，市所須物。從之。

七月，令秦翰因便諭意西涼府廝鐸督，令諸蕃部嚴斥堠以備趙德明。以鄜延路總管石普入奏，德明信約未定，點集蕃部也。

十二月，廝鐸督遣吐蕃左右厢副使曰逋速鶻鶡等來貢馬，且乞優給馬價，犒設蕃部。從之。

四年五月，廝鐸督遣六谷十八首領蘭逋赤等來朝貢〔一〕，且言感朝廷優恤，故擇名馬修貢。命中使就禮賓院犒設之。

〔一〕廝鐸督遣六谷十八首領蘭逋赤等來朝貢　「遣」下原衍「兵」字，據長編卷六五景德四年五月丙辰條删。

是月，渭州通事何忠至西凉府〔一〕，得廝鐸督印紙，令臣填書告朝廷諸事。因詔自今並須蕃書用印，無得以印紙給與諸色人，令赴闕奏事。

〔一〕渭州通事何忠至西凉府　上古本於「何忠」下徑補「言」字，或是。

九月，遣渭州指使、借職李仁義齎詔賜廝鐸督茶藥、襲衣、金帶，其部下蕃族賜賚有差。仍令約回鶻爲援，以備趙德明。時邊臣有上言德明謀襲西凉及回鶻，帝以六谷、甘州久推忠順，思撫寧之，且以仁義諳西鄙事〔二〕，因遣使焉。

〔二〕且以仁義諳西鄙事　按原眉批「『鄙』疑『鄙』」。

十二月，廝鐸督遣使來貢。

大中祥符元年六月，賜西凉府進奉僧法滿紫方袍。

十二月二十三日，廝鐸督遣蕃部廝鐸奴等貢馬。二十八日，制加廝鐸督檢校太尉，食邑千户，食實封三百户。

二年二月，廝鐸督遣使來貢。

十一月，又遣使貢馬五疋。

三年五月，賜覔諸族首領温逋藥〔一〕，以所部瘴疫，從其請也。

〔一〕賜覔諸族首領温逋藥　「首」原作「可」，據長編卷七三大中祥符三年五月壬午條改。

十月，廝鐸督及潘羅支男失吉又遣使貢馬。有司言廝鐸督馬三疋，估直百七十貫；潘失吉馬三疋，百一十貫。帝曰：「廝鐸督與諸蕃不同，常宜優奬，所進馬每疋賜銀五十兩，失吉馬共賜百五十貫。」仍賜錦袍、銀帶、衣着遣之。

四年三月，西凉府吐蕃潘毒石雞等來貢。

九月，涇原鈐轄曹瑋上言：「趙德明軍校蘇守信無故領兵攻西蕃乞當族，其首領廝鐸督會諸族禦之，大敗其衆。」

十月，廝鐸督遣僧藺氈單來貢〔一〕，賜紫方袍。

〔一〕廝鐸督遣僧藺氈單來貢　「藺氈單」原作「蘭氈單」，據長編卷七六大中祥符四年十月己巳條、宋史卷四九二吐蕃傳改。

十一月，以廝鐸督子爲懷化郎將。

五年十一月，廝鐸督遣其子來貢馬及求賜藥物。

七年四月，廝鐸督遣使來貢。

十一月，六谷蕃部來貢。

八年五月，廝鐸督遣蕃部欽盤等來貢馬。

七月，西涼府僧鶩訛失羅來朝，賜紫方袍。

十月，西涼府宗哥蕃部廝鐸督來貢馬十二疋〔一〕，其姪又獻馬三疋。

〔一〕西涼府宗哥蕃部廝鐸督來貢馬十二疋　「宗」字原缺，據輯稿蕃夷六之二補。按長編卷八五大中祥符八年十月己酉條作「秦州宗哥蕃部廝鐸督」。

天禧四年三月，詔西涼府、回鶻自今貢奉，並由秦州路。秦州言蕃部阿廝鐸納欵歸順。

仁宗天聖四年正月，者龍族首領廝鐸督、捨欽波遣蕃部廝鐸完於貢馬，賜衣服、銀帶遣之。

市鎮

【題解】本門見方域一二之一二至一八，大典卷一五四八四、一五四八五、一五四八六「鎮」字韻「市鎮」事目收録。整理者於方域一二之一二天頭楷書批「市鎮」，當爲門名。按輯稿此門，路分排列無序，清本進行了重新編排，首東京開封府，末廣南東西路，然失誤之處較多。今據本書州縣升降廢置門路分順序略加梳理。又輯稿「宋會要」下有小字楷書批某路市鎮或某府市鎮，考其内容，多有名實不符。如「東京開封府市鎮」，不僅有東京，還包括西京與京西北路；再如「荆湖南路市鎮」，不僅有荆湖南路，還包括荆湖北路、成都府路、潼川府路、利州路、夔州路、京西南路。通觀所有批於「宋會要」下之標目，其路名或府名皆見於正文之首，當屬大典事目名，非會要原本所有，故不入正文，附於校記。另「東京開封府市鎮」全文及「荆湖南路市鎮」局部分大字正文與小字注，清本徑改作大字，今爲體例統一，亦改，且不再一一出校説明。

東京開封府〔一〕

東明縣東明鎮，建隆四年置〔二〕。封丘縣潘鎮，天聖七年置。陳留縣屯固鎮，天禧二年改屯固店爲鎮〔三〕；河口鎮，皇祐三年置。襄邑縣崇化鎮，明道二年置；黎驛鎮，熙寧二年罷。白馬縣靈河鎮，二年廢滑州，以縣爲鎮〔四〕。管城縣滎陽鎮、滎澤鎮、陽武縣原武鎮，並五年廢鄭州，以縣爲鎮。

〔一〕按原在方域一二之一四，今置於本門之首。又按原標目爲「東京開封府市鎮」，實包括東京開封府、西京河南府、京西北路。

〔二〕東明縣東明鎮建隆四年置　按寰宇記卷二開封府、輿地廣記卷五東京、隆平集卷一郡縣、宋史卷八五地理志一皆言，東明鎮，建隆四年（即乾德元年）建爲東明縣。輯稿或誤。

〔三〕天禧二年改屯固店爲鎮　「天禧」原作「天僖」，宋無「天僖」年號，實「天禧」之誤，故改。

〔四〕白馬縣靈河鎮二年廢滑州以縣爲鎮　按以靈河縣爲鎮入白馬，九域志卷一滑州、宋朝事實卷一八京西北路作「治平三年」，宋史卷八五地理志一繫於熙寧三年；而廢滑州，白馬、韋城、胙城三縣入開封府，方域五之一、九域志卷一東京、長編卷二三七熙寧五年八月辛巳條、宋史卷八五地理志一等皆繫於熙寧五年。故以靈河縣爲鎮與廢滑州並無關係。

西京河南府〔一〕

長水縣土壕鎮〔二〕，太平興國六年置。永安縣永安鎮，景德元年置，後陞爲縣。澠池縣延禧鎮，舊名缺門〔三〕，大中祥符四年改。登封縣潁陽鎮，慶曆三年廢縣置，四年復爲縣，熙寧五年復廢爲鎮〔四〕。偃師縣緱氏鎮，慶曆三年廢縣置，四年復爲縣，熙寧八年復爲鎮。洛陽縣洛陽鎮，五年廢縣置。伊陽縣伊闕鎮、壽安縣福昌鎮，並熙寧五年廢縣置〔五〕。龍門鎮，舊通洛陽，紹興元年改。

〔一〕按原在方域一二之一四。

〔二〕長水縣土壕鎮　按九域志卷一西京載河南府澠池縣有「土壕一鎮」。

〔三〕澠池縣延禧鎮舊名缺門　按九域志卷一西京載延禧鎮屬新安縣，且新安縣有缺門山。又按新唐書卷三六五行志、通考卷二九六物異考二均載，唐開元八年，契丹寇營州，發關中卒援之，宿「澠池之缺門」。

〔四〕熙寧五年復廢爲鎮　「五年」，宋史卷八五地理志一作「二年」，九域志卷一西京作「三年」，輿地廣記卷五西京作「八年」。

〔五〕並熙寧五年廢縣置　「五年」，宋史卷八五地理志一同，九域志卷一西京作「三年」。按輿地廣記卷五西京載，伊闕鎮，熙寧五年省入伊陽。九域志或误。

大名府〔一〕

莘縣馬橋鎮，在縣北四十里，因河水衝注，開寶元年移於舊鎮東。冠氏縣博寧鎮，太平興國五年置；桑橋鎮，至和元年修復〔二〕；清水鎮，熙寧二年修復。臨清縣永濟鎮，五年廢縣置，隸館陶，尋隸臨清縣。元城縣大名鎮、成安縣洹水鎮〔三〕、宗城縣經城鎮，並六年廢縣置；清平鎮，至和三年復。

〔一〕按原在方域一二之一二。又按原批標目「大名府市鎮」，實包括大名府與河北西路。原眉批「北京京路」，宋無此路。
〔二〕至和元年修復　「至和」原作「置和」，按至和乃仁宗年號，故改。
〔三〕成安縣洹水鎮　「成安」原作「城安」，據九域志卷一北京、宋史卷八六地理志二改。

京東東路〔一〕

〔一〕京東東路　「京東」原倒，據宋史卷八五地理志一、九域志卷一京東路乙正。

青州博興縣淳化鎮，淳化五年置；博昌鎮，景祐二年置。千乘縣清河鎮，皇祐一年置〔一〕。

〔一〕皇祐一年置　「一年」顯誤，當作「二年」或「三年」。

齊州臨邑縣福壽鎮、臨邑鎮，並建隆元年置，後廢；回河鎮、曲提鎮、仁風鎮，並景祐二年置。長清縣豐齊鎮，建隆三年置，後廢；齊河鎮，景祐二年置。禹城縣安仁鎮，至道二年廢；商家橋鎮，開寶元年置，後廢；劉宏鎮，二年置；張家埞鎮、固河鎮，並二年置，後廢；孫耿鎮，二年置；新市鎮，三年置；濼口鎮，三年置，後廢；安平鎮，景祐三年慶曆四年置〔一〕；歷城鎮、遥墻鎮，並慶曆四年置。

〔一〕景祐三年慶曆四年置　按此句疑有脱誤。

沂州丞縣蘭陵鎮〔一〕，景祐三年置。沂水縣蘇村鎮〔二〕，大中祥符元年置，天聖二年廢。

〔一〕沂州丞縣蘭陵鎮　「丞縣」原作「永縣」，據通典卷一八〇州郡一〇、九域志卷一沂州、通考卷三一七輿地考三改。「蘭陵」原作「藺陵」，據九域志卷一沂州、輿地廣記卷六沂州改。按「丞縣」，元和志卷一一沂州、舊唐書卷三八地理志一、輿地廣記卷六沂州、宋史卷八五地理志一等皆作「承縣」，誤。讀史方輿紀要卷三二兗州府嶧縣載：「漢置承縣，以承水所經而名。丞讀拯，俗作『承』，誤也。」請參見元和志卷一一沂州校記。

〔二〕沂水縣蘇村鎮　「沂水」原作「祈水」，據九域志卷一沂州、宋史卷八五地理志一改。

淄州鄒平縣淄鄉鎮，慶曆五年置。

密州日照鎮，元祐二年置。

濟南府龍山鎮，舊盤石鎮，紹興三年廢。〔一〕

〔一〕按此條當移於「齊州」下。

西路〔一〕

〔一〕西路　按原在方域一二之一三。

兗州奉符縣静封鎮〔一〕，太平興國三年置；太平鎮、迴鑾鎮，並大中祥符元年置。僊源縣鄒鎮，熙寧五年廢，後置。

〔一〕兗州奉符縣静封鎮　「兗州」原作「袞州」，據九域志卷一兗州、宋史卷八五地理志一改。

徐州沛縣留城鎮，慶曆七年置。鄆州東阿縣利仁鎮，太平興國五年置，後廢。平陰縣寧鄉鎮，至道年置〔一〕；景德鎮〔二〕，景祐二年置；翔鸞鎮、迎鑾鎮，並大中祥符元年置。壽張縣竹口鎮，天聖三年置。陽穀縣安樂鎮，元祐元年置〔三〕，後廢。

〔一〕至道年置　「至道」下脱年份。

〔二〕景德鎮　按九域志卷一鄆州載景德鎮屬東阿縣。

〔三〕元祐元年置　「置」字原缺，據前文補。

單州成武縣成武鎮〔一〕，端拱中置，後廢。魚臺縣黄隊鎮，淳化四年置。

〔一〕單州成武縣成武鎮　「成武縣」原作「武城縣」，據九域志卷一單州、輿地廣記卷七單州、通考卷三二〇輿地考六及宋史卷八五地理志一改。

濮州雷澤縣徐村鎮〔一〕，治平二年置。鄄城縣臨黄鎮，熙寧四年置。

〔一〕濮州雷澤縣徐村鎮　按徐村鎮，九域志卷一濮州載其屬臨濮縣。

京西南路〔一〕

〔一〕按原在方域一二之一七「荆湖南路市鎮」下。

襄陽府光化縣乾德鎮，熙寧五年廢光化軍，以縣爲鎮。襄陽縣鄧城鎮，紹興五年廢縣置。南漳縣中盧鎮，紹興五年廢縣置〔二〕。

〔二〕紹興五年廢縣置　「五年」原作「八年」，據方域五之一八及繫年要録卷九一紹興五年七月丙申條、宋史卷八五地理志一改。

鄧州穰縣順陽鎮，舊順陽縣，紹興五年廢爲鎮。内鄉縣淅川鎮，舊淅川縣〔一〕，紹興五年廢爲鎮。鄧城縣横林鎮〔二〕，元年置。

〔一〕内鄉縣淅川鎮舊淅川縣　「淅川」原作「浙川」，據九域志卷一鄧州、繫年要録卷九一紹興五年七月丙申條改。

〔二〕鄧城縣横林鎮　「横林」原作「横木」，據方域一二之一九改。按鄧城縣屬襄陽府。

隨州隨縣光化鎮，熙寧元年廢縣置；唐城鎮，舊唐城縣，紹興五年廢爲鎮；桐柏鎮，隆興二年九月二十五日，廢唐州桐柏縣爲鎮，來隸。

金州西城縣平利鎮，熙寧六年廢縣置。

唐州泌陽縣平氏鎮，開寶五年廢縣置。南陽縣方城鎮，元豐元年自鄧州來隸〔一〕。

〔一〕南陽縣方城鎮元豐元年自鄧州來隸　按九域志卷一唐州、宋史卷八五地理志一均載，慶曆四年，廢唐州方城縣爲鎮入鄧州南陽縣，元豐元年復爲縣，隸唐州。又長編卷二九〇元豐元年六月辛未條載，復鄧州方城鎮爲縣，隸唐州。輯稿疑有脱誤。

北路〔一〕

〔一〕北路　按原在方域一二之一四「東京開封府市鎮」下。

許州臨潁縣繁城鎮，至道三年置。長社縣椹澗鎮，天聖十年置；許田鎮，熙寧四年廢縣置。舞陽縣孟寨鎮，咸平元年置；北舞鎮，至和二年置。

孟州河陰縣汜水鎮〔一〕，熙寧五年廢縣置。

〔一〕孟州河陰縣汜水鎮　「河陰」原作「河陽」，據方域五之二三及九域志卷一孟州、宋史卷八五地理志一改。

陳州商水縣南頓鎮，熙寧六年廢縣置。

汝州魯山縣龍興鎮，熙寧六年廢縣置〔一〕，元祐元年復；青嶺鎮，崇寧三年以青嶺店改。

〔一〕熙寧六年廢縣置　「六年」，九域志卷一汝州、長編卷二二八熙寧四年十二月丙子條作「四年」，方域五之二五、宋史卷八五地理志一作「五年」。

河北路

東路〔一〕

〔一〕按原在方域一二之一三至一四「東京京路市鎮」下。

澶州清豐縣舊州鎮〔一〕，熙寧六年自頓丘縣來隸，崇寧五年以澶州改爲開德府〔二〕；武鄉鎮，政和三年以武鄉城改；頓丘鎮，三年廢縣置〔三〕。

〔一〕澶州清豐縣舊州鎮　「清豐」原作「青豐」，據九域志卷二澶州、宋史卷八六地理志二改。

〔二〕崇寧五年以澶州改爲開德府　按此句與前後文無關，或衍。

〔三〕頓丘鎮三年廢縣置　「三年」，即「政和三年」，方域五之二七及九域志卷二澶州、宋史卷八六地理志二皆作「熙寧六年」。會要或誤。

滄州樂陵縣咸平鎮，咸平六年改崔村爲咸平鎮，熙寧二年廢〔一〕；揚攀口鎮，熙寧三年置；會津鎮，三年以揚攀鎮改〔二〕；朱堪鎮，六年徙車轂轆店；東西保安鎮，七年置。南皮縣定津鎮，咸平四年置，大中祥符廢；樂延鎮，熙寧三年徙齊家堰；臨津鎮，六年廢縣置。清池縣趙觀鎮，慶曆八年置；饒安鎮，熙寧五年廢縣置。無棣縣無棣鎮〔三〕，治平元年置；分水鎮，政和三年以劇口鎮改；河曲鎮，三年以掌家彎鎮改。鹽山縣韋家莊鎮，景祐四年置；海豐鎮，三年以韋家莊鎮改〔四〕；海盈鎮，三年以第四甲鎮改。

〔一〕熙寧二年廢　按九域志卷二滄州、宋史卷八六地理志二載，熙寧二年，徙樂陵縣治咸平鎮。

〔二〕三年以揚攀鎮改　「揚攀鎮」，據前文當作「揚攀口鎮」。

〔三〕無棣縣無棣鎮　兩處「棣」字原缺，據九域志卷二滄州補。

〔四〕三年以韋家莊鎮改　「三年」前缺年號，上古本疑當作「政和」。

冀州南宮縣堂陽鎮，皇祐四年廢縣置；新河鎮，嘉祐元年以鎮爲縣〔一〕，熙寧六年復〔二〕。信都縣棗疆鎮，元年廢縣置，十年復爲縣；武邑鎮，十年復爲縣〔三〕。蓨縣樂城鎮，政和三年以王貫鎮改；安平鎮，三年以李廣鎮改〔四〕。棗強縣廣川鎮，二年以楊家鎮改。

〔一〕嘉祐元年以鎮爲縣　「嘉祐元年」，長編卷一八三嘉祐元年八月癸亥條同，九域志卷二冀州、宋史卷八六地理志二作「皇祐四年」。

〔二〕熙寧六年復　「六年」原作「元年」，據方域五之二八及九域志卷二冀州改。

〔三〕十年復爲縣　「復」原作「後」，據長編卷二八一熙寧十年四月改。

〔四〕三年以李廣鎮改　按九域志卷二冀州載蓨縣有李億鎮，無李廣鎮。又按輯稿食貨一五之一〇亦載冀州有李億鎮。「李廣鎮」疑當作「李億鎮」。

瀛州河間縣束城鎮、樂壽縣景城鎮，並熙寧六年廢縣置。

博州堂邑縣回河鎮，皇祐四年置。聊城縣武水鎮，政和三年以沙家鎮改〔一〕。高唐縣齊城鎮，三年以新劉鎮改；靈城鎮，三年以南劉鎮改。

〔一〕政和三年以沙家鎮改　「沙家」，九域志卷二博州作「沙冢」。

棣州厭次縣清河鎮〔一〕，政和三年以七里渡鎮改。商河縣寬河鎮，大中祥符元年因水徙近西；官口鎮，三年以義鎮改。陽信縣西界鎮，景祐五年徙縣東三十里置。

〔一〕棣州厭次縣清河鎮　「棣」字原缺，據九域志卷二棣州、宋史卷八六地理志二補。

莫州任丘縣清豐鎮，熙寧六年廢縣置〔一〕；長豐鎮，熙寧六年廢縣置。莫鎮，六年廢縣置，隸河間縣〔二〕，元祐二年復爲縣，尋復爲鎮。

〔一〕莫州任丘縣清豐鎮熙寧六年廢縣置　按清豐縣屬澶州，并無熙寧六年廢爲鎮之記載。又據後文及九域志卷二莫州、宋史卷八六地理志二載，熙寧六年，廢長豐縣爲鎮入任丘。會要疑誤。

〔二〕莫鎮六年廢縣置隸河間縣　按九域志卷二莫州、輿地廣記卷一〇莫州、通考卷三一六輿地考二及宋史卷八六地理志二皆言莫縣省入任丘縣，會要或誤。

恩州清河縣甘陵鎮，建隆二年移於故清陽店，開寶四年修。

德州安德縣德平鎮〔一〕，熙寧六年廢縣置。平原縣安德鎮，政和三年以藥家鎮改。

〔一〕德州安德縣德平鎮　「縣」下「德」字原缺，據九域志卷二德州、宋史卷八六地理志二補。

濱州渤海縣蒲臺鎮，大中祥符五年廢縣置；招安鎮，熙寧六年廢縣置，元豐二年復爲縣；安平鎮，政和三年以新安定鎮改〔一〕；安定鎮，三年以舊安定鎮改；永和鎮，三年以東永和鎮改；豐國鎮，三年以丁家河鎮改〔二〕；合波鎮，三年以三沙鎮改〔三〕。濱海鎮，三年以李剛鎮改〔四〕。招安縣永阜鎮，三年以馬家莊鎮改。

〔一〕政和三年以新安定鎮改　「定」字原缺，據輯稿食貨一五之一一、九域志卷二濱州補。

〔二〕三年以丁家河鎮改　「丁家河」，九域志卷二濱州作「丁字河」，又輯稿食貨一五之一一亦載濱州有丁字河鎮。此處疑誤。

〔三〕三年以三沙鎮改　「三沙」，九域志卷二濱州作「三汊」，又輯稿食貨一五之一一亦載濱州有三汊鎮。此處疑誤。

〔四〕三年以李剛鎮改　「李剛鎮」，九域志卷二濱州作「李則鎮」，又輯稿食貨一五之一一亦載濱州有李則鎮。此處疑誤。

永静軍將陵縣安陵鎮，景祐二年廢縣置。阜城鎮〔一〕，熙寧十年復爲縣。

〔一〕阜城鎮　按九域志卷二永静軍、宋史卷八六地理志二載，嘉祐八年，省阜城爲鎮入東光。「阜城鎮」前似脱「東光縣」。

乾寧軍乾寧鎮，熙寧六年廢縣置。

西路〔一〕

〔一〕按原在方域一二之一二「大名府市鎮」下。

真定府獲鹿縣石邑鎮，開寶六年廢縣置。真定縣市鎮，太平興國四年置，雍熙八年廢；井陘鎮，熙寧六年廢縣置〔一〕。行唐縣靈壽鎮，八年廢縣置。

〔一〕井陘鎮熙寧六年廢縣置　按九域志卷二真定府、宋史卷八六地理志二載，熙寧六年，省井陘縣入獲鹿、平山縣。則井陘鎮當不屬真定縣。

相州臨漳縣鄴鎮，熙寧五年廢縣置。安陽縣永和鎮，舊永定縣〔一〕，天聖七年改永和，熙寧六年廢縣爲鎮。

〔一〕舊永定縣　「縣」原作「鎮」，據九域志卷二相州、宋朝事實卷一八河北西路改。

邢州南和縣任鎮，熙寧五年廢縣置。内丘縣堯山鎮、鉅鹿縣平鄉鎮，並六年廢縣置。

懷州河内縣武德鎮、武涉縣修武鎮，並熙寧六年廢縣置。

衛州黎陽縣衛鎮、汲縣新鄉鎮，並熙寧六年廢縣置。

洺州雞澤縣曲周鎮，熙寧三年廢縣置，元祐二年復爲縣，九年復爲鎮〔一〕。永年縣臨洺鎮，熙寧六年廢縣置〔二〕，元祐二年復爲縣，九年廢縣〔三〕，復爲臨洺鎮；洺水鎮，崇寧二年廢。

〔一〕九年復爲鎮　按長編卷四〇五繫於元祐二年九月甲戌，又宋史卷八六地理志二言「尋復爲鎮」。「九年」或「九月」之誤。

〔二〕熙寧六年廢縣置　「熙寧」原缺，據方域五之三二及九域志卷二洺州、宋史卷八六地理志二補。

〔三〕九年廢縣　「九年」，方域五之三二、長編卷四〇五元祐二年九月丙寅條皆作「九月」，會要或誤。

磁州滏陽縣昭德鎮，舊昭義縣，太平興國元年改昭德，熙寧六年廢爲鎮。

祁州鼓城縣深澤鎮〔一〕，熙寧六年廢縣置。

〔一〕祁州鼓城縣深澤鎮　「鼓城」原作「古城」，據九域志卷二祁州、宋史卷八六地理志二改。

趙州高邑縣柏鄉鎮，熙寧五年廢縣置；贊皇鎮，五年廢縣置〔一〕。臨城縣隆平鎮，舊昭慶縣，開寶五年改隆平，熙寧六年廢爲鎮。

〔一〕五年廢縣置　「五年」原作「六年」，據方域五之三三及九域志卷二趙州、宋史卷八六地理志二改。

順安軍高陽鎮，熙寧六年廢縣置，十年復爲縣。

永寧軍博野縣新橋鎮，皇祐一年置〔一〕。

〔一〕皇祐一年置　「一年」，顯誤，疑當作「二年」或「三年」。

中山府龙泉镇〔一〕，大觀中改爲靈泉鎮〔二〕，紹興元年依舊。

〔一〕中山府龙泉镇　按九域志卷二定州載龍泉鎮屬曲陽縣，據本門體例，「龙泉镇」上似脱「曲陽縣」。

〔二〕大觀中改爲靈泉鎮　「靈泉鎮」，方域六之一六、一二之一九均作「雲泉鎮」。

陝西

永興軍路〔一〕

〔一〕按原在方域一二之一五，標目爲「陝西永興軍路市鎮」。

京兆府長安縣子午鎮，景祐年置〔一〕。

〔一〕景祐年置　「景祐」下脱年份，按長安志卷一二長安作「二年」，上古本據補，或是。

河中府臨晋縣永和鎮，至道元年置。河東縣永樂鎮，熙寧六年廢縣置。

陝州靈寶縣湖城鎮，熙寧四年廢縣置。陝縣石壕鎮，六年廢縣置〔一〕。

〔一〕六年廢縣置　「六年」原作「二年」，據方域五之三九、通考卷三二〇輿地考六、宋史卷八七地理志三改。按通考、宋史載，省硤石縣爲石壕鎮入陝縣。故所廢之縣乃硤石縣。

延州豐林縣定蕃鎮，本上追鎮，太平興國八年改，仍置縣城；合嶺鎮，本合嶺關〔一〕，八年改置鎮。膚施縣豐林鎮，熙寧五年廢縣置。延川縣延水鎮，八年廢縣置。

〔一〕本合嶺關　「合嶺」原作「合領」，據前文及新唐書卷三七地理志改。

同州朝邑縣延祥鎮，舊靈信鎮，大中祥符四年改。

華州鄭縣渭南鎮，熙寧六年廢縣置。蒲城縣車渡鎮，七年廢。

邠州新平縣炭泉鎮，嘉祐八年廢。龍泉鎮〔一〕，大觀中改爲清泉鎮，紹興元年依舊。

〔一〕龍泉鎮　按九域志卷三邠州載，龍泉鎮屬三水縣，故據本門體例，「龍泉鎮」上或脱「三水縣」。

虢州虢略縣玉城鎮，熙寧四年廢縣置。盧氏縣欒川鎮，元祐二年以欒川冶置〔一〕。

〔一〕元祐二年以欒川冶置　「二年」原作「三年」，據長編卷四〇五元祐二年九月壬戌條及宋史卷八七地理志三改。

鄜延路〔一〕

〔一〕按原在方域一二之一五「陝西永興軍路市鎮」下。

鄜州洛交縣三川鎮，熙寧七年廢縣置〔一〕。

〔一〕熙寧七年廢縣置　「年」字原缺，據九域志卷三鄜州補。

坊州宜君縣昇平鎮，熙寧元年廢縣置。

丹州宜川縣汾川鎮〔一〕，熙寧三年廢縣置；雲巖鎮，七年廢縣置。

〔一〕丹州宜川縣汾川鎮　「汾川」原作「汾水」，據方域五之四一、九域志卷三丹州、宋史卷八七地理志三改。

環慶路〔一〕

〔一〕按原在方域一二之一五「陝西永興軍路市鎮」下。

慶州合水縣華池、樂蟠鎮，並熙寧四年廢縣置；平戎鎮，四年廢，十年修復，元豐二年再廢，元祐元年復；金櫃鎮，熙寧四年徙於廢樂蟠縣置〔一〕。

〔一〕熙寧四年徙於廢樂蟠縣置「樂蟠」原作「樂播」，據前文改。

醴州武功縣長寧鎮，紹興元年置〔一〕。

〔一〕紹興元年置「元年」，方域一二之二〇作「九年十二月十三日」，上古本據改作「九年」，或是。

涇原路〔一〕

〔一〕按原在方域一二之一五「陝西永興軍路市鎮」下。

儀州静邊鎮，天禧二年置。

渭州安化鎮，熙寧七年廢縣置。

秦鳳路〔一〕

〔一〕按原在方域一二之一五「陝西永興軍路市鎮」下。

鳳翔府盩厔縣清平鎮，大觀元年改爲軍，隸永興軍。

秦州床穰鎮，熙寧三年以寨改，八年改爲堡。成紀縣夕陽鎮，舊夕陽鎮，慶曆七年建爲綏遠寨，熙寧八年復爲鎮。

隴州來遠鎮，乾興元年以南栅店置。汧源縣隴西鎮，康定元年建安邊寨，隸秦州，熙寧八年復爲鎮，來隸；綏遠鎮、定邊鎮，並舊係寨，八年改，自秦州來隸。

階州福津鎮、西城鎮，並慶曆二年置。河口鎮，熙寧十四年置〔一〕。

〔一〕熙寧十四年置　按熙寧總十年，「十四年」顯誤。

通遠軍威遠鎮，〔一〕元豐十年廢寨置〔二〕。

〔一〕通遠軍威遠鎮　按長編卷二三三、二三九載，通遠軍，熙寧五年五月辛巳以古渭寨置，是年十月戊戌設熙河路，以通遠軍隸之。又按宋史卷八七地理志三載，秦鳳路轄秦、隴等五州及通遠軍，「其後割通遠軍屬熙河」。或熙寧五年五月建通遠軍時，屬秦鳳路，當年十月改隸新設之熙河路。

〔二〕元豐十年廢寨置　「元豐十年」，按元豐無十年，當爲「七年」之誤。又按九域志卷三通遠軍、宋史卷八七地理志三均作「熙寧八年」。

熙河路〔一〕

〔一〕按原在方域一二之一五「陝西永興軍路市鎮」下。

岷州長道縣良恭鎮〔一〕，天禧二年置。故城、白石、鹽官、骨谷〔二〕、崖石、平泉、馬務鎮，並熙寧六年置。大潭縣馬務鎮〔三〕，皇祐六年建馬務堡，熙寧八年改爲鎮。滔山鎮，舊滔山寨，八年改。

〔一〕岷州長道縣良恭鎮　按良恭鎮，九域志卷三岷州、宋史卷八七地理志三均載其屬大潭縣。輯稿或誤。

〔二〕骨谷　「骨」原作「宜」，據輯稿食貨一五之一八至一九、補編頁五〇七、九域志卷三岷州、武經總要前集卷一八秦隴鳳翔階成州路改。

〔三〕大潭縣馬務鎮　按前文及九域志卷三岷州載，馬務鎮隸長道縣。

河東路〔一〕

〔一〕按原在方域一二之一四，標目爲「河東路市鎮」。

晋州冀氏縣和川鎮，舊沁州和川縣，太平興國六年來隸〔二〕，熙寧五年廢爲鎮。洪洞縣趙城鎮，五年廢縣置。

〔二〕太平興國六年來隸　「六年」原作「五年」。按方域六之八及九域志卷四晋州、宋史卷八六地理志二皆作「六年」，長編卷二二亦言太平興國六年廢沁州，據改。

麟州新秦縣唐龍鎮，太平興國四年自府州來隸。

絳州稷山縣寧山鎮〔三〕，熙寧五年廢慈州縣置。

〔三〕絳州稷山縣寧山鎮　按宋史卷八六地理志二載，熙寧五年，廢慈州，以鄉寧縣分隸太平、稷山。又九域志卷四絳州載，稷山縣有鄉寧鎮，無寧山鎮，輯稿食貨一六之二亦載絳州有鄉寧鎮。「寧山鎮」或當作「鄉寧鎮」。

代州五臺縣石觜鎮，大中祥符九年置；興善鎮，景祐三年置。

隰州吉鄉縣文城鎮，熙寧五年廢慈州縣置。

汾州介休縣孝義鎮，熙寧五年廢縣置。

威勝軍綿上縣綿上鎮，寶元二年自大通監來隸。武鄉縣榆社鎮，熙寧七年廢遼州縣置〔一〕，元豐八年還隸遼州。

〔一〕熙寧七年廢遼州縣置　「遼州」下原衍「遼川」。按遼州有遼山縣而無遼川縣，九域志卷四威勝軍、宋史卷八六地理志二載，熙寧七年廢遼州，省平城、和順二縣爲鎮入遼山縣，隸平定軍，又省榆社縣爲鎮，入威勝軍武鄉縣。故榆社鎮乃遼州榆社縣省廢而來。上古本據上下文體例以「遼川」爲衍文，删，且不補「榆社」二字，是。

平定軍遼山縣平城鎮〔一〕、和順鎮，並熙寧七年廢遼州縣置，元豐八年還隸遼州。

〔一〕平定軍遼山縣平城鎮　按上下文體例，「平城」下「鎮」字疑衍。

淮南東路〔一〕

〔一〕淮南東路　路名原無，據旁批標目補。按原在方域一二之一二，標目爲「淮南東路市鎮」，實包括淮南東、西路。

揚州江都縣宜陵鎮，熙寧五年省廣陵縣來隸〔一〕。泰興縣柴墟鎮〔二〕，舊隸泰州，紹興二十九年來隸〔三〕。

〔一〕熙寧五年省廣陵縣來隸　「省」字原缺，據九域志卷五揚州補。

〔二〕泰興縣柴墟鎮　「柴墟」原作「柴壚」，據方域六之一二至一三、九域志卷五泰州改。

〔三〕紹興二十九年來隸　按方域六之一三及繫年要録卷八七紹興五年三月辛巳條、宋史卷八八地理志四皆言紹興五年隸揚州。又紀勝卷三七揚州「縣沿革」引國朝會要及宋史卷八八地理志四均載，紹興二十九年還隸泰州。會要當誤。

亳州永城縣縣安鎮〔一〕，天聖元年廢磨山縣置〔二〕。

〔一〕亳州永城縣縣安鎮　按九域志卷五亳州載，永城縣有保安鎮，無縣安鎮。又輯稿食貨一六之四亦載亳州有保安鎮。「縣安鎮」當作「保安鎮」。

〔二〕天聖元年廢磨山縣置　按磨山縣，未見他書記載，或有誤。

宿州靈壁鎮〔一〕，元祐元年改爲縣，七月復爲鎮，七年復爲縣。「靈」舊爲「零」，政和七年改「零」爲「靈」。虹縣子僊鎮，元祐二年以子仙阜置〔二〕，紹興九年改隸泗州。

〔一〕宿州靈壁鎮　按九域志卷五宿州、宋史卷八八地理志四載，靈壁鎮原隸虹縣。

〔二〕元祐二年以子仙阜置　「子仙阜」原作「子山阜」，據方域一二之一八改。按長編卷四〇一元祐二年五月乙丑條作「子仙埠」。

楚州漣水縣金城鎮〔一〕，淳化元年置。淮陰縣十八里河鎮，熙寧十年自泗州臨淮縣來隸；吴城鎮，舊吴城縣，紹興三年廢爲鎮。

〔一〕楚州漣水縣金城鎮 「漣水」原作「連水」，據九域志卷五楚州、宋史卷八八地理志四改。

泰州海陵縣海安鎮〔一〕，天聖元年置。

〔一〕泰州海陵縣海安鎮 「海陵」原作「海寧」，據九域志卷五泰州改。按泰州無海寧縣。

泗州臨淮縣徐城鎮，建隆二年廢縣置〔一〕。

〔一〕建隆二年廢縣置 「建隆」原作「隆興」，據九域志卷五泗州、通考卷三一七輿地考三、宋史卷八八地理志四改。

滁州清流縣來安鎮〔一〕，乾道九年閏正月三十日廢縣爲鎮。〔二〕

〔一〕滁州清流縣來安鎮 「滁州」原作「徐州」，據宋史卷八八地理志四改。

〔二〕按此條「滁州」原誤作「徐州」，且置於淮南西路「光州」後。滁州屬淮東路，今改移於本路末。

西路〔一〕

〔一〕西路 按原在方域一二之一二「淮南東路市鎮」。

壽州六安縣霍山鎮，開寶元年廢縣置。

光州固始縣商城鎮，本殷城縣，建隆元年廢爲鎮。光山縣加祿鎮，景德元年置，後廢；褒信鎮，舊褒信縣〔一〕，紹興五年廢爲鎮。

〔一〕舊褒信縣　「褒信」原作「堡信」，據方域六之一九、繫年要録卷九一紹興五年七月乙酉條改。

兩浙路〔一〕

〔一〕按原在方域一二之一七至一八，標目爲「兩浙路市鎮」。

杭州仁和縣臨平鎮、范浦鎮、北關〔一〕、江漲橋鎮，並端拱元年置；湯村鎮，本仁和鎮，端拱元年改。新城縣南新鎮，淳化五年以南新場爲昭德縣，六年改南新，熙寧五年廢爲鎮。

〔一〕北關　按九域志卷五杭州載北關鎮屬錢塘縣。

明州定海縣蟹浦鎮，雍熙四年置。奉化縣高公鎮〔一〕，天禧四年置。

〔一〕奉化縣高公鎮　按九域志卷五明州、寶慶四明志卷一五鎮市均載奉化縣有公塘鎮，未見高公鎮。此或誤。

秀州海鹽縣寧海鎮，淳化二年置。青龍鎮〔一〕，大觀中改名通惠鎮，紹興元年復。

〔一〕青龍鎮　按九域志卷五秀州載，青龍鎮屬華亭縣，據上下文體例，「青龍鎮」前或脱「華亭縣」。

處州縉雲縣英化鎮，治平十二年置〔一〕。

〔一〕治平十二年置　「十」字疑衍，按治平僅四年。

常州武進縣萬歲鎮，大觀中改名阜通鎮，紹興元年復。〔一〕

〔一〕按「常州」條原在方域一二之一二，誤入「(淮南)西路」末，今改移於此。

江南東路〔一〕

〔一〕江南東路　「江南」原作「江東」，據九域志卷六江南路、宋史卷八八地理志四改。按原在方域一二之一七，標目爲「江東東路市鎮」，實包括江南東、西路。

饒州浮梁縣景德鎮，景德元年置。

信州寶豐鎮，淳化五年以弋陽縣寶豐鎮置縣〔一〕，景祐二年廢，康定元年復置，慶曆三年復廢爲鎮。

〔一〕淳化五年以弋陽縣寶豐鎮置縣　「弋陽」原作「戊陽」，據九域志卷六信州、宋史卷八八地理志四改。

西路

洪州新建縣樵舍鎮，至道三年置。分寧縣查田鎮，三年置。南昌縣進賢鎮，至道三年置，崇寧二年改爲縣。

袁州分宜縣石分鎮，至道三年置。

吉州龍泉縣萬安鎮，熙寧四年改爲縣。

荆湖南路〔一〕

〔一〕按原在方域一二之一五，標目爲「荆湖南路市鎮」，實包括荆湖南北路、成都府路、潼川府路、利州路、夔州路、京西南路。

潭州安化縣七星鎮，熙寧六年以寨改。

道州營道縣永明鎮，熙寧五年廢縣置。

武岡軍龍潭鎮，武岡軍元係邵州武岡縣，崇寧五年改爲軍，其龍潭鎮，大觀元年置。

桂陽監平陽縣香風鎮，熙寧六年修復。

北路〔一〕

〔一〕北路　按原在方域一二之一五至一六「荆湖南路市鎮」下。

江陵府松滋縣白水鎮，乾德五年置；枝江鎮，熙寧六年廢縣置。監利縣玉沙鎮，乾德三年以江陵府白沙院置玉沙縣〔二〕，至道三年隸復州，熙寧六年復州廢，以縣爲鎮。石首縣建寧鎮，乾德三年以漢華容縣地置縣，熙寧六年復爲鎮。

〔二〕乾德三年以江陵府白沙院置玉沙縣　「玉沙縣」原作「玉沙鎮」，據九域志卷六江陵府、隆平集卷一郡縣、通考卷三一九輿地考五改。

鄂州漢陽縣漢川鎮，舊漢川縣，太平興國二年改，熙寧四年廢漢陽軍，以縣爲鎮。

安州安陸縣雲夢鎮，熙寧二年廢縣置。

歸州秭歸縣興山鎮，熙寧五年廢縣置。

辰州沅陵縣落鶴鎮〔一〕，熙寧五年廢縣置〔二〕；怡容鎮、普安鎮、浦口鎮，并嘉祐六年廢；月池鎮，熙寧七年廢。敘浦縣窗口鎮、辰溪縣龍門鎮銅安鎮，并嘉祐六年廢。

〔一〕辰州沅陵縣落鶴鎮　「沅」字原缺，據九域志卷六辰州、宋史卷八八地理志四補。

〔二〕熙寧五年廢縣置　按辰州無落鶴縣，武經總要前集卷二〇荆湖北路載辰州有落鶴砦。上古本以爲此句「縣」當作「砦」，或是。

復州玉沙縣高林鎮，開寶六年置，今廢。

成都府路〔一〕

〔一〕按原在方域一二之一六「荆湖南路市鎮」。

成都府郫縣犀浦鎮，熙寧五年廢縣置。廣都縣籍鎮，五年廢陵州縣置。麗江鎮〔一〕，五年廢陵州貴平縣，以鎮來隸。

〔一〕麗江鎮　「鎮」原作「縣」，按陵州、成都府并無麗江縣，又九域志卷七成都府載廣都縣有麗江鎮，故改。

彭州九隴縣堋口鎮，熙寧二年以九隴縣堋口鎮爲縣〔一〕，四年復廢爲鎮。導江縣導江鎮，七年徙導江縣治永康軍，以舊縣置。

〔一〕熙寧二年以九隴縣堋口鎮爲縣　「二年」原作「三年」，據方域七之一、九域志卷七彭州、宋史卷八九地理志五改。

綿州龍安縣西昌鎮，熙寧五年廢縣置〔一〕。

〔一〕熙寧五年廢縣置　「五年」原作「三年」，據九域志卷七綿州、輿地廣記卷二九綿州、長編卷二四一熙寧五年十二月、宋朝事實卷一九成都路改。按長編卷二二四又繫於熙寧四年六月戊寅，紀勝卷一五二石泉軍「古跡」引國朝會要則作「九年」。

嘉州峨眉縣綏山鎮、羅目鎮〔一〕，犍爲縣玉津鎮〔二〕，並乾德四年廢縣置。龍遊縣平羌鎮，熙寧五年廢縣置。

〔一〕羅目鎮　「羅目」原作「羅國」。按九域志卷七嘉州及鶴山先生大全文集卷七五宣教郎致仕宋君墓志載嘉州（嘉定府）有羅目鎮，故改。

〔二〕犍爲縣玉津鎮　「縣」原作「鎮」，據九域志卷七嘉州改。

邛州臨邛縣臨溪鎮，熙寧五年廢縣置。

黎州漢源縣通望鎮，慶曆七年廢縣置。

雅州名山縣百丈鎮，熙寧五年廢縣置。

簡州平泉縣貴平鎮，熙寧五年廢陵州，以縣爲鎮；牛鞞鎮，本陵州貴平縣鎮，五年州廢來隸。

陵井監井研縣始建鎮，咸平四年廢縣置。大安鎮，舊名永安鎮，崇寧二年因迴避陵名改曰大安。仁壽縣貴平鎮、藉鎮，乾道六年正月十七日陞爲縣。

潼川府路，舊梓州路。〔一〕

〔一〕按原在方域一二之一六「荆湖南路市鎮」。

梓州鹽亭縣永泰鎮，熙寧五年廢縣置。

果州南充縣流溪鎮，熙寧六年廢縣置，紹興二十七年陞爲縣。

資州盤石縣月山鎮、丹山鎮、銀山鎮，乾德五年廢縣置〔一〕。内江縣趙市鎮，熙寧六年自盤石縣來隸。

〔一〕乾德五年廢縣置　「五年」原作「三年」，據九域志卷七資州、輿地廣記卷三一資州、通考卷三二一輿地考七、宋史卷八九地理志五改。

普州安岳縣普康鎮、安居縣崇龕鎮、樂至縣普慈鎮，並乾德五年廢縣置。

敘州僰道縣宜賓鎮，舊名義賓縣，太平興國元年改，熙寧四年廢縣置，宣和元年復爲縣。

瀘州江安縣綿水鎮，乾德五年廢縣置。

榮州榮德縣公井鎮，熙寧四年廢縣置。

渠州流江縣大竹鎮，景祐二年廢縣置。

富順監富順鎮，熙寧元年廢縣置。

利州路〔一〕

〔一〕按原在方域一二之一六「荊湖南路市鎮」。

興元府城固縣元融橋鎮，天聖三年置；弱溪鎮，嘉祐三年置；柏香鎮，舊名柏水，嘉祐八年改。南鄭縣西橋鎮，治平三年置。

閬州奉國縣岐平鎮、西水縣晋安鎮，熙寧五年廢縣置〔一〕。

〔一〕熙寧五年廢縣置　「五年」，方域七之七同，九域志卷八閬州作「三年」，通考卷三二一輿地考七、宋史卷八九地理志五作「四年」。

劍州普安縣臨津鎮，熙寧五年廢縣置。

巴州化成縣清化鎮，本巴州清化縣，乾德四年廢盤道縣入焉。咸平二年以隸集州，熙寧五年廢集州，省縣爲鎮。恩陽縣七盤鎮，熙寧二年廢縣置。曾口縣其章鎮，五年廢縣置。

蓬州營山縣蓬山鎮，熙寧二年廢縣置。伏虞縣良山鎮，五年廢縣置。

夔州路〔一〕

〔一〕按原在方域一二之一六至一七「荆湖南路市鎮」。

夔州巫山縣毗石鎮，熙寧八年廢。

黔州彭水縣鹽井鎮，至道三年以鹽井場爲鎮；信寧鎮〔二〕、都儒鎮，嘉祐八年廢縣置〔三〕；洋水鎮，熙寧二年廢縣置〔三〕。

〔一〕信寧鎮　「鎮」原作「縣」，據九域志卷八黔州、輿地廣記卷三三黔州改。

〔二〕嘉祐八年廢縣置　「八年」原作「七年」，據九域志卷八黔州、輿地廣記卷三三黔州、紀勝卷一七六黔州「縣沿革」引皇朝郡縣志、通考卷三一九輿地考五、宋史卷八九地理志五改。

〔三〕洋水鎮熙寧二年廢縣置　「二年」原作「三年」，據九域志卷八黔州、輿地廣記卷三三黔州、宋朝事實卷一九夔州路改。按九域志有「熙寧二年改洋水寨爲鎮」之記載，又輿地廣記、九域志及紀勝卷一七六黔州「州沿革」皆言，嘉祐八年省洋水縣爲寨。故此「廢縣置」或當作「廢寨置」。

萬州南浦縣巴陽鎮，嘉祐二年廢。

涪州涪陵縣温山鎮，熙寧三年廢縣置。

渝州南川鎮，熙寧七年廢縣置〔一〕。

〔一〕渝州南川鎮熙寧七年廢縣置　按輿地廣記卷三三南平軍載，熙寧七年，以南川縣銅佛垻立南平軍，而省南川爲鎮，入隆化。通考卷三二一輿地考七亦有此記載，然時間作「熙寧八年」。南平軍之建置年代，有「七年」、「八年」兩説，請參見本書州縣陞降廢置門「涪州」校記。南川鎮當屬南平軍，而非渝州。

大寧監大昌縣大昌鎮，嘉祐六年廢；安居鎮，治平元年廢。

福建路〔一〕

〔一〕按原在方域一二之一七，標目爲「福建路市鎮」。

泉州南安縣潘山鎮，大中祥符九年置，後廢。

漳州龍溪縣教照鎮〔一〕，太平興國四年置。

〔一〕漳州龍溪縣教照鎮「教照鎮」，九域志卷九漳州、大清一統志卷四二九漳州府載漳浦縣有敦照鎮。「教照」當作「敦照」。

邵武軍光澤縣永寧鎮，舊崇仁鎮，後廢，至道元年復，改今名，後復廢。

建州建陽縣麻沙鎮，紹興二十七年陞爲縣。

廣南東路〔一〕

〔一〕按原在方域一二之一七，標目爲「廣東東路市鎮」。

端州　高要縣三水鎮，僞漢置，開寶中廢，淳化三年復置。

康州　端溪縣悦城鎮、都城鎮，並開寶五年置。

廣州　東莞縣香山鎮，元豐五年置，紹興二十二年陞爲縣〔一〕。

〔一〕紹興二十二年陞爲縣　「二十二年」原作「二十七年」，據方域七之一二及繫年要録卷一六三紹興二十二年九月丙午條、紀勝卷八九廣州「縣沿革」引國朝會要改。

廣南西路〔一〕

〔一〕按原在方域一二之一七，標目爲「廣南西路市鎮」。

桂州　臨桂縣慕化鎮，嘉祐六年廢縣置。荔浦縣永寧鎮、修仁鎮，熙寧四年廢縣置。

融州　融水縣武陽鎮、羅城鎮，熙寧七年廢縣置。

梧州　蒼梧縣孟陵鎮，開寶五年廢縣置；戎城鎮，五年廢縣置，六年復爲縣，熙寧八年復爲鎮〔一〕。

〔一〕熙寧八年復爲鎮　「八年」，方域七之一九作「五年」，九域志卷九梧州、輿地廣記卷三六梧州、宋史卷九〇地理志六皆作「四年」。

欽州靈山縣石陸鎮，景德三年置；武利鎮，大中祥符五年置；舊州鎮，天聖元年置。

鬱林州南流縣録鵶鎮〔一〕，僞唐爲録鵶鐵場，咸平四年改爲鎮。

〔一〕鬱林州南流縣録鵶鎮　「南流」原作「南泉」，據輯稿食貨三三之二一、方域七之二一、九域志卷九鬱林州改。又「鎮」字原缺，據上下文及九域志卷九鬱林州補。

宜州龍水縣述昆鎮，熙寧八年廢懷遠軍述昆縣爲鎮。

昌化軍宜倫縣昌化鎮、感恩鎮，並熙寧六年廢縣置〔一〕。

〔一〕並熙寧六年廢縣置　「六年」原作「七年」，據九域志卷九昌化軍、輿地廣記卷三七昌化軍、紀勝卷一二五昌化軍「縣沿革」引國朝會要、宋史卷九〇地理志六改。

萬安軍萬寧縣陵水鎮〔一〕，熙寧七年廢縣置。

〔一〕萬安軍萬寧縣陵水鎮　「萬寧」原作「萬陵」，據九域志卷九萬安軍、輿地廣記卷三七萬安軍、紀勝卷一二六萬安軍「縣沿革」、宋史卷九〇地理志六改。

朱崖軍臨川鎮〔一〕，熙寧六年廢吉陽、寧遠二縣置。

〔一〕朱崖軍臨川鎮　「朱崖」原作「朱崔」，據九域志卷九朱崖軍、輿地廣記卷三七朱崖軍、宋史卷九〇地理志六改。

市鎮雜録

【題解】本門見方域一二之一八至二一，大典卷一五四八六「鎮」字韻「市鎮」事目收録。本門緊接市鎮門，書手於方域一二之一八不換行題「雜録」二字，整理者又於「雜録」之右批「市鎮」，天頭批「鎮雜録」，故以「市鎮雜録」爲門名。本門記事起真宗咸平五年八月二十四日，迄寧宗嘉定九年三月二十三日。

真宗咸平五年八月二十四日，六宅使劉承珪言：「慶州淮安鎮，最爲衝要，屯兵甚衆，而總管在環州，每有警急，則道出慶州，信宿方至。若自環州木波鎮直抵淮安，纔八十里，總管張凝遣戍卒開修已畢。望益木波鎮兵，可爲諸路之援。」

仁宗慶曆四年五月二十八日，省河南府潁陽、壽安、偃師、緱氏、河清五縣並爲鎮，令轉運司舉幕職州縣官、使臣兩員監酒税，仍管勾煙火公事。尋復舊。時參知政事范仲淹以天下縣邑之多，役衆而民貧，故首自河南府省之。

嘉祐元年八月十四日，以冀州新河鎮爲新河縣。初，冀州言本州堂陽縣人户稀少，而新河鎮交易所會，既徙令佐治新河，因廢堂陽縣爲堂陽鎮。

神宗元豐元年閏正月七日，詔：「廣南西路沿邊寨鎮使臣〔一〕，自今並依五路舉官條奏舉，權免取願就狀，候交人入貢取旨。」以本路經略司言，邊寨鎮使臣年滿及見闕，無人願就故也。

〔一〕廣南西路沿邊寨鎮使臣　「寨」原作「塞」，據後文及長編卷二八七元豐元年閏正月壬午條改。

五年十一月六日，廣南東路轉運判官徐九思言：「東海有島曰香山，僑佃户主客共五千八百三十八，分隸東莞、南海、新會三縣。凡有鬪訟，各歸所屬縣辦理，遇風濤則踰月不通。乞建一縣，因香山爲名。」本路監司相度，欲止置香山鎮，差監官一員兼煙火、盜賊。從之。

哲宗元祐元年四月二十五日，前婺州司户參軍靳琮等狀：「宿州零壁鎮係屬符離、虹兩縣，又在符離、蘄、虹三縣〔一〕，盜賊轉徙，艱於掩捕，良民不得安業。欲乞將符離、蘄、虹三縣近零壁鎮鄉管割屬本鎮，仍改爲縣。如此則三縣遠鄉皆爲近境，人户輸二税、請苗役順便。」從之。

〔一〕又在符離蘄虹三縣　「蘄」原作「靳」。據方域六之一一及宋史卷八八地理志四改。下同。按「三縣」下疑有脱文，方域六之一一有「之中」二字，上古本徑補「界」。

二年五月十四日，兵部言：「江淮等路制置發運〔一〕、淮南路轉運、淮東鈐轄、提點刑獄、提舉常平司奏，請以宿州虹縣子仙阜爲鎮〔二〕，徙通海鎮巡檢司於子仙鎮。又淮南西路提點刑獄司奏，請徙蘄州馬口巡檢於蘄口鎮駐劄〔三〕。」並從之。

〔一〕江淮等路制置發運　「運」原作「遣」，據長編卷四〇一元祐二年五月乙丑條改。

〔二〕請以宿州虹縣子仙阜爲鎮　「子仙阜」，長編卷四〇一元祐二年五月乙丑條作「子仙埠」。

〔三〕請徙蘄州馬口巡檢於蘄口鎮駐劄　「蘄州」原作「戰州」，據長編卷四〇一元祐二年五月乙丑條改。

七年二月二十三日，詔以隰州爲次邊。以本州言所隸上平〔一〕、永寧兩關，俯逼西界，經久備禦不可緩故也。

〔一〕以本州言所隸上平　「上平」原作「上下」，據九域志卷四隰州、長編卷四七〇元祐七年二月丙子條改。

徽宗大觀元年九月四日，京畿計度轉運使宋喬年奏：「乞應京畿下諸鎮已有武臣處，只令專管酒稅外，別差經任文臣一員管勾鎮事〔一〕，仍兼酒稅。其民旅稠穰、見無監官去處，亦乞依此差官。」從之。

〔一〕別差經任文臣一員管勾鎮事　「任」字原缺，據輯稿職官四八之九二補。

三年六月十四日，詔大觀元年九月京畿諸鎮添差文臣指揮更不施行。

政和四年正月二十四日〔一〕，兩浙轉運司奏：「據湖州申，安吉縣梅溪鎮監官不管轄鎮中煙火，居民略無畏憚。今相度，欲令本鎮監官就兼煙火公事。」從之。

〔一〕政和四年正月二十四日　「日」字原缺，據輯稿職官四八之九三補。

高宗紹興元年四月八日，新通判建昌軍莊綽言：「竊見大觀中忌諱日廣，縣邑有君、主、龍、天、萬年、萬壽之類縣邑稱呼，例皆改易，有識觀之，以爲靖康之讖。欲乞應緣避前項衆字，并令如故。」進奏院供海州龍苴巡檢等，詔并改正。進奏院狀：邠州龍泉鎮改作清泉鎮〔一〕，西京龍門鎮改作通洛鎮，濟南府龍山鎮改爲般水鎮，中山府龍泉鎮改爲雲泉鎮，常州武進縣萬歲鎮改爲阜通鎮，秀州青龍鎮改爲通惠鎮。

〔一〕邠州龍泉鎮改作清泉鎮　「龍泉」原作「龍全」，據方域六之一六、一二之一五改。

十一月二十二日，襄陽府鄧隨郢州鎮撫使桒仲言：「襄陽府至鄧州相去一百八十里，路當衝要，其鄧城縣横林市係在兩州中路，乞將横林市改爲横林鎮，專差監鎮官一員兼巡檢，招集商賈，往來巡警。」從之。

二年六月二十日，詔處州麗水縣君溪鎮置税，合差官令兩浙轉運司辟差。從本路運司請也。

三年三月二十一日，淮南東路提刑司言：「泰州柴墟鎮民户楊思明等乞依舊置巡檢一員，就差見今把隘官承信郎黄義充上件職事。」從之。

十一月九日〔一〕，淮南本路安撫、提刑司言：「楚州吴城縣所管止有八十八户，乞依舊爲鎮，差置武臣監鎮，廢罷巡檢、縣尉。」從之。

〔一〕十一月九日「九日」原作「十九日」，據方域六之一二、繫年要録卷七〇紹興三年十一月庚申條删。

十二月十日，淮南東路提舉茶鹽司言：「泰州西溪、海安兩鎮，昨來各係買鹽場，監官兼本鎮煙火公事。自經殘破之後，逐鎮各添置武臣監鎮一員，今欲乞依舊只令監買鹽場官管幹，裁減鎮官一員。」從之。

五年五月二十九日，徽州言：「歙縣西地名巖寺，縣東地名新館，兩處商旅聚會。近歲本州差官往逐處拘收税錢，内巖寺去年收到六千三百餘貫，新館二千一百餘貫。欲乞將巖寺、新館以地陞改爲鎮，拘收酒税課利。」下本路監司看詳，巖寺可陞爲鎮，新館雖客旅過往，緣本處不滿百家，不可爲鎮。從之。

七月十四日，詔光州褒信縣廢爲褒信鎮，移治淮南上由市，擇土豪首領補下班祗應，充監鎮兼煙火公事。

二十五日，鄧州言：「乞廢順陽縣爲順陽鎮，隸穰縣，廢淅川縣爲淅川鎮〔一〕，隸内鄉縣。各差監官一員，兼酒税、盗賊。」襄陽府言：「乞廢鄧城縣併入襄陽，中盧縣併入南漳，並差監鎮一員管幹煙火公事，兼監酒税。」從之。

〔一〕廢淅川縣爲淅川鎮　「淅川」原均作「浙川」，據九域志卷一鄧州、繫年要録卷九一紹興五年七月丙申條、宋史卷八五地理志一改。

三十日，襄陽府路安撫、都總管司言：「乞廢唐城縣爲鎮，隸隨縣，差唐城鎮監官一員兼管商税。」從之。

六年正月一日，户部言：「舒州乞罷許公、雙港、石溪三鎮監税官，將逐務召人買撲。」從之。是後十二月十八日，詔復罷，從本路監司之請。

七年二月二十日，福建路轉運司言：「建州建陽縣地名麻沙，見今居民繁盛，接連邵武，最爲衝要。乞改爲麻沙鎮，仍依湖州新市鎮例，差京朝官一員充監鎮、監務，兼煙火公事。」詔將建陽縣正監官員缺改差京朝官，就麻沙收税，仍管煙火公事。

四月五日，提點淮南西路公事司言：「泰興兩縣巡檢舊在柴墟鎮駐劄〔一〕，紹興五年正月德音省罷。今來車駕駐蹕建康府，其揚州柴墟鎮係大江津渡，人煙頗衆，乞依舊置巡檢一員巡防盜賊。」從之。

〔一〕泰興兩縣巡檢舊在柴墟鎮駐劄　「泰興」前後有脱文，按嘉靖惟揚志卷一〇軍政志作「泰興、如皋兩縣巡檢」，疑是。

九年五月十四日，樞密院言，宿州虹縣子仙鎮係與泗州接境。詔撥隸泗州臨淮縣，其本處巡檢從本路宣撫處置使司辟差。

十二月十三日，永興軍路經略安撫司言：「醴州武功縣扶風店比因廢齊陞降改爲鎮〔一〕。本司會勘，本鎮正當大路衝要，可以爲鎮。」詔依，仍以長寧鎮爲名。

〔一〕醴州武功縣扶風店比因廢齊陞降改爲鎮　「齊」疑當作「置」。

十四年七月十四日，臣僚言：「諸路鎮市本屬縣邑，在法止令監鎮官領煙火公事，杖罪情重者即歸於縣。比年以來，擅置牢獄，械繫編氓，事無巨細，遣吏追呼，文符交下，是一邑而有二令也。乞應天下監鎮官依條止領煙火公事，其餘婚田詞訴並不得受理，輒擅置牢獄者，重實典憲。」詔令刑部坐條申嚴行下。

七月十七日，知湖州秦棣言〔一〕：「本州管下鎮官，除烏墩、梅溪鎮係在文武京官以上，及許斷杖罪以下公事外，其四安鎮人煙繁盛，不在梅溪、烏墩之下，卻只差小使臣或選人監管，杖罪并解本縣。臣今相度，欲依烏墩、梅溪鎮例差京朝官，許斷杖一百以下罪。」從之。

〔一〕知湖州秦棣言　「秦棣」原作「秦隸」。按繫年要録卷一四七紹興十二年十二月庚辰條載，秦棣充集英殿修撰、知湖州。萬曆湖州府志卷九郡守亦載秦棣，紹興十三年任。又繫年要録卷一五二紹興十四年十二月庚辰條云，集英殿修撰、新知明州秦棣入見。而乾道四明圖經卷一二太守題名記載其於紹興十五年正月初二到任。故紹興十四年七月，知湖州當爲秦棣無疑。據改。

十八年九月七日，詔省閬州新井縣玉井鎮寶馬鞍井監官一員，從本路諸司請也。

十二月二十三日，詔省光州光山縣七里鎮酒稅務，從本路諸司請〔一〕。

〔一〕從本路諸司請　據上下文，此句「請」下或脱「也」字。

二十二年九月十五日，詔廣州香山鎮陞爲香山縣，從本路諸司請也。

二十七年十月二日，詔果州流溪鎮復陞爲縣。

二十九年七月三日，知揚州鄧根〔二〕、淮南路轉運判官孟處義言，本州邵伯鎮監閘已有監鎮一員，今欲令監鎮兼監閘。從之。

〔一〕知揚州鄧根　「州」字原缺，據繫年要録卷一八二紹興二十九年六月甲辰條補。

十二月二十三日，户部言：「知揚州劉岑乞將泰州遵化鄉、柴墟鎮撥隸本州，尋下淮南監司相度。今逐司委官案到兩州公案，照得泰州見管海陵〔一〕、興化、如皋三縣。按史書、圖經、九域志，遵化鄉并柴墟鎮正隸泰興縣，遵化鄉管下臨江村、冷村、西北延村共三村，即難以一鄉析在兩州兩縣。今來泰興縣既隸揚州，其遵化鄉三村並柴墟一鎮，自合隨縣隸揚州。其民户輸納一事，乞令揚州委官，便於柴墟鎮受納。其餘事理，揚州既係一路帥司，自合同泰州措置。所有巡檢只合仍舊，難以改移。本部欲依相度到事理施行。」從之。

〔一〕照得泰州見管海陵　「泰州」原作「泰化」，據九域志卷五泰州、宋史卷八八地理志四改。

孝宗隆興二年九月二十五日，户部尚書兼湖北京西路制置使韓仲通言唐州桐柏鎮廢置。詳見州縣陞降廢置門。

二十六日，詔揚州泰興縣柴墟鎮酒税官兼管煙火公事。以揚州言，管下邵伯、瓜州鎮皆兼煙火，與本鎮事體一同，故有是命。

乾道六年七月四日，詔遂寧府管下小溪縣白水鎮復置監官一員，轉運司依格法差注。從潼川府路諸司之請也。

十二月二十八日，詔無爲軍襄安鎮彈壓緝捕盜賊兼煙火公事一員罷之〔一〕，仍舊置鎮將一名。以本路諸司言，自置彈壓官受理本鎮公事，百端擾民故也。

〔一〕詔無爲軍襄安鎮彈壓緝捕盜賊兼煙火公事一員罷之　「襄安鎮」原作「襄安縣」，據輯稿食貨二一之一四、九域志卷五無爲軍、繫年要録卷八五紹興五年二月改。

九年閏正月三十日，吏部言：「滁州來安縣廢爲鎮，撥隸清流縣，乞就差見任來安縣尉改充來安監鎮，仍兼煙火盜賊公事，通理已任縣尉月日成資。」從之。

十月十一日，四川宣撫使司言：「蜀州新渠鎮舊係新渠寨，直西去西門樓與蕃部接界，相距止三十里。舊差武臣一員主管煙火公事，後以運司并廢務官、鎮官，一概罷去。緣本鎮人户近千餘家，多有外方軍賊作過，無官彈壓，民不安居。乞依舊差置主管煙火公事一員。」從之。

十二月四日，四川宣撫使司言：「開州舊管三邑，今所存者開江、清水兩縣，其新浦縣自慶曆間廢以爲鎮。緣本鎮去州遥遠，山谷窮深，姦豪巨蠹肆居其間。昨差置酒官一員在本鎮兼煙火公事，至紹興二十六年酒官復省，無官彈壓，居民不安。竊見本州管界巡檢一員，不兼他職，乞移就新浦鎮置司彈壓〔一〕，實爲經久利便。」從之。

〔一〕乞移就新浦鎮置司彈壓，「新」字原缺，據前文及九域志卷八開州補。

鎮稅。寧宗慶元六年七月二十四日，兩浙轉運司言：「湖州乞省罷本州管下施渚、和平兩處鎮稅。本州既稱拖認通融起發，其於上供窠名，何緣更有妨闕？民旅從便往來，無復攔截騷擾之患，委是經久可行。欲從所乞施行。」從之。

嘉泰四年正月八日，詔無爲軍無爲縣襄安鎮彈壓盜賊并煙火公事員缺，改作左選監當，通差京官、選人。從前知無爲軍商飛卿請也。

嘉定五年十二月二十八日，詔將通州添置崇明監鎮官一員，令堂除，差經任有舉主文臣一次，以後卻令吏部依此使闕。從通州守臣喬行簡之請也。

七年三月十五日，詔：「添置監黄州岐亭鎮官一員，仍以監酒務繫銜。仰黄州先次從公選擇文臣經任有舉主選人辟差一次，自後令吏部使缺。」從黄州守臣謝周卿之請也。

九年三月二十三日，詔：「無爲軍金牛鎮置巡檢一員，專一巡視修治城壁、關防盜賊等事，令淮西安撫司公共奏辟一次。其請給等並依本軍指使則例支破。」以知滁州趙逢言，乞創置巡檢一員，招募寨兵四十人充本鎮名額故也。

諸寨

【題解】本門見方域一八之二至三二，大典卷一五一一七至一五一一九「寨」字韻寨名事目收録。整理者於方域一八之二天頭楷書批「諸寨」，姑以爲門名。按輯稿體例前後不一，前十八頁皆旁批某某寨，後十三頁寨名或題於文首，或小字注於文末。細觀諸寨名，實依韻排列，當大典事目名，且皆摘自會要。清本據諸寨建置時間順序進行重新編排，似有失會要原意。本門體例或類市鎮門，即以路統諸州軍，諸寨建置沿革繫於其屬縣下。由於大典編者疏忽大意，本門内容不乏失誤之處，如方域一八之二四「石洞寨」條有「並咸平二年置」、「並在澧州石門縣」云云，僅一寨而言「並」，不合文理。是頁「陽泉、卓探寨」同屬澧州石門縣，且咸平二年置。故陽泉、卓探、石洞三寨原當并列一處，大典編者依韻拆分，而未對文字作相應調整。又如方域一八之一二至一三「靈平寨」下録有兩寨，然考其内容，實爲一寨。今次整理，一依諸城修改移并門之體例，編年與地理部分分開，編年類併入諸寨雜録門，本門僅收録地理類。諸寨事目名既摘自會要，爲統一體例，整理時皆置於正文文首。正文内容已經大典編者拆分改寫，如方域一八之三「栢家寨」事目言：「在河北路滄州無棣縣，嘉祐二年廢。」「河北路」原當在一路之首，故原文或爲

「滄州無棣縣栢家寨，嘉祐二年廢」，本類諸堡門可佐證之。今完全復原已無可能，對正文不作變動，姑仍輯稿之舊，僅以市鎮門與州縣升降廢置門諸路州軍之序重加編排，并添補路名及州軍名以便觀覽。

[河北路]

[滄州]

栢家寨。在河北路滄州無棣縣〔一〕，嘉祐二年廢。〔二〕

〔一〕在河北路滄州無棣縣　「棣」字原缺，據宋史卷八六地理志二補。

〔二〕本條原在方域一八之三。

海青寨。舊巷姑寨，政和三年改。

河平寨。舊尼姑寨〔一〕，三年改。

〔一〕舊尼姑寨　「尼姑」，九域志卷二滄州作「泥沽」，宋史卷八六地理志二作「泥姑」。

三河寨。舊三女寨，三年改。並在清池縣〔一〕。

〔一〕並在清池縣　「清池」原作「清河」，據九域志卷二滄州、宋史卷八六地理志二改。按以上三條原在方域一八之二二。

［莫州］

定安寨。舊馬村寨，三年改。〔一〕

〔一〕按宋史卷八六地理志二莫州任丘縣載，政和三年，改馬村砦曰定安，王家砦曰定平。則此條定安寨與上條定平寨同屬任丘縣，上古本將「定平寨」條「並在莫州任丘縣」一句移於「定安寨」條「三年改」下，或是。

定平寨。舊王家寨，政和三年改，並在莫州任丘縣。〔一〕

〔一〕以上兩條原在方域一八之一二。

［雄州］

易陽寨。舊張家寨，政和三年改。〔一〕

〔一〕本條原在方域一八之二一。

南垣寨。河北東路〔一〕，在舊七姑垣寨〔二〕，政和三年改。

〔一〕河北東路　「北」字原缺。按下文南垣寨在舊七姑垣寨，九域志卷二雄州、宋史卷八六地理志二均載七姑垣寨隸河北東路雄州，故補。

〔二〕在舊七姑垣寨　「七姑垣」原作「七姑姐」，據九域志卷二雄州、宋史卷八六地理志二改。

三橋寨。河北東路〔一〕，在舊大三橋寨，政和三年改。〔二〕

〔一〕河北東路　「北」字原缺。按九域志卷二雄州、宋史卷八六地理志二載，三橋寨隸河北東路雄州，故補。

〔二〕以上兩條原在方域一八之二六。

[保定軍]

定寧寨〔一〕。舊父母寨，政和三年改，在保定軍。〔二〕

〔一〕定寧寨　「定寧」，宋史卷八六地理志二作「安寧」。

〔二〕本條原在方域一八之一五。

[霸州]

仁孝寨。河北東路〔一〕，在舊阿翁寨，政和三年改。〔二〕

〔一〕河北東路「北」字原缺，按九域志卷二霸州、宋史卷八六地理志二載，河北東路霸州文安縣有阿翁寨，武經總要前集卷一六載真定府路信安軍有阿翁寨。故補。

〔二〕本條原在方域一八之四。

和寧寨。舊雁頭寨，政和三年改。〔一〕

〔一〕本條原在方域一八之一五。

[定遠軍]

軍城寨。雍熙元年置〔一〕，在定遠軍〔二〕。

〔一〕雍熙元年置「元年」原作「六年」，據九域志卷二定州改。按雍熙僅四年。

〔二〕在定遠軍按九域志卷二定州、宋史卷八六地理志二均載軍城寨屬定州，輯稿或誤。按本條原在方域一八之二五。

［燕山府路］

［景州］

寧川寨。在景州，政和十年置〔一〕。

〔一〕政和十年置　按政和無十年，或「七年」之誤。又景州，遼置，宣和四年復。疑誤。又按長編卷四九七載，元符元年四月乙未，河東修築第九寨畢工，詔賜名寧川寨。本條原在方域一八之二七。

［陝西］

［鄜延路］

［延州］

駱家寨。在豐林縣，太平興國八年重修。〔一〕

〔一〕本條原在方域一八之三。

萬安寨。在豐林縣，康定元年以鎮爲寨。

延安寨。在豐林縣，康定元年置。〔一〕

〔一〕以上兩條原在方域一八之五。

承平寨。在豐林縣，天聖六年置，後廢，慶曆五年復置。〔一〕

〔一〕本條原在方域一八之一二。

青化寨。在豐林縣，太平興國八年重修。〔一〕

〔一〕本條原在方域一八之一三。

龍安寨。一在豐林縣，舊名龍口平〔一〕，慶曆四年改。〔二〕

〔一〕舊名龍口平「龍口平」原作「龍田平」，據長編卷一五〇慶曆四年六月辛卯條、武經總要前集卷一八鄜延丹坊保安軍路改。

〔二〕本條原在方域一八之一八。

南安寨。在豐林縣，慶曆五年修復〔一〕。

〔一〕慶曆五年修復 「修」上原衍「復」。按下文「鐮刃寨」、「栲栳寨」均在豐林縣，「慶曆五年修復」，故删。本條原在方域一八之二九。

鐮刃寨。在豐林縣，慶曆五年修復。〔一〕

〔一〕本條原在方域一八之三一。

栲栳寨。在豐林縣，慶曆五年修復。〔一〕

〔一〕本條原在方域一八之三二。按以上九寨皆隸豐林縣，原當爲一條，且繫於延州豐林縣下。又按豐林縣，熙寧五年廢入膚施縣。

金明寨。在膚施縣，熙寧五年廢縣置。〔一〕

〔一〕本條原在方域一八之三〇。

賀家寨。在鄜延路延州延水縣，太平興國六年置。〔一〕

〔一〕本條原在方域一八之三。

蒿平寨。在鄜延路延州延水縣，太平興國六年置。〔一〕

〔一〕本條原在方域一八之一七。

南峰寨。在鄜延路延水縣，太平興國六年置。〔一〕

〔一〕本條原在方域一八之二三。

麻谷寨。在鄜延路延水縣，太平興國六年置。〔一〕

〔一〕本條原在方域一八之二四。

毬場寨。鄜延路延州延水縣，太平興國六年置。〔一〕

〔一〕本條原在方域一八之二九。

黑泊寨。在鄜延路延州延水縣，太平興國六年置。〔一〕

〔一〕本條原在方域一八之三三。按以上六寨原當繫於延州延水縣下。又按延水縣，熙寧八年省入延川縣。

威羌寨。隸鄜延路，舊白洛背新寨。〔一〕

〔一〕本條原在方域一八之五。

平羌寨。在鄜延路，紹聖四年置。

殄羌寨〔一〕。河西路〔二〕，在舊那娘山新寨，元符元年改。〔三〕

〔一〕殄羌寨　「殄」原作「殊」，據長編卷四九八元符元年五月辛亥條、宋史卷八七地理志三改。

〔二〕河西路　按殄羌寨隸延州，屬鄜延路，輯稿當誤。

〔三〕以上兩條原在方域一八之六。

威戎寨。在鄜延路，紹聖四年以聲塔平置。

平戎寨。在鄜延路，舊杏子河新寨，紹聖四年改。〔一〕

〔一〕以上兩條原在方域一八之七。

銀川寨。在鄜延路，元豐五年置。九月八日，詔賜永樂城曰銀川寨。先是，鄜延路計議邊事徐禧等言：「已定永樂下䗖作寨〔一〕，地形險固，三面阻崖，表裏山河，氣象雄壯。八月二十五日興工，今月六日成畢，凡二十萬工。城去永樂上䗖八里，故銀州二十五里〔二〕，米脂寨五十里。永樂蓋以「小川」爲名，城前正據銀州大川，乞賜名。」故有是詔。〔三〕

〔一〕已定永樂下䗖作寨　「下䗖」，長編卷三二九元豐五年九月丙戌條作「下埭」，當從長編。

〔二〕故銀州二十五里　「銀州」原作「銀川」，據長編卷三二九元豐五年九月丙戌條、通考卷三二二輿地考八、宋史卷八七地理志三改。

〔三〕本條原在方域一八之三〇。

［保安軍］

德靖寨。涇原路保安軍〔一〕，天禧四年置，名建子城〔二〕，天聖元年改建子城爲德靖寨〔三〕。

〔一〕涇原路保安軍　按保安軍屬鄜延路，輯稿或誤。

〔二〕名建子城　「建子城」原作「延子城」，據九域志卷三保安軍、輿地廣記卷一四保安軍、宋朝事實卷一八陝西路改。

〔三〕天聖元年改建子城爲德靖寨　「建」字原缺，據前文補。

保勝寨。涇原路保安軍，康定二年置，後廢。〔一〕

〔一〕以上兩條原在方域一八之四。

順寧寨。涇原路保安軍，慶曆四年置。〔一〕

〔一〕本條原在方域一八之一五。

［綏德軍］

克戎寨。在鄜延路，舊浮圖寨，紹聖四年修復，賜今名。〔一〕

〔一〕本條原在方域一八之七。

米脂寨。隸綏德軍，元豐四年置。

元符元年五月二十三日，鄜延路經略司言，修復米脂寨畢工。詔〔一〕：「統制、龍神衛四廂都指揮使、吉州刺史王湣遷一官，回授子有官者兩人承受，各特遷一官；同統制、四方館使、祁州團練使苗履復遥郡防禦使〔二〕。仍各賜銀絹各五十匹兩。朝散郎石丕等五人，候本路進築城寨功賞畢日，并取旨。餘各等第推恩」。〔三〕

〔一〕詔　原作「紹」，據長編卷四九八元符元年五月庚午條改。
〔二〕祁州團練使苗履復遥郡防禦使　「復」字原缺，據長編卷四九八元符元年五月庚午條補。
〔三〕本條原在方域一八之一七。

臨夏寨。隸鄜延路，舊羅密谷嶺寨〔一〕，元符元年改。〔二〕

〔一〕舊羅密谷嶺寨　「羅密谷嶺」，長編卷四九七元符元年四月壬辰條同，宋史卷八七地理志三作「羅巖谷嶺」。
〔二〕本條原在方域一八之二一。

〔環慶路〕

〔慶州〕

安疆寨。在慶州安化縣，元豐五年以礓詐寨改。

紹聖四年六月十五日，環慶路經略司言，修復安疆寨畢工，詔防託蕃漢官各賜帛有差。

二十三日，環慶路經略司言，遣皇城使、端州刺史、權發遣本路鈐轄張存統制諸將人馬，提舉修復安疆寨畢工。詔張存特除西上閤門使，依舊端州刺史、權本路都鈐轄，餘等第轉官、減

年，支賜，并依安西城例。〔一〕

〔一〕本條原在方域一八之一〇。

府城寨。在慶州安化縣，元豐二年廢。〔一〕

〔一〕本條原在方域一八之二五。

華池寨。環慶路，在慶州。本州元有華池寨、華池鎮，元祐六年廢華池鎮爲華池東〔一〕、西二寨。〔二〕

〔一〕元祐六年廢華池鎮爲華池東　前一「池」字原缺，據前文補。

〔二〕本條原批於方域一八之二六「大硐寨」與「福田寨」之間，字跡與前後不同，疑整理者所添。

［環州］

寧羌寨。在環州通遠縣，舊萌門三岔新城〔一〕。

〔一〕舊萌門三岔新城　「萌」下原衍「邪」字，據長編卷五一四元符二年八月庚辰條、宋史卷八七地理志三刪。按本條原在方域一八之六。

定邊、平遠寨。在環州通遠縣，天禧五年置。〔一〕

〔一〕本條原在方域一八之九。

大拔寨。在環州通遠縣，元豐二年廢。〔一〕

〔一〕本條原在方域一八之一二。

［邠州］

常寧寨。邠州永壽縣，熙寧五年自乾州來隸。〔一〕

〔一〕本條原在方域一八之二五。

麻亭寨。在邠州永壽縣，熙寧五年自乾州來隸。〔一〕

〔一〕本條原在方域一八之二六。

［涇原路］

［渭州］

小盧新寨。在渭州平涼縣，開寶七年置。〔一〕

〔一〕本條原在方域一八之四。

静邊寨。在渭州平涼縣，天禧二年修築。〔一〕

〔一〕本條原在方域一八之一〇。

熙寧寨。在渭州平涼縣〔一〕。熙寧元年六月十四日，詔獎涇原路經略使蔡挺〔二〕，以其建議築熙寧寨工畢，副都總管張玉以護役勞特賜對衣、金帶、鞍轡馬。〔三〕

〔一〕按渭州平涼縣熙寧寨，他書未見，或誤。

〔二〕詔獎涇原路經略使蔡挺「蔡挺」原作「葵挺」，據長編紀事本末卷八三种諤城綏州、宋史卷三二八蔡挺傳改。

〔三〕本條原在方域一八之一四。

蒿店寨。在渭州平涼縣，咸平三年置。〔一〕

〔一〕本條原在方域一八之二六。

定川寨。在渭州平涼縣，太平興國八年置，慶曆二年廢。〔一〕

〔一〕本條原在方域一八之二七。

六盤寨。在渭州平涼縣〔一〕，咸平三年置。〔二〕

〔一〕在渭州平涼縣「平涼」原作「平源」。按渭州無平源縣，九域志卷三渭州、宋史卷八七地理志三載有平涼縣，據改。

〔二〕本條原在方域一八之三一。

［涇州］

長武寨。涇原路涇州，咸平五年廢縣置。〔一〕

〔一〕本條原在方域一八之一三。

〔原州〕

平安寨。在原州西八十里，天聖五年置。〔一〕

〔一〕本條原在方域一八之五。

開平寨〔一〕。在原州，咸平元年置。〔二〕

〔一〕開平寨　按九域志卷三原州云，咸平元年置開邊寨。輯稿食貨一五之一九、二三之三均載原州有開邊寨，未見開平寨。又按大典所録寨名，皆依韻排列，「開平寨」後數條同作某邊寨，上古本疑原作「開邊」，徐松書吏誤抄作「開平」，當是。

〔二〕本條原在方域一八之九。

綏寧寨。在涇原路原州，慶曆四年置。〔一〕

〔一〕本條原在方域一八之一五。

新門寨。在原州，至道二年置，熙寧三年廢。〔一〕

〔一〕本條原在方域一八之二五。

截原寨。在原州，太平興國元年置，熙寧三年廢。〔一〕

〔一〕本條原在方域一八之二九。

〔會州〕

新泉寨。舊隸牟新寨〔一〕，元符二年改〔二〕，係屬秦鳳路〔三〕，未□屬何軍〔四〕。

〔一〕舊隸牟新寨　「牟新寨」，他書未見，宋史卷八七地理志三「會州」載，新泉砦，舊名東北冷牟。十朝綱要卷一四亦載，築東北冷牟寨，賜名新泉。輯稿當誤。

〔二〕元符二年改　「二年」，十朝綱要卷一四同，宋史卷八七地理志三作「元年」。

〔三〕係屬秦鳳路　此爲大典編者誤添。按新泉寨隸會州。會州，元符二年復，隸熙河路，崇寧三年改隸涇原路。

〔四〕未□屬何軍　「未」下原字被涂去，清本作「見」，不知何據。上古本疑此句原爲「未詳屬何州軍」，且言宋史等書皆言新泉寨屬會州，「未□屬何軍」實大典編者所加，或是。按本條原批於「麻溪寨」與「陽泉卓探寨」之間，字跡與前後不同，或爲整理者所添。又按本條原在方域一八之二四。

〔德順軍〕

威多寨〔一〕。涇原路德順軍，政和七年以密多臺置。

〔一〕威多寨　「威多」，方域一九之二一、二〇之一九均同，宋史卷八七地理志三作「威川」。

隆德寨。涇原路德順軍〔一〕，天禧元年置羊牧隆城，慶曆三年改爲寨。〔二〕

〔一〕涇原路德順軍　「涇原」原作「涇源」，「德順」原倒，據上下文及宋史卷八七地理志三改乙。

〔二〕以上兩條原在方域一八之四。

得勝寨。涇原路德順軍，天聖六年置〔一〕。

〔一〕天聖六年置　「天聖六年」原作「天嘉元年」，據九域志卷三德順軍改。按清本小注「原校作『禧』」，然輯稿并無此校記。

臨羌寨。在德順軍，元符二年以秋葦川置。五月十四日，涇原路經略司奏，統制四路軍馬王恩保明修築天都臨羌寨、西安州提舉修城等官。詔各進官一等。〔一〕

〔一〕以上兩條原在方域一八之五。

盪羌寨。在涇原路德順軍〔一〕，舊没煙後峽〔二〕，元符元年改。

〔一〕在涇原路德順軍　「涇原」原作「經原」，據上下文改。

〔二〕舊没煙後峽　「没煙後峽」原作「設煙後寨」，據長編卷四九九元符元年六月辛卯條、宋史卷八七地理志三改。

鎮羌寨。在涇原路德順軍，舊扁江新寨〔一〕，紹聖四年改鎮羌。元符三年三月二十二日〔二〕，端明殿學士〔三〕、涇原路安撫使章楶言：「先准朝旨，後石門〔四〕、床地掌如已興工，速罷。其天都山在九羊谷西北，去鎮羌寨百餘里，而床地掌、泥棚障實在西邊〔五〕。鎮羌寨南至懷遠寨，更有木魚〔六〕，皆是賊來路。縱將來進築，直據天都，其九羊谷、鎮羌寨西面亦當關防，而野韮川見是賊之行路。乞選侍從或親信案視，如臣謬妄，乞重貶黜。」詔楶奏報輕易，降充龍圖閣直學士。〔七〕

〔一〕舊扁江新寨　「扁」，長編卷四八九紹聖四年六月丙午條作「篇」。

〔二〕元符三年三月二十二日　「元符」原缺。按長編卷四九六繫於元符元年三月十六日乙丑，章楶知渭州兼涇原路安撫使，在紹聖末至元符時，方域一九之一八又載「知渭州章楶充端明殿學士」，時間在元府二年五月二十二日。故補。

〔三〕端明殿學士　「殿」字原缺，據方域一九之一八及宋史卷三二八章楶傳補。

〔四〕後石門　「石」字原缺，據方域一九之一四及長編卷四九六元符元年三月乙丑條補。

〔五〕泥棚障實在西邊　「實在」原缺，據長編卷四九六元符元年三月乙丑條補。

〔六〕更有木魚　「木魚」，長編卷四九六元符元年三月乙丑條作「木魚川」，當從長編。

〔七〕以上兩條原在方域一八之六。

定戎寨。涇原路德順軍，舊減限寨〔一〕，元符二年改。〔二〕

〔一〕舊減限寨　「減限寨」，長編卷五一四元符二年八月辛巳條作「鹻限寨」。
〔二〕本條原在方域一八之七。

通邊寨。在涇原路德順軍，慶曆八年置。〔一〕

〔一〕本條原在方域一八之九。

通峽寨。在德順軍，舊沒煙前峽，元符元年改。〔一〕

〔一〕本條原在方域一八之二四。

飛井寨〔一〕。在涇原路德順軍〔二〕，政和七年以飛井塢置。〔三〕

〔一〕飛井寨　「飛井」，方域一九之二一、二〇之一九同，十朝綱要卷一七、宋史卷八七地理志三作「飛泉」。
〔二〕在涇原路德順軍　「德順軍」，宋史卷八七地理志三作「鎮戎軍」。
〔三〕本條原在方域一八之二七。

〔鎮戎軍〕

安邊寨。在涇原路鎮戎軍，熙寧四年廢。一在潼川路〔一〕，淳熙十四年置。〔二〕

〔一〕一在潼川路　「潼川」原作「潼州」，據宋史卷八九地理志五改。

〔二〕本條原在方域一八之九。

靈平寨。一在鎮戎軍，舊好水寨，紹聖四年改。〔一〕

〔一〕按長編卷四八六紹聖四年四月甲辰條載，石門城、好水寨成，章楶乞賜名，詔分別以平夏城、靈平寨爲名。故上條靈平寨原即好水寨，大典編者誤作兩寨。本條原在方域一八之一一。

高平寨。在涇原路鎮戎軍，慶曆二年置。〔一〕

〔一〕本條原在方域一八之一二。

乾興寨。涇原路，在鎮戎軍，乾興元年置〔一〕。

〔一〕乾興元年置　「元年」原作「九年」，按乾興僅一年，據改。

熙寧寨。一在涇原路鎮戎軍，熙寧元年置。〔一〕

〔一〕按長編紀事本末卷八三种諤城綏州載，熙寧元年蔡挺建議興築之熙寧寨正在鎮戎軍。故并無兩處熙寧寨，大典編著誤。以上兩條原在方域一八之一四。

天聖寨〔一〕。在涇原路鎮戎軍，天聖元年修杏林堡改置。〔二〕

〔一〕天聖寨　按寨名原小字注於文末。

〔二〕本條原在方域一八之二〇。

東山寨。在鎮戎軍，咸平二年置。〔一〕

〔一〕本條原在方域一八之二一。

［秦鳳路］

［秦州］

肅遠寨〔一〕。在秦鳳路秦州，舊名梟篦〔二〕，大中祥符七年改。〔三〕

〔一〕肅遠寨　按長編卷八三大中祥符七年八月丙寅條載，改秦州大落門梟篦寨名曰威遠。武經總要前集卷一八秦隴鳳翔階成路亦載，秦州威遠寨，祥符中築，舊名梟篦。兩處記載與本條内容合，故「肅遠」似當作「威遠」。又長編卷五四咸平六年五月乙卯條言，築大落門乾川寨畢功，賜名肅遠。則肅遠寨或原名「乾川」，非爲「裊篦」。此誤。

〔二〕舊名裊篦　「裊篦」，方域一八之二一至二二同，長編卷八三大中祥符七年八月丙寅條、武經總要前集卷一八秦隴鳳翔階成路作「梟篦」。

〔三〕本條原在方域一八之九。

永寧寨。秦鳳路，在秦州，舊尚書寨，至道三年改。〔一〕

〔一〕本條原在方域一八之一四。

古渭寨〔一〕。秦鳳路秦州，熙寧五年改爲通遠軍〔二〕。

皇祐五年閏七月二十三日，詔古渭寨修城卒權給保捷請受。至和元年十一月十日，秦鳳路經略安撫司言，修秦州古渭寨成〔三〕。

〔一〕古渭寨　按寨名原無，此條末小字注一「古」字，今據條末注及正文補寨名并移於正文之首。

〔二〕熙寧五年改爲通遠軍　按通遠軍，熙寧五年十月改隸新設之熙河路。

〔三〕修秦州古渭寨成　「成」原作「城」，按長編卷一七七至和元年十一月己巳條言，「城秦州古渭寨畢功」，故改。本條原在方域一八之二二。

隴城寨。在秦鳳路秦州，慶曆五年置。

弓門寨。秦鳳路，在秦州，太平興國元年置。〔一〕

〔一〕以上兩條原在方域一八之二二。

定西寨。秦鳳路秦州，建隆二年置。〔一〕

〔一〕本條原在方域一八之三〇。

〔階州〕

武平寨。秦鳳路階州，慶曆五年置。〔一〕

〔一〕本條原在方域一八之一一。

沙灘寨〔一〕。秦鳳路階州，慶曆二年置。〔二〕

〔一〕沙灘寨「沙灘」原作「涉灘」，據九域志卷三階州、宋史卷八七地理志三改。

〔二〕本條原在方域一八之二三。

峰貼峽寨。秦鳳路階州，熙寧七年復修。〔一〕

〔一〕本條原在方域一八之二四。

〔通遠軍〕

來遠寨。秦鳳路通遠軍，天禧元年置，熙寧七年廢〔一〕。

〔一〕熙寧七年廢　「熙寧七年」，九域志卷三通遠軍、長編卷三五〇元豐七年十二月癸巳條、宋史卷八七地理志三皆作「元豐七年」，輯稿當誤。本條原在方域一八之九。

永寧寨。一在秦鳳路通遠軍，建隆二年置。〔一〕

〔一〕本條原在方域一八之一四。

通渭寨。秦鳳路通遠軍，熙寧元年置，以通遠軍改爲鞏州〔一〕。

〔一〕以通遠軍改爲鞏州　按通遠軍改爲鞏州在崇寧三年，此句疑有脱誤。本條原在方域一八之一三。

通西寨。在秦鳳路，元豐五年改爲吹東龍堡〔一〕。

元豐六年閏六月十四日，熙河蘭會路制置使司上增築定西城〔二〕、通西寨文武功狀，詔：「五等皆賜銀絹：第一等四人，三百匹兩；第二等一人，二百；第三等六十五人〔三〕，百五十；第四等一十三人，百；第五等二十七人，七十。」〔四〕

〔一〕元豐五年改爲吹東龍堡　按長編卷三三五元豐六年五月壬辰條載：「楚棟隴堡賜名通西寨，隸通遠軍。」與輯稿不僅時間有異，且文意相反。又據九域志卷三通遠軍、宋史卷八七地理志三載，元豐六年（按宋史作五年），以通西寨隸通遠軍。輯稿當誤。

〔二〕熙河蘭會路制置使司上增築定西城　「使」字原缺，據方域八之二二、長編卷三三六元豐六年閏六月戊子條補。

〔三〕第三等六十五人　「第」原作「等」，「六十五」原作「六十六」，據方域八之二二、長編卷三三六元豐六年閏六月戊子條改。

〔四〕本條原在方域一八之三〇。

〔熙河路〕

〔熙州〕

馬鯮寨。熙河路，在熙州，熙寧六年置〔一〕。

〔一〕熙寧六年置　按長編卷二四七熙寧六年十月、宋史卷八七地理志三均載，熙寧六年省馬鯮寨。輯稿疑誤。本條原在方域一八之一八。

［河州］

寧河寨。在熙河路河州寧河縣〔一〕，熙寧七年以香子城改。〔二〕

〔一〕在熙河路河州寧河縣　「寧河」原作「寧城」，據輿地廣記卷一六河州、宋史卷八七地理志三改。

〔二〕本條原在方域一八之二二。

寧城寨。熙河路，在河州，慶曆六年置。〔一〕

〔一〕本條原在方域一八之二五。

［蘭州］

龕谷寨。熙河路，在蘭州，元豐四年置。〔一〕

〔一〕本條原在方域一八之二四。

〔岷州〕

荔川寨〔一〕。熙河路岷州，熙寧六年置〔二〕。

〔一〕荔川寨　「荔川」原作「荔子」，據九域志卷三岷州、長編卷二五三熙寧七年五月、宋史卷八七地理志三改。

〔二〕熙寧六年置　按長編卷二五三繫於熙寧七年五月。又按本條原在方域一八之一七。

臨江寨。在熙河路岷州，雍熙二年置，隸秦州，熙寧六年來隸。〔一〕

〔一〕本條原在方域一八之二三。

床川寨〔一〕。在熙河路岷州，熙寧七年置。

〔一〕床川寨　「床川」原作「麻川」，據九域志卷三岷州、宋史卷八七地理志三改。

閭川寨。在熙河路岷州，熙寧七年置。〔一〕

〔一〕以上兩條原在方域一八之二七。

宕昌寨。在熙河路岷州，熙寧七年置。〔一〕

〔一〕本條原在方域一八之三二。

［湟州］

臨宗寨。在湟州，崇寧三年以南宗置〔一〕。

〔一〕崇寧三年以南宗置　「三年」，宋史卷八七地理志三同，長編紀事本末卷一三九收復湟州繫於二年七月，且略加考證，以爲「賜名不待三年正月」，蓋三年正月畢工，王厚追言之。又「南宗」，長編紀事本末作「南宗川」。本條原在方域一八之二。

伏羌寨。在湟州，政和八年隸西寧州。〔一〕

〔一〕本條原在方域一八之六。

安疆寨。在湟州，崇寧四年以當摽城改〔一〕。

〔一〕崇寧四年以當摽城改　「四年」，輯稿兵九之五、宋史卷八七地理志三均作「二年」。此或誤。本條原在方域一八之一〇。

〔河東路〕

〔晋州〕

曹村寨。在晋州霍邑縣，開寶四年置。〔一〕

〔一〕本條原在方域一八之四。

永寧寨。一在河東路晋州臨汾縣〔一〕，開寶三年置。〔二〕

〔一〕一在河東路晋州臨汾縣　「河」字原缺，「臨汾」原作「臨分」，據九域志卷四晋州、宋史卷八六地理志二補改。

〔二〕本條原在方域一八之一四。

〔麟州〕

静羌寨。在麟州，慶曆八年置，在連谷縣。

神木寨〔一〕。麟州，慶曆八年置，在連谷縣。〔二〕

〔一〕神木寨「神木」原作「神本」，據九域志卷四麟州、宋史卷八六地理志二改。

〔二〕以上兩條原在方域一八之六。

寧遠寨。又云，在麟州新秦縣，舊名寒嶺，咸平三年改今名。慶曆二年爲西賊所破，尋修復。〔一〕

〔一〕本條原在方域一八之八。

横楊寨。在麟州新秦縣〔一〕，天禧四年置，治平元年再廢。〔二〕

〔一〕在麟州新秦縣「新秦」原作「新泰」，據九域志卷四麟州、宋史卷八六地理志二改。

〔二〕本條原在方域一八之一七。

神堂寨。麟州，慶曆五年置，在新秦縣。〔一〕

〔一〕本條原在方域一八之二六。

銀城寨。在麟州銀城縣，慶曆五年置。〔一〕

〔一〕本條原在方域一八之二五。

〔府州〕

百勝寨。在府州府谷縣，慶曆年間修復。〔一〕

〔一〕本條原在方域一八之五。

安豐寨。在府州府谷縣〔一〕，慶曆年間修復。〔二〕

〔一〕在府州府谷縣「府州」原作「撫州」，據九域志卷四府州、宋史卷八六地理志二改。

〔二〕本條原在方域一八之一〇。

宣威寨。在府州府谷縣，嘉祐六年廢。〔一〕

〔一〕本條原在方域一八之一三。

永寧寨。一在府州府谷縣，嘉祐六年廢。〔一〕

〔一〕本條原在方域一八之一四。

寧府寨。在府州府谷縣〔一〕，慶曆年間復修。〔二〕

〔一〕在府州府谷縣「府州」原作「寧州」，據九域志卷四府州、宋史卷八六地理志二改。

〔二〕本條原在方域一八之二五。

〔代州〕

胡谷寨〔一〕。太平興國四年置，在代州。〔二〕

〔一〕胡谷寨「胡谷」原作「胡容」，據輯稿食貨一六之二、二二之六、九域志卷四代州改。

〔二〕本條原在方域一八之四。

陽武寨。在代州，太平興國四年置。〔一〕

〔一〕本條原在方域一八之一一。

雁門寨。在代州，太平興國年置〔一〕。

〔一〕太平興國年置　「興」字原缺，「年」下原衍兩「年」字，太平興國乃太宗年號，故補刪。又按「年」前疑脱年份。本條原在方域一八之一九。

土墱寨。在代州，太平興國六年置。〔一〕

〔一〕本條原在方域一八之二四。

石砆寨〔一〕。在代州，太平興國六年置。

〔一〕石砆寨　「石砆」，九域志卷四代州作「石硤」，宋史卷八六地理志二作「石峡」，當從九域志。

大石寨。在代州，太平興國四年置〔一〕。

〔一〕太平興國四年置　「置」上原衍「廢」字。按長編卷六二景德三年二月戊寅條有代州大石寨之記載，則太平興國四年乃「置」而非「廢」，故删。按以上兩條原在方域一八之二五。

樓板寨。在代州，太平興國五年置。〔一〕

〔一〕本條原在方域一八之二六。

崞寨。在代州，太平興國四年置〔一〕。

〔一〕太平興國四年置　「太平興國」上原衍「在」字，據上下文删。按本條原在方域一八之二九。

西陘寨。在代州，太平興國四年置。〔一〕

〔一〕本條原在方域一八之三〇。

茹越寨。在代州，太平興國四年置。〔一〕

〔一〕本條原在方域一八之三二。

〔忻州〕

雲内寨。在忻州秀容縣〔一〕。

〔一〕在忻州秀容縣　「秀容」原作「秀谷」，據九域志卷四忻州、宋史卷八六地理志二改。按本條原在方域一八之二一。

石嶺關寨。在忻州秀容縣〔一〕。

〔一〕在忻州秀容縣　「秀容」原作「季容」，據九域志卷四忻州、宋史卷八六地理志二改。按本條原在方域一八之二六。

［石州］

吴堡寨。在石州，元豐五年置〔一〕。

〔一〕元豐五年置　「置」原作「寨」，據上下文改。按本條原在方域一八之四。

葭蘆寨。係在石州，紹聖四年修復，元符二年廢爲晋寧軍。紹聖四年四月十一日，河東路進築葭蘆寨畢工，本路轉運司郭茂恂〔一〕、吕仲甫各轉一官。〔二〕

〔一〕本路轉運司郭茂恂　「轉運司」，按長編卷四八五紹聖四年四月甲午條作「轉運司判官」。

〔二〕本條原在方域一八之一八。

［汾州］

向陽峽寨。在汾州，慶曆二年置。〔一〕

〔一〕本條原在方域一八之二四。

〔憲州〕

腦子寨。在憲州靜樂縣，咸平五年修。〔一〕

〔一〕本條原在方域一八之一五。

〔豐州〕

保寧寨〔一〕。在豐州，嘉祐七年置。〔二〕

〔一〕保寧寨 「保寧」原作「堡寧」，據輯稿食貨二三之七、九域志卷四南平軍、宋史卷八六地理志二改。

〔二〕本條原在方域一八之一五。

〔火山軍〕

董家寨。屬河東路火山軍，雍熙三年置。〔一〕

〔一〕本條原在方域一八之三。

偏頭寨。隸火山軍，嘉祐六年廢。〔一〕

〔一〕本條原在方域一八之一五。

烏龍寨。在火山軍〔一〕，舊烏龍川北嶺寨，元符二年改。〔二〕

〔一〕在火山軍　「在」下原衍「隸」字，據上下文删。又按宋史卷八六地理志二載烏龍寨屬晋寧軍。

〔二〕本條原在方域一八之一八。

護水寨〔一〕。在火山軍，熙寧三年置。〔二〕

〔一〕護水寨　「護水」原作「獲水」，據武經總要前集一七河東路、宋史卷八六地理志二改。

〔二〕本條原在方域一八之二三。

横谷寨。在火山軍，雍熙三年置。〔一〕

〔一〕本條原在方域一八之二四。

下鎮寨。在火山軍，慶曆元年置。〔一〕

〔一〕本條原在方域一八之三一。

桔槔寨。熙寧元年廢。〔一〕

〔一〕本條原在方域一八之三二。

［淮南東路］

［楚州］

崗門市寨。在楚州鹽城縣，乾道六年十二月二十九日置。〔一〕

〔一〕本條原在方域一八之二六。

〔荆湖路〕

〔北路〕

〔鼎州〕

湯口寨。在鼎州，熙寧七年廢。〔一〕

〔一〕本條原在方域一八之一六。

桃源寨。在鼎州，熙寧七年廢。〔一〕

〔一〕本條原在方域一八之一七。

白崖寨。在鼎州，熙寧七年廢。〔一〕

〔一〕本條原在方域一八之二四。

黃石寨。在鼎州，元豐二年廢〔一〕。

〔一〕元豐二年廢「二年」，宋史卷八八地理志四作「三年」。按本條原在方域一八之二五。

白塼寨〔一〕。在鼎州，元豐二年廢。〔二〕

〔一〕白塼寨「白塼」原作「白博」，據武經總要前集卷二一荊湖北路、長編卷二九六元豐二年二月、宋史卷八八地理志四改。

〔二〕本條原在方域一八之三一。

〔澧州〕

安福寨〔一〕。在澧州慈利縣，天禧二年置。〔二〕

〔一〕安福寨「安福」原作「宋福」。按九域志卷六澧州、宋史卷八八地理志四均載慈利縣有安福寨，未見宋福寨，輯稿食貨二二之二五亦載澧州有安福寨。又按武經總要前集卷二一荊湖北路載，澧州安福砦，天禧中置。據改。

〔二〕本條原在方域一八之一〇。

西牛寨〔一〕。在澧州慈利縣，天禧二年置。〔二〕

〔一〕西牛寨 「西牛」原作「西平」，據九域志卷六澧州、宋史卷八八地理志四改。

〔二〕本條原在方域一八之一二。

索口寨。在澧州慈利縣，天禧二年置。〔一〕

〔一〕本條原在方域一八之一六。

陽泉、卓探寨。並咸平二年置，後廢，在澧州石門縣。

石洞寨。並咸平二年置〔一〕，後廢。並在澧州石門縣。

天禧三年三月一日，知澧州曹克己言：「本州石洞寨深在蠻界，不當要路，無所控扼，屯集軍馬，虛費芻糧，望令毁拆，止留兵卒五人守護，有事宜馳報靈溪寨。」從之。〔二〕

〔一〕並咸平二年置 按本條僅一寨，言「並」似文理不通。上古本疑會要原本陽泉、卓探、石洞三寨并列，大典將石洞與前兩寨拆分，卻未相應修改文句，當是。

〔二〕以上兩條原在方域一八之二四。

臺宜寨。在澧州慈利縣〔一〕，天聖二年置。〔二〕

〔一〕在澧州慈利縣 按九域志卷六澧州、宋史卷八八地理志四均載臺宜寨隸澧州石門縣。

〔二〕本條原在方域一八之二九。

平西寨。在澧州〔一〕，紹聖四年置。〔二〕

〔一〕在澧州 按澧州隸荆湖北路，宋史卷八八地理志四「澧州」下未載平西寨，而卷八七地理志三「會州」下載有平西寨，紹聖四年置。長編卷四八九紹聖四年七月癸丑條亦載，熙河蘭岷路經略司奏新寨畢工，賜名平西寨。會州正屬熙河路。輯稿作「澧州」，當誤。

〔二〕本條原在方域一八之三〇。

［岳州］

古樓寨。在岳州華容縣，嘉祐七年置。〔一〕

〔一〕本條原在方域一八之二六。

［峽州］

長樂寨。在峽州，景德元年置，熙寧八年廢。〔一〕

〔一〕本條原在方域一八之二三。

新安寨。在峽州，景德元年置，熙寧八年廢。〔一〕

〔一〕本條原在方域一八之二四。

梅子亞寨〔一〕。荆湖北路〔二〕，在峽州。〔三〕

〔一〕梅子亞寨　按武經總要前集卷二一荆湖北路作「梅字亞寨」，九域志卷六峽州、宋史卷八八地理志四載峽州夷陵縣有「梅子寨」，無「梅子亞寨」。

〔二〕荆湖北路　「荆湖」二字原缺，按峽州屬荆湖北路，據補。

〔三〕本條原在方域一八之一七。

長陽寨。在峽州，熙寧八年置。

巴山寨。在峽州，景德元年置。〔一〕

〔一〕以上兩條原在方域一八之二一。

漢流寨。在峽州，景德元年置，熙寧八年廢。〔一〕

〔一〕本條原在方域一八之三二。

麻溪寨。在峽州，景德元年置。〔一〕

〔一〕本條原在方域一八之二四。

〔歸州〕

撥禮寨。在歸州秭歸縣。

折疊寨。在歸州巴東縣，咸平二年置。〔一〕

〔一〕以上兩條原在方域一八之三二。

〔辰州〕

鎮溪寨。在辰州，熙寧三年置。〔一〕

〔一〕本條原在方域一八之二四。

會溪城寨。在辰州，熙寧八年置。〔一〕

〔一〕本條原在方域一八之二五。

銅安、龍門寨。在辰州，熙寧八年置〔一〕。

〔一〕熙寧八年置　按宋史卷八八地理志四載，熙寧七年，廢銅安、龍門等寨。本條原在方域一八之二六。

詩渠寨。在辰州，天聖六年置。

真成鎮寨。在辰州，天聖六年置。〔一〕

〔一〕以上兩條原在方域一八之三一。

［誠州］

羅蒙寨。在誠州漢陽軍漢陽縣〔一〕，元豐七年置。〔二〕

〔一〕在誠州漢陽軍漢陽縣　按誠州、漢陽軍并非一地，顯誤。宋史卷八八地理志四載，元豐四年建誠州，六年移渠陽縣爲州治，元祐二年廢爲渠陽軍。上古本改「漢陽軍漢陽縣」爲「渠陽軍渠陽縣」，當是。

〔二〕本條原在方域一八之二。

多星寨。在誠州漢陽軍漢陽縣〔一〕。

〔一〕在誠州漢陽軍漢陽縣　按誠州與漢陽軍并非一地，誤，請參見本門「羅蒙寨」條校記。

豐山寨。崇寧三年置，在誠州。〔一〕

〔一〕以上兩條原在方域一八之二一。

若水寨。在誠州漢陽軍漢陽縣〔一〕。

〔一〕在誠州漢陽軍漢陽縣　按誠州與漢陽軍并非一地，誤，請參見本門「羅蒙寨」條校記。本條原在方域一八之二二。

錦州寨。在誠州〔一〕，熙寧八年置〔二〕。

〔一〕在誠州　按九域志卷六沅州、長編卷二六〇熙寧八年二月、宋史卷八八地理志四等皆載錦州寨屬沅州，輯稿疑誤。

〔二〕熙寧八年置　按九域志卷六沅州、長編卷二六〇熙寧八年二月載，熙寧八年，廢錦州寨及招諭縣入麻陽。宋史卷八八地理志四、方域六之三六亦有此記載。故「置」疑當作「廢」。本條原在方域一八之二五。

〔沅州〕

貫保寨。在沅州，元豐三年置，六年隸誠州，元祐六年廢，崇寧二年復〔一〕。

〔一〕崇寧二年復 「崇寧」原作「熙寧」。按前云「元祐六年廢」，此言「熙寧二年復」，顯誤。據宋史卷八八地理志四改。

小由寨。元豐四年以小由、長渡村堡改，五年隸誠州，六年復來隸〔一〕，七年復隸誠州，尋廢。

〔一〕六年復來隸 按此當指隸沅州，宋史卷八八地理志四載小由、貫保寨均屬沅州。以上兩條原在方域一八之三二。

〔靖州〕

收溪寨。元豐六年置，元祐三年廢。〔一〕

〔一〕本條原在方域一八之二四。

〔漢陽軍〕

新灘寨。在漢陽軍漢陽縣，乾道四年五月二十四日置。〔一〕

〔一〕本條原在方域一八之二三。

〔南路〕

〔潭州〕

首溪寨。在荆湖路潭州，熙寧六年廢。〔一〕

〔一〕本條原在方域一八之二三。

〔衡州〕

將中寨。在荆湖路衡州，熙寧六年廢。〔一〕

〔一〕本條原在方域一八之三。

延貢寨。在安仁縣，慶曆三年置。〔一〕

〔一〕本條原在方域一八之三二。

［道州］

寧遠寨。荆湖路，在道州江華縣，慶曆初置，熙寧六年廢。

慶曆元年十月三日，三司户部副使李宗詠、供備庫使帶御器械王從善往河東復修寧遠寨。知并州楊偕言：「麟、豐二州及寧遠寨並在河外，與賊接界，無尺帛斗粟之輸以佐官用，而麟州歲費緡錢百萬。今豐州、寧遠寨已爲賊所破，惟麟州孤壘，距府州百四十里，遠在絶塞。雖寧遠介二州之間，可以爲策應兵馬宿頓之地，又其中無水泉可守，若議修復，徒費國用。今請建新麟州於嵐州合河津黄河東岸裴家山〔一〕，其地四面絶險，有水泉，河西對岸又有白塔地，亦可建一寨以屯輕兵。又河西俱是麟州地界，且不失故土，見利則進，否則固守之。蓋舊州勢危而兵寡，多屯則糧不繼，少則難守，所以遷遠而就近，非爲蹙國之疆土也。若謂麟州既遷，則賊壓吾境，是不知夷狄遷徙鳥舉，不能以久處。設其來居，必須耕鑿其地，我於河西出偏師以撓之，彼安能持自完之策哉？故以謂遷有五利〔二〕，不然則有三害。省國用，惜民力，利一也；内禦岢嵐、保德、火山及嵐、石、府州沿河一帶賊所出路〔三〕，利二也；

我據其要，則河冰雖合〔四〕，賊不敢逾河而東〔五〕，利三也；商旅來往，以通財貨，利四也；方河凍時，得所屯兵馬五七千人，沿河以張軍勢，利五也。今麟州轉輸東芻斗粟，費直千錢，若因循不遷，則河東之民困於調發，無有已時，害一也；以孤壘餌敵，害二也；道路阻艱，援兵難繼，害三也。且州之四面屬羌，遭賊驅脅〔六〕，蕩然一空，止存孤壘，猶四支盡廢而首面心腹之獨存也〔七〕。今契丹又與西賊共謀〔八〕，待冰合必攻河東，若朝廷不思禦捍之計而修寧遠寨，是求虛名而忽大患也。况靈、夏二州皆唐、漢古郡，一旦棄之，一麟州何足惜哉？」帝謂輔臣曰〔九〕：「麟州，古郡也。咸平中，嘗經寇兵攻圍，非不可守。今遂欲棄之，是將退而以黄河爲界也。其寧遠寨宜諭偕速修復之。」〔一〇〕

〔一〕今請建新麟州於嵐州合河津黄河東岸裴家山　「嵐州」原缺，據長編卷一三四慶曆元年十月丁亥條補。
〔二〕故以謂遷有五利　「遷」上原衍「不」字，據長編卷一三四慶曆元年十月丁亥條删。
〔三〕府州沿河一帶賊所出路　「出路」原缺，據長編卷一三四慶曆元年十月丁亥條補。
〔四〕則河冰雖合　「河」原作「可」，據長編卷一三四慶曆元年十月丁亥條改。
〔五〕賊不敢逾河而東　「賊」原作「賦」，據長編卷一三四慶曆元年十月丁亥條改。
〔六〕遭賊驅脅　「驅」原作「軀」，據長編卷一三四慶曆元年十月丁亥條改。
〔七〕猶四支盡廢而首面心腹之獨存也　「廢」原作「發」，據長編卷一三四慶曆元年十月丁亥條改。
〔八〕今契丹又與西賊共謀　「賊」原作「城」，據長編卷一三四慶曆元年十月丁亥條改。
〔九〕帝謂輔臣曰　「謂」原作「請」，據長編卷一三四慶曆元年十月丁亥條改。

〔一〇〕本條原在方域一八之七至八。

勝岡寨。在荆湖路道州江華縣，慶曆初置，熙寧六年廢。〔一〕

〔一〕本條原在方域一八之二三。

錦田寨。荆湖路，在道州江華縣，慶曆初置，熙寧六年廢。〔一〕

〔一〕本條原在方域一八之二六。

〔永州〕

樂山寨。在荆湖路祁陽縣，慶曆四年置，熙寧六年廢。〔一〕

〔一〕本條原在方域一八之二一。

福田寨。慶曆四年置，熙寧五年廢。〔一〕

〔一〕本條原在方域一八之二六。

零陵寨。天聖八年置，熙寧八年廢〔一〕。

〔一〕熙寧八年廢　「八年」原作「六年」，據長編卷二六七熙寧八年八月、宋史卷八八地理志四改。

東安寨。在荆湖路永州東安縣，天聖八年置。〔一〕

〔一〕以上兩條原在方域一八之二九。

［邵州］

峽口寨。荆湖路邵州武岡縣〔一〕，大觀元年置。

〔一〕荆湖路邵州武岡縣　「邵州」原作「郡州」，據宋史卷八八地理志四改。按宋史地理志載，崇寧五年，以邵州武岡縣升爲軍。又載大觀元年武岡縣置峽口寨事。故峽口寨當屬武岡軍武岡縣，輯稿疑誤。

赤木寨。荆湖路邵州武岡縣，元祐四年置。〔一〕

〔一〕以上兩條原在方域一八之二六。

神山寨。在邵州武岡縣，紹聖二年置〔一〕。

〔一〕紹聖二年置「二年」，宋史卷八八地理志四作「元年」。本條原在方域一八之二一。

臨口寨。在邵州蒔竹縣，元豐八年置，大觀元年改爲縣〔一〕。

〔一〕大觀元年改爲縣「大觀元年」，宋朝事實卷一九荆湖南路、通考卷三一九輿地考五作「崇寧四年」，宋史卷八八地理志四作「崇寧五年」。本條原在方域一八之二六。

白沙寨。在荆湖路邵州，熙寧六年置。〔一〕

〔一〕本條原在方域一八之二三。

關峽寨。荆湖路，在邵州，熙寧六年置。〔一〕

〔一〕本條原在方域一八之二四。

城步寨。荆湖路，在邵州，熙寧六年置。〔一〕

〔一〕本條原在方域一八之三一。

〔成都府路〕

〔彭州〕

永康寨。在彭州，熙寧五年廢永康軍爲寨，七年廢。〔一〕

〔一〕本條原在方域一八之一三。

鹿角寨。在九隴縣〔一〕，熙寧九年廢。〔二〕

〔一〕在九隴縣「九隴」原作「九龍」，據九域志卷七彭州、宋史卷八九地理志五改。

〔二〕本條原在方域一八之一九。

〔邛州〕

思安寨。在邛州大邑縣，天聖七年置。〔一〕

〔一〕本條原在方域一八之一一。

平欒寨〔一〕。在火井縣，慶曆八年置。〔二〕

〔一〕平欒寨「平欒」，武經總要前集卷二〇益利路作「平樂」，清本、上古本亦改作「平樂」。

〔二〕本條原在方域一八之一四。

鹽井寨。在邛州蒲江縣，天聖元年置。〔一〕

〔一〕本條原在方域一八之二六。

〔綿州〕

倍平寨。在彰明縣，熙寧九年置，尋廢。〔一〕

〔一〕本條原在方域一八之一二。

竹子寨。在彰明縣，熙寧九年置，尋廢。

七葉寨。在彰明縣，熙寧九年置。〔一〕

〔一〕以上兩條原在方域一八之一七。

馬鐺寨。在彰明縣，熙寧九年置，尋廢。〔一〕

〔一〕本條原在方域一八之一八。

萬溪寨。在彰明縣，熙寧九年置。〔一〕

〔一〕本條原在方域一八之二三。

鹽井隴寨。在彰明縣，熙寧九年置，尋廢。〔一〕

〔一〕本條原在方域一八之二六。

龍安寨。在綿州神泉縣，熙寧九年置。〔一〕

〔一〕本條原在方域一八之一八。

石關寨。在綿州神泉縣，熙寧九年置。〔一〕

〔一〕本條原在方域一八之二六。

三盤堡寨。在綿州神泉縣，熙寧九年置。〔一〕

〔一〕本條原在方域一八之三一。

［茂州］

鎮羌寨。一在茂州，熙寧九年置。〔一〕

〔一〕本條原在方域一八之六。

［延寧軍］

延寧寨。在延寧軍，宣和三年以延寧軍改。〔一〕

〔一〕本條原在方域一八之一五。

［亨州］

嘉會寨。舊亨州，宣和三年改。〔一〕

〔一〕本條原在方域一八之一五。

［潼川府路］

［瀘州］

安遠寨。在瀘州合江縣，元豐三年廢〔一〕。又在秦鳳路秦州，天禧三年置〔二〕。

〔一〕元豐三年廢「廢」，宋史卷八九地理志五作「置」。

〔二〕天禧三年置「三年」，九域志卷三秦州作「二年」。按秦州安遠寨當移至本門「秦州」下。本條原在方域一八之九。

安夷寨。在瀘州江安縣，舊名婆娑，熙寧五年改〔一〕。

〔一〕熙寧五年改「五年」，宋史卷八九地理志五作「六年」，長編卷一七〇繫於皇祐三年三月庚申。本條原在方域一八之一〇。

武寧寨。在瀘州合江縣，熙寧七年置，元豐四年廢，五年復〔一〕。

〔一〕元豐四年廢五年復 「元豐」原作「元廢」，「復」原作「廢」，據宋史卷八九地理志五改。本條原在方域一八之一一。

羊祇寨〔一〕。在瀘州江安縣，皇祐二年置，熙寧七年廢〔二〕。

〔一〕羊祇寨 「羊祇」，宋史卷八九地理志五作「羊瓶」。

〔二〕熙寧七年廢 「熙寧七年」，宋史卷八九地理志五作「治平四年」。本條原在方域一八之一九。

江門寨。瀘州合江縣，元豐四年置。〔一〕

〔一〕本條原在方域一八之二五。

白芳寨。在瀘川縣〔一〕，皇祐三年置，元豐二年廢。〔二〕

〔一〕在瀘川縣 「瀘川」原作「龍川」。按龍川縣屬廣南東路循州，長編卷二九八元豐二年六月乙丑條、宋史卷八九地理志五均載元豐二年廢瀘州白芳寨，故「龍川縣」乃「瀘川縣」之誤。據改。

〔二〕本條原在方域一八之一八。

胡籠寨。在合江縣，熙寧元年置，八年廢。〔一〕

〔一〕本條原在方域一八之二二。

南田寨。在瀘州合江縣，元豐九年置〔一〕。

〔一〕在瀘州合江縣元豐九年置　「合江縣」，宋史卷八九地理志五作「江安縣」。「元豐九年」，按元豐僅八年，上古本疑「九年」乃「元年」之誤，或是。

大硐寨。在瀘州江安縣，至和二年置，四年廢〔一〕。

〔一〕至和二年置四年廢　按長編卷三一八載，元豐四年十月辛巳，廢瀘州大硐寨。輯稿「四年」前或脱「元豐」。以上兩條原在方域一八之二六。

［戎州］

歸順寨。在戎州僰道縣，皇祐五年廢。〔一〕

〔一〕本條原在方域一八之一三。

［滋州］

新化寨。在滋州，大觀三年置。〔一〕

〔一〕本條原在方域一八之一四。

慈竹寨。在滋州，大觀三年以慈竹堧寨改。〔一〕

〔一〕本條原在方域一八之一七。

［純州］

美利寨。純州安溪縣，宣和三年改。〔一〕

〔一〕本條原在方域一八之一三。

遥堧寨。在純州，宣和三年廢，四年復。〔一〕

〔一〕本條原在方域一八之二六。

［祥州］

懷遠寨。在祥州，政和四年置。〔一〕

〔一〕本條原在方域一八之九。

清平寨。在祥州，政和四年置〔一〕。

〔一〕政和四年置　「四年」，宋史卷八九地理志五作「二年」。

樂從寨。在祥州，政和四年置。〔一〕

〔一〕以上兩條原在方域一八之一二。

石門寨。在祥州，政和四年置。〔一〕

〔一〕本條原在方域一八之二五。

〔榮州〕

梁才進寨。在榮州公井縣，淳化五年置〔一〕。

〔一〕淳化五年置　「淳化」原作「淳北」，按「淳化」乃太宗年號，故改。本條原在方域一八之四。

〔長寧軍〕

樂古寨。在長寧軍，政和元年以從州改。〔一〕

〔一〕按宋史卷九〇地理志六載廢從州爲樂古寨事，從州屬廣南西路，而長寧軍，據輿地廣記卷三一長寧軍、宋史卷八九地理志五載，屬梓州路（潼川府路）。輯稿或誤。本條原在方域一八之一三。

〔利州路〕

〔文州〕

綏南寨。在利州路文州，大觀元年置。〔一〕

〔一〕本條原在方域一八之三〇。

〔夔州路〕

〔黔州〕

永安寨。在黔州黔江縣，明道元年修復。〔一〕

〔一〕本條原在方域一八之五。

渠陽寨。元祐五年置，黔江縣〔一〕。

〔一〕黔江縣　按黔州黔江縣，宋史卷八九地理志五詳載其二十九砦，未見渠陽寨。又長編卷四一五元祐三年十月丙戌條載，渠陽軍改爲渠陽寨，隸沅州，宋史卷八八地理志四亦載此事。故輯稿誤作「黔江縣」。渠陽寨實隸沅州，而沅州有黔陽縣，上古本疑「黔江」當作「黔陽」，或是。

相陽寨。在夔州路黔江縣，大中祥符三年置〔一〕。

〔一〕大中祥符三年置　「大中祥符」原作「大中符符」，「大中祥符」爲真宗年號，故改。以上兩條原在方域一八之二一。

竹灘寨。元祐五年置，在黔江縣〔一〕。

〔一〕在黔江縣　按宋史卷八八地理志四載竹灘寨屬沅州黔陽縣。本條原在方域一八之二三。

〔施州〕

寧邊寨。舊暗利寨，天聖元年改，在施州。〔一〕

〔一〕本條原在方域一八之一〇。

夷平寨。在施州，熙寧六年置。〔一〕

〔一〕本條原在方域一八之一二。

永興寨。在施州，熙寧六年廢。〔一〕

〔一〕本條原在方域一八之一三。

永寧寨。一在施州，元豐三年置。〔一〕

〔一〕本條原在方域一八之一四。

行廊寨。在施州，元豐三年置。〔一〕

〔一〕本條原在方域一八之二六。

安碓寨〔一〕。在施州，元豐三年置。〔二〕

〔一〕安確寨「安確」，九域志卷八施州同，宋史卷八九地理志五作「安確」。

〔二〕本條原在方域一八之三一。

〔忠州〕

栢尚寨。在忠州南賓縣，咸平二年置。〔一〕

〔一〕本條原在方域一八之三。

平南寨。在忠州南賓縣，咸平三年置，天聖二年廢。〔一〕

〔一〕本條原在方域一八之二九。

桿杖寨。在忠州南賓縣，咸平三年置，天聖二年廢。〔一〕

〔一〕本條原在方域一八之三一。

思問寨。在忠州南賓縣，咸平三年置，天聖二年廢。〔一〕

〔一〕本條原在方域一八之一一。

〔涪州〕

白馬寨。在涪州，大觀四年廢。〔一〕

〔一〕本條原在方域一八之一八。

〔南平軍〕

通安寨。在夔州路，淳熙十五年置。〔一〕

〔一〕本條原在方域一八之一八。

安穩寨。在南平軍，熙寧八年置。〔一〕

〔一〕本條原在方域一八之一〇。

歸正寨。在南平軍隆化縣，熙寧八年置。〔一〕

〔一〕本條原在方域一八之一三。

通安寨〔一〕。在南平軍隆化縣〔二〕，熙寧八年置。〔三〕

〔一〕通安寨 「通安」原倒，據九域志卷八南平軍、宋史卷八九地理志五乙正。

〔二〕在南平軍隆化縣 按九域志卷八南平軍、宋史卷八九地理志五均載通安寨屬南川縣。

〔三〕本條原在方域一八之四。

七度水寨。在南平軍隆化縣，嘉祐八年修復。〔一〕

〔一〕本條原在方域一八之二二。

榮懿寨。在南平軍隆化縣，熙寧八年自渝州來隸。〔一〕

〔一〕本條原在方域一八之三一。

［播州］

柔遠寨。在播州，宣和三年廢。〔一〕

〔一〕本條原在方域一八之八。

［遵義軍］

遵義寨。在遵義軍，宣和三年以遵義軍并遵義縣改。〔一〕

〔一〕本條原在方域一八之一〇。

思義寨。在遵義軍，宣和三年廢。〔一〕

〔一〕本條原在方域一八之一一。

［廣南東路］

［韶州］

橋村堰寨。在韶州曲江、樂昌、乳源三縣，乾道二年十月三十日置。〔一〕

〔一〕本條原在方域一八之二六。

〔廣南西路〕

〔桂州〕

大通寨。在廣南路桂州興安縣，雍熙二年置。〔一〕

〔一〕本條原在方域一八之一三。

〔邕州〕

延衆寨。在廣南路邕州，元豐七年改爲富州。〔一〕

〔一〕本條原在方域一八之一四。

〔融州〕

融江寨。在融州融水縣，元豐七年置。〔一〕

〔一〕本條原在方域一八之二二。

安厢寨。在融水縣，景德二年置。〔一〕

〔一〕本條原在方域一八之二五。

［雷州］

冠頭寨。在雷州海康縣，太平興國置。〔一〕

〔一〕本條原在方域一八之一五。

［欽州］

咄步寨。在欽州靈山縣，至道三年間置。〔一〕

〔一〕本條原在方域一八之三二。

［孚州］

靖南寨。宣和三年以孚州改。〔一〕

〔一〕本條原在方域一八之三〇。

〔隆州兑州〕

靖遠寨。宣和三年以兑州改〔一〕。

〔一〕宣和三年以兑州改　「兑州」原作「兗州」，據方域七之二四、宋史卷九〇地理志六改。按原眉批「『兗』疑『兑』」，又批「廣南西路」。

威遠寨。宣和三年以隆州改。〔一〕

〔一〕以上兩條原在方域一八之九。

思忠寨。在隆、兑州，宣和三年廢。〔一〕

〔一〕本條原在方域一八之一一。

鳳隣寨〔一〕。在隆、兑州，宣和年廢。〔二〕

〔一〕鳳隣寨　「鳳隣」，宋史卷九〇地理志六作「鳳憐」。

〔二〕本條原在方域一八之一九。

朝天寨〔一〕。在隆、兑州，宣和三年廢。〔二〕

〔一〕朝天寨　按本條文首題「朝天寨」，文末又小字注「朝天寨」，顯然重複，今删去文末注。

〔二〕本條原在方域一八之二〇。

安江寨。在隆、兑州，宣和三年廢。〔一〕

〔一〕本條原在方域一八之二二。

金斗寨。在隆、兑州，宣和三年廢。〔一〕

〔一〕本條原在方域一八之三一。

諸寨雜録

【題解】本門見方域一九之一至四六，大典卷一五一一九「寨」字韻寨名事目、一五一二一「寨」字韻事韻收録。方域一九之一第三行有整理者楷書批「諸寨雜録」，是爲門名。按本門體例與市鎮雜録門略有不同，每條皆批有標目，大多題於正文之前，亦有小字注於文末者，實爲大典事目名，且皆摘編自會要。今次整理，所有事目名附入校注，正文依時間重加編排。另諸寨門編年部分亦依時間順序編入本門。本門記事起大中祥符二年十二月八日，迄嘉定十五年七月二十七日，凡時間淆亂之處皆予以釐正。又按本門原有非編年類一處、複文一處，又據補編補複文一處，因文字有差異，姑附於門末。

真宗大中祥符二年六月五日〔一〕，知秦州張佶言〔二〕：「昨於梟篦寨下大洛門各子口及弓袋口置水寨二，不俟朝旨，待罪。」詔釋之，令佶詳具利害續圖以聞。〔三〕

〔一〕真宗大中祥符二年六月五日　按長編卷八二繫於大中祥符七年六月五日己未。

〔二〕知秦州張佶言　「知」字原缺，據長編卷八二大中祥符七年六月己未條補。

〔三〕本條原在方域一八之二一至二二，事目名「裊篦寨」。

大中祥符二年十二月八日〔一〕，樞密直學士、知秦州李濬言：「黑谷頗有閑田，今召得寨户三百餘户，户三丁，計九百餘人，分住小洛門諸寨防邊。」〔二〕

〔一〕大中祥符二年十二月八日　按長編卷七四繫於大中祥符三年十二月十七日辛酉。

〔二〕本條事目名「分住諸寨」。

大中祥符七年三月二十二日，荆湖北路轉運司言：「管内慢水、烏速、盧溪、江口等寨最爲衝要〔一〕，止以木爲城，難於固守，請令版築。」從之。〔二〕

〔一〕管内慢水烏速盧溪江口等寨最爲衝要　「慢水」原作「漫水」，「烏速」原作「烏迷」，據長編卷八二大中祥符七年三月丁未條、宋史卷八八地理志四改。

〔二〕本條事目名「版築城寨」。

大中祥符七年十二月二十二日，秦州張佶上大洛門新寨圖〔一〕。先是，佶欲近渭置場采木，蕃部聞之，即徙帳而去。佶不能撫恤加賜以答其歡心，蕃衆悔之，因叛卒鄉道，遂行鈔略。佶深入掩逐，乃遁去。至是，部落遣人求和，未之許，奏聽朝旨。從之〔二〕。

〔一〕秦州張佶上大洛門新寨圖　按「秦州」前疑脱「知」字。

〔二〕從之　「之」字原缺，據上下文補。按本條事目名「上新寨圖」。

九年四月十一日〔一〕，知秦州兼涇原路安撫使曹瑋言〔二〕：「西路舊無壕塹，致蕃部屢有侵略。今規度，自永寧寨西城堀壕至掺囉吪凡五十五里〔三〕，已召集厢軍、寨户赴役，二十二日而畢。」詔奬之，其董役使臣、將校并賜器帛。〔四〕

〔一〕九年四月十一日　「九年」原缺，據長編卷八六大中祥符九年四月丙戌條補。按曹瑋知秦州，長編卷八五繫於大中祥符八年九月七日甲寅，輯稿職官四一之八五亦載，大中祥符八年十月，「新差知秦州曹瑋」云云。則曹瑋知秦州在大中祥符八年，故從長編。又按長編繫於四月十三日丙戌。

〔二〕知秦州兼涇原路安撫使曹瑋言　「涇原」原作「荆原」，據長編卷八五大中祥符八年九月甲寅條改。

〔三〕自永寧寨西城堀壕至掺囉吪凡五十五里　「掺囉吪」原作「掺囉吣」，據長編卷八六大中祥符九年四月丙戌條、宋史卷二五八曹瑋傳改。又「五十五里」，長編作「五十一里」。

〔四〕本條事目名「版築城寨」。

天禧元年十月七日〔一〕，秦州總管曹瑋等言：「本州所修大、小洛門兩寨元獻地人〔二〕、蕃官軍主末星族郢成斯那等，望補本族都軍主，月給錢三千。又當部正副軍主、都指揮使等，雖各補職，未給稟禄，今請以新築三寨地基除官廨營舍外，許民修舍，納租錢以給其俸。」並

從之。〔三〕

〔一〕天禧元年十月七日　按長編卷九〇繫於天禧元年十月二十六日辛卯。
〔二〕小洛門兩寨元獻地人　「洛門」原作「落門」，據上文及長編卷九〇天禧元年十月辛卯條改。
〔三〕本條事目名「給寨官俸」。

天禧五年七月七日，涇原路駐泊都監王懷信言，鎮戎軍界浚壕築堡寨功畢。詔賜將士緡錢有差。〔一〕

〔一〕本條事目名「浚濠築寨」。

天禧五年八月十三日〔一〕，環慶總管田敏言，創修沿邊七城寨畢。詔獎敏等，仍賜都監、巡檢、部役使臣繒帛〔二〕。

〔一〕天禧五年八月十三日　按長編卷九七繫於天禧五年八月二十三日丙寅。
〔二〕部役使臣繒帛　「繒」，長編卷九七天禧五年八月丙寅條作「緡」，當從長編。按本條原在方域一八之二五，事目名「七城寨」。

天聖三年八月二十七日，鄜延路都鈐轄司言，昨准宣於平川創置城寨功畢。詔董役使臣遞遷一官，將校賜帛有差，蕃官本處支給茶、綵，仍降宣撫諭〔一〕。

〔一〕仍降宣撫諭　「諭」原作「喻」，據長編卷一〇三天聖三年八月丁丑條改。按本條事目名「創置城寨」。

仁宗康定元年，環慶路總管任福言：「西界投來人杜文廣，近引路攻破白豹寨，及指畫製造攻城雲梯，委實誠心投漢，乞賜收録。」詔從之。〔一〕

〔一〕本條原在方域一八之一九，事目名「白豹城」。

〔慶曆元年〕十月七日〔一〕，涇原路總管司請修葉燮寨〔二〕，募置彊人、弓箭十指揮〔三〕，從之。〔四〕

〔一〕十月七日　按長編卷一三四繫於慶曆元年十一月六日壬子。又按清本眉批「咸平二年」。
〔二〕涇原路總管司請修葉燮寨　「涇原」原作「徑原」，據長編卷一三四慶曆元年十一月壬子條改。
〔三〕募置彊人弓箭十指揮　按長編卷一三四慶曆元年十一月壬子條「弓箭」下有「手」字。疑脱。
〔四〕本條原在方域一八之三，事目名「葉燮寨」。

慶曆二年二月十六日〔一〕，環慶路都總管司請於柔遠寨東節義烽、馬鋪寨擇地益建城寨，以牽制賊勢。涇原路又請於細腰城屬羌地内建寨，以接應兩路出兵。並從之。十月二

十五日，詔涇州南有間路，自宜祿縣徑至邠州，宜令置城寨以守之。〔二〕

〔一〕慶曆二年二月十六日　按長編卷一三五繫於慶曆二年三月十六日己未。

〔二〕本條事目名「益建城寨」。

皇祐二年二月二十九日，廣南西路鈐轄司請於邕州羅徊崗置一寨〔一〕，以扼廣源州蠻賊。從之。〔二〕

〔一〕廣南西路鈐轄司請於邕州羅徊崗置一寨　「羅徊崗」，長編卷一六八皇祐二年二月丙戌條作「羅徊峒」，又荊川稗編卷一一七所載王安石論邕管事宜亦有「羅徊峒」。或當從長編。

〔二〕本條事目名「羅徊崗寨」。

嘉祐四年二月十日，河東經略安撫使孫沔請廢府州西安、靖化、宣威、清塞、百勝、中候及麟州横戎、神林、惠寧〔一〕、肅定、鎮川〔二〕、臨塞等十二堡寨，使臣具兵馬糧草，令旁近大寨番遣人守護之，復創麟州西裴家垣寨，積糧草以應接麟州。詔存府州中候、百勝寨、麟州鎮川寨〔三〕，餘從之。〔四〕

〔一〕惠寧　原作「患寧」，據方域二〇之一六及長編卷一八九嘉祐四年二月乙亥條改。

〔二〕鎮川　原作「鎮州」，據方域二〇之一六及長編卷一八九嘉祐四年二月乙亥條改。

〔三〕麟州鎮川寨　「鎮川」原作「鎮州」，據方域二〇之一六及長編卷一八九嘉祐四年二月乙亥條改。

〔四〕本條原在方域一八之三，事目名「裴家垣寨」。

治平四年閏三月三日，神宗即位未改元〔一〕。陝西四路沿邊宣撫使郭逵言：「秦州青雞川蕃官首領藥廝哥等獻青雞川地土〔二〕，多展城寨〔三〕，招置弓箭手。本司體量，若於青雞川南牟谷口修置城寨，則秦州與德順軍沿邊堡寨相接，足以斷賊來路。已發兵夫修築去訖〔四〕。」詔逵具所修青雞川一帶大小堡寨四至、役人、工料，向去合用戍兵幾何，件析以聞。〔五〕

〔一〕神宗即位未改元　按原作大字，今據體例改作小字注。

〔二〕秦州青雞川蕃官首領藥廝哥等獻青雞川地土　「首領」原作「首級」，據輯稿蕃夷六之六改。按輯稿兵二八之二、蕃夷六之六「獻」前有「願」字。

〔三〕多展城寨　輯稿兵二八之二、蕃夷六之六作「乞修展城寨」。

〔四〕已發兵夫修築去訖　「訖」原作「乞」，據方域二〇之一七改。

〔五〕本條事目名「修置城寨」。

治平四年閏三月十九日，詔涇原路揆吴川新堡障賜名治平寨〔一〕，青雞川新堡障賜名雞川寨，仍降詔奬宣撫使郭逵經畫之勤。〔二〕

〔一〕詔涇原路揆吴川新堡障賜名治平寨「揆吴川」原作「揆吴州」，據輯稿兵二八之二改。按名臣碑傳琬琰集卷一三郭逵墓志銘作「揆吴川」。

〔二〕本條原在方域一八之一一，事目名「治平寨」。

治平四年四月十八日，詔秦州、德順軍、慶州近割置雞川、治平、荔原等堡寨，本爲防托邊界屬户，通行兵馬，令逐路不得多招漢户居止，常切約束，無令過一百户。〔一〕

〔一〕本條事目名「約束堡寨」。

熙寧三年十一月二十四日，詔：「近以河外城寨守具廢弛，當職官吏已等第責罰訖。訪聞前後不惟城寨使臣因循，縱有勤於職者，亦多爲監司沮止，所乞兵匠、物料，不即應副，雖欲自竭，勢不可得。今既懲勵因循，俾小大之人必盡其力〔一〕，須宜開自達之禁以防壅塞，可議立法進呈。」樞密院言：「欲令陝西河東經略、轉運司，今後如有城寨等處官吏申乞兵匠、物料及應干戰守備豫事件，疾速相度應副，不管闕誤〔二〕。如累申無報，許本處直具事因以聞。」從之。〔三〕

〔一〕俾小大之人必盡其力「之人」原缺，據輯稿兵二八之九補。

〔二〕不管闕誤「誤」原作「挨」，據輯稿兵二八之九改。

〔三〕本條事目名「供給城寨」。

元豐元年閏正月三日，荆湖北路提點刑獄司乞辰州會溪城〔一〕、黔安寨依沅州城寨例，置牢屋區斷公事。從之。〔二〕

〔一〕荆湖北路提點刑獄司乞辰州會溪城「路」字原缺，據長編卷二八七元豐元年閏正月戊寅條補。

〔二〕本條原在方域一八之五，事目名「黔安寨」。

元豐三年八月四日，湖南安撫使謝景温、轉運副使朱初平、判官趙揚言：「知邵州關杞乞於誠、徽州融嶺鎮置城寨，可絶邊患。然興役動衆之初，須當量差兵馬防托，乞下沅州相度。如合增置堡寨，亦令乘此機會，擇要害之地同時建立。兩路協力，兵勢益張。城寨既成，道路通達，彈壓蠻徭，不至生事。」從之。仍差潭州駐劄京東第一將權駐邵州。〔一〕

〔一〕本條事目名「增置堡寨」。

元豐三年十一月一日〔一〕，荆湖南路安撫司言，乞依湖北沅州例，募禁軍同丁夫建築邵州溪峒城寨。從之。〔二〕

〔一〕元豐三年十一月一日　按長編卷三一〇繫於元豐三年十一月六日甲午。
〔二〕本條事目名「建築城寨」。

元豐四年四月七日，知沅州謝麟言：「准詔置托口、小由、古城、奉愛四寨，既築四寨，其黔陽縣等並在腹裏，合減戍兵五百五十人防托新寨。乞置博易務〔一〕。四寨民性頑獷，幸各安居，已曉諭赴所屬寄納弓弩，欲官爲買之〔二〕。溪江産麩金，欲募人淘采中賣，以業遊手，并乞蠲城寨身丁税七年。」從之。〔三〕

〔一〕乞置博易務　按此句下疑有脱文，長編卷三一二元豐四年四月甲子條有「拘收息錢」四字。
〔二〕欲官爲買之　「官」原作「它」，據輯稿蕃夷五之八七、長編卷三一二元豐四年四月甲子條改。
〔三〕本條事目名「蠲城寨丁税」。按本條之前原有「修葺城寨」條，除時間誤作元豐外，文字與方域一九之一四至一五「修葺城寨」條同，屬複文，今删。

元豐四年四月九日〔一〕，樞密院言：「蘭州近修復金城關，繫就浮橋，涇原進築古高平、没煙峽城寨，下瞰天都不遠，尚未與熙河邊面通徹。如將來涇原舉動，進築天都、鍬钁川、蕭磨移隘等處，又須兩路聲勢相接，乃可爲肘臂。宜更自熙河安西城東北青石峽口、青南訥心、東冷牟至會州以來，相度遠近，修建城寨。仍自會州入打繩川建置堡寨，直與南牟會相

接，即與涇原互相照應。」詔令章楶、鍾傳究心體訪山川地里遠近與控扼要害合修築處，如何舉動可保全勝，具狀以聞。〔二〕

〔一〕元豐四年四月九日　方域二〇之一七亦同，長編卷四八五繫於紹聖四年四月九日壬辰。按宋史卷三二八章楶傳及長編卷四九〇紹聖四年八月壬辰條載，章楶紹聖四年乃知渭州、涇源路經略安撫使。故當從長編。

〔二〕本條事目名「修建城寨」。按本條後原有「新建城寨」條，「紹聖四年」誤作「元豐四年」。

元豐四年十一月九日，涇原路轉運判官張大寧言〔一〕：「自兜嶺以北山險，可就嶺南相地利建一城寨，使大車自鎮戎軍載糧草至彼〔二〕。更於中路築立小堡，以相應接，如此則可省民力之半。」又言：「臣觀葫蘆河一川〔三〕，南北平坦，地皆沃壤，若有堡寨可依，則其田盡可募弓箭手，廣令墾闢，止以遺回空夫併力修築。若堡寨既成，則地基酒稅並可經畫，資助軍費。」上批付盧秉曰：「張大寧奏乞城蕭關故城以爲根蒂，成效已見於熙河。自城蘭州及展置戍壘之後〔四〕，羌人相繼降附者已數萬帳，迨今效順，接跡不絶。卿其早圖爲之。」〔五〕

〔一〕涇原路轉運判官張大寧言　「涇原」原作「涇源」，據長編卷三一九元豐四年十一月辛卯條改。又「張大寧」原作「張太寧」，據方域八之二六、二〇之二一、長編卷三一九元豐四年十一月辛卯條、宋史卷一七五食貨志上三改，下同。

〔二〕使大車自鎮戎軍載糧草至彼　「車」原作「軍」，「載」原作「截」，據輯稿食貨四三之二、四八之一八、長編卷三一九元豐四年十一月辛卯條、宋史卷一七五食貨志上三改。

〔三〕臣觀葫蘆河一川　「葫蘆河」原作「葫瀘河」，據元和志卷三原州、宋史卷八七地理志三改。按長編卷三一九元豐四年十一月辛卯條作「胡蘆河」。

〔四〕自城蘭州及展置戍壘之後　「戍」原作「戎」，據方域八之二六、二〇之二一、長編卷三一九元豐四年十一月辛卯條改。

〔五〕本條事目名「相地建寨」。

元豐五年正月五日，鄜延路經略司乞以新收米脂、吴堡、義合、細浮圖、塞門五寨地置漢蕃弓箭手，及春耕種，其約束、補職并用舊條。又言：「新收五寨雖各據地利險阻，然守具未全，糧儲露積，人兵無所存庇。欲於側近那廂軍三二千應副工作，及指揮轉運司糧儲但輸安塞堡〔一〕，候城寨可守則移運。」並從之。〔二〕

〔一〕及指揮轉運司糧儲但輸安塞堡　「安塞堡」原作「安寨堡」。按長編卷三二二元豐五年正月戊子條原亦作「安寨堡」，點校本據閣本及方域二〇之五、宋史卷八七地理志三改，是。

〔二〕本條事目名「耕種五寨」。

元豐五年二月十八日，詔令延州沈括：「用兵未艾，正當愛惜財用，其新復城寨〔一〕，尤宜百端省費，乃可萬全，保據無虞。當無事時節，切勿妄增城守兵馬〔二〕，一則傷財，一則疲

力。今一方邊計悉責在卿，一有闕誤，必正典刑。」〔三〕

〔一〕其新復城寨　「新復」原缺，據長編卷三二三元豐五年二月庚午條補。

〔二〕切勿妄增城守兵馬　「切勿」原缺，據長編卷三二三元豐五年二月庚午條補。

〔三〕本條事目名「城寨省費」。

元豐五年三月十三日，詔都大經制瀘州夷賊林廣〔一〕、梓州路轉運副使苗時中詳度，以新修腹裏武寧、大硐、開遠、平夷四寨，約新收樂共、江門、鎮溪、梅嶺、大洲五城對行毀廢，城守之具皆可移用，可權留開封府界第四將兵馬防托。其義軍、弩手從軍已久，並湖北雄略隔路，皆可遣歸。〔二〕

〔一〕詔都大經制瀘州夷賊林廣　「賊」原作「賦」，據長編卷三二四元豐五年三月甲午條改。

〔二〕本條事目名「四寨移用」。

元豐五年五月十二日〔一〕，上批：「代州諸寨踏成蹊徑二十七處及瓶形寨地圖，令河東經略司指揮代州并准備提舉主管開壕立堠官，候北界來計會，即自團山子鋪以西分水嶺脊，依畫圖商量取直，開立壕堠。其向西踏成蹊徑處〔二〕，同行修治，俱令依舊〔三〕，不得展縮。」二十五日，代州言：「據瓶形寨申，有北人欲於瓶形寨地壕堠盡處取直向東，往團山子過往，當巡監押吉先説諭令回。」上批：「已嘗圖付代州，候北人來立壕堠，准此施行，即是聽其過往。今卻約攔，乃是全不曉事，曲煩朝廷行遣〔四〕，啟侮夷狄。宜令分析，聽北人取直過往。」〔五〕

〔一〕元豐五年五月十二日　按長編卷三二二繫於元豐五年正月十二日甲午。

〔二〕其向西踏成蹊徑處　「踏」原作「路」，據前文及長編卷三二二元豐五年正月甲午條改。

〔三〕俱令依舊　「俱」原作「取」，據長編卷三二二元豐五年正月甲午條改。

〔四〕曲煩朝廷行遣　「曲」原作「而」，據長編卷三二二元豐五年正月丁未條改。

〔五〕本條原在方域一八之三二，事目名「瓶形寨」。

元豐五年六月五日，上批：「涇原路進築城寨，已降朝旨權住興役，其李憲去年功賞，未曾施行。」於是除憲景福殿使、武信軍節度觀察留後，仍賜銀、絹各二千疋兩。〔一〕

〔一〕本條事目名「城寨住役」。

元豐五年七月二十三日，詔：「鄜延路見修六寨，其長城嶺寨以西，接連環慶路金湯、白豹，已指揮環慶路差二萬人並邊照應。若別無興作，即是虛勤軍馬，令徐禧、沈括計議其當進築城寨處，與曾布議定以聞。」八月二十五日，環慶路經略使曾布言：「洛原故城可以建一城，白豹和市可以建一寨，宮馬川可以建一堡〔一〕。」從之，令李察應副，候鄜延路兵勢相

接，方興版築。〔二〕

〔一〕宮馬川可以建一堡 「宮馬川」，方域八之六、二〇之二同，長編卷三二九元豐五年八月乙亥條作「官馬川」。

〔二〕本條事目名「可建一寨」。

元豐五年八月二十四日，權荆湖北路轉運副使趙楊等言：「巡歷至誠州，城池樓櫓足以保民防患，上江、多星、銅鼓、羊鎮等團並至城下貿易，可漸招撫，置城寨。及下荆湖南路安撫、轉運司，委知邵州關杞於蒔竹縣招諭芙蓉石驛未歸明人户。」詔且令招納，未得置城寨。〔一〕

〔一〕本條事目名「量置城寨」。

元豐五年九月十四日，鄜延路走馬承受公事楊元孫言：「新修永樂城畢。九月七日，沈括先部中軍、右軍、左虞候軍至米脂寨，候總管曲珍將四軍及選鋒至，進築城寨。」又言：「進築城寨切不可遲，西賊既失横山，非晚必須絶滅〔一〕。」上批付沈括、徐禧、李舜舉：「若留兵三五千在銀川寨，爲戰守之備，移大軍修築以次城寨，如此措置有無利害，詳度一面施行。」是月二十日，城陷。〔二〕

〔一〕非晚必須絶滅　「滅」原作「減」，據長編卷三二九元豐五年八月壬辰條改。

〔二〕本條事目名「進築城寨」。

元豐六年五月十三日，西上閤門使、果州刺史謝麟言：「先准朝旨，撥托口、小由、貫堡、豐山四寨并若水倉隸屬誠州〔一〕。緣沅州與誠州元自梅口江爲界，今因割移四堡，遂以洪江口爲界。自洪江口至梅口江約三驛，又從托口寨盧陽縣界至梅口江約四驛〔二〕，削取沅州封守附益誠州太廣，不惟沅州户賦、人兵不足以成郡，兼誠州見招納上和、潭溪等洞，自可以開拓疆封〔三〕。兼猺狼、九衙等諸洞並在托口寨西南，見隸沅州，水陸道皆出托口寨。設或溪洞入寇，誠州地遠，力不能制，沅州又爲托口等寨所隔，難便措置，或以生事。乞以小由、托口兩寨依舊隸沅州，以大由等溪峒割隸誠州〔四〕。」從之。〔五〕

〔一〕撥托口小由貫堡豐山四寨并若水倉隸屬誠州　「倉」原作「滄」，據輯稿蕃夷五之八八、長編卷三三五元豐六年五月戊子條改。又「貫堡」，輯稿蕃夷五之八八、長編卷三三五元豐六年五月戊子條作「貫保」。

〔二〕又從托口寨盧陽縣界至梅口江約四驛　「托口寨」原作「括口寨」，據前後文及輯稿蕃夷五之八八、長編卷三三五元豐六年五月戊子條改。

〔三〕自可以開拓疆封　「拓」原作「托」，據長編卷三三五元豐六年五月戊子條改。

〔四〕以大由等溪峒割隸誠州　「等」原作「築」，據輯稿蕃夷五之八九、長編卷三三五元豐六年五月戊子條改。

〔五〕本條事目名「分寨便利」。

元豐六年七月十二日，河東沿邊安撫司言：「代州陽武等一十寨寨主、監押，每寨兩員，乞許自本路經略安撫司及本司，於大小使臣内擇一員，保明申尚書吏部指差，外一員即自吏部差注。」上批：「地接契丹界，其事甚重，宜特依所奏。」〔一〕

〔一〕本條事目名「寨主監押」。

元豐七年二月十七日，詔：「陝西、河東沿邊新舊城寨見闕官處，委經略司選舉才力使臣，自今無得移見任官近裏及别委幹當〔一〕。違者監司體量以聞。」〔二〕

〔一〕自今無得移見任官近裏及别委幹當　「任」原作「在」，據長編卷三四三元豐七年二月丙戌條改。

〔二〕本條原在方域一九之四三，事目名「選任寨官」。

元豐七年四月十三日，鄜延路經略司言：「准朝旨，吕惠卿言新復四寨深在生界，未有堡障應接。若遣人牛耕種，或見侵略，勢不萬全，乞候地界了日施行〔一〕。」從之。〔二〕

〔一〕乞候地界了日施行　「界」原作「畢」，據長編卷三四五元豐七年四月壬午條改。

〔二〕本條事目名「新復四寨」。

元豐七年六月十三日，賜廣西路經略司度牒二百道，應副融州新招溪洞置堡寨。〔一〕

〔一〕本條事目名「新置堡寨」。

元豐七年八月一日，荊湖路相度公事所言：「王江一帶自大湴口以上接連檀溪諸蠻，與今道路相接。朝旨專委主管廣西經略司機宜文字程節招納措置。本處地里闊遠，蠻已歸附，須築一堡寨以爲守備。」詔節相度〔一〕。節言：「王江上流地名安口，控扼諸峒，其地寬平，可建城寨。然由王口而上，經大湴口、老江口〔二〕，皆生蠻傜團族，唯以略峒民板木爲生。今雖效順，各有俸給，若建城寨，亦須兵威彈壓。今欲沿江及中心嶺各治道路漸進，先置堡鋪於吉老江，量留兵丁以防鈔截糧道，然後安口可以即功〔三〕。」又言：「王江一帶團峒，東由王口、三甲，西連三都、樂土，南接宜州安化，北與誠州新招檀溪地密相鄰比。熙寧中，嘗遣承制劉初領兵丁置寨於安口，諸蠻併力殺傷官軍，自此蠻情愈更生梗。今徧招納，例皆效順，既當開道路，置堡寨、驛鋪，分兵丁防守，乃爲久安之計。又緣事干兩路，須與誠州同時措置〔四〕，庶使諸蠻力有所分，易爲辦集。」從之。〔五〕

〔一〕詔節相度　「節相度」原缺，據輯稿蕃夷五之八九、長編卷三四八元豐七年八月戊辰條補。

〔二〕老江口　方域二〇之一八、蕃夷五之八九同，長編卷三四八元豐七年八月戊辰條作「吉老江口」，按下文有「吉老江」，或當從長編。

〔三〕然後安口可以即功　「即」原作「積」，據輯稿蕃夷五之九〇、長編卷三四八元豐七年八月戊辰條改。

〔四〕須與誠州同時措置　「須」字原缺，據長編卷三四八元豐七年八月戊辰條補。

〔五〕本條事目名「置寨防守」。

元祐元年二月二十一日，詔諸將兵在鎮寨非將官駐劄者，監鎮、寨主依知縣法同管公事，著爲法。〔一〕

〔一〕本條事目名「寨主同事」。

元祐三年十月十四日〔一〕，敕荆湖南北、廣南西路：「朝廷疆理四海，務在柔遠。頃荆湖諸蠻近漢者無所統一，因其請吏，量置城邑以撫治之。後來邊臣希功〔二〕，獻議創通融州道路，侵逼峒穴，致生疑懼。朝廷知其無用，旋以裁減，而邊吏失於撫遏，遂爾扇摇作過。然按其地，止是道路蠻人因使臣劉宗閔焚毁舍屋，寅緣生事，殺傷兵丁〔三〕，繇此自疑，不敢出首。今宗閔已追官勒停外，其湖北、廣西見作過楊晟臺等特免追討，除存留守把兵丁外，並罷添屯兵馬。其湖北所開道路，創置多星、收溪、天村〔四〕、羅蒙、大由等堡寨並廢。廣西、湖南創置堡寨〔五〕，令經略、鈐轄司量度，准此。」〔六〕

〔一〕元祐三年十月十四日　「元祐」原作「元符」，據輯稿方域二〇之一八、蕃夷五之九一、長編卷四一五元祐三年十月丙戌條、通考卷三三八四裔考五改。

〔二〕後來邊臣希功　「來」原作「束」，「臣」原作「城」，據輯稿方域二〇之一八、蕃夷五之九一改。

〔三〕殺傷兵丁　「傷」原作「生」，據輯稿蕃夷五之九一、長編卷四一五元祐三年十月丙戌條改。

〔四〕天村　「村」原作「封」，據輯稿方域二〇之四、蕃夷五之九一、長編卷四一五元祐三年十月丙戌條、宋史卷八八地理志四改。

〔五〕湖南創置堡寨　「寨」原作「塞」，據輯稿方域二〇之一八、蕃夷五之九一、長編卷四一五元祐三年十月丙戌條改。

〔六〕本條事目名「量廢堡寨」，原在方域一九之一九，誤繫於元符三年，今改移於此。

元祐四年正月二十四日，考功員外郎孫路言：「龕谷寨新踏寨基有未便者三〔一〕：地形側峻，南帶高阜，戎馬可以下臨，一也；土燥不可加板築，二也；寨基四新井，皆在質孤河内滲水，別無泉源，緩急必見闕用，三也。」詔劉舜卿相度〔二〕，具利害以聞。〔三〕

〔一〕龕谷寨新踏寨基有未便者三　「寨基」原作「塞基」，據後文及長編卷四二二元祐四年正月乙未條改。

〔二〕詔劉舜卿相度　「劉舜卿」原作「劉舜欽」，據長編卷四二二元祐四年正月乙未條、宋史卷三四九劉舜卿傳改。

〔三〕本條事目名「新踏寨基」。

元祐四年六月八日，樞密院言：「擬答夏國詔，交割永樂陷没人口，計口支與賞絹，仍將葭蘆、米脂、浮圖、安疆四寨給賜夏國。」從之。詳見夏州門。

十月十九日，樞密院言：「環慶路經略司奏，准鄜延路經略司牒，夏國指定十一月十日交付人户〔一〕，卻欲同日受領四處廢砦。切度夏國必是其日放出人馬，逼脅警擾。所棄地内住坐漢蕃弓箭手，散在郊野，有窖藏斛食及土棚屋室，枉致委棄。雖有護防人馬，豈能周遍？欲令便將棄地内漢蕃人户先次遷移，將砦内官物亦行般運，務於交送人口日前事畢。」詔並依所乞，其葭蘆、米脂、浮圖、安疆寨外，如有住坐人户，亦合依此施行。〔二〕

〔一〕夏國指定十一月十日交付人户　「户」原作「口」，據輯稿兵二八之三三、長編卷四三四元祐四年十月乙卯條改。

〔二〕按本條節略太甚，全文請見長編卷四三四元祐四年十月乙卯條。

紹聖元年五月十四日，殿中侍御史郭知章言：「先皇帝闢地進壤，扼西戎之咽喉，如安疆、葭蘆、浮圖、米脂四寨，據高臨下，宅險遏衝。元祐初委而棄之，外示以弱，寔生戎心。乞檢閱議臣章疏，顯行黜責。」給事中王震言：「錫地之事，既往無及，願告以親攬權綱，且罷畫疆之義。」三省、樞密院同奏曰：「既以詔可，今遽絶之，將生釁端，不若令邊臣商議，待其背約，然後絶之。」上曰：「朝廷不可以憚用兵，向者大臣憚於用兵，故錫地以示弱。」章惇等因開列初議棄地者，自司馬光、文彦博而下凡十一人。惇且言：「光、彦博主之於内，趙卨、范純粹成之於外，故衆論莫能奪。若孫覺、王存輩，皆闇不曉事，妄議邊計者耳〔一〕。至於趙卨、范純粹，明知其非便，而首尾異同以傅會大臣，可謂挾奸罔上，不可不深治也。」

〔一〕妄議邊計者耳　「邊」字原缺，據長編紀事本末卷一〇一逐元祐黨上補。

七月二十七日，詔唐義問罷知廣州，以御史來之邵言在元祐中棄渠陽寨也。

九月二十六日，三省、樞密院言：「諫官張商英言，昔廢渠陽寨及敗蠻賊日，有本路轉運使李湜牒轉運判官蘇泌同上表稱賀。泌獨奏，以謂渠陽之患自廢軍爲寨，蠻情不安，以至連綿用兵不已。今首惡未誅，邊患未息，理無可賀。朝廷惡其異論，遂改除知虢州，因死於官。又知蘇州吴居厚言，元祐初夏人再入貢日，臣寮上章乞棄先帝所建城寨者，中外不一，獨本州前殿中侍御史林旦上疏，極言城寨之不可棄者凡十事。朝廷亦惡其異論，遂罷御史，今已物故。乞各官一子。」上曰：「所言固當矣，然各述所職，恐難爲一一推恩。蓋論議固有不同，且如乞復役法之類，言者豈少哉，但恐攀援不已，宜謹此例也。更宜檢尋故事。」章惇等奏曰：「更俟檢尋，但恐無此比者。」〔二〕

〔二〕以上五條事目名「給賜四寨」。

紹聖二年正月十八日，樞密院言：「請沿邊城堡鎮寨應有公使錢處，並依例策供饋本處有職事官，及犒設漢蕃使臣、兵員，如敢於例策外輒有饋送〔一〕，并知而受者，並坐違制。委逐路經略安撫、鈐轄司逐季點檢。」從之。〔二〕

〔一〕如敢於例策外輒有饋送　「輒」原作「轍」，據方域二〇之二〇改。

〔二〕本條事目名「點檢鎮寨」。

二年十月二十九日，樞密院言：「環慶路經略使孫路奏，請來春併力修復已給賜葭蘆、米脂、浮圖、安疆四寨。」詔孫路今後凡事不得輕有舉動。

三年九月七日，樞密院言：「河東〔一〕、環慶路，元祐中皆曾給賜夏國城寨，基址見存，可以經營檢視，復行修建，庶令彼界知我有舉動之意，處處爲備，不敢併兵親犯一路〔二〕。」詔河東路經略使與石州張搆、知嵐州王舜臣同共相度舊葭蘆寨地形，合修城圍地步大小及興築之際應合措置事，條具以聞。〔三〕

〔一〕河東　原作「河南」，據後文改。

〔二〕不敢併兵親犯一路　「親」字顯誤，當作「輕」或「侵」。

〔三〕以上兩條事目名「給賜四寨」。

紹聖三年十月二十二日，權發遣環慶路經略安撫使孫路言：「准朝旨，元祐中曾給賜夏國城寨，基址見存，可以復行修建。本路安疆寨，元祐四年内給賜夏國，並以毀撤，若復興築，則邊面與鄜延德靖寨、本路東谷寨東西相照，最爲要害。須候春首，賊中士馬羸弱，遣將兵自大順城出界討蕩，一面版築，約二十日可以畢工。」詔孫路：「安疆寨修城材植、器用并團敵馬面樓櫓等，宜定的確數目，密行計置，委有間隙可乘，出其不意興工修建，務要神速。」〔一〕

〔一〕本條事目名「復修城寨」。

紹聖四年二月二十八日，涇原路經略安撫使章楶言：「朝旨，如善征、泊伯不可進築，更謀所以便利邊防者。按善征、泊伯去得勝寨百餘里，水泉絶少，役既深入，地無控扼，未見可城之利。今相度，本路熙寧寨對境没煙前峽、懷遠寨對境後石門兩處，地形便利，可以建築。夏賊謀寇邊之日久，若非先事候情，奪其腹心，而使之益得以爲計，則我之費役愈大。今乞於没煙前峽建城、古高平上下建堡以接熙寧，石門建寨、褊江川建堡以接懷遠。及於去秋所破没煙寨子，因其故寨，整葺城守。」詔熙河、秦鳳、環慶路將佐，能討擊、捍禦、防托、進築成功，當議比安西城優賞之。〔一〕

〔一〕本條事目名「整葺城寨」。

紹聖四年三月二十七日〔一〕，樞密院言：「元祐中給賜城寨，唯鄜延路米脂、浮圖未曾修築。將來秋冬，西賊萬一困弱，可乘機便次第修復，須預計材植、防城樓櫓并板築之具。況見今修葺沿邊城寨及樓櫓之類，若以此爲名，選將佐量帶兵甲，領役兵於邊界采木，及優立價直，召蕃漢人户於沿邊城寨中賣應用，免致於近裏計置般運。」詔鄜延路經略使詳此密切准備，一千二百步、八百步城寨各一座，六百步城寨二座，合用材植、樓櫓、防城器具以致板築所須之物，就近便處計造足備，候將來乘機修復，毋致闕誤〔二〕。仍具措置次第以聞。〔三〕

〔一〕紹聖四年三月二十七日　「紹聖」原作「熙聖」。按宋無「熙聖」年號，據後文言「元祐中」，故改作「紹聖」。又按清本夾注「原校當是『紹』」。

〔二〕毋致闕誤　「毋致」原缺，據方域一九之五補。

〔三〕本條事目名「修葺城寨」。

紹聖四年四月二十一日〔一〕，沿邊安撫公事章楶言〔二〕：「前石門、好水河新建城寨，乞創置將、副各一員，以涇原第十一將兼提點兩城寨及招置漢蕃弓箭手爲名。石門城差官八員：知城一員，以大使臣充；都監、監押共三員，以大、小使臣互充；巡檢四員，以小使臣充。好水寨差官七員：寨主一員，以大使臣充；都監、監押共三員，以大、小使臣互充；巡檢三員，以小使臣充。乞並以二年爲一任。除依本路極邊城寨官巡檢合得酬獎外，每員更與特轉一官。內將官陞路分都監，副將陞正將，如元係正將差遣〔三〕，亦依正將例，知城寨主陞副將。兩城寨各乞置酒稅務官一員，寨主簿各一員。」詔從之。〔四〕

〔一〕紹聖四年四月二十一日　「紹聖」原作「元豐」，據方域一九之四三至四四、長編卷四八六紹聖四年四月甲辰條改。

〔二〕沿邊安撫公事章楶言　「章楶」原作「張楶」，據長編卷四八六紹聖四年四月甲辰條改。「沿邊安撫公事」，當誤。按宋史卷三二八章楶傳及長編卷四九〇紹聖四年八月壬辰條載，章楶紹聖四年乃知渭州、涇原路經略安撫使。又長編卷四八六紹聖四年四月甲辰條載：「今後鎮戎軍知軍兼管勾涇原路沿邊安撫司公事。」此句即在「章楶言前石門」之前，上古本疑大典誤讀長編而添入。

〔三〕如元係正將差遣　「元」字原缺，據方域一九之四四、長編卷四八六紹聖四年四月甲辰條補。

〔四〕本條事目名「新建城寨」，原在方域一九之六，時間誤作「元豐四年」，今改移於此。

紹聖四年九月二十日，鄜延路經略呂惠卿言，杏子河新寨修築畢工。詔以平戎寨爲名，仍遣內臣押賜惠卿以下銀合茶藥。〔一〕

〔一〕本條原在方域一八之二三，事目名「杏子河新寨」。

紹聖四年九月二十七日〔一〕，涇原路經略使章楶奏：「昨進築平夏城、靈平寨，首先與臣議論并應副軍興官、逐路主將、兩城寨提舉官，并功效顯著，乞優賜推恩。」詔轉官、循資、減磨勘年、陞擢差遣有差。〔二〕

〔一〕紹聖四年九月二十七日　「紹聖」原作「元豐」，「九月」原作「四月」，據方域八之二六、長編卷四九一紹聖四年九月丁丑條改。按章楶，宋史本傳載：「紹聖初……哲宗訪以邊事，對合旨，命知渭州。」又輯稿兵八之三三至三四及長編卷四八七紹聖四年五月己未條、卷四九五元符元年三月庚申條等，皆有紹聖四年至元符時章楶官涇原路經略安撫使之記載。「元豐四年」顯誤。

〔二〕本條原在方域一八之一一至一二，事目名「靈平寨」。

元符元年二月十四日，樞密院言：「近降指揮，令章楶、鍾傳等相度會合三路兵馬進築。今據章楶、鍾傳奏〔一〕，候計置糧草及城守之具足備，或乘春草長茂，伺隙進築。乞且依已降朝旨，各於本路進築，候有間隙，即依朝旨施行。續據鍾傳申，到渭州與章楶論議正原等處進築，無不合，但投來人通說天都一帶無草〔二〕，候計置有備，同共進築。今涇原九羊谷、熙河巔耳關，逐路自合先次興築，須於旬日之内了當。其没煙峽口至平夏城止二十里，熙河青南訥心去巔耳關不遠，斟酌機會，乘此修築，一面從長施行〔三〕。仍仰章楶於新築三城寨增置糧草足備，可以興舉，即關報鍾傳，依所降朝旨，會合三路兵將進築没煙後峽、正原等處。」詔令章楶、鍾傳遵依施行，如逐路利害不同，聽各具所見以聞。

二月二十九日，詔章楶候築九羊谷了日，乘勢於没煙前口進築，仍速同劉何、李譓等計置合要防城器具及板築所須之物，乘此機會，務要神速成就。仍先計會鍾傳相度次第聞奏。〔四〕

〔一〕鍾傳奏　「鍾傳」下原衍「等」字，「奏」字原缺，據方域八之二六、長編卷四九四元符元年二月癸巳條删補。

〔二〕但投來人通説天都一帶無草　「但投來人通説」原缺，據長編卷四九四元符元年二月癸巳條補。

〔三〕一面從長施行　「施」原作「於」，據方域八之二六、長編卷四九四元符元年二月癸巳條改。

〔四〕以上兩條事目名「新築三寨」。

元符元年三月十七日，詔西上閤門使張存遷東上閤門使、成州團練使，陞環慶路都鈐轄；皇城使、通州刺史張誠遷秦州團練使〔一〕，更轉一官，回授有官子息；皇城副使兼閤門通事舍人种朴遷文思使〔二〕。以統制兵馬進築興平城、横山寨畢工，兼接納李訛一行歸漢也。餘次第推恩。〔三〕

〔一〕通州刺史張誠遷秦州團練使　「誠」字原缺，據長編卷四九六元符元年三月戊辰條補。

〔二〕皇城副使兼閤門通事舍人种朴遷文思使　「閤」字原缺，據長編卷四九六元符元年三月戊辰條補。

〔三〕本條原在方域一八之二一，事目名「横山寨」。

元符元年五月十八日，涇原路經略使章楶言，已出師於没煙前峽等處築城寨。詔賜軍兵等錢有差。〔一〕

〔一〕本條事目名「增築城寨」。

元符元年五月二十一日，環慶路經略司言，修築横山寨、通塞堡畢工。詔如京使李浦以防托部役減二年磨勘。〔一〕

〔一〕本條原在方域一八之二一，事目名「横山寨」。

元符元年六月十四日，涇原路經略司言，進築没煙前、後峽兩寨畢工。詔章楶已下等第賜物有差。〔一〕

〔一〕本條事目名「築寨賜物」。

元符二年三月十七日，涇原路經略司言，進築通峽、盪羌九羊寨、石門堡畢工。詔修築將吏各減年磨勘循資〔一〕，及賜銀帛有差。〔二〕

〔一〕詔修築將吏各減年磨勘循資　「減年」，方域二〇之八同，長編卷五〇七元符二年三月庚申條作「減一年」。

〔二〕本條原在方域一八之一九，事目名「九羊寨」。

元符二年四月十七日，詔涇原路新築南牟會，賜名西安州，宜差有材武諳邊瑣武吏知州事〔一〕。洒水平賜名天都寨，秋葦川賜名臨羌寨。西安州戍守共以七千人爲額，仍招集馬軍蕃落一指揮，步軍保捷一指揮。天都、臨羌寨戍守各以三千人爲額，仍各置馬軍蕃落一指揮，步軍保捷各一指揮。逐州寨每年各支破公使探蕃等錢，西安州三萬緡，天都、臨羌寨各二千緡。五月癸亥，宰臣章惇以涇原路建西安州及天都等寨，諸路築據要害，邊面各徑直相通，畢工，率百官賀於紫宸殿。〔二〕

〔一〕宜差有材武諳邊瑣武吏知州事　「諳」原作「諸」，建炎以來朝野雜記乙集卷一九丁未三開乙卯曳失索之變有「諳其邊瑣」云云，故改。按清本眉批「『瑣』疑『疆』或『情』」。又按長編卷五〇八元符二年四月己丑條作「其知州宜差有材武知蕃漢人情武臣充」。

〔二〕本條原在方域一八之二〇，事目名「天都寨」。是頁次行書手原題「宋會要」，其下有整理者草書批「天都寨」，本條末又小字注「天都寨」。兩處事目名今並作一處，姑附於此。又按「五月癸亥」以下文字與長編卷五一〇元符二年五月癸亥條相同，且計日方式與會要不同，或正如上古本所言「抄自長編」。

元符二年四月二十五日，鄜延路經略司言：「近於安塞堡北威戎、殄羌之門相視地名白落觜〔一〕，可以築城寨，控扼賊馬。尋指揮都鈐轄苗履等統制兵馬，進築已畢，賜名威羌。今又築那娘山、青高山並盧關、赤峅峰堡寨並畢〔二〕，其那娘山賜名殄羌。其苗履等功狀應賞。」詔等第與轉官、減年、支賜。〔三〕

〔一〕近於安塞堡北威戎殄羌之門相視地名白落觜　「安塞堡」原作「安寨堡」，據方域二〇之五、長編卷五〇九元符二年四月丁酉條改。又「門」字，上古本徑改作「間」，當是。

〔二〕赤峅峰堡寨並畢　「赤峅峰」原作「寺峅峰」，據方域二〇之五、長編卷五〇九元符二年四月丁酉條改。

〔三〕本條事目名「築寨應賞」。

元符二年四月二十八日，樞密院言：「近西人差使詣闕訃告，兼附表狀謝罪，朝廷雖未聽許，緣諸路新舊城寨，形勢利害不同，其烽臺、坐團口鋪，及人馬斥候所至，各未經措置。如涇原路進築天都、南牟會〔一〕、減猥，即斥堠當至胡蘆川東北及輕囉浪以外〔二〕；環慶路定邊城當自香柦樓、羅觜至安州界横山寨〔三〕，即自之字平、青崗峽至清遠軍界折薑會〔四〕、板井一帶；熙河路修築東冷牟、會州打繩川城寨，即當至韋精川一帶，及並黄河斥堠至東〔五〕、西關堡及金城關以外，皆是合要置烽臺堡鋪及人馬斥堠所至之處〔六〕。鄜延、河東路亦合依此修築，務要占據横山及河南一帶形勝，於邊防控扼有經久之利。」詔陝西、河東逐路帥臣〔七〕，委近上兵將官從長按行修築，具地名及與備邊新舊城寨相去遠近〔八〕，以圖來上。〔九〕

〔一〕南牟會　原作「南平會」，據長編卷五〇九元符二年四月辛丑條、宋史卷八七地理志三改。

〔二〕即斥堠當至葫蘆川東北及輕囉浪以外　「至」字原缺，據長編卷五〇九元符二年四月辛丑條補。

〔三〕羅觜至安州界横山寨　安州在荆湖北路，長編卷五〇九元符二年四月辛丑條作「西安」，然按宋史卷八七地理志三，横山寨在慶州。此處疑誤。

〔四〕青崗峽至清遠軍界折薑會　「清遠軍」原作「青遠軍」，據長編卷五〇九元符二年四月辛丑條、宋史卷四八六夏國傳下改。又「折薑會」原作「打薑會」，據長編卷五〇九元符二年四月辛丑條、宋史卷三三五種古傳改。按打薑會，宋史卷三三五種古傳載其屬環州。

〔五〕及並黄河斥堠至東　「斥」原作「至」，據前文改。

〔六〕皆是合要置烽臺堡鋪及人馬斥堠所至之處　「烽」原作「峰」，據前文及長編卷五〇九元符二年四月辛丑條改。

〔七〕河東逐路帥臣　「帥」原作「師」，據長編卷五〇九元符二年四月辛丑條改。

〔八〕具地名及與備邊新舊城寨相去遠近　「具」原作「其」，據長編卷五〇九元符二年四月辛丑條改。

〔九〕本條事目名「修築城寨」。

元符二年五月十四日，胡宗回言，築白豹、瓦當觜城寨畢工，詔入役漢蕃兵人各賜錢有差。〔一〕

〔一〕本條事目名「築寨畢工」。

元符二年五月二十二日，龍圖閣直學士、涇原路經略安撫使兼知渭州章楶充端明殿學士，客省副使高士敏爲高陽關路鈐轄，内殿承制吉先特授閤門通事舍人，就差權發遣瀘州。以上於禁中得先元祐中所上書，言諸路城寨不可棄，及既廢保甲而已減之兵額不復增，緩急必致闕事。故有是命。〔一〕

〔一〕本條事目名「城寨不可棄」。

元符二年七月十四日，鄜延路經略司奏，欲併廢順寧、白草等寨。詔從之，將來更有似此可以廢併去處，速具聞奏。〔一〕

〔一〕本條事目名「廢併城寨」，原在「葺新城寨」條後。

元符二年八月十五日，尚書省言，熙河路撫納西蕃部族，内邈川、河南皆已歸漢。詔賜錢八萬緡〔一〕，計置修葺新城寨材物、芻糧。〔二〕

〔一〕詔賜錢八萬緡　「八萬緡」，長編卷五一四元符二年八月乙酉條作「一百萬費」。
〔二〕本條事目名「葺新城寨」。

八月二十五日，端明殿學士、中大夫、河東路經略安撫使、知太原府林希爲太中大夫、資政殿學士，以進築大和等捌堡寨畢工也。朝奉大夫、提舉江寧府崇禧觀孫覽爲寶文閣待制、知光州，以前知太原進築烏龍、神泉寨畢工也。

二十六日，保寧軍節度〔一〕、婺州延州管内觀察制置等使〔二〕、鄜延路經略安撫使兼知延安府吕惠卿，特授檢校司空，改武勝軍節度，加食邑、實封，以進築暖泉寨、金湯城畢工也。〔三〕

〔一〕保寧軍節度「保寧軍」原作「保信軍」。按長編卷五一四元符二年八月丙申條、宋宰輔編年録卷八熙寧八年十月庚寅條均作「保寧軍」，又宋史卷四七一吕惠卿傳亦載其「拜保寧、武勝兩軍節度使」。據改。

〔二〕婺州延州管内觀察制置等使「婺州」疑衍。

〔三〕本條事目名「築寨畢工」。

元符二年閏九月四日，詔鄯州、湟州并河南北新收復城寨，並隸隴右，仍屬熙河蘭會。〔一〕

〔一〕本條事目名「收復城寨」。

元符三年八月二十三日，三省、樞密院同進呈胡宗回奏〔一〕，已修築瓦吹、隴朱兩寨，欲令速於秋前畢，唯留省章峽以候來春。衆皆云業已興工，今欲止之，無及矣。曾布曰：「若聽修築亦便，可絶西賊來路。不爾，若今秋更犯邈川，即愈勞費。」上曰：「今日邊事，不可少

有進退。」布曰：「誠如聖諭，一處退則諸路皆動摇矣。」〔二〕

〔一〕樞密院同進呈胡宗回奏：「胡宗回」原作「胡宗向」，據方域一九之一七改。按胡宗回，胡宿從子，宋史卷三一八有傳。

〔二〕本條事目名「修築兩寨」。

崇寧三年七月二十五日，中書省、樞密院奏：「皇城使、康州刺史、知施州史宗詠申，承樞密院劄子，夔州路轉運司奏，昨被旨進築施州城寨，今已建兩寨、五隘、七鋪，開拓地土疆界近五百里，有功人乞推恩。數内宗詠特與轉一官，回授與五服内有官親屬。」〔一〕

〔一〕本條事目名「建築兩寨」。

崇寧五年九月三十日，熙河蘭湟路經略安撫使司狀：「勘會鞏州管下通渭縣元係守禦寨，欲乞將通渭縣復爲寨，依舊置寨主、監押各一員〔一〕。臣相度，通渭縣委是控扼淺井、乩羅、和市、結珠龍川一帶賊馬來路〔二〕，逼近西界，若改復爲寨，委得經久穩便。」從之。〔三〕

〔一〕監押各一員　「監押」原作「盟押」，據輯稿職官四九之三改。

〔二〕結珠龍川一帶賊馬來路　「龍」下原衍「化」字，「川」下原衍「子」字。按長編卷四七三元祐七年五月甲申條、十朝綱要卷一三、東都事略卷七七范百祿傳皆載有「結珠龍川」，據删。

〔三〕本條事目名「復置寨主」。

政和四年十二月十七日，梓州路計度轉運趙遹奏：「戎州石門、馬湖新民納土，興建祥州，并有兩縣五寨畢工，及建築滋州仁懷縣。」官吏詔並特轉一官。〔一〕

〔一〕本條事目名「築寨轉官」。

政和六年十一月四日，詔御前差往宣賜陝西進築城寨賞功官吏，入内武功大夫、惠州刺史李諒平貨西場應副已轉一官，賞功依例合轉一官，將兩官併轉遥郡團練使。馮思永等四人各轉一官，並不隔磨勘。〔一〕

〔一〕本條事目名「築寨賞功」。

政和六年十二月十四日，御筆：「熙河造邦三十餘歲，而居圉未全。比命偏師，扼其襟喉，乘勝版築，以及諸路，凡二十餘堡寨，拓地二百餘里。宰執可轉一官，劉正夫、鄭居中、蔡京並回授有服親，兼依轉官例施行。」〔一〕

〔一〕本條事目名「版築諸寨」。

政和七年三月十四日，詔沿邊巡尉、關寨武臣，並樞密院選曾歷邊任有方略或戰功人充，任滿無遺闕，與酬奬。

六月二十四日，涇原路經略使席貢奏：「應副修築密多臺、飛井塢兩新寨，照管堡子七座、烽臺十八座了當〔一〕。契勘密多臺已賜名威多寨〔二〕，飛井塢賜名飛井寨〔三〕。」詔席貢與轉一官。

八月二十日，詔：「瀘南城寨招安、把截將之類，以年勞累遷都史官，并蕃官、夷界巡檢等，舊法須候立功，方得遷轉及出官。若不生事，功何由立？甚非綏靖之策。今後如實歷五年，滿日能彈壓邊界，別無生事，招安將合出官者，特與出官，蕃官、巡檢等與轉一官，量增鹽、綵。稍有生事，重行典憲。」〔四〕

〔一〕烽臺十八座了當　「座」原作「臺」，據方域二〇之一九改。

〔二〕契勘密多台已賜名威多寨　「威多寨」，方域一八之四、二〇之一九同，宋史卷八七地理志三作「威川砦」。

〔三〕飛井塢賜名飛井寨　「飛井寨」，方域一八之二七、二〇之一九同，十朝綱要卷一七、宋史卷八七地理志三作「飛泉寨」。

〔四〕以上三條事目名「關寨選官」。

政和八年七月二日，樞密院言：「知瀘州龐恭孫申，瀘南溪洞轉運副使盧知原措置逐城寨所管田土，以厚薄分爲兩等，據見管勝兵揀選到彊壯堪任戰守一千四百九十一人，并寄招到二伯三十五人，收買耕牛農具，起蓋茅舍安泊，及借貸官錢、糧米，使得專一開墾。今年夏麥成熟，並皆安居有業，分番赴軍城寨堡守禦，隨逐禁軍教閲，顯見職事優異。欲望特將盧知原優與推恩外，有軍城寨堡官亦乞一例量與減年〔一〕，或免短使。」詔盧知原特與轉一官，其軍城寨堡官各減三年磨勘。〔二〕

〔一〕有軍城寨堡官亦乞一例量與減年 「寨」原作「塞」，據前後文改。

〔二〕本條事目名「措置城寨」。

政和八年八月十日，陝西、河東、河北路宣撫使司奏：「平蕩仁多泉、藏氐河兩軍城，及進築靖夏、制戎、制羌三城寨了當，陝西茶馬、提舉、轉運、提刑等，宜被賞典。」詔程唐等七人各陞職二等，仍轉一官。〔一〕

〔一〕本條事目名「築寨被賞」。

宣和四年十二月二十九日，詔長寧軍武寧、寧遠，純州遥埧三寨，元豐所置〔一〕，控扼要害之地，前降廢罷指揮勿行。從權潼川府路提刑鄭庭芬之請也。〔二〕

〔一〕元豐所置「置」原作「至」。按方域一九之三七有「所置小溪新寨」云云，故改。
〔二〕本條事目名「廢罷三寨」。

建炎二年正月十日，詔：「扈從一行軍馬見在揚州諸處劄寨，慮春雨淋漏，及地卑濕潤，暴露不便，令揚州計會都統制官合用營寨地步，於城中踏逐空地，約度人數，標撥營寨地基。令逐軍將佐自築地基，開通溝渠，外設營寨墻圍，分布行列，搭蓋一體木柱梁棟、竹椽起脊席屋，務令堅厚，可避風雨。其合用材木，令御營使司會計實數，令户部支錢，下諸處依市價收買。所有拆移沿流居養、安濟屋宇充營寨内統制、統領、將佐等官居住，令逐處依元間椽逐一記號，務令便可卓立。如内有椽棟等材植損爛，比舊數少，即令逐處補足起發。」〔一〕

〔一〕本條事目名「營寨置屋」。

建炎四年六月四日，臣僚言：「切聞江北諸郡之民有誓不從賊者，往往自爲寨柵，群聚以守。在和州則有雙山、雞籠二山寨，麻胡、阿育二水寨；在廬州則有浮槎、方山等寨；在滁州則有獨山等寨。每寨多至二萬餘家，遇虜騎至，則出没掩襲，殺獲頗多。自虜騎南渡以來，不聞朝廷詔執政擇可使三二人賫詔遍詣逐寨〔一〕，諭以恩意，寨柵首領有功績者，命鎮撫使保奏推恩。」從之。〔二〕

〔一〕不聞朝廷詔執政擇可使三二人齎詔遍詣逐寨　按此句似有脱誤，上古本疑「朝廷」下脱「號令」、「音訊」之類，「詔」前脱「宜」字。

〔二〕本條事目名「民自爲寨」。

建炎四年八月二十一日，權發遣南康軍甄采言：「本軍累經殘破，蓋緣並無城池捍禦盗賊。近城有蘆山，最是險隘，可置寨柵，乞隨宜措置山寨，積穀聚財，堅爲死守之計。」詔依。仰隨宜措置山寨，積穀聚財，仍遇有警急，方許退保。〔一〕

〔一〕本條事目名「隨宜置寨」。

建炎四年九月三日，臣僚言：「切見朝廷措置防秋，衢、信諸郡當江湖數路衝要，雖奉指揮建立寨柵，而計置未盡，其間有方行修築而慢工靳其力未甚如法者，或稍似牢密而他岐捷徑不能盡絶者，徒殫民力，無補國事。乞差精彊、諳練守禦之官，前去諸郡以及江西，同本路監司、守、邑令、尉、本村社長，周回相視，子細計畫，必於危險之地，始立隘柵。倘有山徑之蹊，必盡杜絶，使人力必可守而兵勢必不能破者，然後併工修築，合衆備捍。」詔令衢、信州守臣并逐路提刑司嚴切措置。

十一月十四日，樞密院言：「已降指揮，令兩浙州縣官説諭土豪，聚兵習武，於險扼處置立寨柵斥堠，保全鄉閭血屬。今據探報，金人侵犯通、泰、揚州，宜差官前去相度檢察。」詔差樞密幹辦官顔爲前去浙西，編修官王銍前去浙東，徧詣點檢，仍具逐旋點檢過數去處申樞密院。〔一〕

〔一〕以上兩條事目名「險隘立寨」。

紹興二年六月二十一日，吏部言：「建州政和縣民謝安等乞罷苦竹寨。尋下本路監司相度得本寨巡檢下兵級不循紀律，騷擾居民，洎至賊發，望風潰散，委可省罷。」從之。〔一〕

〔一〕本條原在方域一八之一六至一七，事目名「苦竹寨」。

紹興四年九月五日，廣南西路經略安撫、轉運、提刑司奏：「契勘西峰、定南寨及應定、寨安兩柵，昨來陳韜、吴懷等破蕩，人民離散，近方收復，正是控扼去處，難以廢罷外，照峰一柵係在澄邁縣界，卻不是控扼黎賊去處。今欲將照峰柵廢罷，更不差置土丁守禦。」從之。〔一〕

〔一〕本條原在方域一八之三〇，事目名「西峰定南寨」。

紹興四年九月七日〔一〕，廣西轉運、提刑司言：「勘會平、觀州困弊本路，有害無益，合行廢罷。今相度，欲乞依祖宗舊制，罷觀州爲高峰寨，平州爲王口寨。」詔平、觀二州廢罷，依舊爲寨。其兩州知州改知寨，逐寨人兵令帥臣斟酌，更與存留，先具知稟及存留人數事狀聞奏。

五年七月二十六日，廣南西路經略安撫使李彌大言：「切謂朝廷廢罷平、觀二州，命令已行，必不復置。今乞於舊觀州高峰縣添置都巡檢一員，正兵一百人〔二〕，通本寨舊兵共五百人，於舊觀州元置都巡檢廨宇處駐劄。王口寨於舊平州宜良江口駐劄，同巡檢改作都巡檢使，更添正兵一百人，通本寨舊兵共五百人，並帶提舉諸堡寨盜賊公事。」從之。〔三〕

〔一〕紹興四年九月七日　「七日」原作「十日」，據方域七之二九及繫年要録卷八〇紹興四年九月癸丑條改。

〔二〕正兵一百人　「兵」原作「法」，據後文改。

〔三〕以上兩條事目名「仍復舊寨」。

紹興十一年九月一日，荊湖南路安撫、轉運、提刑司言：「乞將武崗軍綏寧縣移入武陽寨爲縣，卻移武陽寨入扶叢置寨。仍將武陽寨元管軍兵三百人分撥在綏寧、武陽、岳溪三寨，各以一百人爲額，彈壓防遏溪洞等使喚。」從之。〔一〕

〔一〕本條事目名「以縣入寨」。

紹興十四年十一月十四日，廣南西路安撫、轉運、提刑司言：「融州王口寨元係平州，於紹興四年廢爲王口寨。本寨洞民凡有輸賦詞訴，並赴融水縣理訴，動經一月，方始追人到官〔一〕，委是遲延。乞將王口寨依舊改爲懷遠縣，改知寨爲知縣，差有材力膽勇武臣以充〔二〕，前所有理任、任滿酬賞，並乞依經略司元奏得王口寨條例施行。」從之。〔三〕

〔一〕方始追人到官　「官」原作「京」，據方域七之一八改。
〔二〕差有材力膽勇武臣以充　「材力膽勇武臣」原作「材武膽勇武」，據方域七之一八改。
〔三〕本條原在方域一八之一六，事目名「王口寨」。

紹興二十六年十二月十三日，臣僚言：「成都府、夔州、瀘州路嘉、敘、黎、雅等州，有闕城堡等寨屯戍人兵控制諸蠻〔一〕。其知城寨官多是制置安撫司因私謁吏互差權〔二〕，類皆營私苟且，不恤邊事。欲乞嚴差辟之法，定資任之制。」上諭輔臣曰：「蠻夷桀黠，從古而然。唐以前屢被侵擾，入川蜀。自太祖兵威撫定，以大渡河爲界，由是不敢猖獗。然沿邊控禦兵官，豈可非人？」湯思退奏曰：「欲下吏部措置，令本路安撫司選擇差官，申制置司體量，庶革前弊。」上曰：「甚善。」〔三〕

〔二〕有闕城堡等寨屯戍人兵控制諸蠻　「闕城堡等寨」，方域二〇之二一同，上古本疑當作「闕城堡寨等」，或是。

〔二〕其知城寨官多是制置安撫司因私謁更互差權　「官」原作「言」，按方域一九之六有「城寨官」，故改。

〔三〕本條事目名「開人戍寨」。按上古本將事目名改作「擇官戍寨」。

紹興二十六年十二月二十二日，左奉議郎、通判興化軍趙不猷言：「切謂通判者，號爲監郡，職在按察。在法，外縣鎮寨每季通判點檢。其間或有苟賤不廉之人，但取常程文字一二備數，或事宴遊，多差夫力，或因土產，廣行收置，又縱令隨行公人乞取，謂之常例。縣鎮公吏因緣傚取於民，所至紛然，民不安堵，則季點之法意安在哉！欲乞令監司常切覺察，如有違戾，按劾以聞。」從之。〔一〕

〔一〕本條事目名「按劾鎮寨」，原在方域一九之四五至四六。

紹興二十七年六月十一日，權發遣邕州田經言：「左右兩江並是歸明羈縻州洞居止，外通交趾諸蕃〔一〕，自來於溪洞內置五寨鎮，彈壓洞民。每寨有都同巡檢、知寨、都監、主簿及兵級三四百人，請受全藉知寨主管博易場及溪洞苗米稅賦等應副支給，及修葺城塹。每官到罷，各有酬賞，惟知寨更添減年，最爲親民要職。近來多是士人及待闕官時暫權攝，既不應賞格，無所顧藉，與溪洞官典通同交易。是致財賦匱乏，支遣不繼，兵級逃遁，十存二三，城塹傾頹，殆將過半。乞行下本路帥司，今後知寨不許差人權攝，須踏逐有材武廉謹人奏辟正任，申朝廷差注。任滿候正官交替，方得離任。有事故者以次官兼權〔二〕。寨中所管税賦，仰本江都巡檢互相關防，庶可招填土兵，修葺城塹，以實邊面。」從之。〔三〕

〔一〕外通交趾諸蕃　「蕃」原作「藩」，據方域九之一二改。
〔二〕有事故者以次官兼權　「權」原作「寨」，據方域九之一二改。
〔三〕本條事目名「置寨彈壓」。

紹興二十九年四月一日，户部狀：「准都省批下權發遣恭州張晦奏：『本州江津縣清溪寨與南平軍實爲表裏，若南平障寨嚴密，軍政整肅，自保無虞，則清溪關隘與土丁理宜整治。已將清溪接南平軍界去處，除民旅出入大路兩處存留，置立鋪屋差人守戍外，其私小路盡行斷塞，以絶透漏。兼復行整齪土丁三百人，乞下帥司將把截將二人審實給貼，先補充清溪寨把截將。候把截每及七年無透漏，與比附舊格量行陞轉，至都知兵馬使止。仍每年依南平把截給散衣襖。』本部尋關兵部看詳，檢准紹興二十八年九月四日樞密院劄子，夔州路奏，南平軍白錦堡夷官楊選族、廳佐忠帶領夷人，自南平軍白錦堡楊大由私小路，入恭州江津縣清流寨雁門殺虜人口，合添屯防拓。其雁門正係夷人出没隘口，舊有把截將任招安等〔一〕，同土丁把拓，自任招安死，無人守把。今自江津縣説諭，自邊界至清溪寨，主户茍炳

自出户下土丁一百。」〔二〕

〔一〕舊有把截將任招安等　「任」原作「佐」，據後文改。

〔二〕本條原在方域一八之二三至二四，事目名「清溪寨」。

紹興三十年五月十一日，詔：「已降指揮，令李若川修蓋江州寨屋，其合用錢物，仰將的確有窠名錢物支撥，具支過錢數申尚書省除破。仍就用係官竹木，如無，即依市價收買，不得科敷搔擾。如違，重行黜責。」

二十五日，詔：「霖雨積日，諸軍營寨處有損漏及低下積水多處，可令三衙檢視，關報兩浙轉運司，日下計料修治〔一〕，具合用錢申尚書省支降。主帥常加存恤士卒，毋令私役及抑勒買賣，科擾居民。」〔二〕

〔一〕日下計料修治　「日」原作「目」，形近而訛，今改。

〔二〕以上兩條事目名「修蓋寨屋」。

紹興三十二年四月二十七日，廣南西路經略安撫、提刑司申：「本路轉運判官鄧酢言：『廣西瓊、雷、化、欽、廉等州自來不曾置水軍，遇有海賊衝犯，如蹈無人之境。今欲招募水軍四百，於瓊州白沙海港岸置寨屯駐，差主兵官一員。合用先鋒戰船六雙，面闊一丈六尺，又大戰船四隻，面闊二丈四尺，從沿海逐州以係省錢置造。』逐司詳所陳事理，除依舊存留雷州已置水軍二百人、統領一員在雷州駐劄，欲瓊州招置二百人，就於本州駐劄。經略司准備將領兼海南水陸都巡檢一員，於白沙港岸置寨，統轄水軍，彈壓盗賊。」詔〔一〕。

〔一〕詔　按「詔」下有脱文。本條原在方域一八之二，「宋會要」下有整理者所批楷書標目「置水軍寨」，當爲事目名。

紹興三十二年七月十三日，孝宗即位未改元。吏部言：「選人循轉，止憑出身以來付身印紙，不曾招保陳乞。今欲乞將諸路州、軍、監、縣、鎮、城、寨正受朝廷付身選人，各經見任州軍陳乞，仍令本州委官點對，別無冒僞，保明申部施行。」從之。〔二〕

〔二〕本條原在方域一九之四六，事目名「點對城寨」。按補編頁四九〇下有「孝宗乾道元年八月九日」云云，末注「點對城寨」，當輯稿「點對城寨」條被删落部分，其文字見本門「請罷寨官」事目，屬複文，故不録。

孝宗隆興元年十月二十七日，臣僚言：「淮上諸郡民兵結集於州縣城郭者爲山寨，在外之鄉村者爲水寨。所謂首領者〔一〕，多平時富豪精壯、可以撼動一鄉者爲之，其徒亦多驍健勇敢。欲望行下都督府，專委兩淮守臣，各括責本州山水寨首領姓名，保明來上，先次量補官資，專一裒集鄉兵，俾之團結，明立賞格，次第遷補。仍委守臣嚴務鈐束，一有緩急，並

令入城守禦，以壯方面，以助軍聲。荆襄邊郡，亦乞行下制置司，依此施行。」詔令江淮都督府、湖北京西制置司措置。〔二〕

〔一〕所謂首領者　「首」原作「守」，據後文改。
〔二〕本條事目名「爲山水寨」。

隆興二年二月四日，直秘閣王咈言：「嘉州一帶邊寨，祖宗以來選差土豪把截，號爲寨將。其後乃置寨官，專務掊刻，多於蠻界采取蜜蠟、紅桑，蠻人所不能堪。竊謂寨官可罷，依舊祇令土豪寨將統率防捍。」詔四川安撫制置司同監司限一月看詳。

乾道元年八月九日，廣南西路經略安撫司言：「宜州管下思立寨〔一〕、帶溪寨、鎮寧寨及昌化軍延德寨〔二〕，皆因一時申請，令帥司舉辟判司、簿尉、文學等官充，以二年爲任，任滿與循兩資〔三〕。别無職事，不曾到寨，止干求州縣，在外居止，任滿希求酬賞。欲將宜州、昌化軍四寨主簿四員省減，今後更不差置。」從之。〔四〕

〔一〕宜州管下思立寨　「思立」原作「恩立」，據補編頁四九〇、宋史卷九〇地理志六改。按輯稿禮二〇之二〇、嶺外代答卷三西南夷等皆載宜州有思立寨。
〔二〕鎮寧寨及昌化軍延德寨　「鎮寧寨」原缺，據補編頁四九〇補。
〔三〕任滿與循兩資　「資」原作「質」，據補編頁四九〇改。

〔四〕本條事目名「請罷寨官」。

乾道二年十月三十日〔一〕，詔韶州樂昌縣平石巡檢改稱韶州曲江樂昌乳源三縣巡檢，移於橋村壥置寨駐劄。先是，廣東諸州言：「韶州管下險遠，每有盜賊劫奪鄉民，更無蹤跡可尋。其巡尉亦憚山行，巡警不到，若抵界不置官兵彈壓，久必生患。乞改樂昌縣平石巡檢爲韶州曲江樂昌乳源三縣巡檢，移於橋村壥置寨柵，招足土軍一百人，專一往來三縣巡綽盜賊。」故有是命。〔二〕

〔一〕乾道二年十月三十日　「三」下「十」字原脱，據方域七之一三、一八之二六補。

〔二〕本條事目名「置寨駐劄」。

乾道四年三月二十一日，知揚州、主管淮南東路安撫司公事莫濛言：「楚州鹽城、馬邏諸處有路可至通、泰〔一〕，欲使居民保水險，設爲莊寨以自固。」上善其論，詔可。〔二〕

〔一〕馬邏諸處有路可至通泰　「泰」原作「秦」。按楚州、通州、泰州均屬淮東路，秦州屬秦鳳路，故改。

〔二〕本條事目名「保險爲寨」。

乾道四年五月二十日，荆湖北路安撫、提刑、轉運等司言：「本路管下地分闊遠，港汊甚多，緩急盜賊竊發〔一〕，卒難會合，艱於擒捕。契勘通濟口大江一帶，正蜀中綱運及上下客旅經由之處，公安縣雖有巡尉、巡檢，係轄江陵、公安兩縣，兼於江陵縣置寨，水陸闊遠。竊見峽州見有蜀江沿江巡檢二員，又有歸峽州、荊門軍三州都巡檢使一員，境内盜賊肅静。今相度，欲於數内乞移蜀江巡檢一員，將帶所管土軍器仗，於荊南沙市置寨，卻移江陵、公安兩縣巡檢并土軍於公安縣置寨，與石首、監利、潛江三縣巡檢接連，往來巡警。自監利縣魯家洑入沌内至漢陽軍通濟口，一去水路約七百餘里，並無巡檢彈壓，盜賊無以畏憚。今相度，欲乞於沌内地名新灘向下沿流荒遠處，創行添置巡檢一所〔二〕，其巡檢乞以『漢陽軍通濟口至魯家洑沌内巡檢新灘駐劄』爲銜，招置土軍五十人，巡船三隻，專切往來沌内巡警，捕緝盜賊〔三〕。」從之。〔四〕

〔一〕緩急盜賊竊發　「竊」原作「切」，據補編頁四九〇改。

〔二〕創行添置巡檢一所　按輯稿原眉批「『所』下一本有：『荊南沙市鎮主管煙火兼酒税，元差武臣，類多搔擾，乞改差經任文臣。從之。』」此數句見補編頁四九〇，清本全部補入正文。又按補編小注標題作「沙市置寨」，文字節略太甚，或當摘自他處。

〔三〕捕緝盜賊　「緝」原作「揖」，形近而訛，今改。

〔四〕本條事目名「分置守寨」。

乾道四年六月四日，知揚州莫濛言，措置起蓋揚州牧馬官兵寨。〔一〕

〔一〕本條原在方域一八之二一，事目名「牧馬軍寨」。按本條「牧馬官兵寨」下疑有脱文，請見輯稿兵六之二〇。

乾道四年六月十一日，兩浙路轉運判官劉敏士言：「湖秀州巡檢射村置寨，去城止四十五里，元非要害闊遠去處。竊見本州菁村南通德清縣，西通安吉縣，係私商往來之地，兼村疃廣闊，盜賊多有，乞就移湖州射村巡檢於菁村置寨〔一〕，庶幾可以覺察盜賊，巡捕私商。」詔令兩浙西路即憲司同相度經久利便聞奏〔二〕。

〔一〕乞就移湖州射村巡檢於菁村置寨　「射」下「村」字原脱，據前文補。

〔二〕詔令兩浙西路即憲司同相度經久利便聞奏　按「即」或應作「帥」。本條事目名「相度置寨」。

乾道四年八月十四日，吏部言：「廣西宜州德勝融江文村、融州臨溪、宜州堰江臨衢五堡主管堡事〔一〕，邕州遷隆鎮、融州樂善融江通道〔二〕、瓊州西峰、宜州帶溪思立安遠一鎮七寨同管轄兵甲公事，並見闕。遠地元係本路辟差，昨承乾道三年七月指揮，送部使闕差注，見差親民資序材武人。今欲比附本部見使巡檢、知寨條法，破格注初任材武人，次經任監當不應材武人。」從之。先是，權發遣容州楊堯弼奏〔三〕，乞將廣西見闕正官去處與破格差注一

次。至是吏部措置來上，故有是命。〔四〕

〔一〕廣西宜州德勝融江文村融州臨溪宜州堰江臨衝五堡主管堡事　「融江文村」原作「融文材」，據方域二〇之四、宋史卷九〇地理志六補改。按融江、文村二堡屬融州而非宜州，且名为「五堡」，實則六堡，前後矛盾。又後文有「融州」誤作「融江」者，此「融江」或亦「融州」之誤。

〔二〕融州樂善融江通道　「融州」原作「融江」，據方域二〇之四及宋史卷九〇地理志六改。

〔三〕權發遣容州楊堯弼奏　「奏」原作「秦」，據方域二〇之四改。

〔四〕本條事目名「廣西七寨」。按「先是」以下文字，方域二〇之四作小字注。

乾道五年八月二十五日，資政殿大學士、知寧國府錢端禮言：「本府宣城縣轄下地名麻姑山，地里空迥，人煙希少，往來兵卒因緣剽劫，若不措置，慮日後聚集滋蔓。相度欲於麻姑山置巡檢寨一所，於本府管界巡檢寨并徽州廣都巡檢寨兩處各撥二十人，仍從本府添募土軍四十人，專一巡察盜賊。寨屋從本府於麻姑山相視衝要之所建立。」從之。〔一〕

〔一〕本條事目名「置巡檢寨」。

乾道六年二月二十八日，兩浙東路安撫司言：「紹興府餘姚縣沿海舊爲海寇所擾，自洋浦、三山、虎山、眉山至烏山、烏盆下，蓋盜賊群聚，遂成淵藪。雖置眉山、廟山、三山寨，經今數年，卒無定論。或從明州水軍差訓練官，又復用指使或正副將之屬，或爲巡檢，或別差外官，或三年一替，或一季一易，以此私權黨親故，殊非朝廷立寨之意。雖謂之防海，曾無一海船可以出洋浦。或有劫賊明擊金鼓，剽奪殺人，三寨軍兵在岸遥望而已。兼所差官兵多於諸寨抽撥，且如衢、婺二州軍人兩年一替，其於海道全不諳曉。本司昨曾申獲敕旨，三寨以五百人爲額，乞降官錢萬貫，打造海船六艘，置造器械、寨柵。又臣僚奏請，乞從安撫、提刑司舉辟將官，使之隨事措置，以爲永久之利。選差土軍〔一〕、水軍，便衢、婺二州軍人樂於得歸。今欲計會前後詔旨，詳酌施行。其眉山寨乞從安撫、提刑司辟差統領官一員，其三山、廟山各差將官，隸之眉山寨。召募諳知海道土軍，以補足五百人數，以三百人就眉山，以二百人分屯三山、廟山〔二〕，仍改作本司水軍。」從之。〔三〕

〔一〕選差土軍　「土」原作「上」，據後文改。

〔二〕廟山　「山」字原缺，據前文補。

〔三〕本條事目名「添補寨軍」。

乾道六年五月二十五日，臣僚言：「自建炎迄紹興之季，四十餘年間，未嘗一歲無圍屋之寇。太上皇帝在位日久，知民間疾苦，降旨令江南諸司相度〔一〕，於險隘處置巡檢寨，招土軍一百二十人，置巡檢一員。仍令州縣置寨屋以居土軍〔二〕，而桴鼓稍稀。陛下登寶位之初，又申嚴行下，非不峻切〔三〕，而州縣不即奉行〔四〕，黠胥黷貨，必得鄉民厚賄，始議置立。至於貧薄鄉村，無從得賄，其寨屋有至今未造者，軍民雜處，善良受害，遂至盜賊不止，理宜存恤〔五〕。欲望特詔江南提刑司取責州縣不置寨屋〔六〕、故違聖旨之罪，以爲慢令者之戒，庶幾兵民各有攸處，而盜賊少戢。」詔本路提刑司行下本州疾速修蓋，如依前違戾，按劾聞奏。〔七〕

〔一〕降旨令江南諸司相度　「降」原作「得」，據補編頁四九〇改。按原眉批「『南』一作『西』」，補編頁四九〇「置寨屋」條即作「江西」。

〔二〕仍令州縣置寨屋以居土軍　按旁批「防盜賊」三字，清本、上古本均補入正文。補編頁四九〇「置寨屋」條言：「仍令州縣置寨屋，令土軍居以防盜賊。」旁批當出自此處，今附入校記。

〔三〕非不峻切　此四字原缺，據旁批及補編頁四九〇補。

〔四〕而州縣不即奉行　按原旁批「不虔」二字，清本補於「奉行」下，語義不通。補編頁四九〇「置寨屋」條言「而州縣奉行不虔」。旁批當出自此處，今附入校記。

〔五〕軍民雜處善良受害遂至盜賊不止理宜存恤　「軍民雜處，善良受害」、「理宜存恤」原缺，據旁批及補編頁四九〇「置寨屋」條補。

〔六〕欲望特詔江南提刑司取責州縣不置寨屋　「提刑司」下原旁批「行下本路」，按輯稿下文有「詔本路提刑司行下本州」云云，故不宜補入正文。又按原眉批「『南』一作『西』」，補編頁四九〇「置寨屋」條即作「江西」。

〔七〕本條事目名「州縣置寨」。

乾道六年十二月二十九日，詔楚州鹽城縣水陸巡檢移於本縣崗門市置寨駐劄。以淮南路轉運諸司言，崗門市去縣十八里，舟船往來，通接淮口，別無官司彈壓，恐私渡盜賊故也。〔一〕

〔一〕本條事目名「移寨駐劄」。

乾道八年七月十八日，措置兩淮官田徐子寅言：「被旨案視激犒淮東山水寨民兵。臣今親往諸鄉團結之處，詢審民情，内有願改移它寨者，並已各從其便。緣内有一寨止民兵三四十人，而總首、首領三四名，若一例補授，誠恐泛濫。今欲每縣乞選差總首一人，特與補一名目〔一〕。諸寨應管轄閲習忠勇民兵，每一百人置首領一名，特與借補名目。如一寨不及百人者，許更勸募，候人數足，方與推恩。」詔總首補進義副尉，首領令本路安撫司借補守闕進勇副尉，餘依。〔二〕

〔一〕特與補一名目 「補」字原缺，據輯稿兵一之三四補。

〔二〕本條事目名「補授寨官」。

乾道八年十一月〔一〕，詔令殿前司差統領官一員，將帶壕寨等前去揚州，與胡堅常、高禹

同共相視，修蓋出戍官兵寨屋。〔二〕

〔一〕乾道八年十一月　按輯稿兵六之二五繫於十一月二十四日。

〔二〕本條原在方域一八之二，事目名「殿司戍寨」。

淳熙二年正月八日，淮西江東總領單夔言：「乞令建康馬司量撥軍兵三二百人，於城外軍寨左近各置巡鋪，遇夜巡警，仍不妨教閱。」從之。〔一〕

〔一〕本條事目名「城外軍寨」。

淳熙二年七月二十一日，詔殿前司選差統制官一員、軍兵一千人，修揚州城壁，依古城舊基幫築堡寨。從知揚州郭棣請也〔一〕。

〔一〕從知揚州郭棣請也　「郭棣」原作「郭第」。按周必大文忠集卷一三七所收淳熙二年四月上論久任邊帥劄子，其中有「今陛下以郭棣守維揚」云云，又按桯史卷一石城堡寨載，「淳熙乙未，郭棣帥淮東」，淳熙乙未即淳熙二年。故改。本條事目名「幫築堡寨」。

淳熙八年七月十七日，詔廢温州城下水寨。〔一〕

〔一〕本條事目名「詔廢水寨」。

淳熙十年七月二十七日，詔瀘南沿邊城寨堡官并指使，並許安撫司奏辟，從守臣趙雄請也。〔一〕

〔一〕本條事目名「奏辟寨官」。

淳熙十一年七月二十八日，四川安撫制置使留正言：「臣前具奏，於黎州東南邊大渡河上修築要衝城，差置寨官，移兵屯守，以爲控扼之計。今已修築了當，所有差知要衝城官，乞行下本司作員闕奏差，令成都府路轉運司應副請給。所差官二年爲任，乞與依關外四州極邊體例推賞。」詔依，仍精加選擇，務要得人。〔一〕

〔一〕按本條原在方域一九之三二，事目名「差置寨官」。

淳熙十四年二月二十二日，興州駐劄御前諸軍都統制吴挺言，乞下階、成等州〔一〕，常令修整山寨。從之，仍行下四州，常令點檢，遇有些小損動，即時葺理。〔二〕

〔一〕乞下階成等州　「成」原作「城」。按階、成州皆在仙人關外，故改。

〔一〕本條事目名「修整山寨」。

紹熙三年六月二十四日，廣西經略司言：「相度邕、賓州鎮鄧關口創置寨宇，今踏逐到寨基一所，在韋村大路，正屬兩州界，尋常盜賊往來之地。及創兩縣巡檢，招收置軍兵，六十人爲額，兩州各招三十人，均認請給。巡檢乞從邕州城外巡檢賞格，仍將兩州指使各減一員，以其所減補其所增。」從之。〔一〕

〔一〕本條事目名「創置營寨」。

紹熙三年六月二十七日，權發遣萬安軍杜孝恭言：「乞將瓊州寨下土兵二十人移家屬，改充調嚣寨土兵爲額。有闕，許令招填，請受移就樂會縣支給。其瓊州、萬安軍所差廂軍各一十五人，每三月一替，就委樂會縣差撥土保丁，改本寨木柵，隨其地勢築作城堡。其博敖、地爛兩村民兵，各有總轄。無事則各輪差轄下民兵一二十人赴寨，添同彈壓，三月一替；有警則各帶民兵赴寨，聽從防遏。」從之。〔一〕

〔一〕本條事目名「調兵守寨」。

紹熙五年閏十月十三日，詔令福建安撫、轉運、提刑司，先次於汀州寧化縣下土寨修蓋寨屋一百間。候修蓋了畢，於左翼軍見屯寧化縣四十人，大陂、福林駐劄五十人，並盡數差撥前去下土寨屯戍。其下土寨元分撥到三溪、黄土兩寨五十人撥歸寨〔一〕，仍疾速具合行事件及逐寨見屯人數，并相去地里各若干，畫圖貼説，申樞密院。以諸司有請故也。〔二〕

〔一〕黄土兩寨五十人撥歸寨　「撥歸」原作「發歸」，據前文改。

〔二〕本條事目名「差撥寨兵」。

慶元元年六月七日，吏、兵部言：「湖北安撫、轉運、提刑司審度，靖州通判鄧友龍乞將零溪堡拘没何萬改嘉謀田土招置刀弩手，就零溪建置營寨，在彼駐劄。仍乞改飛山巡檢知零溪堡，兼充刀弩手訓練，專一部轄教閲，誠爲利便。今欲從逐司已相度事理施行。」從之。〔一〕

〔一〕本條事目名「建置營寨」。

慶元元年七月六日，刑、兵部言：「大理寺看詳湖南諸司審度郴州所乞，將宜章黄沙寨移回安福駐劄，委是經久利便，欲從看詳到事理施行。」詔從之。〔一〕

〔一〕本條原在方域一八之二三，事目名「黄沙寨」。

開禧二年七月十六日，詔慶元府三姑山都巡檢，復還寨於三姑山普明院舊基，所管水軍、土軍與岑江、烈港兩寨軍兵，分爲兩番，輪往屯泊，每一季一替。先是，樞密院言：「慶元府三姑山正當海港之要衝，昨曾置都巡檢寨。後來承平既久，以三姑山去本府稍遠，船運勞費，遂遷寨於烈港，是致三姑山闕兵船控扼。近雖行下制置司輪差水軍五十人、船一隻，於三姑山拋泊卓望，緣兵船頗少，兼去來未定，難以責任。乞令依舊移都巡檢於三姑山置寨。」繼而臣僚復以爲請，下沿海制置司相度措置，故有是命。〔一〕

〔一〕本條事目名「輪兵守寨」。

開禧二年十二月九日，寶謨閣待制、知瀘州李寅仲言：「州舊爲瀘南沿邊安撫使，領瀘、敘、長寧軍三郡。自元豐間乞第擾攘之後，三郡所隸堡寨官皆沿邊安撫使辟置，寔使之任其責也。至乾道六年，從臣僚之請，陞沿邊安撫使爲潼川路安撫使，自去沿邊之號，而權任反輕。又自淳熙八年，從臣僚之請，其堡寨官除制置司存留辟置外，並送轉運司定差，而安撫使俱不得與。一旦緩急，堡寨之官視帥府不相誰何，其能否皆不預知，於邊防豈不有誤？且沿邊堡寨之官隄防夷徼，責固不輕，任滿不至生事，例陞一秩，或減磨勘，且富材武，所以待之者又不輕矣。今也多求緣故抽差，平居不肖邊鄙之事〔一〕，任滿則覬沿邊之賞。其間諸寨又有俸廪微薄、歷數年而不得代者，苟免無聊，何以責其潔己寡過？乞沿邊堡寨官非有軍興不許抽差，或因緣差出，則任滿不許推賞。其有任滿而轉運司無官注授者，見任人過滿而不得代者，許從安撫司權行差辟，日後准此。」從之。〔二〕

〔一〕平居不肖邊鄙之事　「平居」原倒，按「平居」亦見方域八之二五、一一之三五等，故乙正。

〔二〕本條事目名「辟置寨官」。

嘉定四年十一月二十八日，直秘閣、成都府路提刑李埴奏：「照對嘉定府峨眉、犍爲兩縣控帶夷蠻，列置寨堡，總十有九處，久不修葺，因致頹圮。自蒙恩司臬，職在經制邊防，委官閱視，鳩工繕葺，皆已節次了當外，惟沐川一寨隸屬犍爲，視諸寨尤爲衝要。照得本寨南與馬湖、夷都兩蠻部落對峙，相距纔七十餘里，東接敘州之商州寨，亦與兩蠻境界密邇，於東西兩路利害相關。竊嘗考今寨即唐之沐源川，自唐垂拱中遣峨眉鎮曹兵以兵五千人逐去生獠，始平其地。咸通中，南詔入寇，伐木開道，逾雪坡，奄至於此，唐兵連衄，是遂陷嘉州〔一〕，以至成都。乾符元年，南詔再入寇，節度使高駢遣兵追擊於大渡河，因築城以爲守。沐川有城，蓋始於此。皇朝至和元年，儂智高叛〔二〕，或傳智高自廣中將分兵向蜀，朝廷命郡縣發兵增戍。後六年，犍爲尉景思誼建議，謂寨之址在東，而寨之外西山尤高，下瞰寨中〔三〕，兵家所忌。於是始議別築西山爲寨，與今寨相對，已而遽廢。治平中，虛恨犯邊〔四〕，蜀帥張景元遣龍遊簿范師道率兵來戍，又增築西寨。未幾復廢，故址猶存。緣沐川一寨在嘉定境内，迫近成都〔五〕，實蠻夷入寇之要路。頃歲邊警未作，本寨城壁極爲苟簡，寨内迫窄，戍卒皆寄止寨外，居民悉爲未便。嘗即遣官相視，見得今寨前後有兩山，前山舊建都廟，後山即景思誼所築西寨是也。兩山實與今寨相連，而山脚峻峭，便如城郭之狀，殆若天設之險，惟兩山谷口有陷闕虧漏去處。遂措置錢糧，興工增建，自下增高，創行版築，累土疊石，與都廟、西寨兩山之高相齊，聯絡貫通，包三山爲一大城。周圍總三百一十五丈，創造敵樓四座，增建護城舍及營舍。其前來寨外兵丁，今已盡歸本寨駐泊，可以增壯邊防，震讋夷獠，並已了畢。謹繪成小圖，隨狀繳申尚書省，伏乞施行。」從之。同日，埴又言：「照對守邊之要，莫先於土丁；而募丁之策，必先有以贍其生，然後可以責其力。自到任，凡管内寨堡闕丁去處，並行招集填補，皆與優給資糧。今來應募之數已自不少，内有一項，因民訟陳訴犍爲平戎莊官田除見管人丁百二十名上寨防拓外，其餘頃畝多爲豪民富户侵占，歲月已深，視爲己物，遂致丁額不敷，邊面闕人守禦。尋行追上逐户，各據供認侵占不虚，遂再遣官檢踏。今根括到前來侵占地段，總計山田四百九十四坡，水田一千五百九十六畝，衮折租數總計米二千三百斛，雜斛在外。以所管租額敷丁〔六〕，計新增到三百四十四名，通舊管共計五百五十餘名，逐一點閲，委皆少壯強勇，堪以守邊。已開具田段，各出公據，分給逐丁，蠲免諸色官租，自令耕佃贍給。兼與明立條約，俾令分戍諸寨，一一從長經畫，務令永遠遵守。又念前來民訟所訴侵占之家，因循歲久，間有使錢承兑視同己業者，一旦悉行拘没，委是失業可憐。尋措置緡錢，支還逐户，總計一萬四千二百餘引，别作帳册隨狀繳申尚書省。又契勘丁數既多，若非差官一員統轄訓練，卻恐紀律不嚴，事藝不習，緩急之間或誤驅使。見議於本莊上下兩保之間，建置堡栅爲會合教閲之所，就差見駐劄犍爲縣嘉眉同巡檢一員提領堡事。欲乞將嘉眉同巡檢員闕，許令銜兼帶知平戎堡教習土丁，庶幾責任有歸，總會有所，可以久而不廢〔七〕，實西蜀無窮之利。」從之。〔八〕

〔一〕是遂陷嘉州　「是」下原衍「是」字，今删。按「是」前有脱文，清本眉批作「於」，上古本徑補「由」字，或當從上古本。

〔二〕儂智高叛　「叛」原作「判」，按輯稿蕃夷四之三三有「儂智高叛」，故改。

〔三〕下瞰寨中　「寨」原作「搴」，形近而訛，今改。

〔四〕虚恨犯邊　「虚恨」乃四川一少數民族部落名，清本眉批「『虚恨』疑『虜復』」，誤。

〔五〕迫近成都　「成都」原作「城都」，據前文及宋史卷八九地理志五改。

〔六〕以所管租額敷丁　「敷」原作「數」，形近而訛，今改。

〔七〕可以久而不廢　「廢」上原衍「費」字，今删。

〔八〕本條原在方域一八之二七至二九。按本條文末有小字注「沭川寨」，整理者又於文首「嘉定四年」之右空白處楷書批「沭川寨」，當爲事目名。

嘉定六年五月二十八日，樞密院言：「廣東經略安撫司申：『審度關防海寇事件，元申：肇慶府常於冬春之時，有温、台、明州白槽船盡載私鹽，扛般上岸，彊買村民，因而劫掠家財。已踏逐到廣州、肇慶府兩界首起立寨柵，每遇冬月，差撥水軍官兵五十人前去把截，至次年春盡減戍。又廣州新會縣界有地名潮連山及雞灣官子渡，正是温、台、福建私鹽槽船入廣路，及海寇藏泊劫掠地頭，已各添置一寨，往來巡捕海寇及温、台州等處鹽船作過。或有緩急，兩寨互相應援。元申：海寇作過及出没之地〔一〕，號上下川、罟蛋頭，屬新會縣，亦是温、明州槽船入路，委是要緊。見措置起寨，及於潮州水軍就撥六十人。元申：南雄州見今駐劄摧鋒軍止有百兵，合添撥防拓，已帖摧鋒軍統制於韶州第一將差撥官兵一百人前去。元申：河源縣雖有長吉寨，翁源縣有東桃徑寨，相去皆遠，更合就龍南、河源兩界之間，平坑、伍峒之南，相度增置一寨，撥摧鋒軍五十人駐劄。本司差官前去相度贛客賊徒來往緊要隘路〔二〕，合於惠州河源縣管下各添置一寨，又合於地名雉公長塚及元弓嶺掘斷路，開壕塹，用木槎寨。本司支官錢，委官創造兩處寨屋，并差官兵五十二人，分烏石、瀧嶺兩處，正是江西龍南與廣之河源接界〔三〕，贛客出没不常。既置兩寨，相望把拓，設有賊盜，自可會合擒捕。元申：『番禺縣流溪里合移置巡檢一寨，兼管煙火，屯駐土軍五十人，外以防贛寇之入，内彈壓峒民作過。本司差官相度贛客賊徒往來緊要隘路，合於地名赤崗村興福寺及曾家舊莊基堪置煙火巡檢寨，又於地名扈村堪置摧鋒軍駐劄，兩寨相望，緩急可以應援。本司支錢，委官架造扈村寨，差撥官兵前去駐劄，及於赤崗村起造寨屋。又委官相度，詳議到廣州有右一廂兵馬添監〔四〕、右一廂兵馬監押、右三廂兵馬都監，共三廂，所管界分坊巷次第連接。已將右一廂地分而爲二，東以屬兵馬監押兼管，西以屬兵馬都監巡捕，卻合省併右一廂兵馬添監一員，充流溪里赤崗巡檢，兼煙火職事。又於廣州管下諸巡檢寨見管兵數多處，抽到土軍，前去隄防贛寇，彈壓峒民〔五〕，毋致阻險作過。』」從之。〔六〕

〔一〕海寇作過及出没之地　「及」原作「急」，據前後文改。
〔二〕本司差官前去相度贛客賊徒來往緊要隘路　「徒」原作「從」，據後文改。
〔三〕正是江西龍南與廣之河源接界　「與」原作「興」，形近而訛，今改。
〔四〕詳議到廣州有右一廂兵馬添監　「兵馬添監」疑「兵馬都監」之誤。下同。
〔五〕前去隄防贛寇彈壓峒民　「寇彈」二字原缺，據前文補。
〔六〕本條事目名「起立寨栅」。

嘉定六年十一月二十一日，潼川府路安撫司言：「照對前政安撫李寅仲奏，瀘州合江縣與南平軍白錦堡楊光榮族連接，舊有大、小兩溪，皆在蕃界遠來。大溪兩傍有九支、遥埧、青山、安溪、綏遠、仁懷等寨，足以隄備；惟小溪至重慶府，平易空曠，絶無一戍以爲防閑。竊謂仁懷堡、遥埧寨可省其一，移置於小溪之隘口。安溪所管知寨、都監二員，亦可省其一移駐於小溪，俾之彈壓防控。自後逐司委官相度到，遥埧寨、仁懷堡向來建築，各是控制夷蠻，難以移置外，相視得小溪地名大魚灣一處，照見隘口，黄、趙二村夷人出没要衝之地。又照得附近安溪一寨，管知寨、知押二員，合移監押一員，就所置小溪新寨駐劄，抽本縣所管戍兵五十名，移駐小溪新寨防戍。所有官兵請受，並從舊處支給，委是經久可行。已得指揮，依相度到事理，下瀘州措置建築合江縣小溪新寨，量移軍兵五十人於新寨屯駐防拓。遂委官相視，據申，遥埧其地皆平，無可守之險，殊失建築本意。又去隘口十里，太爲迫近。惟地名張平泉者，高廣十餘里，前有對溪之險，而兩山相束，下瞰溪流，不啻千仞。上有數小溪，水泉清冽，可供食用。土壤甚沃，亦有稻田，可爲永遠之計。又差官前往地頭建築了畢，寨廨、舍敖、甲庫，一一差備。已差安溪寨監押前去新寨駐劄守把，并下瀘州差兵員一百名防戍，所有安溪寨監押員闕〔一〕，乞行往罷，别立新寨員闕，併乞頒降寨名。」詔以平泉寨爲名〔二〕。其合差知寨一員，令潼川府路安撫、提刑司公共選辟一次。〔三〕

〔一〕所有安溪寨監押員闕 「闕」下原衍「押員闕」三字，據前後文删。

〔二〕詔以平泉寨爲名 「詔」原作「招」，形近而訛，今改。

〔三〕本條事目名「移寨隄備」。

嘉定七年十月二十日，權知慶元府兼沿海制置司公事程覃言：「本司准樞密院指揮，仰措置防拓海道。見得控扼北來緊切形勢，全在慶元府昌國縣管下海洋三姑山，蓋山東海船乘風而來，必先經由三姑，然後分路或入浙東，或入浙西。紹興年間，所以於三姑山置都巡檢寨，及於烈港、岑江兩處各置指使，並係三姑子寨，通以横江水、土軍六百三十八人爲名額。當時有管巡船三十六隻，今之三寨海船軍器十無其一。今來正當防海之時，乞將三姑都巡檢并烈江、岑江兩指使三寨，倣傚温州城下水寨例，並撥隸本司水軍，仍聽慶元府統轄。每歲自十月初一日爲始，不問有無邊警，制置司定當更輪巡檢、指使一員部領，分撥三寨軍兵二百五十人，前去三姑山出戍卓望。仍於水軍差撥官兵五十人，揍爲三百人，其戰船、器甲但干應敵之具，盡於定海關撥前去。及仰統制、統領選差將佐，撥發訓練官兵五十人，數內日逐申嚴金鼓水教一次，遇夜宿船防把，並兩月一替。候來年三月初一日，春和放散歸寨，至十月仍舊。所是寨官與三寨軍兵，合聽水軍差去將官彈壓，庶得脈絡相貫。於海州襟喉之地，常有兵船倚伏，萬一賊舟侵犯，上件戍卒便可在三姑山之前一面邀擊，以待大軍兵艦相繼而出，不至蕩然全無限隔，寔爲利便。及體訪得三姑山孤立海心，即無浦汊閃避風浪。開禧年間，所撥寨兵并水軍共五百三十人在彼防拓，除三礁裹冬月僅可擺布戰船五隻，攤載水軍三百人外，自餘寨兵雖有昌國縣差到船隻拋在中嶼，緣此處隔涉砂塗，軍人上下不便，少有著船。況民間十艚，率皆淺窄，但可載人而已，緩急亦難出戰。今相度，三姑山既不可多泊軍艦，只得且揍三百人并戰船五隻前去出戍。此外卻有已遣發卓望水軍一百人、戰船三隻，自海驢礁、神前山等處探報往來，三姑不至單弱。但軍人日逐亦當在山上閱習射藝，更迭休息，夜間下船宿泊。合用戍屋，卻當行下慶元府前去此山起蓋，以備出戍官兵教閱之所。」詔並依，每日添支鹽菜錢三十、米二升，仰本司照應支給施行。

十二月六日，沿海制置司言：「昨奉指揮，移定海縣海内巡檢寨仍舊駐劄烏崎頭〔一〕，連白峰指使寨并撥隸水軍，仍聽慶元府統轄。今契勘，定海縣從舊係海内、白峰、管界三寨，并尉司共四處，分認鄉界巡捕盜賊，搜檢銅錢禁物，及承受府縣送下詞訴。今來海内既還往烏崎，除管界一寨外，所有白峰、尉司，卻令與海内新還烏崎寨重分界至。所有定海港等處巡攔市舶物貨，元在海内巡檢差劄内繫銜。今來本寨既移屯烏崎，合係定海縣尉名銜帶管。乞從朝廷關報差注巡尉去處照應，仍劄下本司，以憑遵從施行。又奉指揮，分輪昌國縣三姑、烈港、岑江三寨軍兵出戍，三姑山並撥隸水軍，仍聽慶元府統轄。今契勘，昌國縣有管岱山、三姑、烈港、岑江四寨，并尉司共五處，其分管海鄉事務及承受府縣送下詞訴等，并合從舊。若是水軍，惟當教閲前後撥隸五寨軍兵武藝船水，同共防把海道，收捕盜賊。如有相關諸寨事件，其水軍並合具申本司行下，庶得事理明白，使縣道寨柵各有遵守。」從之。〔二〕

〔一〕移定海縣海内巡檢寨仍舊駐劄烏崎頭　「縣」下「海」字原缺，據後文補。

〔二〕本條事目名「益置海寨」。

嘉定七年十二月二十八日，詔令慶元府奉化縣添置戰崎鎮寨，省罷本府酒官二員，一員文臣改差監戰崎鎮兼煙火公事〔一〕，一員武臣改差戰崎鎮寨巡檢，令吏部依條格使闕。先是，臣僚言：「戰崎、袁村，皆瀕大海，商舶往來，聚而成市。習俗素悍，富者開國出船，藏納亡賴，彊招客販；貧者奪攘鬬毆，雄霸一鄉，動致殺傷。欲乞置一尉，竊恐事不專一。照得慶元府在城都酒務有監官文資四員，武職二員，向來置比較、贍軍、係省三務，各立二員分管酒額，固不爲冗。後來既將三務併而爲一，所謂六監官，因循不曾減省。及照得本府西門外有都巡檢一寨，額管軍兵一百二十人，既不邊海，止在城外巡警鄉村盜竊，及承受追會事件而已。欲於城下都巡檢寨分撥土軍五十人，移屯戰崎，只就漂溪職租地起蓋軍房，以慶元府戰崎巡檢寨爲名。仍於都務監酒内選撥有材能文武官各一員，並存監酒舊銜，内文官帶兼管戰崎煙火公事，武官帶兼充戰崎巡檢。其俸給於見請數目各無增損。庶幾彈壓得人，姦宄屏息〔二〕。」故有是命。繼而有言者以戰崎鎮考究漢書地理志會稽郡注所載，有鎮亭，有鮚崎亭，其地皆屬奉化〔三〕，俗訛爲戰崎，於義殊失古意，乞早賜改正。尋詔令吏部將慶元府奉化縣戰崎鎮寨並改作鮚崎鎮寨。〔四〕

〔一〕一員文臣改差監戰崎鎮兼煙火公事　「文臣」原作「文武」，按下文有「武臣」，此即爲「文臣」，故改。
〔二〕姦宄屏息　「宄」原作「冗」，形近而訛，今改。
〔三〕其地皆屬奉化　「地」原作「他」，形近而訛，今改。
〔四〕本條事目名「添置鎮寨」。

嘉定八年七月十一日，知贛州楊長孺言〔一〕：「本州瑞金縣正汀盜出入之路，而汀州古城寨去瑞金最近〔二〕，欲乞改古城寨爲兩州界寨，庶使本州與汀州皆得統轄〔三〕，則汀盜有所畏憚，不敢越界。」從之。詳見諸州軍監門。〔四〕

〔一〕知贛州楊長孺言　「楊長孺」原作「楊長需」，據輯稿職官四七之五七及嘉靖贛州府志卷八名宦改。
〔二〕而汀州古城寨去瑞金最近　「去」原作「取」。按方域六之三五有「去夔路最近」，故改。
〔三〕欲乞改古城寨爲兩州界寨庶使本州與汀州皆得統轄　「古城寨」下原衍「界寨」，前一「州」字及「本州與汀州」原缺，據輯稿職官四七之五七刪補。
〔四〕本條事目名「古城寨」。

嘉定八年十月二十一日，詔湖州歸安縣荷葉浦置立巡檢寨。以本縣言荷葉浦水面宏闊，寇盜出没，欲立寨置官，專一警捕，故有是命。〔一〕

〔一〕本條事目名「立寨置官」。

嘉定九年三月二十八日，詔令鎮江府於椿管真州賣鈔司錢内支撥交子六千貫，付盱眙軍天長縣令項椿管，專充修蓋天長寨屋。劄付商碩，疾速措置起蓋淮安軍寨屋〔一〕，早得圓備，毋或滅裂。既而天長知縣商碩以所降錢數支用不敷，有請於朝，詔令封樁下庫取撥兩淮交子五千貫并行在會子庫五千貫，並付盱眙軍天長縣，早已撥交子六千貫專充起蓋淮安軍寨屋使用，仰本縣日下差人前來請領，須管如法蓋造。候畢工日，開具收支細帳申樞密院。〔二〕

〔一〕疾速措置起蓋淮安軍寨屋　「淮安」原倒，據後文及宋史全文卷三〇嘉定十年正月甲辰條乙正。按宋史卷八八地理志四載淮安軍有二：一由楚州山陽縣陞置，時間在紹定元年；一本泗州五河口，咸淳七年建。會要疑誤。

〔二〕本條原在方域一八之二〇，事目名「天長寨」。按本條正文所記乃修天長縣寨屋事，非有寨名天長，大典編者誤。

嘉定十五年七月二十七日，臣寮言：「慶元之象山有寨曰東門，蓋曩歲兵馬增創，以防海道也。本寨官兵雖以六十人爲額，然皆無正兵，逐季撥之定海，更替往來，靡有固志。每替兵一至，如寇攘然，騷擾良民，欺騙商旅，村疃雞犬爲之一空〔一〕。原創立之始，固日海道交會之地〔二〕，藉其防遏，不知東門爲寨，深處内港，東有臨門，西有亭山，南有牛亭，北有比風，四寨外環，咫尺相望，卒有緩急，咄嗟可集，何藉於東門數十無常守之卒乎〔三〕？有寨以來，官吏肆暴，民之罹害，十室而九，漁户竄徙〔四〕，客販不行。夫置寨本以防盜，而民之被擾過於被盜，爲害若此，詎容不去？乞將象山東門寨亟賜廢罷。又照得台州之寧海港頭鎮，去縣僅餘五里，既有縣則鎮不當立。加以官吏貪暴，不顧三尺，假征榷之名，虐取無藝，瀕海細民破産蕩業，殞於非命者，凡不知其幾。昨者漕臣沈晫灼見其弊，申奏廢罷，陛下亟俞其請，甚盛惠也。但聞漕司每歲代納台州及通判廳四百餘千，且朝廷既知鎮爲一方之害而罷去之，區區數百千，正何足計，而顧使惠歸於漕司。每歲代納之錢，乞下户部於台州通判廳經總制錢内特與除豁，則百里之民歌舞陛下之賜，曷有窮已！」詔從之。〔五〕

〔一〕村疃雞犬爲之一空　「疃」原作「曈」，形近而訛，今改。

〔二〕固日海道交會之地　「日」當誤，上古本徑改作「以」。

〔三〕何藉於東門數十無常守之卒乎　「乎」原作「平」，形近而訛，今改。

〔四〕漁户竄徙　「徙」原作「徒」，形近而訛，今改。

〔五〕本條事目名「廢罷冗寨」。

〔附〕：

哲宗正史職官志：知城、寨主，掌訓治戍兵，完固防守，以扞邊境，受納賦税，聽居民之訴訟。其小者專理之，大則稟於所屬。有兵馬監押，專掌甲兵訓練之事；主簿，掌勾考簿書及通治民事。〔一〕

〔一〕本條原在方域一九之四三，事目名「知城寨」。

紹聖四年四月二十一日，沿邊安撫司公事章楶言〔一〕：「前石門、好水河新建城寨，乞創置將副各一員，以涇原第十一將兼提舉兩城寨及招置漢蕃弓箭手爲名。石門城差官八員〔二〕：知城一員，以大使臣充；都監、監押共三員，以大、小使臣互充；巡檢四員，以小使臣充〔三〕。好水寨差官七員：寨主一員，以大使臣充；都監、監押共三員，以大、小使臣互充；巡檢三員，以小使臣充。乞並以二年爲一任〔四〕。除依本路極邊城寨官〔五〕、巡檢合得酬奬外，每人更與特轉一官。内將官陞路分都監，副將陞正將，如元係正將差遣亦依正將例，知城寨主陞副將。兩城寨各乞置酒税務官一員〔六〕，寨主簿各一員。」從之。〔七〕

〔一〕沿邊安撫司公事章楶言　按「沿邊安撫司公事」疑誤，請參見本門「新建城寨」校記。

〔二〕石門城差官八員　「差」原作「寨」，據方域一九之六、長編卷四八六紹聖四年四月甲辰條改。

〔三〕以小使臣充　「充」上原衍「互」字，據方域一九之六、長編卷四八六紹聖四年四月甲辰條删。

〔四〕乞并以二年爲一任　「二年」原作「三年」，據方域一九之六、長編卷四八六紹聖四年四月甲辰條改。

〔五〕除依本路極邊城寨官　「極」原作「拘」，據方域一九之六、長編卷四八六紹聖四年四月甲辰條改。

〔六〕兩城寨各乞置酒税務官一員　「城」字原缺，據方域一九之六、長編卷四八六紹聖四年四月甲辰條補。

〔七〕本條原在方域一九之四三至四四，事目名「創置寨官」，與方域一九之六「新建城寨」條僅個别文字不同，屬複文，今附於此。

乾道六年五月二十五日，臣僚言：「竊見太上皇帝嘗降旨，令江西諸司相度於險阨處置寨，招土軍一百二十人，置巡檢一員，仍令州縣置寨屋，令土軍居以防盜賊。陛下嚴法行下，非不峻切，而州縣奉行不虔，寨屋有至今未蓋者，軍民雜處，善良受害，理宜存恤。」詔江西提刑司行下本路州縣，疾速修蓋寨屋，如敢依前違戾，按劾以聞。〔一〕

〔一〕此條據補編頁四九〇至四九一補，事目名「置寨屋」，所記亦見於本門「州縣置寨」事目，屬複文，因文字有差異，姑附於此。

諸堡

【題解】本門見方域二〇之一至一六，大典卷一一五八四「堡」字韻事韻收録。整理者於方域二〇之一「宋會要」下楷書批「諸堡」，或爲門名。按本門諸標目大多依韻排列，乃大典事目名，且皆摘自會要。清本依建置時間順序重新編排，似不合會要原意。從正文地理部分行文看，本門原體例當與市鎮門同，即以路統諸州軍，諸堡建置沿革繫於其屬縣下，只是大典編者依諸堡事目名進行了拆分。今次整理，一依諸城修改移并門之體例，編年與地理分開，編年類併入諸堡雜録門，本門僅收録地理類（包括先地理後編年者）。諸堡事目名皆見於正文，故一律附入校注。正文雖經大典編者拆分，然原貌尚存。今僅以市鎮門與州縣升降廢置門諸路州軍之序重加編排，不對諸堡進行合併。又按大典編者拆分處理時，有不少地理之訛誤，如誤河東路爲「陝西東路」，誤石泉軍隸荆湖北路等，今皆改正，并出校説明。

陝西鄜延路延州豐林縣高頭、平安寨堡〔一〕。注：慶曆六年置。〔二〕

〔一〕陝西鄜延路延州豐林縣高頭平安寨堡　按高頭、平安寨堡，九域志卷三延州、宋史卷八七地理志三延州均未見記載。又豐林縣，熙寧五年省入膚施縣，查九域志與宋史地理志，膚施縣下有安塞一堡，按九域志誤作「安塞」。又按長編卷一五九慶曆六年九月壬寅條載，以延州高平新修堡爲安塞堡。其時間正與「平安寨堡」下注「慶曆六年置」相合。或「高頭、平安寨堡」原作「高平安塞堡」。

〔二〕本條原在方域二〇之六，事目名「平安寨堡」。按本條并無一堡名「平安寨」，大典誤。

陝西鄜延路延州豐林縣安定堡。注：慶曆五年以馬蹄川置。〔一〕

〔一〕本條原在方域二〇之一一，事目名「安定堡」。

陝西鄜延路膚施縣開光堡，元符元年修築〔一〕。

〔一〕元符元年修築　按宋史卷八七地理志三載，開光堡，「紹聖四年修築，元符元年賜名」。本條原在方域二〇之一五，事目名「開光堡」。

陝西鄜延路保安軍園林堡，慶曆五年置。〔一〕

〔一〕本條原在方域二〇之四，事目名「園林堡」。

陝西環慶路慶州安化縣金村堡，嘉祐元年修復，元豐二年廢〔一〕。

〔一〕元豐二年廢　「二年」，宋史卷八七地理志三作「四年」，又作「二年」。本條原在方域二〇之一，事目名「金村堡」。

陝西環慶路環州通遠縣通塞堡〔一〕，舊通塞路〔二〕。元符元年五月二十一日，環慶路經略司言，修築横山寨〔三〕、通塞堡畢工，詔如京使李浦以防托部役減二年磨勘。〔四〕

〔一〕陝西環慶路環州通遠縣通塞堡　「通塞」原作「通寨」，據方域一八之二一及長編卷四九六元符元年三月癸酉條改。下同。按宋史卷八七地理志三亦載通塞堡，然隸慶陽府而非環州。

〔二〕舊通塞路　「通塞路」，他書未載。按長編卷四九六元符元年三月癸酉條載：「環慶路言，修築通塞谷畢工，詔賜名通塞堡。」或「通塞路」當作「通塞谷」。

〔三〕修築横山寨　按横山寨，宋史卷八七地理志三載其隸慶陽府。

〔四〕本條原在方域二〇之五，事目名「通寨堡」。

陝西環慶路環州通遠縣阿原堡，政和三年以阿原烽置〔一〕。

〔一〕政和三年以阿原烽置　「政和」原缺，據宋史卷八七地理志三補。本條原在方域二〇之八，事目名「阿原堡」。

陝西環慶路環州通遠縣羅溝堡，政和三年以火羅溝置。〔一〕

〔一〕本條原在方域二〇之九，事目名「羅溝堡」。

陝西環慶路環州通遠縣威寧堡，舊青川堡〔一〕。

〔一〕陝西環慶路環州通遠縣威寧堡舊青川堡　按青川堡，他書未見。宋史卷八七地理志三慶陽府載：「威寧堡，本名衡家堡，政和六年賜名。」又言：「係環慶路，未詳屬何州軍，姑附於此。」不知是否一堡。本條原在方域二〇之一一，事目名「威寧堡」。

陝西環慶路環州通遠縣衡家堡，舊麥涇堡〔一〕。

〔一〕陝西環慶路環州通遠縣衡家堡舊麥涇堡　按宋史卷八七地理志三環州并無衡家堡，亦無麥涇堡，慶陽府下有威寧堡，「本名衡家堡，政和六年賜名」。本條原在方域二〇之一三，事目名「衡家堡」。

陝西環慶路環州通遠縣神堂堡〔一〕，大觀二年置。〔二〕

〔一〕陝西環慶路環州通遠縣神堂堡　按宋史卷八七地理志三載神堂堡隸定邊軍。

〔二〕本條原在方域二〇之一四，事目名「神堂堡」。

陝西涇原路原州立馬城堡〔一〕、耳朵城堡，並慶曆五年置。〔二〕

〔一〕陝西涇原路原州立馬城堡　「涇原」原作「環慶」，方域一八之一五及宋史卷八七地理志三等皆載原州隸涇原路，大典編者誤，據改。下同。

〔二〕本條原在方域二〇之九，事目名「耳朵城堡」。

陝西涇原路原州靖安堡，慶曆五年置，管九堡〔一〕，曰中郭普、吃羅岔、中嶺、張㟁、常理、新勒、雞川、立馬城、殺獐川〔二〕。

〔一〕管九堡　「九」原作「八」，據九域志卷三原州、宋史卷八七地理志三改。按九域志、宋史均作「九堡」，其中九域志實爲八堡，缺中嶺一堡。

〔二〕曰中郭普吃羅岔中嶺張㟁常理新勒雞川立馬城殺獐川　「岔」原作「坌」，「立馬城」原缺，據九域志卷三原州、宋史卷八七地理志三改補。本條原在方域二〇之一一，事目名「靖安堡」。

陝西熙河路會州静勝堡〔一〕，政和六年以接應堡改。〔二〕

〔一〕陝西熙河路會州静勝堡　按宋史卷八七地理志三載，元符二年復會州，隸熙河路，崇寧三年改隸涇原路。本條記及政和時，會州已屬涇原路。此作「熙河路」，當誤。

〔二〕本條原在方域二〇之一一，事目名「静勝堡」。

陝西涇原路德順軍古高平堡〔一〕，元符元年置。〔二〕

〔一〕陝西涇原路德順軍古高平堡　「涇原」原作「環慶」，方域一八之四及宋史卷八七地理志三等皆載德順軍隸涇原路，大典編者誤，故改。下同。按宋史卷八七地理志三載，鎮戎軍有高平堡，元符元年修復，又載懷德軍有古高平堡。又按長編卷四九四元符元年二月戊申條載，修古高平堡畢工，詔賜名高平堡。輯稿作德順軍，誤。

〔二〕本條原在方域二〇之九，事目名「古高平堡」。

陝西涇原德順軍中安堡〔一〕，慶曆三年置。〔二〕

〔一〕陝西環慶德順軍中安堡　按「環慶」下當脱「路」字。

〔二〕本條原在方域二〇之一二，事目名「中安堡」。

陝西涇原路德軍石門堡〔一〕，政和七年以石子門置〔二〕。元符二年三月十七日，涇原路經略司言，進築通峽、盪羌、九羊寨、石門堡畢工。詔修築將吏各減年磨勘循資〔三〕，及賜銀帛有差。〔四〕

〔一〕陝西環慶路德軍石門堡　「德軍」顯有脱誤，按環慶路并無軍帶「德」字者，陝西其他路則有綏德軍、德順軍、懷德軍，其中德順軍有石門堡，見宋史卷八七地理志三。又按本門「古高平堡」、「中安堡」均有「陝西環慶德順軍」云云。故本條「德」下當脱「順」字。

〔二〕政和七年以石子門置　「石子門」，宋史卷八七地理志三作「石門子」，當從宋史。按宋史所記石門子乃隸震武軍。

〔三〕詔修築將吏各減年磨勘循資　「減年」，方域一八之一九同，長編卷五〇七元符二年三月庚申條作「減一年」。

〔四〕本條原在方域二〇之八，事目名「石門堡」。

陝西涇原路鎮戎軍故寨堡〔一〕，元豐五年置〔二〕。

〔一〕陝西涇原路鎮戎軍故寨堡　「涇原」原作「鎮戎」，按方域一八之九、宋史卷八七地理志三等皆載鎮戎軍隸涇原路，大典編者誤，據改。下同。「故寨堡」原作「古寨堡」，據長編卷三三五元豐六年六月乙卯條、宋史卷八七地理志三改。

〔二〕元豐五年置　「五年」，長編、宋史均作「六年」。本條原在方域二〇之五，事目名「古寨堡」。

陝西涇原路鎮戎軍東西水口堡〔一〕、硝坑堡，熙寧元年置。

〔一〕陝西環慶路鎮戎軍東西水口堡　「水」字原缺，據下文及宋史卷八七地理志三補。按下文有東水口堡，故此處「東」字疑衍，當作「西水口堡」。

陝西涇原路鎮戎軍東水口堡，元豐四年廢。

陝西涇原路鎮戎軍張義堡，熙寧五年置。

元豐元年六月十二日，知鎮戎軍張守約言：「張義堡四面受敵，易攻難守。堡南一里有舊堡，三面臨崖，城兩重，皆不受敵。乞存新堡外，更修繕舊堡，移置倉草場，及見任監押令主管上下兩城兵馬、煙火，還廨舍於舊堡。」從之。〔一〕

〔一〕以上三條原在方域二〇之一〇，事目名依次爲「東西口堡」、「東水口堡」、「張義堡」。

陝西涇原路鎮戎軍信坌堡〔一〕、涼棚堡，治平四年置。〔二〕

〔一〕陝西環慶路鎮戎軍信坌堡　「信坌堡」，宋史卷八七地理志三作「信岔堡」。

〔二〕本條原在方域二〇之一二，事目名「涼棚堡」。

陝西涇原路鎮戎軍開遠堡，咸平元年置。

陝西涇原路鎮戎軍寧遠堡，大中祥符三年置。〔一〕

〔一〕以上兩條原在方域二〇之一五，事目名依次爲「開遠堡」、「寧遠堡」。

陝西秦鳳路秦州山丹〔一〕、納迷、乾川堡，並熙寧三年廢。〔二〕

〔一〕陝西秦鳳路秦州山丹　「山丹」原倒，據輯稿兵二八之四、方域八之四、一二、二〇之一、二〇之七、長編紀事本末卷八三韓琦築甘谷城乙正。

〔二〕本條原在方域二〇之二，事目名「乾川堡」。

陝西秦鳳路秦州隴城川堡，慶曆五年修。〔一〕

〔一〕本條原在方域二〇之三，事目名「隴城川堡」。

陝西秦鳳路秦州尖竿〔一〕、隴陽堡，並熙寧四年置。

〔一〕陝西秦鳳路秦州尖竿　「尖竿」原作「尖芉」，據九域志卷三秦州、宋史卷八七地理志三改。

陝西秦鳳路秦州達隆堡，慶曆五年置。〔一〕

〔一〕以上兩條原在方域二〇之一〇，事目名依次爲「隴陽堡」、「達隆堡」。

陝西秦鳳路秦州床穰堡，開寶九年置〔一〕，管小寨十一〔二〕，曰静邊、臨川、德威、廣武、寧遠、長樵、定川、陝河、安遠、和戎、鎮邊。熙寧三年罷爲鎮，十年改爲堡〔三〕。

〔一〕開寶九年置　按九域志卷三秦州載，開寶九年置床穰寨，輯稿「置」下或脱「寨」字。

〔二〕管小寨十一　「小寨十一」，九域志卷三秦州、宋史卷八七地理志三均言領「一十四堡」，且堡寨名亦有不同。

〔三〕十年改爲堡　「十年」，九域志卷三秦州、宋史卷八七地理志三均作「八年」。本條原在方域二〇之一三，事目名「床穰堡」。

陝西秦鳳路秦州者達、本當〔一〕、七麻堡，并熙寧五年廢。

〔一〕本當　「本」字原缺，據宋史卷八七地理志三補。

陝西秦鳳路秦州吹藏、大甘、隴諾堡，並熙寧元年置。〔一〕

〔一〕以上兩條原在方域二〇之一四，事目名依次是「七麻堡」、「隴諾堡」。

陝西秦鳳路秦州冶坊堡，太平興國二年置〔一〕，管小寨六，曰橋子、古道、永安、四顧、威塞、李子〔二〕。熙寧四年廢罷，五年復見爲堡〔三〕。

〔一〕太平興國二年置　「二年」，九域志卷三秦州作「四年」。

〔二〕曰橋子古道永安四顧威塞李子　「威塞」原作「威寨」，據九域志卷三秦州、宋史卷八七地理志三改。又「四顧」，九域志、宋史皆作「博望」。

〔三〕五年復見爲堡　「見」或衍，亦或「建」之誤。本條原在方域二〇之一六，事目名「冶坊堡」。

陝西秦鳳路階州貼圍城堡〔一〕，熙寧七年復修。〔二〕

〔一〕陝西秦鳳路階州貼圍城堡　「貼圍城堡」，按宋史卷八七地理志三作「圍城堡」。

〔二〕本條原在方域二〇之九，事目名「貼圍城堡」。

秦鳳路通遠軍三岔〔一〕、乜羊、渭川堡〔二〕，熙寧五年自秦州來隸，内乜羊〔二〕、渭川堡，元豐七年廢。〔三〕

〔一〕秦鳳路通遠軍三岔乜羊渭川堡　「岔」原作「坌」，據長編卷二六六熙寧八年七月壬申條、九域志卷三通遠軍及宋史卷八七地理志三改。「乜」字原脱，據宋史卷八七地理志三補。按通遠軍，熙寧五年十月改隸新設之熙河路。

〔二〕内乜羊　「乜」原作「七」，據宋史卷八七地理志三改。

〔三〕本條原在方域二〇之二，事目名「渭川堡」。

陝西秦鳳路通遠軍榆木岔〔一〕、熨斗平堡，元豐五年置。〔二〕

〔一〕陝西秦鳳路通遠軍榆木岔　「榆木岔」原作「榆木坌」，據長編卷三三三元豐六年二月丁未條、宋史卷八七地理志三改。

〔二〕本條原在方域二〇之九，事目名「斗平堡」。

陝西秦鳳路通遠軍啞兒堡，皇祐二年置，元豐七年廢。〔一〕

〔一〕本條原在方域二〇之一二，事目名「啞兒堡」。

陝西秦鳳路通遠軍廣吴堡，皇祐五年置，元豐七年廢。〔一〕

〔一〕本條原在方域二〇之一四，事目名「廣吴堡」。

陝西熙河熙州當川堡〔一〕、南川堡，並熙寧六年置。

〔一〕陝西熙河熙州當川堡　「熙河」下當脱「路」字。

陝西熙河路熙州安川堡〔一〕，元符二年以廳哥堡改。〔二〕

〔一〕陝西熙河路熙州安川堡　按安川堡，宋史卷八七地理志三載其隸湟州。

〔二〕以上兩條原在方域二〇之二，事目名依次是「南川堡」、「安川堡」。

陝西熙河路熙州臨洮堡，元豐七年置。〔一〕

〔一〕本條原在方域二〇之八，事目名「臨洮堡」。

陝西熙河路熙州慶平堡、通谷堡，並熙寧五年置。〔一〕

〔一〕本條原在方域二〇之九，事目名「慶平堡、通谷堡」。

陝西熙河路熙州結河堡〔一〕，熙寧七年置。〔二〕

〔一〕陝西熙河路熙州結河堡 「結河」原作「結阿」，據九域志卷三熙州、宋史卷八七地理志三改。

〔二〕本條原在方域二〇之一五，事目名「結河堡」。

陝西熙河路河州西原堡、北河堡，並元豐三年置。

陝西熙河路河州東谷堡，熙寧七年置。〔一〕

〔一〕以上兩條原在方域二〇之三，事目名依次是「北河堡」、「東谷堡」。

陝西熙河路河州闊精堡〔一〕，熙寧八年置〔二〕。

〔一〕陝西熙河路河州闊精堡 「堡」上原衍「谷」字，據九域志卷三河州、長編卷二七一熙寧八年十二月删。按宋史卷八七地理志三作「闊精」。

〔二〕熙寧八年置 「八年」原作「七年」，據九域志卷三河州、長編卷二七一熙寧八年十二月、宋史卷八七地理志三改。本條原在方域二〇之三，事目名「闊精谷堡」。

陝西熙河路蘭州東關堡、皋蘭堡，元豐四年置。內皋蘭堡〔一〕，七年廢。紹聖三年五月六日，權熙河蘭岷路經略司公事遊師雄言：「東關質孤勝如堡、定遠城一帶，舊管認巡檢地分，除東關、質孤堡北隔大河外，並係占穩地形，可以探望賊馬。又定遠城、熨斗平堡通四道諸寨巡綽地分，皆在口鋪之外，並係自後巡馬所到，乞並管認爲界。」詔從之，仍令經略司差人巡綽卓望，令西人習知此處爲界。〔二〕

〔一〕內皋蘭堡　「蘭」原作「欄」，據前文及宋史卷八七地理志三改。

〔二〕本條原在方域二〇之三，事目名「東關堡」。

陝西熙河路蘭州阿干堡、西關堡，並元豐六年置。內西關堡，元祐元年十二月二十二日，權發遣熙河蘭會路經略安撫司公事劉舜卿言〔一〕，蘭州西關堡合行修築。從之。〔二〕

〔一〕權發遣熙河蘭會路經略安撫司公事劉舜卿言　「會」字原缺，據長編卷三九三元祐元年十二月丙午條補。

〔二〕本條原在方域二〇之四，事目名「西關堡」。

陝西熙河路蘭州勝如堡、質孤堡，並元豐五年廢。〔一〕

〔一〕本條原在方域二〇之一五，事目名「勝如堡」。

陝西熙河路湟州通津堡〔一〕，崇寧三年以達南宗改〔二〕。

〔一〕陝西熙河路湟州通津堡　按宋史卷八七地理志三載通津堡隸河州。

〔二〕崇寧三年以達南宗改　「達南宗」原作「逵南宗」，據長編紀事本末卷一三九收復湟州改。按長編紀事本末作「達南宗平」，宋史卷八七地理志三作「南達堡」。本條原在方域二〇之六，事目名「通津堡」。

陝西熙河路湟州綏平堡〔一〕，崇寧三年以保敦谷置〔二〕。

〔一〕陝西熙河路湟州綏平堡　按長編紀事本末卷一四〇收復鄯廓州、宋史卷八七地理志三均載綏平堡屬廓州，輯稿或誤。

〔二〕崇寧三年以保敦谷置　「保敦谷」原作「堡敦谷」，據長編紀事本末卷一四〇收復鄯廓州、宋史卷八七地理志三改。本條原在方域二〇之九，事目名「綏平堡」。

陝西熙河路湟州善治堡，政和六年以丘護改〔一〕。

〔一〕政和六年以丘護改　按宋史卷八七地理志三震武軍下有善治堡，且言「政和六年，震武城通濟橋堡賜名」。本條原在方域二〇之一一，事目名「善治堡」。

陝西熙河路湟州通會堡，元符元年以李廝堅谷口置〔一〕。

〔一〕陝西熙河路湟州通會堡元符元年以李廝堅谷口置　按通會堡，宋史卷八七地理志三載其隸西安州。又按長編卷五〇三元符元年九月壬申條載，「修築扎實嘉裕勒畢，詔以通會堡爲名」。本條原在方域二〇之一五，事目名「通會堡」。

陝西熙河路湟州大同堡，政和六年以接應堡改〔一〕。

〔一〕陝西熙河路湟州大同堡政和六年以接應堡改　「接應堡」，宋史卷八七地理志三作「應接堡」。又按宋史載大同堡隸震武軍。本條原在方域二〇之一六，事目名「大同堡」。

陝西熙河路岷州鐵城堡，熙寧十年置。〔一〕

〔一〕本條原在方域二〇之一，事目名「鐵城堡」。

陝西熙河路岷州遮羊堡、穀藏堡，並熙寧七年置〔一〕，內遮羊堡尋隸通遠軍，元豐元年復來隸。〔二〕

〔一〕並熙寧七年置　「熙寧」原作「雍熙」，據九域志卷三岷州、宋史卷八七地理志三改。

〔二〕本條原在方域二〇之一至二，事目名「遮羊堡」。

陝西熙河路岷州馬務堡，熙寧六年自秦州來隸〔一〕。

〔一〕熙寧六年自秦州來隸　「熙寧」原作「雍熙」。按岷州，熙寧六年收復，「雍熙」顯誤。據宋史卷八七地理志三改。本條原在方域二〇之二，事目名「馬務堡」。

河東路大和〔一〕、彌川、通秦、寧河堡，元符二年進築，各附寨爲名。大和寨堡隸麟府路，通秦、彌川、寧河寨堡隸嵐石路。〔二〕

〔一〕河東路大和　「河東路」原作「陝西東路」，據長編卷五一四元符二年八月辛卯條、宋史卷八六地理志二改。

〔二〕本條原在方域二〇之三，事目名「寧河堡」。

河東路麟州新秦縣鎮川堡〔一〕，慶曆二年置。〔二〕

〔一〕河東路麟州新秦縣鎮川堡　「河東路」原作「陝西東路」，按麟州屬河東路，故改。又按下文麟州、府州、火山軍前皆冠以「陝西東路」，實「河東路」之誤，今一併改正，不再一一出校。

〔二〕本條原在方域二〇之二，事目名「鎮川堡」。

河東路麟州銀城縣神木堡，慶曆五年置。〔一〕

〔一〕本條原在方域二〇之四，事目名「神木堡」。

河東路麟州新秦縣惠寧堡，慶曆五年置。〔一〕

〔一〕本條原在方域二〇之一一，事目名「惠寧堡」。

河東路麟州連谷縣橫陽堡、肅定堡，並慶曆五年置。〔一〕

〔一〕本條原在方域二〇之一一，事目名「肅定堡」。

河東路麟州連谷縣欄干堡〔一〕，治平三年置。〔二〕

〔一〕河東路麟州連谷縣欄干堡　按宋史卷八六地理志二載，欄干堡屬故銀城縣。

〔二〕本條原在方域二〇之一二，事目名「欄干堡」。

河東路府州府谷縣西安堡、靖化堡，並慶曆年修復。〔一〕

〔一〕本條原在方域二〇之一一，事目名「靖化堡」。

河東路府州府谷縣河濱、斥堠堡〔一〕，並至和三年修復。〔二〕

〔一〕河東路府州府谷縣河濱斥堠堡　「斥」下原衍「坼」，「堠」原作「候」，據輯稿食貨二二之五、蕃夷二之二八、二九、長編卷四〇九元祐三年四月壬寅條、宋史卷八六地理志二刪改。

〔二〕本條原在方域二〇之一五，事目名「坼候堡」。

河東路火山軍三交堡〔一〕，舊三交川，元符元年置。〔二〕

〔一〕河東路火山軍三交堡　按宋史卷八六地理志二載，三交堡隸河東路晋寧軍。

〔二〕本條原在方域二〇之一六，事目名「三交堡」。

荆湖路北路辰州龍潭堡，元豐二年置。〔一〕

〔一〕本條原在方域二〇之一，事目名「龍潭堡」。

荆湖路北路辰州新興、鳳伊、鐵鑪、竹平、不樓〔一〕、烏速〔二〕、騾子、西溪寨堡，並熙寧九年廢。〔三〕

〔一〕不樓　按宋史卷八八地理志四作「木樓」。

〔二〕烏速　「速」原作「迷」，據長編卷八二大中祥符七年三月丁未條、宋史卷八八地理志四改。

〔三〕本條原在方域二〇之六，事目名「西溪寨堡」。按正文内容，西溪與新興、鳳伊等并列，屬辰州堡寨之一，并非有堡名「西溪寨」，大典誤。

荆湖路北路誠州大由、天村堡，元豐七年置。〔一〕

〔一〕本條原在方域二〇之四，事目名「天村堡」。

荆湖路北路誠州石家〔一〕、漄村堡〔二〕，元豐四年置，元祐六年廢。〔三〕

〔一〕荆湖路北路誠州石家　「誠州」原作「成州」，據九域志卷六誠州、宋史卷八八地理志四改。

〔二〕漄村堡　「漄村」原作「涯村」，據九域志卷六誠州、宋史卷八八地理志四改。

〔三〕本條原在方域二〇之五，事目名「涯村堡」。

荆湖路北路誠州零溪堡〔一〕，政和三年置。

〔一〕荆湖路北路誠州零溪堡　「誠州」原作「成州」，據九域志卷六誠州、宋史卷八八地理志四改。

荆湖路北路誠州羊鎮堡〔一〕、木寨堡，崇寧三年置。〔二〕

〔一〕荆湖路北路誠州羊鎮堡「誠州」原作「成州」，據九域志卷六誠州、宋史卷八八地理志四改。

〔二〕以上兩條原在方域二〇之五，事目名依次爲「零溪堡」、「木寨堡」。

荆湖路北路誠州飛山堡，大觀二年置。〔一〕

〔一〕本條原在方域二〇之七，事目名「飛山堡」。

荆湖路北路誠州通平堡，政和八年置。〔一〕

〔一〕本條原在方域二〇之九，事目名「通平堡」。

成都府路石泉軍聳翠堡〔一〕，政和八年以三隘堡改。〔二〕

〔一〕成都府路石泉軍聳翠堡　「成都府路」原作「荆湖路北路」。按石泉軍隸成都府路，故改。又按本門所有「石泉軍」、「延寧軍」前皆冠以「荆湖路北路」，兩軍均隸成都府路，今一併改正，不再一一出校。

〔二〕本條原在方域二〇之一，事目名「聳翠堡」。

成都府路石泉軍通津堡，政和八年以通牛堡改，宣和三年廢。〔一〕

〔一〕本條原在方域二〇之六至七，事目名「通津堡」。

成都府路石泉軍平隴堡，政和八年以石龍堡改，宣和三年廢。

成都府路石泉軍嘉平堡，政和八年以李平堡改。〔一〕

〔一〕以上兩條原在方域二〇之九，事目名依次爲「平隴堡」、「嘉平堡」。

成都府路石泉軍連雲堡，政和八年以赤朱中路小堡改。

成都府路石泉軍淩霄堡，政和八年以七星閣堡改。〔一〕

〔一〕以上兩條原在方域二〇之一〇，事目名依次爲「連雲堡」、「淩霄堡」。

成都府路石泉軍靖安堡，政和八年以鹿王堡改。〔一〕

〔一〕本條原在方域二〇之一一，事目名「靖安堡」。

成都府路石泉軍通安堡，政和七年以天尊坪堡改，宣和三年廢。〔一〕

〔一〕本條原在方域二〇之一二，事目名「通安堡」。

成都府路石泉軍護橋堡，宣和三年廢。〔一〕

〔一〕本條原在方域二〇之一三，事目名「護橋堡」。

成都府路石泉軍横望堡，政和八年以赤朱堡改。〔一〕

〔一〕本條原在方域二〇之一五，事目名「横望堡」。

成都府路石泉軍會同堡，政和八年以兩會堡改〔一〕。

〔一〕政和八年以兩會堡改　「政和」原作「宣和」，按宣和無八年，宋史卷八九地理志五作「重和元年」，即政和八年。故改。本條原在方域二〇之一六，事目名「會同堡」。

成都府路延寧軍敷文堡〔一〕，宣和三年以關改。〔二〕

〔一〕成都府路延寧軍敷文堡　按宣和三年改敷文關爲堡事，見宋史卷八九地理志五茂州。又按宋史卷八九地理志五茂州載，延寧軍，宣和三年廢爲砦，敷文堡亦宣和三年改，敷文堡與延寧軍應無隸屬關係，與下文壽寧堡當隸茂州。故「延寧軍」當作「茂州」。

〔二〕本條原在方域二〇之一〇，事目名「敷文堡」。

成都府路延寧軍壽寧堡，宣和三年以寨改。〔一〕

〔一〕本條原在方域二〇之一一，事目名「壽寧堡」。

成都府路延寧軍索橋堡，宣和三年廢。〔一〕

〔一〕本條原在方域二〇之一三，事目名「索橋堡」。

潼川府路瀘州合江縣鎮溪、梅嶺、大洲堡，並元豐四年置。〔一〕

〔一〕本條原在方域二〇之八，事目名「大洲堡」。

潼川府路滋州牢溪堡，大觀三年置。〔一〕

〔一〕本條原在方域二〇之五，事目名「牢溪堡」。

潼川府路滋州仁懷堡，宣和三年以滋州仁懷縣改〔一〕。

〔一〕宣和三年以滋州仁懷縣改　「仁懷」原作「仁華」，據方域七之六、宋史卷八九地理志五改。本條原在方域二〇之一〇，事目名「仁懷堡」。

潼川府路純州慈竹堡，舊慈竹寨，宣和三年改。〔一〕

〔一〕本條原在方域二〇之一三，事目名「慈竹堡」。

潼川府路遵義軍邛水堡、安夷堡，宣和四年以思州邛水縣、安夷縣改〔一〕。

〔一〕宣和四年以思州邛水縣安夷縣改　「四年」原作「三年」，據方域七之一〇、宋史卷八九地理志五改。按輯稿、宋史載，宣和四年，廢邛水、安夷縣爲堡，隸黔州。又黔州屬夔州路，輯稿作潼川府路遵義軍，或誤。本條原在方域二〇之八，事目名「邛水堡、安夷堡」。

潼川府路長寧軍武寧堡、寧遠堡〔一〕，並宣和三年以寨改，四年復。〔二〕

〔一〕寧遠堡　「遠」字原缺，據宋史卷八九地理志五補。

〔二〕本條原在方域二〇之一一，事目名「武寧堡」。

廣南路西路融州融水縣臨溪、文村、潯江堡，並元豐七年置。〔一〕

〔一〕本條原在方域二〇之八，事目名「潯江堡」。

諸堡雜録

【題解】本門見方域二〇之一六至二一，大典卷一一五八四「堡」字韻事韻收録。本門緊接諸堡門，整理者於方域二〇之一六天頭楷書批「堡寨城壘雜録」。本門絶大部分條文並見於諸寨雜録門，甚至不少文字之訛誤亦完全相同，或會要原即堡、寨合爲一門，名「堡寨」與「堡寨雜録」。今仍依前諸寨與諸寨雜録門例作「諸堡雜録」，且「堡寨」、「保障」、「堡鋪」等標目（事目）皆附入校注，正文依時間重加編排。另諸堡門編年部分亦依時間順序編入本門。本門記事起天禧五年七月七日，迄乾道四年八月十四日。

天禧五年七月七日，涇原路駐泊都監王懷信言，鎮戎軍浚壕築堡寨工畢。詔賜將士緡錢有差。〔一〕

〔一〕本條原在方域二〇之一六，屬「保寨（堡名）」事目。

慶曆六年五月十九日，詔環慶路經略司：「比夏國人馬累至後橋、蕉蒿堡、十二盤開築

舊堡，其地雖然係漢界兵馬所得，然夏國今納欵稱臣，不欲出兵拒絕。其令彼土蕃户住坐如故，仍畫壕爲界。」〔一〕

〔一〕本條原在方域二〇之一三，屬「蕉蒿堡」事目。

皇祐二年六月十七日，判延州李昭亮請陝西沿邊小堡寨無使臣管勾者，並更爲鋪。從之。

嘉祐四年二月十日，河東經略安撫使孫沔請廢府州西安、靖化、宣威、清塞、百勝、中候及麟州横戎〔二〕、神林、惠寧、肅定、鎮川、臨塞等十二堡寨使臣及兵馬，糧草令旁近大寨番遣人守護之。復創麟州西裴家垣寨，積糧草以應接麟州〔二〕。詔存府州中候、百勝、清塞〔三〕、麟州鎮川寨，餘從之。〔四〕

〔一〕中候及麟州横戎　「麟州」原作「鄰州」，據後文及長編卷一八九嘉祐四年二月乙亥條改。

〔二〕積糧草以應接麟州　「糧」字原缺，據長編卷一八九嘉祐四年二月乙亥條補。

〔三〕清塞　「清」字原缺，「塞」原作「寨」，據輯稿兵二七之四〇、玉海卷一七四祥符山川城寨圖補改。按浙江書局本長編卷一八九嘉祐四年二月乙亥條作「清寨」，點校本據方域二〇之一六删去「清」字。

〔四〕以上兩條原在方域二〇之一六，屬「保寨（堡名）」事目。

治平四年閏三月三日，神宗即位未改元。陝西四路沿邊宣撫使郭逵言：「秦州青雞川蕃官首領藥廝哥等獻青雞川地土〔一〕，多展城寨，招置弓箭手。本司體量，若於青雞川南牟谷口修置城寨，則秦州與德順軍沿邊堡寨相接，足以斷賊來路。已發兵夫修築去訖。」詔逵具所修青雞川一帶大小堡寨四至、役人、工料〔二〕、向去合用戍兵幾何，件析以聞。〔三〕

〔一〕秦州青雞川蕃官首領藥廝哥等獻青雞川地土　「首領」原作「首級」，據輯稿蕃夷六之六改。按輯稿兵二八之二、蕃夷六之六「獻」前有「願」字。

〔二〕工料　「料」原作「科」，據方域一九之三改。

〔三〕本條原在方域二〇之一六至一七，屬「保寨（堡名）」事目。

治平四年閏三月二十三日，陝西四路沿邊宣撫使郭逵言，已令環慶路經略使於馬蘭平修築堡寨。及奏功畢，賜名荔原堡。先是，環慶蔡挺奏：「准入內供奉官王中正傳宣指揮，自家地內如控扼及合修築堡寨，令逐急相度修置。本司勘會，慶州華池鎮地界西北面四十里，舊有鹽堆城，控扼赤沙、細惠兩川口，遂差官密行相度到，鹽堆城山嶺下臨，不堪修築，次南一里半地名馬蘭平，三面險固，可以修建堡柵，畫圖以聞。」挺復以是事咨逵，時鄜延路保安軍胡經臣、李德平二族亦修保障，逵以兩路同時營築堡寨，頗爲機會，故不候朝旨，令挺修建。〔一〕

〔一〕本條原在方域二〇之六，屬「荔原堡」事目。

治平四年四月十八日，詔秦州、德順軍、慶州近割置雞川〔一〕、治平、荔原等堡寨，本爲防托邊界屬户，通行兵馬，令逐路不得多招漢户居止，常切約束，無令過一百户。〔二〕

〔一〕慶州近割置雞川　「割」原作「轄」，據方域一九之三、二〇之六改。

〔二〕本條原在方域二〇之一七，屬「保寨（堡名）」事目，又見方域二〇之六，屬「荔原堡」事目，文字相同，屬複文，今删去一條。

神宗熙寧元年七月六日〔一〕，陝西經略使韓琦言〔二〕：「已委秦鳳路副都總管楊文廣於擦珠谷修一大堡，於近裏城寨差撥人馬防守〔三〕。候修畢，即乞廢罷納迷、山丹、菜園、白石、了鍾五堡使臣軍兵。及畢利川無主荒閑地土甚多，見行封標，招置弓箭手。」從之，仍詔：「納迷、山丹堡正係秦州入古渭寨徑直大路，蕃部往來，至永寧寨解賣鞍馬，仰常切照管〔四〕，毋致梗澀。」及奏功畢，賜名通渭堡，賜文廣對衣、金帶、銀鞍勒馬，餘賜各有差。〔五〕

〔一〕神宗熙寧元年七月六日　「六日」，輯稿兵二八之四作「五日」。

〔二〕陝西經略使韓琦言　「言」字原缺，據輯稿兵二八之四補。

〔三〕於近裏城寨差撥人馬防守　「裏」原作「衷」，據輯稿兵二八之四改。

〔四〕仰常切照管　「常」原作「照」，據輯稿兵二八之四改。

〔五〕本條原在方域二〇之七，屬「通渭堡」事目。

熙寧元年八月十三日，秦鳳路走馬承受公事王有度言：「秦州修畢利城、擦珠堡〔一〕，役本州六縣義勇，乞與免諸般科配三年，權住今冬閱教一次。城下般運糧草材植義勇及弓箭手、寨户沿路身死者，乞量支孝贈錢〔二〕。」詔義勇特與免二年科配，因般運糧草及工役身死者，每人孝贈錢二貫文，弓箭手、寨户亦依此。〔三〕

〔一〕擦珠堡「擦」，方域八之二三作「擦」，長編紀事本末卷八三韓琦築甘谷城、宋史卷八七地理志三作「擦」。

〔二〕乞量支孝贈錢　「乞」原作「及」，形近而訛，今改。

〔三〕本條原在方域二〇之七，屬「擦珠堡」事目。

熙寧二年二月八日，秦鳳路經略安撫使司言：「秦州甘谷城、通渭堡至古渭寨一帶弓箭手耕種堡子，已差官相度檢計功限修築次。」詔令孫永委差去將官相度，須量逐處地分所管人馬多少，遇事宜保聚老小，能容著得盡，方爲穩宜。五年改爲寨。〔一〕

〔一〕本條原在方域二〇之七，屬「通渭堡」事目。

熙寧三年二月二十八日，秦鳳路經略使李師中言，廢山丹、納迷、乾川三堡，增收秦州伏羌寨爲城。從之。〔一〕

〔一〕本條原在方域二〇之一，屬「山丹堡」事目。

熙寧三年三月十八日〔一〕，詔囉兀城宜令趙卨相度，如不可守〔二〕，令棄毀訖奏。河東所報探西賊水軍，恐於石州渡河，令呂公弼過爲之備。撫寧失陷人，令經略司按寔具數聞奏。囉兀城、賓草堡，令轉運司更不得運糧草前去。〔三〕

〔一〕熙寧三年三月十八日　按方域八之二七同，長編卷二二一繫於熙寧四年三月十八日癸卯。
〔二〕如不可守　「守」字原缺，據方域八之二七、長編卷二二一熙寧四年三月癸卯條補。
〔三〕本條原在方域二〇之一三，屬「賓草堡」事目。

元豐元年十一月二十八日，荆湖南路安撫使謝景温言：「相度轉运司乞以邵州武岡等縣保丁於界上置鋪堡〔一〕，其已發往關硤等寨弩手並就本縣差填。所置鋪堡〔二〕，望辰州界並在百里内，欲許保丁依條置器甲，以備保聚教習。」從之。非蠻界百里内者，不用此法。〔三〕

〔一〕相度轉运司乞以邵州武岡等縣保丁於界上置鋪堡　「運」字原缺，據輯稿兵一之八、二之一五、長編卷二九四元豐元年十一月戊戌條補。
〔二〕所置鋪堡　「鋪」上原衍「鎮」字，據輯稿兵一之八、二之一五、長編卷二九四元豐元年十一月戊戌條删。
〔三〕本條原在方域二〇之一二，屬「鎮鋪堡」事目。按本條非有堡名「鎮鋪」，且「鎮」字原衍，大典編者誤。

元豐四年四月九日〔一〕，樞密院言：「蘭州近修復金城關，繫就浮橋，涇原進築古高平、没煙峽城寨，下瞰天都不遠，尚未與熙河邊面通徹。如將來涇原舉動，進築天都、鍬钁川、蕭磨移隘等處，又須兩路聲勢相接，乃可爲肘臂。宜更自熙河安西城東北青石峽口、青南訥心、東冷牟至會州以來，相度遠近，修建城寨。仍自會州入打繩川建置堡寨，直與南牟會相接〔二〕，即與涇原互相照應。」詔令章楶、鍾傳究心體訪山川地理遠近與控扼要害合修築處〔三〕，如何舉動可保全勝，具狀以聞。〔四〕

〔一〕元豐四年四月九日　方域一九之五同，長編卷四八五繫於紹聖四年四月九日壬辰。按宋史卷三二八章楶傳及長編卷四九〇紹聖四年八月壬辰條載，章楶紹聖四年乃知渭州、涇源路經略安撫使。故當從長編。

〔二〕直與南牟會相接　「直」原作「置」，據方域一九之六、長編卷四八五紹聖四年四月壬辰條改。

〔三〕詔令章楶鍾傳究心體訪山川地理遠近與控扼要害合修築處　「修」原作「條」，據方域一九之六、長編卷四八五紹聖四年四月壬辰條改。

〔四〕本條原在方域二〇之一七，屬「保寨（堡名）」事目。

元豐四年八月六日，荆湖北路轉運司言：「已招懷辰州上溪蠻，當漸築城堡。緣本屬生蠻地，全藉兵威彈壓，辰州雄略指揮令戍桂州，乞追回應副防托。」上批：「荆湖北路昨應副沅州謝麟於歸明蠻界置堡寨〔一〕，民力已困遠輸，豈堪更有興作？轉運司既止承准朝命招安〔二〕，遂乃妄意謀立城栅，若不嚴與誠約，則希功小人浸淫越職，爲國生事。已令高鑄分析。」後鑄上言：「昨與轉運使孫頎、權知荊南王臨同乞招諭上溪諸蠻，量益戍兵，所貴諸蠻即降，遂謀築寨〔三〕。緣前奏已開陳，故有此請。」詔釋之。〔四〕

〔一〕荊湖北路昨應副沅州謝麟於歸明蠻界置堡寨　「沅」原作「沆」，「歸明」原作「歸州」，據長編卷三一五元豐四年八月庚申條改。按歸州與沅州相距甚遠，顯誤。

〔二〕轉運司既止承准朝命招安　「既止」原作「更上」，據長編卷三一五元豐四年八月庚申條改。

〔三〕遂謀築寨　「寨」原作「塞」，據長編卷三一五元豐四年八月庚申條改。

〔四〕本條原在方域二〇之二〇，屬「城堡」事目。

元豐四年十一月九日，涇原路轉運判官張大寧言：「自兜領以北山險，可就嶺南相地利建一城寨，使大車自鎮戎軍載糧草至彼〔一〕，更於中路築立小堡，以相應接。如此，則可省民力之半。」又言：「臣觀葫蘆河一川〔二〕，南北平坦，地皆沃壤，若有堡寨可依，則其田盡可募弓箭手，廣令墾闢，止以遣回空夫併力修築，若堡寨既成，則地基酒税並可經畫，資助軍費。」上批付盧秉曰：「張大寧奏乞城蕭關故城以爲根蔕，成效已見於熙河。自城蘭州及展置戍壘之後，羌人相繼降附者已數萬帳，迨今效順，接跡不絕，卿其早圖爲之。」〔三〕

〔一〕使大車自鎮戎軍載糧草至彼　「車」原作「軍」，「載」原作「截」，據輯稿食貨四三之二、四八之一八、長編卷三一九元豐四年十一月辛卯條、宋史卷一七五食貨志上三改。

〔二〕臣觀葫蘆河一川　「葫蘆河」原作「葫瀘河」，據元和志卷三原州、宋史卷八七地理志三改。按長編卷三一九元豐四年十一月辛卯條作「胡蘆河」。

〔三〕本條原在方域二〇之二一，屬「築立小堡」事目。按本條後原有「衡家堡」、「威寧堡」兩條，并有旁批：「按此二堡，原稿無年月。」此二條亦見諸堡門，文字相同，且與本門體例不合，屬複文，故删。

元豐五年七月二十三日，詔：「鄜延路見修六寨，其長城嶺寨以西，接連環慶路金湯、白豹，已指揮環慶路差二萬人並邊照應〔一〕，若別無興作，即是虚勒軍馬。令徐禧、沈括計議其當進築城寨處，與曾布議定以聞。」八月二十五日，環慶路經略使曾布言：「洛原故城可以建一城，白豹和市可以建一寨，宫馬川可以建一堡。」從之，令李察應副，候鄜延路兵勢相接〔二〕，方興板築。〔三〕

〔一〕已指揮環慶路差二萬人並邊照應　「萬」字原缺，據方域八之六、一九之八補。「二萬」，長編卷三二八元豐五年七月壬寅條作「三萬」。

〔二〕候鄜延路兵勢相接　「候」原作「侯」，據方域一九之八、長編卷三二九元豐五年八月乙亥條改。

〔三〕本條原在方域二〇之二，屬「馬川堡」事目。

元豐五年八月五日，熙河蘭會路都大經制司言：「本路女遮川、洛施、由洛宗三城堡未

築，已相度因今防秋興工，省財力而辦事。已牒李察，合團結河東、京西厢軍九千接續應副。」從之。〔一〕

〔一〕本條原在方域二〇之七，屬「三城堡」事目。按「三城堡」乃指女遮川、洛施、乩洛宗，非有堡名「三城」。

元豐五年十月十一日，上批付苗授：「蘭州城壕至今未開濬，非久黄河冰合，咫尺賊界，於邊計極未便。李浩所乞修洛施、乩洛宗二堡，雖已畫可，聞本路禁軍累經和雇版築，人力疲弊，甚要休息。且併工營葺蘭州及龕谷，使有金湯之恃，其二堡俟來春有餘力爲之。」〔一〕

〔一〕本條原在方域二〇之一四，屬「洛宗堡」事目。

元豐五年十二月〔一〕，熙河蘭會路走馬承受公事樂士宣乞且罷來春修汝遮堡〔二〕，令李憲相度以聞〔三〕。其後詔憲隨力經營之。〔四〕

〔一〕元豐五年十二月　按長編卷三三〇繫於元豐五年十月十二日己未。
〔二〕熙河蘭會路走馬承受公事樂士宣乞且罷來春修汝遮堡　「汝遮」原作「女遮」，據方域八之二二、長編卷三三〇元豐五年十月己未條、宋史卷八七地理志三改。
〔三〕令李憲相度以聞　「李憲」原作「季憲」，據長編卷三三〇元豐五年十月己未條改。按李憲，宋史卷四六七有傳。
〔四〕本條原在方域二〇之二二，屬「汝遮堡」事目。

元豐七年四月十三日，鄜延路經略司言：「准朝旨，呂惠卿言新復四寨深在生界，未有堡障應接〔一〕，若遣人牛耕種，或見侵略，勢不萬全，乞候地界了日施行〔二〕。」從之。〔三〕

〔一〕未有堡障應接　「堡」原作「保」，據方域一九之一〇、長編卷三四五元豐七年四月壬午條改。
〔二〕乞候地界了日施行　「界」原作「畢」，據長編卷三四五元豐七年四月壬午條改。
〔三〕本條原在方域二〇之一九，屬「保障」事目。

元豐七年六月十三日，賜廣西路經略司度牒二百道，應副融州新招納溪洞置堡寨。〔一〕

〔一〕本條原在方域二〇之一七，屬「保寨（堡名）」事目。

元豐七年八月一日，荊湖路相度公事所言：「王江一帶自大湴口以上接連檀溪諸蠻，與今道路相接。朝旨專委主管廣西經略司機宜文字程節招納措置。本處地里闊遠，蠻已歸附，須築一堡寨以爲守備。」詔節相度〔一〕。節言：「王江上流地名安口，控扼諸峒，其地寬平，可建城寨。然由王口而上，經大湴口、老江口〔二〕，皆生蠻猺團族，唯以略峒民板木爲生。今雖效順，各有俸給，若建城寨，亦須兵威彈壓。今欲沿江及中心嶺各治道路漸進，先置堡鋪於吉老江，量留兵丁以防鈔截糧道，然後安口可以即功〔三〕。」又言：「王江一帶團峒，東由王口、三甲，西連三都、樂土，南接宜州安化，北與誠州新招檀溪地密相鄰比。熙寧中，嘗遣承制劉初領兵丁置寨於安口，諸蠻併力殺傷官軍，自此蠻情愈更生梗。今遍招納，例皆效順，既當開道路，置堡寨、驛鋪，分兵丁防守，乃爲久安之計。又緣事干兩路，須與誠州同時措置〔四〕，庶使諸蠻力有所分，易爲辦集。」從之。〔五〕

〔一〕詔節相度　「節相度」原缺，據輯稿蕃夷五之八九、長編卷三四八元豐七年八月戊辰條補。

〔二〕老江口　方域一九之一〇、蕃夷五之八九同，長編卷三四八元豐七年八月戊辰條作「吉老江口」，按下文有「吉老江」，或當從長編。

〔三〕然後安口可以即功　「即」原作「積」，據輯稿蕃夷五之九〇、長編卷三四八元豐七年八月戊辰條改。

〔四〕須與誠州同時措置　「須」字原缺，據長編卷三四八元豐七年八月戊辰條補。

〔五〕本條原在方域二〇之一七至一八，屬「保寨（堡名）」事目。

哲宗元祐三年十月十四日，敕荆湖南北、廣南西路：「朝廷疆理四海，務在柔遠。頃荆湖諸蠻近漢者無所統一，因其請吏，量置城邑以撫治之。後來邊臣希功，獻議創通融州道路，侵逼洞穴，致生疑懼。朝廷知其無用，旋已裁減，而邊吏失於撫遏，遂爾扇摇作過。然按其地，止是道路，蠻人因使臣劉宗閔焚毁舍屋，寅緣生事，殺傷兵丁，繇此自疑，不敢出首〔一〕。今宗閔已追官勒停外〔二〕，其湖北、廣西見作過楊晟臺等特免追討，除存留守把兵丁外，並罷添屯兵馬。其湖北所開道路，創置多星、收溪、天村、羅蒙、大由等堡寨並廢〔三〕。廣

西、湖南創置保寨，令經略、鈐轄司量度，准此。」〔四〕

〔一〕然按其地止是道路蠻人因使臣劉宗閔焚毀舍屋寅緣生事殺傷兵丁繇此自疑不敢出首　「焚毀舍屋」至「不敢出首」原缺，據方域一九之一九、輯稿蕃夷五之九一補。按長編卷四一五元祐三年十月丙戌條不僅個別文字不同，且「不敢出首」下仍言：「其相近渠陽、蒔竹舊管溪峒，則了不相干，安堵如故。」

〔二〕今宗閔已追官勒停外　「今宗閔」原缺，據方域一九之一九、輯稿蕃夷五之九一補。按長編卷四一五元祐三年十月丙戌條作「除使臣劉宗閔」。

〔三〕創置多星收溪天村羅蒙大由等堡寨並廢　「多星」原作「多呈」，「天村」原作「天封」，據方域一九之一九、輯稿蕃夷五之九一、長編卷四一五元祐三年十月丙戌條改。

〔四〕本條原在方域二〇之一八，屬「保寨（堡名）」事目。

元祐五年十月四日，鄜延路經略司言：「宥州移牒稱：『爲畫疆界，有詔漢界留出草地十里，蕃界依數對留。欲於蕃界令存留五里爲草地，夏國於所存五里内修立堡鋪〔一〕。』今擬到回牒云〔二〕：『朝廷務敦恩信，特從所乞，應見今分畫界至處〔三〕，許於蕃界内存留五里，空爲草地，漢界草地亦依此對留五里，爲兩不耕地，各不得於草地内修建堡鋪。』」從之。〔四〕

〔一〕夏國於所存五里内修立堡鋪　「存」原作「在」，據上文及長編卷四四九元祐五年十月乙未條改。

〔二〕今擬到回牒云　「云」原作「去」，據長編卷四四九元祐五年十月乙未條改。

〔三〕應見今分畫界至處　「今」字原缺，據長編卷四四九元祐五年十月乙未條補。

〔四〕本條原在方域二〇之一九，屬「保鋪」事目。

紹聖二年正月十八日，樞密院言：「請沿邊城堡鎮寨應有公使錢處，並依例策供饋本處有職事官及犒設漢蕃使臣、兵員，如敢於例策外輒有饋送，并知而受者，並坐違制。委逐路經略安撫、鈐轄司逐季點檢。」從之。〔一〕

〔一〕本條原在方域二〇之二〇，屬「城堡」事目。

紹聖二年四月三日〔一〕，熙河蘭岷路經略司言：「已與西人約日定疆界，其通遠軍、蘭州皆控邊要，合堡障十二處〔二〕，乞乘時修築。」詔候畫界畢，先築珠龍川、納迷川兩堡，其餘以次鳩工，毋失禦侮。〔三〕

〔一〕紹聖二年四月三日　「紹聖」原作「詔聖」。按宋無「詔聖」年號，又熙河蘭岷路，元祐間置，元符時復爲熙河蘭會路。故此實爲「紹聖」，據改。

〔二〕合堡障十二處　「堡」原作「保」，據上文改。

〔三〕本條原在方域二〇之一九，屬「保障」事目。

紹聖三年九月十四日，權發遣熙河蘭岷路經略司公事王文郁言：「龕谷寨係極邊控扼衝要之地，昨爲乏水，移於李諸平，修建爲定遠城，廢爲護耕堡。今有四井見水，居民千餘口，更添屯人馬千餘騎，可以給足，合修充守禦，以龕谷堡爲名。以勝如堡巡檢於龕谷堡置廨宇，管幹龕谷、勝如兩堡弓箭手公事，兼道路巡檢，差步兵四百人相兼守禦。」從之。〔一〕

〔一〕本條原在方域二〇之一四，屬「護耕堡」事目。

元符二年四月二十五日，鄜延路經略司言：「近於安塞堡北威戎、殄羌之門相視地名白落觜〔一〕，可以築城寨，控扼賊馬。尋指揮都鈐轄苗履等統制兵馬，進築已畢，賜名威羌。今又築那娘山、青高山并盧關、赤嶼峰堡寨並畢，其那娘山賜名殄羌。其苗履等功狀應賞。」詔等第與轉官、減年、支賜。〔二〕

〔一〕殄羌之門相視地名白落觜　「門」疑當作「間」。

〔二〕本條原在方域二〇之五，屬「安塞堡」事目。

元符二年八月二十五日，端明殿學士、中大夫、河東路經略安撫使、知太原府林希爲太中大夫、資政殿學士，以進築大和等八堡寨畢工也〔一〕。朝奉大夫、提舉江寧府崇禧觀孫覽爲寶文閣待制、知光州，以前知太原進築烏龍、神泉寨畢工也。〔二〕

〔一〕以進築大和等八堡寨畢工也　「大和」原作「太和」，據長編卷五一四元符二年八月乙未條、宋史卷八六地理志二改。按「大」、「太」通。

〔二〕本條原在方域二〇之一五至一六，屬「太和堡」事目。

政和元年七月十一日，詔平州依舊作王口寨，融江、文村、潯江、臨溪四堡寨，並依舊隸融州，廢懷遠縣，改從州作樂古寨，通靖、鎮安、百萬寨並隸允州。〔一〕

〔一〕本條原在方域二〇之四，屬「文村堡」事目。

政和六年十二月十四日，御筆：「熙河造邦三十餘歲，而居圉未全。比命偏師，扼其襟喉，乘勝板築，以及諸路，凡二十餘堡寨，拓地二百餘里。宰執可轉一官，劉正夫、鄭居中、蔡京并回授有服親，兼依轉官例施行。」〔一〕

〔一〕本條原在方域二〇之一八至一九，屬「保寨（堡名）」事目。

政和七年六月二十四日，涇原路經略使席貢奏：「應副修築密多臺、飛井塢兩新寨，照管堡子七座、烽臺十八座了當。契勘密多臺已賜名威多寨〔一〕，飛井塢賜名飛井寨〔二〕。」詔席貢與轉一官。〔三〕

〔一〕契勘密多臺已賜名威多寨　「威多寨」，方域一八之四、一九之二一同，宋史卷八七地理志三作「威川砦」。
〔二〕飛井塢賜名飛井寨　「飛井寨」，方域一八之二七、一九之二一同，十朝綱要卷一七、宋史卷八七地理志三作「飛泉寨」。
〔三〕本條原在方域二〇之一九，屬「保寨（堡名）」事目。

政和八年七月八日，樞密言：「據知成都府孫羲叟等奏〔一〕，建築石泉軍寨堡，又討蕩過番賊了當，保明到立功人承節郎高震等。」詔各轉官一資。〔二〕

〔一〕據知成都府孫羲叟等奏　「成都」原作「城都」，據宋史卷八九地理志五改。
〔二〕本條原在方域二〇之六，屬「石泉堡」事目。按「石泉堡」乃石泉軍所轄之堡寨，非有堡名「石泉」。

紹興三年七月十五日，福建路汀州言，乞將蓮城堡創置一縣。詔依，以蓮城縣爲名。〔一〕

〔一〕本條原在方域二〇之八，屬「蓮城堡」事目。

紹興七年正月十八日，吏部侍郎、充都督府參議軍事呂祉言：「委官相度太平州采石渡、建康府宣化渡、靖安鎮，措置修築堡壘防托，已相視到逐處地形，見委官措置修築。契勘靖安鎮堡壘周圍長一千二百九十六步，内七百三十步依山修築，比之創築，極省工力。其

采石渡周圍長六百五十四步，有古城基址，因仍接築地步，工力比靖安鎮減一半。」詔令吕祉催促疾速修築。〔一〕

〔一〕本條原在方域二〇之二〇，屬「保壘」事目。

紹興二十六年十二月十三日，臣僚言：「成都府夔州瀘州路嘉、敘、黎、雅等州有闕城堡等寨屯戍人兵〔一〕，控制諸蠻，其知城寨官多是制置安撫司因私謁更互差權〔二〕，類皆營私苟且，不恤邊事。欲乞嚴差辟之法，定資任之制。」上諭輔臣曰：「蠻夷桀黠，從古而然。唐以前屢被侵優，入川蜀〔三〕。自太祖兵威撫定，以大渡河爲界，由是不敢猖獗。然沿邊控禦兵官，豈可非人？」湯思退奏曰：「欲下吏部措置，令本路安撫司選擇差官，申制置司體量，庶革前弊。」上曰：「甚善。」〔四〕

〔一〕雅等州有闕城堡等寨屯戍人兵　「城堡等寨」，上古本疑當作「城堡寨等」，或是。
〔二〕其知城寨官多是制置安撫司因私謁更互差權　「官」原作「言」，據後文改。
〔三〕入川蜀　「蜀」原作「屬」，據方域一九之二五改。
〔四〕本條原在方域二〇之二〇至二一，屬「城堡」事目。

乾道四年八月十四日，吏部言：「廣西宜州德勝融江文村、融州臨溪、宜州堰江臨衝五堡主管堡事〔一〕，邕州遷隆鎮、融州樂善融江通道、瓊州西峰、宜州帶溪思立安遠一鎮七寨同管轄兵甲公事，並見闕。遠地元係本路辟差，昨承乾道三年七月指揮，送部使闕差注，見差親民資序材武人〔二〕。今欲比附本部見使巡檢、知寨條法，破格注初任材武人，次經任監當不應材武人。」從之。先是，權發遣容州楊堯弼奏乞將廣西見闕正官去處與破格差注一次，至是吏部措置來上，故有是命。〔三〕

〔一〕廣西宜州德勝融江文村融州臨溪宜州堰江臨衝五堡主管堡事　按融江、文村二堡屬融州而非宜州，且名为「五堡」，實則六堡。此句疑誤，請參見本書諸寨雜録門「廣西七寨」條校注。

〔二〕見差親民資序材武人　「材」原作「村」，據方域一九之二九改。下同。

〔三〕本條原在方域二〇之四，屬「文村堡」事目。